VOL. 62

Dados Internacionais de Catalogação na Publicação (CIP)
(Câmara Brasileira do Livro, SP, Brasil)

McLeish, Robert
Produção de rádio : um guia abrangente de produção radiofônica / Robert McLeish [tradução Mauro Silva]. — São Paulo : Summus, 2001. — (Novas buscas em comunicação ; v. 62).

Título original: Radio production.
Bibliografia
ISBN 978-85-323-0589-3

1. Rádio - Produção e direção I. Título.

01-1303 CDD-791.440232

Índice para catálogo sistemático:

1. Rádio : Produção e direção 791.440232

PRODUÇÃO DE RÁDIO

UM GUIA ABRANGENTE DE PRODUÇÃO RADIOFÔNICA

ROBERT MCLEISH

summus editorial

Do original em língua inglesa
RADIO PRODUCTION – 4th ed.
A manual for broadcasters
Butterworth-Heinemann

Capa: **Roberto Strauss**
Tradução: **Mauro Silva**
Editoração e fotolitos: **Join Bureau**
Impressão: **Sumago Gráfica Editorial Ltda.**

Summus Editorial
Departamento editorial:
Rua Itapicuru, 613 – 7º andar
05006-000 – São Paulo – SP
Fone: (11) 3872-3322
Fax: (11) 3872-7476
http://www.summus.com.br
e-mail: summus@summus.com.br

Atendimento ao consumidor:
Summus Editorial
Fone: (11) 3865-9890

Vendas por atacado:
Fone: (11) 3873-8638
Fax: (11) 3873-7085
e-mail: vendas@summus.com.br

Impresso no Brasil

Índice

Apresentação à edição brasileira

Só quem já fez rádio sabe o prazer que esse trabalho dá. A paixão pelo rádio é uma regra na profissão. E, na maioria das vezes, aprende-se o ofício na prática. Ouvindo os mais velhos, literalmente. Imitando, criando, algumas vezes fazendo escola. Pena que essas experiências são pouco sistemizadas. Parece que quem fala não escreve. Pelo menos no Brasil, a bibliografia radiofônica é escassa e os manuais, raros.

O livro de Robert McLeish é uma resposta a essa situação. Trata-se de um amplo e minucioso manual de como fazer rádio. Vai da descrição das características próprias do meio aos formatos de vários tipos de programas, passando pela produção de comerciais e por processos de avaliação dos trabalhos radiofônicos.

Idéias que aparecem esparsas nas raras análises sobre o rádio feitas no Brasil estão sistemizadas no primeiro capítulo do livro. Ali estão detalhados os aspectos que distinguem o rádio do restante da mídia: o poder de criar imagens na cabeça dos ouvintes, a mensagem que é ao mesmo tempo dirigida à multidão e ao indivíduo, a simplicidade, o baixo custo e as características informativas, educacionais e de prestação de serviço.

Depois de revelar a "personalidade" do veículo, tratada de forma conceitual, o autor passa ao outro extremo e explica como o rádio funciona tecnicamente, num detalhamento que vai do funcionamento da mesa de controle do estúdio à posição dos microfones durante uma entrevista. Ilustrações mostram como o operador deve se sentar para tornar o trabalho mais eficiente e como se dá o processo de cortes e edição do material gravado. Conhecida essa parte técnica, começa a descrição das formas de produção radiofônica. São capítulos que tratam dos diferentes tipos de entrevistas, mostrando como prepará-las, como formular perguntas e até como realizá-las em caso de necessidade do auxílio de um intérprete. Tratam também do papel do entrevistado, como escolhê-lo e como tratá-lo.

Há, em seguida, um capítulo escrito com tipos diferentes dos utilizados no restante do livro, como se tivesse sido datilografado, com alinhamento só à esquerda. É justamente o que trata do texto radiofônico. A mudança dos caracteres é para enfatizar a peculiaridade dessa forma de redigir. Ela é única, diferindo consideravelmente do texto para ser lido nos jornais ou acoplado a imagens para serem vistas na televisão. E essa singularidade é minuciosamente tratada, com exemplos que mostram como a mesma frase, lida com ênfases em pontos diferenciados, pode ter todo o seu sentido modificado. O capítulo explica as razões que diferenciam o texto radiofônico dos demais, como decidir o que vai ser escrito, como ordenar as idéias e como preparar o *script*. Mas isso é feito de uma forma que supera as técnicas convencionais de um simples manual. O texto é contínuo, claro, agradável de ser lido.

Os três capítulos seguintes são dedicados a práticas específicas do radiojornalismo. Neles estão a edição de matérias e sua apresentação em laudas padronizadas para locutores e operadores; a política e a prática do noticiário em rádio, com abordagens conceituais sobre a questão da precisão, da imparcialidade, do bom gosto e do estilo e as diferentes formas de apresentação. Aqui há também um detalhamento sobre o que o autor chama de "a embalagem do rádio". Ele lembra que uma leitura pobre pode destruir um programa excelentemente produzido, dando orientações sobre pronúncia, ênfases, inflexão, correções e atitudes em situações de emergência.

Há também no conjunto do livro alguns capítulos que não são voltados diretamente para a programação radiofônica. É o caso da produção de comerciais, com informações importantes para agências de publicidade e empresas produtoras que atuam nessa área. O livro discute os objetivos a serem atingidos pelos anúncios, as formas de produzi-los e reproduz *scripts* de comerciais mostrando o uso de trechos sonoros, de formas de humor e de efeitos de sonoplastia. Outro capítulo trata das gravações de musicais, hoje muito mais de interesse de empresas produtoras de comerciais ou de gravadoras do que de emissoras de rádio. Aqui o detalhamento chega até a colocação dos instrumentos musicais no estúdio, passando pelas técnicas de mixagem e pelo controle dos níveis sonoros.

As outras formas de programas de rádio tratadas pelo livro são os musicais (e o balanceamento dos diferentes ritmos ao longo da programação), as revistas radiofônicas, as transmissões feitas de longa distância, as análises e os comentários, o radioteatro e os documentários. Além disso há capítulos específicos sobre o trabalho dos produtores, sobre a avaliação dos programas e a respeito dos métodos de treinamento para radialistas.

Trata-se de um livro completo e abrangente sobre como pensar e fazer rádio em qualquer parte do mundo. O autor não deixou nada de lado. E, mais do que isso, desceu a minúcias que muitas vezes não são levadas em conta no cotidiano do trabalho radiofônico, mas que, quando consideradas, enriquecem o produto final. Essa é a característica mais positiva do livro: a combinação da abrangência com o detalhe. Com isso ele se torna útil, tanto para o estudioso do veículo quanto para o profissional da área.

Para o primeiro, é um sistemizador de tudo o que se fala e se escreve esparsamente sobre o rádio no Brasil, podendo abrir caminho para análises específicas de alguns aspectos ainda pouco estudados desse meio em nosso país. Quem for analisar a linguagem do rádio, por exemplo, não vai poder deixar de ter este livro como referência. E quem for ensinar como se faz rádio nas universidades, nos cursos técnicos ou nas próprias emissoras vai ter muito mais que um manual nas mãos. Terá um guia para aulas e trabalhos práticos.

Mas acredito que este livro será precioso para quem faz rádio em geral, entendendo aí jornalistas, produtores de programas musicais e de entrevistas, engenheiros de som, operadores de estúdio, publicitários, produtores de comerciais, músicos e sonoplastas. Será uma nova e importante fonte de inspiração.

Laurindo Lalo Leal Filho,
sociólogo e jornalista.
Professor livre-docente da Escola
de Comunicações e Artes da USP.
Ex-radialista.

Prefácio

O mundo está mudando mais rápido do que nunca, e o rádio acompanha essa mudança. As fronteiras da radiodifusão tornaram-se indefinidas graças às novas tecnologias, de modo que a transmissão não mais se limita a transmissores terrestres, mas inclui satélites, cabo e internet como meios de oferta de programação. A proliferação de rádios locais – a expansão de opções – tem aumentado bastante a concorrência, acarretando refreamentos e pressões econômicas. À medida que o setor administrativo procura cada vez mais justificar sua produção em termos puramente financeiros, os índices de audiência e a área de alcance tornam-se ainda mais importantes tanto para as emissoras comercias quanto para as públicas.

Em todo o Oriente Médio, na África e na Ásia as tentativas, em grande parte malsucedidas, dos governos de proibir as antenas parabólicas levaram, em vários países, à ausência de normas para transmissão. Se você é forçado a uma política de "céu aberto", pelo menos é melhor ter programas que o poder público possa controlar – e além do mais, o licenciamento de emissoras particulares é mais um meio de arrecadar impostos.

As tecnologias digitais continuam não só diminuindo o tamanho dos equipamentos mas tornando-os bem mais versáteis, de tal sorte que os recursos de todo um estúdio – contato com a fonte, apresentação, entrevista, mixagem, gravação de várias pistas (*multitrack*) e edição – podem ser condensados num pacote portátil de execução automatizada. Criadas as mesmas técnicas para imagens e áudio, não há nenhuma razão para que não sejam manipuladas por uma só pessoa. O domínio de várias aptidões reduz o custo de pessoal e faz parte da "convergência" pela qual mais programas podem ser produzidos por menos pessoas. E quem dirá que esse não é o caminho a ser seguido? A radiodifusão tem de sobreviver ao lado de um maior número de concorrentes, para não dizer predadores, do que há alguns anos. Assim, suas principais tendências continuam sendo moldadas tanto pela política e pela economia quanto pelas tecnologias. E à medida que aumenta o clamor por comunicação, isso também deve acontecer em relação à sua clareza, transparência e ao apelo às necessidades pessoais.

Para esta quarta edição, minha pesquisa foi mais abrangente no nível internacional, refletindo a prática do rádio do Haiti a Hong Kong, dos principais produtores independentes de Londres aos produtores de programas no Zimbábue, na Índia e em Cingapura. Em toda parte, vemos que a técnica tradicional de produção tem dado lugar a uma imensa variedade de métodos. Onde outrora dominava a fita de um quarto de polegada, agora grava-se em minidiscos, discos rígidos de computador, cassetes DAT, disquetes de *laptop*, cassetes analógicos de áudio, CDs, fitas VHS e *flash cards* que utilizam gravadores sem partes móveis – tudo isso num sistema em que se pode dar corda no rádio! Temos uma poderosa fonte de novas idéias e uma ferramenta de pesquisa na internet que também mostra uma explosiva divergência quanto aos detalhes na elaboração de um programa. Por haver tantas maneiras de chegar ao produto final, aqui as observações técnicas – em especial as que aparecem no Capítulo 2 – são reflexos de um colorido mosaico de práticas atuais. Mas, enquanto se diversificaram os métodos de produção, o processo editorial – e este é o tema deste livro – tem permanecido constante em seus melhores valores de integridade, imaginação, precisão e verdade.

Os elementos de uma boa entrevista ou de uma interessante peça radiofônica, os pontos a serem lembrados na preparação de um comentário esportivo ou na redação de um programa especial, os princípios da apresentação de notícias, ou como eu deveria planejar meus programas – são estas as questões que queremos abordar. E daí partiremos para questões ainda mais importantes: Qual é minha motivação para estar no rádio? Qual deve ser minha relação com o ouvinte? Quero ser o amigo conselheiro ou uma espécie de primo postiço, o grande irmão publicitário? Formulando a pergunta dessa maneira, a resposta pode parecer óbvia, mas muitas emissoras, com a melhor das intenções, investem em meias-verdades, pensando estar agindo no interesse de seu público.

Incidentalmente, se me refiro com freqüência ao ouvinte ou ao radialista no masculino, peço desculpas, mas não há intenção de excluir o feminino. Pressupõem-se ambos os gêneros, mesmo quando isso não fica explícito na construção da frase.

Em termos pessoais, meus agradecimento ao falecido Frank Gillard pelo encorajamento e pelas sugestões no rascunho original, e também a todos os radialistas do mundo inteiro que contribuíram para esta nova edição. Emissoras como a BBC Radio Cambridgeshire; a pequena e inteligente 5CK, em Port Pirie, fruto da ABC; a AWR, na Rússia; a FEBA Radio, em Harare, e o Projeto de Treinamento para Jornalistas, na Etiópia. Obrigado também às idéias de Dave Wilkinson pelas muitas ilustrações originais e a Jeff Link, um produtor da BBC Training and Development, que mais uma vez deu uma contribuição inestimável ao processo de atualização. Meus colegas da ICTI, International Communication Training Institute, e os instrutores – Phill Butler e Walt Winters, nos Estados Unidos; dr. Menkir Esayas, em Nairóbi; Frank Gray, da FEBC; dr. Ross James, na Austrália; Dick e Flora Davies e Christopher Singh, da Radio Worldwide –, todos transmitindo sabedoria com suas palavras, assim como freqüentemente o fazem seus alunos. O dr. Graham Mytton, um consultor de pesquisa de audiência, que já trabalhou no Serviço Internacional da BBC, prestimosamente foi quem revisou o segmento sobre avaliação de programas. Também devo agradecer aos proprietários dos direitos autorais dos trabalhos referidos nestas páginas, em especial os comerciais de rádio.

Revisar e atualizar um livro é bem mais difícil do que escrever a partir do nada. Os produtores sabem que o desafio de uma folha em branco é mais emocionante e geralmente mais fácil do que alterar um roteiro já existente. De bom grado, portanto, agradeço a minha esposa que mais uma vez trabalhou comigo durante todo o processo. Suas sugestões claras e sua franqueza têm sido o que todo produtor precisa na hora da dúvida — a voz do ouvinte.

Robert McLeish

1 As características do Rádio como meio de comunicação

Desde as tentativas dos primeiros experimentos, o rádio se expandiu até se tornar um meio de comunicação quase universal. Percorre o mundo em ondas curtas, ligando continentes numa fração de segundos. Dá um salto até os satélites para imprimir sua marca em uma quarta parte do globo terrestre. Traz esse mundo para aqueles que não sabem ler e ajuda a manter contato com os que não podem ver.

É usado pelos militares na guerra e pelos amadores por diversão. Controla o tráfego aéreo e orienta os táxis. Possibilita transações comerciais, é essencial para o corpo de bombeiros e para a polícia, além de ser a base da telefonia móvel. Os radialistas transmitem a cada minuto milhares de palavras, num esforço para informar, educar e entreter, fazer propaganda e persuadir; a música enche o ar. Rádios comunitárias transformam ouvintes em radialistas e a Faixa do Cidadão (FC) dá poder de transmissão ao indivíduo.

E muito, muito mais se pode dizer sobre o rádio, que, no entanto, já perdeu aquela admiração que havia nos seus primeiros anos de existência, tornando-se um meio de comunicação bem comum e "trivial". Para utilizá-lo de modo adequado, devemos adaptar a linguagem "escrita" formal que aprendemos na escola e redescobrir nossas tradições orais. Como o mundo poderia ter sido diferente se Guglielmo Marconi tivesse vivido antes de Johann Gutenberg.

Para ser bem-sucedido num mercado altamente competitivo em que televisão, revistas, jornais, cinema, teatro, vídeos e CDs disputam a atenção do público, o produtor de rádio deve primeiro entender os pontos fortes e os pontos fracos desse meio de comunicação.

O rádio forma imagens

Trata-se de um meio cego, mas que pode estimular a imaginação, de modo que logo ao ouvir a voz do locutor o ouvinte tente visualizar o que ouve, criando na mente a figura do dono da voz. Que imagens são criadas quando a voz transmite um conteúdo emocional? — uma entrevista com esposas reunidas na boca de um poço após terem notícia de um acidente numa mina de carvão, a alegria hesitante de parentes que estão em lados opostos do mundo, ligados pelo programa de um DJ.

Ao contrário da televisão, em que as imagens são limitadas pelo tamanho da tela, as imagens do rádio são do tamanho que você quiser. Para o escritor de peças radiofônicas, é fácil nos envolver numa batalha entre duendes e gigantes, ou fazer a nossa espaçonave pousar num estranho e distante planeta. Criada por efeitos sonoros apropriados e apoiada pela música adequada, praticamente qualquer situação pode ser trazida ao ouvinte. Como disse um colegial ao ser perguntado sobre as novelas da televisão: "Prefiro o rádio, o cenário é bem melhor".

Será o rádio mais preciso? Naturalmente, um meio visual leva vantagem quando se demonstra um procedimento ou uma técnica, e uma simples imagem vale por muitas palavras de descrição. Tanto o som como a imagem são suscetíveis a distorções de seletividade, e no noticiário cabe à integridade do indivíduo que está no local produzir um relato o mais justo, honesto e factual possível. No caso do rádio, sua grande capacidade de apelar diretamente à imaginação não deve permitir a interpretação individual de um evento factual, para não dizer o exagero deliberado desse evento por parte do radialista. Quem faz textos e comentários para o rádio escolhe as palavras de modo a criar as devidas imagens na mente do ouvinte e, assim fazendo, torna o assunto inteligível e a ocasião memorável.

O rádio fala para milhões

O rádio é um dos meios de comunicação de massa ou *mass media*. O termo radiodifusão indica a dispersão da informação produzida, que abrange cada lar, vila, cidade e país que esteja ao alcance do transmissor. Seu *potencial* de comunicação, portanto, é muito grande, mas o efeito *real* pode ser bem pequeno. A diferença entre potencial e real dependerá de questões às quais este livro é dedicado — pertinência, excelência e criatividade do programa, competência operacional, confiabilidade técnica e constância do sinal recebido. Outro fato é o tamanho e a força da concorrência em suas diversas formas. Às vezes os radialistas se esquecem de que as pessoas têm outras coisas para fazer — a vida não se resume a ouvir rádio e ver televisão.

Os pesquisadores de audiência falam de *parcela* e *alcance*. Parcela de audiência é o tempo gasto ouvindo uma determinada emissora, expresso em porcentagem da audiência total de rádio nessa área. Alcance de audiência é o número de pessoas que *de fato* ouvem alguma coisa da emissora num período de um dia ou uma semana, expresso como porcentagem da população total que *poderia* estar ouvindo. Ambas as cifras são importantes. Uma estação num ambiente altamente competitivo pode ter uma parcela bem pequena da audiência total, mas se conseguir obter um substancial acompanhamento de pelo menos um de seus programas, para não dizer o conjunto de vários pequenos segmentos de ouvintes, gozará de um amplo alcance. Os meios de comunicação de massa devem sempre estar interessados no alcance.

O rádio fala para cada indivíduo

Diferentemente da televisão, em que o telespectador está observando algo que sai de uma caixa "que está ali", as paisagens e sons do rádio são criados dentro de nós, podendo ter impacto e envolvimento maiores. O rádio em fones de ouvido acontece literalmente dentro da cabeça. A televisão de um modo geral é assistida por pequenos grupos de pessoas e a reação a um programa costuma ser afetada pela reação entre indivíduos. O rádio é muito mais algo pessoal, que vem direto para o ouvinte. Há exceções óbvias: nas áreas rurais de países menos desenvolvidos, toda uma vila se reúne em torno de um aparelho. Mesmo aqui, no entanto, a revolução do transistor tornou o rádio um artigo pessoal do dia-a-dia.

O radialista não deve abusar dessa natureza direta do meio e considerar o microfone uma entrada para um sistema de discurso público, mas, sim, um meio de falar diretamente com o ouvinte individual. Se o programa for transmitido "ao vivo", o radialista possui a vantagem adicional de uma ligação imediata com o indivíduo e com milhares iguais a ele. O programa gravado introduz deslocamento no tempo e, como um jornal, é capaz de estar desatualizado. O *meio*, porém, é de um para um e "agora".

A velocidade do rádio

Tecnicamente simples, este meio de comunicação é bastante flexível e em geral funciona melhor numa situação imediata "ao vivo". Nada de processar filme nem esperar que o material seja impresso. A reportagem de um correspondente internacional, um ouvinte falando ao telefone, o carro de reportagem nos subúrbios, o resultado de um jogo diretamente do estádio local, um concerto da capital são todos exemplos do caráter imediato do rádio. Esta capacidade de deslocamento geográfico é que gera seu próprio entusiasmo. Tais recursos há muito são vistos como algo banal, tanto para a televisão quanto para o rádio. Imagens e sons são transmitidos por todo o mundo, trazendo qualquer evento de qualquer lugar para o nosso imediato conhecimento. O rádio acelera a disseminação da informação de modo que todos — líderes e liderados — ficam sabendo da mesma notícia, da mesma idéia política, declaração ou ameaça. Se conhecimento é poder, o rádio dá poder a todos nós, quer exercitemos ou não algum tipo de autoridade.

O rádio não tem fronteiras

Livros e revistas podem ser detidos em fronteiras nacionais, mas o rádio não respeita limites territoriais. Seus sinais eliminam barreiras montanhosas e cruzam as profundezas do oceano. O rádio pode juntar os que se encontram separados pela geografia ou pela nacionalidade — ajuda a diminuir outras distâncias de cultura, aprendizado ou *status*. Os programas de propagandistas políticos ou de missionários cristãos podem ser transmitidos num país e ouvidos em outro. Algumas vezes enfrentando interferências hostis, outras bem-vindos como uma verdade que sustenta a vida, os programas radiofônicos possuem uma liberdade independente das linhas de um mapa. Obedecendo às regras da capacidade do transmissor, atividades das manchas solares, interferência de canal e sensibilidade do receptor, o rádio pode trazer liberdade para os oprimidos e luz para os que estão nas trevas.

A simplicidade do rádio

A unidade básica compreende uma pessoa com um gravador, em vez de uma equipe com câmera, luzes e gravador de áudio. Isso torna mais fácil a participação do não-profissional, criando assim maior possibilidade de acesso do público a esse tipo de mídia. Seja como for, o som é melhor compreendido do que a imagem; gravadores e equipamentos estéreos são encontrados na maioria das escolas e dos lares. Provavelmente também é verdade que enquanto na televisão ou na imprensa escrita qualquer perda de padrão técnico torna-se imediatamente óbvia e inaceitável, em relação ao rádio existe uma margem identificável entre o excelente e o suficiente. Isso não quer dizer que não se deve batalhar continuamente pelos mais altos padrões possíveis.

Para o radialista, a relativa simplicidade do rádio significa flexibilidade na programação. Matérias inseridas em programas, ou mesmo o programa todo, podem ser eliminadas e substituídas, quase de modo imperceptível, por algo mais urgente.

O rádio é barato

Comparado aos outros meios de comunicação, tanto o custo de capital quanto as despesas de manutenção são pequenos. Como já descobriram os radialistas do mundo inteiro, a principal dificuldade em montar uma estação geralmente não é financeira, mas, sim, obter uma freqüência de transmissão. Essas freqüências são protegidas pelos governos como signatários de acordos internacionais, e a concessão não é fácil.

As estações de rádio são financiadas de diversas maneiras, incluindo licença pública, publicidade comercial, subsídio do governo, capital privado, assinatura pública ou qualquer combinação desses métodos.

Como se trata de um meio de comunicação barato e que pode atrair uma audiência substancial, o custo por hora — ou, melhor ainda, o custo por ouvinte-hora — é baixo. Esses números precisam ser fornecidos para os anunciantes, patrocinadores e contadores. Mas também é importante que o produtor, bem como o gerente executivo, saiba o custo de um programa em relação à audiência. Isso não significa que a eficiência de custo seja a única medida de valor — certamente não é —, mas é um dos fatores que orientam a tomada de decisões para a programação.

Esse relativo baixo custo mais uma vez significa que o rádio é ideal para o uso de não-profissionais. Como o tempo não é tão caro nem tão raro, as emissoras de rádio são incentivadas a assumir alguns riscos na programação. O rádio é um produto que não pode ser acumulado, nem é tão especial que não possa ser utilizado por alguém que tenha alguma coisa interessante para dizer. Em meio a todos os tipos de métodos de participação do ouvinte, essa mídia é capaz de oferecer um papel de comunicador de mão dupla, particularmente na área de radiodifusão comunitária.

O rádio também é barato para o ouvinte. O desenvolvimento das placas de circuito impresso e da tecnologia de estado sólido permitem a produção em massa dos aparelhos a um custo que possibilita uma distribuição praticamente universal. Mais acessível do que os livros, o bom rádio traz sua própria "biblioteca", de especial valor para os que não podem ler — analfabetos, cegos, pessoas que por qualquer motivo não têm acesso à literatura em sua própria língua. O radialista nunca deve esquecer que, embora as instalações da emissora (estúdios, transmissores etc.) sejam caras, a maior parte do custo de capital total em qualquer sistema de radiodifusão é sustentada pelo público que compra os receptores.

A natureza efêmera do rádio

Trata-se, de fato, de um meio de comunicação efêmero, e se o ouvinte não estiver ali para ouvir o noticiário este já terá sido transmitido e ele terá de esperar pelo próximo. Diferentemente do jornal, que o leitor pode deixar de lado, pegá-lo numa outra hora ou passar para outras pessoas, a radiodifusão impõe uma disciplina rígida de ter de estar ali na hora certa. O produtor de rádio deve reconhecer que, embora possa armazenar seu programa em arquivos de fita magnética, seu trabalho tem vida curta para o ouvinte. Isso não quer dizer que o que se diz num programa não poderá ser memorizado, mas como a memória é falha e não há um registro escrito, o que foi dito pode ser facilmente citado de maneira incorreta ou tirado do contexto. Por essa razão, é aconselhável que o radialista tenha algum tipo de registro escrito ou de áudio como referência ao que foi dito e por quem. Em alguns casos, isso é uma exigência estatutária da emissora como parte de sua responsabilidade pública. Onde tal coisa não acontece, os advogados argumentam que é melhor não ter registro nenhum do que foi dito — por exemplo, numa participação do público via telefone. A prática sugeriria, porém, que guardar uma fita da transmissão é uma garantia útil contra alegações de mau procedimento, em especial de queixosos que perderam a transmissão e tiveram informações vindas de segunda mão.

A natureza transitória do rádio também significa que o ouvinte deve não só ouvir o programa na hora da transmissão, mas também entendê-lo. O impacto e a inteligibilidade da palavra falada devem ocorrer no momento em que é ouvida — raramente há uma segunda chance. O produtor deve portanto esforçar-se pelo máximo de lógica e ordem na apresentação de suas idéias e pelo uso de uma linguagem de fácil entendimento.

O rádio como pano de fundo

O rádio proporciona uma ligação mais tênue com o usuário do que a televisão ou a imprensa escrita. O meio é menos exigente, visto que nos permite fazer outras coisas ao mesmo tempo, e os programas tornam-se um acompanhamento para alguma outra tarefa. Lemos com música tocando, comemos ao som do noticiário ou colocamos papel de parede enquanto ouvimos uma peça. O rádio sofre com sua própria generosidade — pode ser facilmente interrompido. A televisão é mais completa, prendendo toda a nossa atenção, "alimentando-nos" sem exigir esforço ou reação, tendendo a ser compulsiva num nível bem mais baixo de interesse do que o rádio exige de sua audiência.

Pelo fato de o rádio ser freqüentemente usado como pano de fundo, costuma resultar num baixo nível de compromisso por parte do ouvinte. Se o radialista realmente quer que o ouvinte *faça* alguma coisa — que realize uma ação —, então o rádio deverá ser usado juntamente com outro meio de comunicação. A radiodifusão educacional, por exemplo, precisa de folhas de programação, material didático e tutores disponíveis por telefone, envolvendo escolas ou universidades. O rádio-evangelismo tem de estar ligado ao acompanhamento da correspondência e envolve igrejas locais ou missionários de plantão. Propagandas requerem o devido retorno e pontos-de-venda. Embora o rádio possa reivindicar para si alguns resultados espetaculares em termos de ação individual, de um modo geral os produtores têm de trabalhar duro para obter a sua parcela de atenção do ouvinte.

O rádio é seletivo

Há uma diferença em termos de responsabilidade entre o radialista e o editor de jornal, pois o produtor de rádio seleciona exatamente o que será recebido pelo consumidor. Na imprensa escrita, um grande número de notícias, artigos e outros destaques é distribuído ao longo de várias páginas. Cada matéria é intitulada ou identificada de algum modo para facilitar a escolha. O leitor percorre as páginas e seleciona o que lhe interessa — ele usa o seu próprio julgamento. No rádio, isso não é possível. O processo de seleção ocorre no estúdio e o ouvinte recebe uma única seqüência de material. Trata-se de um meio linear. Para o ouvinte, a escolha existe apenas no desligamento mental durante uma matéria que não desperta seu interesse, ou quando sintoniza uma outra estação. Quanto a esse aspecto, uma emissora de rádio ou de televisão é mais autocrática que um jornal.

Falta espaço no rádio

Um jornal pode trazer 30 ou 40 colunas de notícias — um boletim de dez minutos no rádio é equivalente a uma coluna e meia. A seleção e a forma do material falado têm de ser mais condensadas e lógicas. Jornais podem dedicar grandes quantidades de espaço à publicidade, em especial aos pequenos anúncios, e a anúncios pessoais como nascimentos, óbitos e casamentos. Esse é um material ideal para uma leitura rápida e superficial, mas num programa de rádio esse tipo de cobertura detalhada não é possível.

O jornal é capaz de dar a uma matéria importante um impacto adicional simplesmente atribuindo-lhe mais espaço. Notícias importantes recebem títulos grandes — a fotografia é ampliada e exibida de maneira bem chamativa na primeira página. O equivalente num noticiário no rádio é começar com a matéria principal e ilustrá-la com uma reportagem ou uma entrevista. Na radiodifusão há uma tendência para tudo sair do mesmo tamanho. Uma matéria pode ficar mais tempo no ar, mas isso necessariamente não é o mesmo que "maior". Uma cobertura descrita como "detalhada" talvez seja apenas "longa". O campo de ação é limitado para indicar a diferença de importância entre uma crise econômica, um tema religioso, um propensa a usar essa capacidade de enfatizar certas histórias para impor ao consumidor seus próprios juízos de valor. Naturalmente de isso depende da política do editor do jornal. O produtor de rádio não dispõe da mesma liberdade de manobra, o que dá a sensação de que todos os temas são tratados da mesma maneira, crítica freqüente que aponta para uma superficialidade amena. Por outro lado, essa característica do rádio talvez recupere o equilíbrio da democracia, impondo menos ao ouvinte e permitindo que ele decida por conta própria o que é importante.

A personalidade do rádio

A grande vantagem de um meio de comunicação auditivo sobre o meio impresso está no som da voz humana — o entusiasmo, a compaixão, a raiva, a dor e o riso. A voz é capaz de transmitir muito mais do que o discurso escrito. Ela tem inflexão e modulação, hesitação e pausa, uma variedade de ênfases e velocidade. A informação que um locutor transmite tem a ver com o estilo da apresentação tanto quanto com o conteúdo do que ele diz. A vitalidade do rádio depende da diversidade de vozes utilizada e do grau de liberdade no uso de estilos de frase e expressões locais pitorescos.

É importante ouvir todos os tipos de vozes, e não só as dos radialistas profissionais, das pessoas que detêm poder e dos oradores habilidosos. As peculiaridades técnicas desse meio de comunicação não devem desencorajar a expressão natural e sincera de pessoas de todos os níveis sociais. O rádio, despojado das imagens que, na televisão, acompanham a locução, é capaz de gerar grande sensibilidade e um alto grau de confiança.

O rádio ensina

O rádio funciona bem no mundo das idéias. Como um meio de promover a educação, ele se destaca com conceitos e também com fatos. Seja ilustrando dramaticamente um evento histórico, seja acompanhando o pensamento político atual, serve para veicular qualquer assunto que possa ser discutido, conduzindo o ouvinte, num ritmo predeterminado, por um conjunto de informações. Para apreciar a música e ensinar línguas, o rádio é ideal. É claro que lhe falta a capacidade de demonstração que a televisão posanotações de um instrutor mesmo essas limitações podem ser superadas. O uso de um livreto será útil para a memorização. Adicionemos o elemento correspondência e teremos o processo bidirecional de questionamento que é a essência de todo aprendizado pessoal.

Da "Escola no Ar", na Austrália, à "Universidade Aberta", no Reino Unido, a eficiência do rádio satisfaz as necessidades de instrução formal e informal das pessoas que querem evoluir na vida.

O rádio toca música

Aqui você encontra as sinfonias de Beethoven, as 40 mais ouvidas, as canções da nossa infância, jazz, ópera, rock e os nossos *shows* prediletos. Do melhor que podemos encontrar em CD até o razoável organista da igreja local, o rádio proporciona a agradável sensação de um discreto pano de fundo, ou então o foco para uma total absorção, além de relaxar e induzir ao prazer, à nostalgia, ao entusiasmo ou à curiosidade. A variedade de músicas é mais ampla do que a variedade da mais abrangente das discotecas, podendo dar ao ouvinte a oportunidade de descobrir formas musicais novas ou que ainda lhe são desconhecidas.

O rádio pode surpreender

Diferentemente do disco que tocamos ou do livro que pegamos em casa, escolhidos para satisfazer a preferência e as emoções do momento, a música e a locução no rádio são selecionadas para nós e podem, se permitirmos, mudar nosso humor e nos arrebatar. De repente deparamos com coisas novas e desfrutamos de um encontro com o inesperado. O rádio surpreende. Os radialistas são tentados a pensar em termos de uma formatação própria para o rádio, em que o conteúdo se encaixa exatamente entre limites estreitamente definidos. Isso possibilita uma coerência, permitindo ao ouvinte receber o que ele espera ouvir, razão pela qual ele provavelmente ligou o rádio. Mas esse veículo pode também dar oportunidade à inovação e à experiência — um risco que os produtores devem correr, para que essa mídia nos surpreenda de uma forma criativa e estimulante.

O rádio pode sofrer interferência

Enquanto o jornal ou a revista normalmente são recebidos do mesmo modo como foram produzidos, no rádio não temos essa garantia automática. As transmissões em ondas curtas obviamente estão sujeitas a *fadings* bem acentuados e a interferências de canal. Também as ondas médias, em especial à noite, podem sofrer a intrusão de outras emissoras. É provável que a qualidade do som recebido seja bem diferente, em sua dinâmica ou amplitude de freqüência, do que é cuidadosamente produzido em estúdio. Mesmo a FM, que é instável, está sujeita a uma série de distorções, desde a flutuação causada por um avião até a interferência da ignição dos carros e de outros equipamentos elétricos.

A recepção num veículo em movimento também pode ser difícil à medida que a força do sinal varia. A transmissão digital e a radiodifusão direta via satélite superam a maioria desses problemas — com um certo custo —, mas cabe ao produtor lembrar-se de que o que sai do estúdio não é necessariamente o que se ouve no ambiente possivelmente barulhento do ouvinte. Condições precárias de recepção requerem programas que prendam a atenção do ouvinte para que se possa manter uma audiência fiel.

Dadas as características básicas desse meio de comunicação, como deve ser utilizado o rádio? Quais são suas possibilidades? Os detalhes variam dependendo da cultura, mas, de um modo geral, pode-se dizer que funciona principalmente de duas maneiras — é dirigido ao indivíduo e opera em nome da sociedade como um todo.

O rádio para o indivíduo

- Desvia a pessoa de seus problemas e ansiedades, proporcionando relaxamento e lazer. Reduz os sentimentos de solidão, criando uma sensação de companhia.
- Ajuda a resolver problemas, agindo como fonte de informação e aconselhamento, seja diretamente com o acesso pessoal ao programa, seja de um modo geral indicando fontes adicionais de auxílio.
- Amplia a "experiência" pessoal, estimulando o interesse por assuntos, eventos e pessoas antes desconhecidos. Promove a criatividade e pode apontar na direção de novas atividades pessoais. Satisfaz as necessidades de educação formal e informal.
- Contribui para o autoconhecimento e para a conscientização, oferecendo segurança e apoio. Permite que nos vejamos em relação a nós mesmos e aos outros, conectando os indivíduos com os líderes e "especialistas".
- Orienta o comportamento social, estabelecendo padrões e oferecendo modelos para identificação.
- Auxilia nos contatos pessoais, proporcionando temas para conversas por meio da experiência compartilhada: "Você ouviu o programa da noite passada?".
- Capacita os indivíduos a exercitar o ato da escolha, tomar decisões e agir como cidadãos, em especial numa democracia, graças à disseminação de notícias e informações imparciais.

O rádio para a sociedade

- Atua como um multiplicador, acelerando o processo de informar a população.
- Fornece informação sobre empregos, produtos e serviços, ajudando assim a criar mercados com o incentivo à renda e ao consumo.
- Atua como um vigilante sobre os que detêm poder, propiciando o contato entre eles e o público.
- Ajuda a desenvolver objetivos comuns e opções políticas, possibilitando o debate social e político e expondo temas e soluções práticas.
- Contribui para a cultura artística e intelectual dando oportunidades para artistas novos e consagrados de todos os gêneros.
- Divulga idéias que podem ser radicais e que levam a novas crenças e valores, promovendo assim diversidade e mudanças

— ou que talvez reforcem valores tradicionais para ajudar a manter a ordem social por meio do *status quo*.

- Facilita o diálogo entre indivíduos e grupos, promovendo a noção de comunidade.
- Mobiliza recursos públicos e privados para fins pessoais ou comunitários, especialmente numa emergência.

Algumas dessas funções entram em conflito mútuo, outras são mais aplicáveis em âmbito local do que em nível nacional, e outras ainda só se aplicam plenamente em condições de crise. O produtor ou produtora de um programa, no entanto, deve ter uma idéia clara do que ele ou ela está tentando realizar. A falta de clareza sobre o objetivo de um programa resulta num produto final confuso e ineficiente — e também em discussões no estúdio sobre o que deveria ou não ser incluído. Voltaremos a essa questão, mas não é suficiente para o produtor querer fazer um excelente programa — ele poderia também apenas ajustar o transmissor. A pergunta é por quê? Qual deve ser o efeito — sobre o ouvinte, certo? Antes de tratarmos de algumas possíveis motivações pessoais para fazer programas, examinemos o significado dessa frase tão famosa — radiodifusão como serviço de interesse público.

Serviço ao público

A radiodifusão de serviço ao público às vezes é considerada uma alternativa à rádio comercial. Os termos, porém, não são mutuamente excludentes; é possível administrar uma rádio comercial como um serviço ao público, em especial em condições de quase monopólio ou onde existe pouca concorrência pelos anunciantes disponíveis. Depende de qual é a prioridade para os administradores da rádio. Para se ter uma idéia, damos aqui os principais atributos do serviço, fazendo uma analogia com a empregada doméstica. Esta

- é leal ao empregador e não tenta servir a outros interesses ou utilizar sua posição privilegiada em benefício próprio;
- entende as nuanças e as fraquezas da família para a qual presta serviço e ao aceitá-los é plenamente aceita;
- está disponível quando precisam dela, seja qual for o membro da família que lhe pedir ajuda — os mais jovens e os mais velhos, bem como o chefe da casa;
- é realmente útil, cumprindo exigências e prevendo necessidades e problemas; é bem informada, dá bons conselhos e é capaz de contar verdades desagradáveis;
- trabalha bastante, é tecnicamente apta e eficiente;
- é espirituosa e camarada, educada e pontual; e
- oferece seus serviços a preço razoável.

Cada uma dessas características relativas ao serviço tem seu equivalente na radiodifusão, mas há um dilema imediato — tal perfeição pode ser muito cara. Como acontece de um modo geral, teremos o nível de serviço pelo qual pagamos, e talvez não seja possível arcar com a despesa de um produto que atenda a todas as necessidades 24 horas por dia, os sete dias da semana. Concertos ao vivo, novelas e noticiários internacionais são produtos caros, e os administradores de uma rádio precisam decidir sobre o que pode ser fornecido a um preço aceitável. As características que distinguem a radiodifusão de serviço ao público podem, no entanto, ser derivadas do significado que damos à palavra prestador de serviço. Uma tal emissora certamente não é arrogante, estabelecendo-se como um poder por si só. Ela é sensível às necessidades do ouvinte, tornando-se disponível para todos — e não só para os ricos e poderosos; de fato, sua universalidade faz questão de incluir os menos favorecidos. Seus atrativos cobrem um amplo espectro, ela é competente e confiável, divertida e informativa. Os programas voltados para as minorias não devem ficar escondidos na madrugada, mas fazer parte da diversidade disponível no horário nobre. É popular, visto que num determinado período alcança uma parcela significativa da população. Não "importa" programas, mas culturalmente está sintonizada com sua audiência, produzindo a maior parte do que apresenta. Seu material é útil e necessário — é da qualidade solicitada, mas também inclui prazeres inesperados. Acima de tudo, é editorialmente livre de interferências políticas, comerciais e de outros interesses, servindo apenas a um mestre a quem deve explicações — o público.

O conceito funciona bem para um serviço que é devidamente pago pelos ouvintes — seja por licença pública, seja por assinatura. Mas se não for o caso, pode uma estação que presta serviço ao público fazer negócios com uma terceira parte a fim de obter receita adicional? Pode uma emissora do governo, comercial ou religiosa ser administrada como um genuíno serviço ao público? Sim, pode, mas as dificuldades são óbvias.

Em primeiro lugar, um serviço sustentado com fundos públicos e que faz convênios com interesses comerciais está colocando em risco sua mais importante lealdade — a integridade editorial. Qualquer produtor que esteja fazendo um programa em co-produção, ou atuando sob regras especiais, deve revelar essas condições — não como uma espécie de retribuição, mas para atender às exigências da responsabilidade como serviço prestado ao público.

Em segundo, há uma forte tendência de que os "responsáveis" queiram dar as cartas. Um governo não quer ouvir críticas de sua política numa emissora que considera sua. A autoridade de um modo geral não deseja ser desafiada — o que de tempo em tempo os jornalistas políticos devem fazer. Ministérios e departamentos são bastante sensíveis a assuntos que "a bem do interesse público" prefeririam não divulgar. Funcionários do governo tendem a evitar ou adiar a divulgação de "más notícias", mesmo que sejam verdadeiras. Da mesma maneira, uma emissora comercial em geral precisa maximizar sua audiência a fim de justificar seus preços, deixando de lado portanto interesses regionais para satisfazer o desejo dos anunciantes por uma grande popularidade. Patrocinadores cristãos poderão exigir o evangelho que *eles* querem ouvir, esquecendo a necessidade de servir ao público de diversas maneiras. A necessidade de sobreviver num clima político hostil ou ferozmente competitivo faz aumentar essas pressões. O fato é que uma emissora de rádio dedicada ao serviço público, mas controlada ou custeada por uma terceira parte, com seus próprios interesses a considerar, quase certamente enfraquecerá esse compromisso.

Tipos de emissoras

Não se classifica o rádio tanto pelo que ele faz quanto pelo modo como é financiado. Cada método de financiamento exerce um efeito direto sobre a programação que uma emissora pode custear ou está preparada para oferecer, o que, por sua vez, é afetado pelo grau de concorrência que enfrenta.

Os principais tipos de financiamento são:

- Serviço público, financiado por uma taxa de licenciamento e dirigido por uma corporação nacional.
- Emissora comercial, financiada por anúncios de âmbito nacional e local ou por patrocínio, e dirigida como uma companhia que presta serviço ao público.
- Emissora estatal, sustentada pelos impostos e dirigida como um departamento do governo.
- Emissora de propriedade estatal, financiada em grande parte por anúncios, e que opera sob a direção de um conselho escolhido pelo governo.
- Serviço público, financiado com verba ou subsídio do governo e dirigido por um conselho independente do governo, mas que presta contas ao público.
- Serviço público, emissora por assinatura, não aceita anunciantes e é financiada por assinantes individuais e doadores.
- Propriedade privada, financiada por toda espécie de rendimentos, ou seja, comerciais, assinaturas, doações.
- Propriedade institucional, p. ex., rádio universitária, hospital ou fábrica, dirigida e sustentada pela instituição para benefício de seus estudantes, pacientes, empregados etc.
- Emissora de rádio dirigida para fins religiosos ou caritativos — vende tempo de transmissão e gera renda mediante contribuições de patrocinadores.
- Propriedade da comunidade, financiada por anunciantes e patrocinadores locais.
- Emissoras com Licença para Serviço Restrito, são de baixa potência e curta duração, e criadas para satisfazer uma necessidade específica, como uma licença de um mês para cobrir um festival na cidade.

A capacidade de cobrar preços elevados pelos anúncios depende de se ter uma grande audiência, que resulta de uma programação de apelo popular ou de um público de alto poder aquisitivo. Competir por renda cuja provisão é limitada é bem diferente da concorrência que uma emissora enfrenta para ganhar audiência.

No mundo todo, emissoras combinam diferentes formas de financiamento e suplementam sua renda utilizando todos os meios possíveis, desde eventos geradores de lucros, como concertos, publicações e venda de programas — tanto para o público, em CDs e cassetes, quanto para outras estações —, até a venda de camisetas, realização de eventos comunitários e comercialização feita em veículos estacionados em logradouros públicos.

Pressões "externas"

Nenhuma emissora de rádio — e portanto nenhum produtor — existe num vácuo. Elas pertencem a um contexto de conexões, úteis e necessárias, que também representam uma fonte de pressão potencial. Isso pode inibir um compromisso sincero com o ideal de serviço ao público. A Figura 1.1. ilustra algumas dessas pressões, cada qual ligada por duas setas em sentidos opostos. É um importante exercício para os radialistas saberem, em sua própria situação, o que representam essas setas. Quais são as expectativas e as relações em cada direção? Até que ponto são satisfeitas? Para o produtor, já bastam as transigências e restrições de seu próprio ofício; outras obrigações para com interesses alheios à radiodifusão podem ser extremamente incômodas. Num segundo plano em relação à elaboração de um programa, é necessário, porém, conhecer todos os que participam do processo.

Motivações pessoais

Qual é então o nosso objetivo em estar numa rádio? É por que dá uma certa aparência de poder — por ser capaz de controlar a opinião pública e fazer com que as pessoas ajam de determinada maneira? Se for este o caso, é preciso dizer que isso é muito raro e pouco provável de ser realizado apenas com o rádio. É para ser o principal porta-voz de outra pessoa — ou existem razões que satisfazem minhas próprias necessidades?

É aconselhável que o produtor entenda quais podem ser algumas dessas motivações pessoais:

- informar — o papel do jornalista;
- instruir — permitir que as pessoas adquiram conhecimento e aptidões;
- entreter — fazer o público rir, relaxar ou passar horas agradáveis;
- tranqüilizar — fazer companhia e dar apoio;

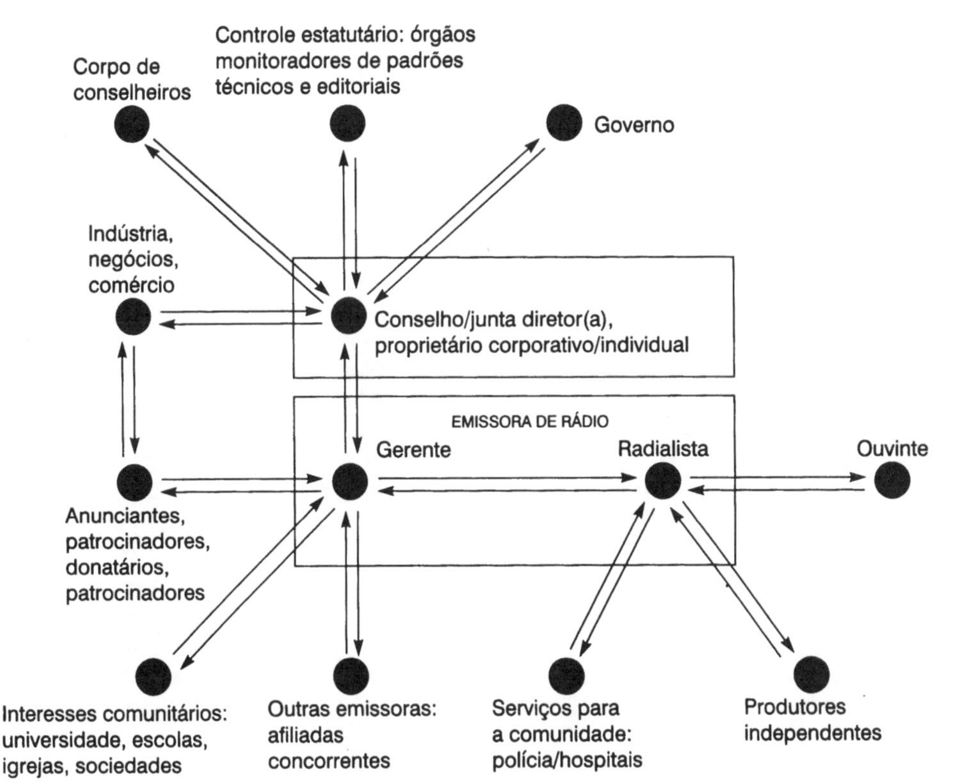

Fig. 1.1. O contexto de uma emissora de rádio - conexões típicas e pontos de pressão.

- chocar — a emissora sensacionalista;
- ganhar dinheiro — um meio de ganhar a vida;
- divertir-se — um meio de expressão artística;
- transformar — lutar por uma nova sociedade;
- manter o *status quo* — voltar aos valores estabelecidos;
- converter a uma crença — fazer proselitismo de uma fé;
- apresentar opções — permitir ao ouvinte o exercício da escolha.

Cada programador deve descobrir por si só por que ele está no rádio. Talvez seja para ganhar a vida ou porque ele ou ela tem algo a dizer. Talvez por desejo autêntico de servir ao semelhante — proporcionar opções para a ação, disponibilizando possibilidades, fazendo com que as pessoas fiquem mais bem informadas.

No final das contas, o rádio é relacionamento. Muito mais que na televisão, o apresentador ou o DJ estabelece uma espécie de ligação com o ouvinte. Uma emissora bem-sucedida é mais do que a soma de seus programas; ela entende a natureza dessa amizade e seu papel de líder e prestador de serviços.

2

O estúdio de rádio

Livros sobre os aspectos técnicos e operacionais da radiodifusão são citados nas Leituras Selecionadas na p. 241 e, portanto, aqui não entraremos em detalhes. Mas omitir totalmente o tema pareceria indicar uma separação entre a produção do programa e sua base funcional, o que não acontece. Afinal de contas, o ouvinte depende unicamente do som e deve poder ouvi-lo com clareza e precisão. Sons distorcidos, confusos ou precariamente agregados são cansativos para o ouvinte, que acabará perdendo o interesse.

A qualidade do produto final depende diretamente de padrões operacionais e técnicos. Pouco importa se as idéias são boas, se a produção é brilhante, se a apresentação é feita com esmero, porque tudo irá por água abaixo com uma técnica operacional ruim. Quer o radialista esteja utilizando uma equipe operacional, quer esteja em modo "automático", é fundamental estar familiarizado com o equipamento de estúdio — que para ele deve ser uma "segunda natureza".

Façamos a seguinte analogia: ao dirigir um carro, o bom motorista não está preocupado em como deve trocar de marcha ou em que pedal terá de pisar — está mais interessado na estrada, isto é, na posição do carro em relação aos outros veículos. A mesma coisa acontece com o radialista. A utilização das ferramentas do ofício — microfones, computadores, gravadores, o mixador do estúdio, aparelhos de CD — deve estar sob o comando do produtor, pois assim ele poderá se concentrar na radiodifusão propriamente dita, ou seja, na comunicação de idéias por meio da música e da locução.

Em primeiro lugar vem a boa técnica, que, uma vez dominada, não deve se intrometer no programa. O aspecto técnico da radiodifusão — edição, *fading*, controle de níveis (volume), qualidade de som, e assim por diante — deve ser tão bom a ponto de não aparecer. Por ser invisível, permite a expressão do conteúdo do programa.

Como acontece com outras artes que envolvem apresentação — cinema, teatro e televisão —, a marca registrada do bom comunicador é que seus recursos nem sempre são evidentes. As aptidões básicas do ofício raramente são percebidas, a não ser pelo profissional que reconhece nessa não-intrusão o domínio da mídia.

Há produtores que dizem não se interessar pela parte técnica. Deixam a operação de mixagem e o computador para os outros, de modo que possam se concentrar em questões editoriais mais "elevadas". Infelizmente, se você não souber o que é tecnicamente possível, não poderá perceber o potencial desse meio de comunicação. Sem conhecer também as limitações dessa mídia, não há como tentar superá-las; você apenas sofre as frustrações de sempre ter de depender de alguém que entende.

Layout do estúdio

Estúdios para transmissão ou ensaio/gravação podem consistir apenas numa única sala que contém todo o equipamento, incluindo um ou mais microfones. Esse arranjo é projetado para uso de uma só pessoa e se chama estúdio de operação automática.

Quando duas ou mais salas são usadas em conjunto, a sala de mixagem e de outros equipamentos é mencionada como sala de controle, enquanto o verdadeiro estúdio — onde está a maior parte dos microfones — é usado para os entrevistados, atores, músicos etc. Se a sala de controle também tiver um microfone poderá servir como estúdio de operação automática. Em qualquer área, quando se aumenta gradativamente o som do microfone (*fade-up*), corta-se o som do alto-falante e a monitoração deve ser feita com fones de ouvido.

A mesa de estúdio (mesa de controle, mesa de mixagem)

A maioria dos estúdios também tem algum tipo de mixador de áudio. Trata-se de um equipamento para mixar as várias fontes que compõem um programa, controlar o nível ou volume e enviar o produto final para um determinado destino — em geral o transmissor ou uma máquina de gravação. Um estúdio contém três tipos de circuitos:

1) *Circuitos de programa*: uma série de canais com níveis de volume individuais controlados por *faders* em *sliders* separados. Uma segunda saída auxiliar — em geral controlada por um pequeno *fader* rotativo em cada canal — pode proporcionar uma mixagem diferente de material de programa usado tipicamente em sistemas de transmissão ao público, eco, *foldback* no estúdio, *clean feed* enviado a um colaborador remoto etc.
2) *Circuitos de monitoração*: indicação visual — seja por um medidor de programa ou por uma coluna vertical de luzes — e indicação auditiva — alto-falante

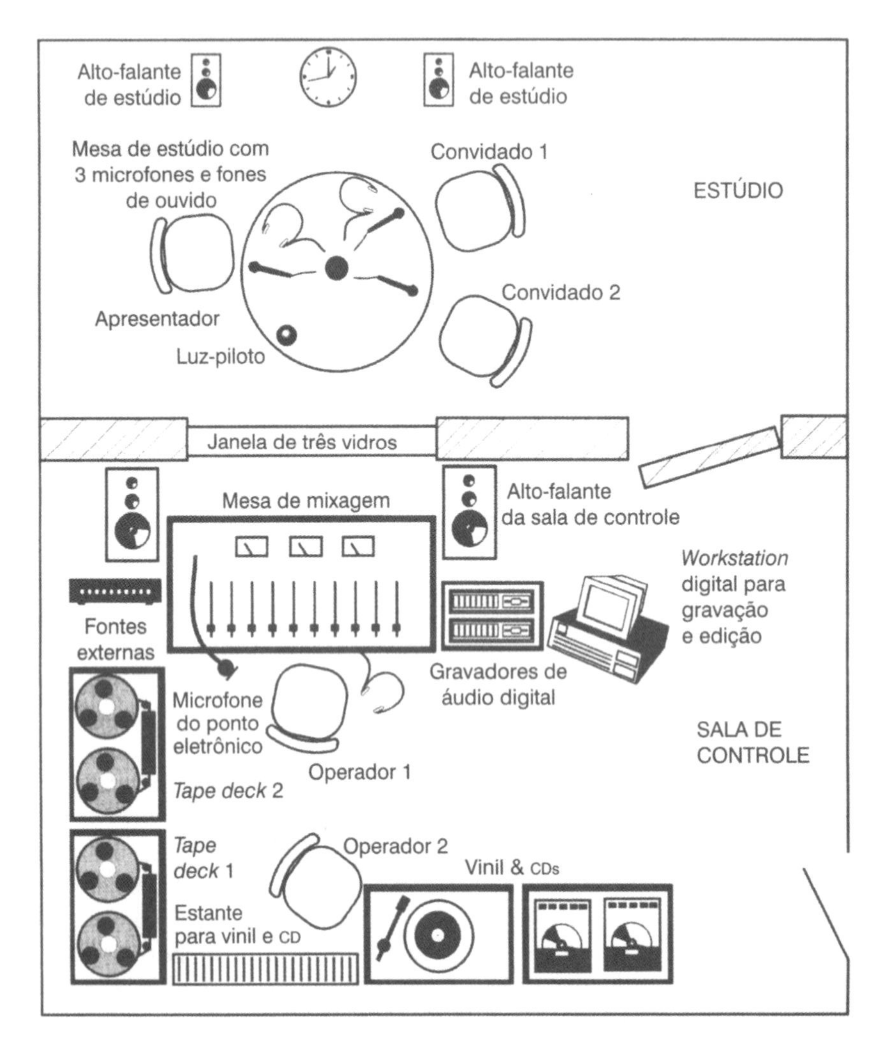

Fig. 2.1. Estúdio tradicional, dirigido a partir de sua sala de controle. A área do estúdio contém mesas e cadeiras com dois ou mais microfones para entrevistas, narração ou peças radiofônicas simples. A monitoração é feita por alto-falante ou, quando os canais dos microfones estiverem abertos, por fones de ouvido para cada pessoa, conforme necessário. A monitoração normalmente transmite a saída da mesa de mixagem, mas pode ser ajustada para captar qualquer entrada para o programa, por exemplo, uma chamada telefônica externa. Os fones de ouvido também transmitem comunicação da área de controle, que, por sua vez, contêm a mesa de mixagem com o número de canais exigido pela complexidade do programa, neste caso 10. Podem ser dispostos segundo a exigência do operador, p. ex., *tape deck* 1, *tape deck* 2, fontes externas, microfones 1, 2, 3, DAT 1, DAT 2, CD 1, CD 2. O computador pode também reproduzir material sonoro por um canal. Um minidisco pode substituir o *tape deck* ou a DAT. Fontes como aparelhos de CD e toca-discos só são conectados quando necessário. As fontes externas talvez incluam a sala de redação, telefone, ou outras fontes remotas, estúdios ou redes. Uma matriz comutadora ou painel de conexão torna cada fonte passível de ser transferida para qualquer *fader* de canal. Um segundo operador é usado para verificar e preparar as fitas, minidiscos, DATs ou CDs para reprodução, seja com sinalização, seja por inicialização remota, ativada pela abertura do *fader*. Esse estúdio foi projetado para a produção de programas bem dinâmicos ou complexos, tais como noticiários longos com muitos locutores, convidados e inserções gravadas.

ou fones de ouvido — para o operador poder ouvir e medir as fontes individualmente e também o produto final mixado.

3) *Circuitos de controle:* meios de comunicação com outros estúdios ou com transmissões externas via ponto eletrônico ou linha de telefone.

Quando se aprende a operar a mesa de mixagem, dificilmente se pode deixar de primeiro entender os princípios de cada equipamento de forma individual, depois praticar até que a operação se torne automática. Damos em seguida alguns detalhes operacionais para o iniciante.

O operador deve estar bem acomodado. A altura correta da cadeira e o fácil acesso a todos os equipamentos necessários são importantes para uma operação fluente. Isso em geral exige uma cadeira giratória com rodinhas.

A primeira função a ser considerada é a *monitoração* do programa. Não se deve tocar em nada do mixador sem antes responder à pergunta — o que estou ouvindo? Em geral, o alto-falante transmite o que sai diretamente da mesa, como no caso de um ensaio ou gravação. Em condições de transmissão, o que se ouve é o programa "*off-air*" ("fora do ar"), embora talvez não seja viável ouvir por intermédio de um receptor quando se transmite em ondas curtas. Até onde for possível, o programa deve ser monitorado conforme chega ao ouvinte, e não apenas como sai do estúdio.

O volume de monitoração do alto-falante deve ser ajustado a um nível satisfatório e assim permanecer. É impossível fazer avaliações subjetivas da relativa intensidade do som de um programa se o volume do alto-falante for constantemente alterado. Se for preciso diminuir o volume do alto-falante para poder falar no telefone, por exemplo, isso deve ser feito com a operação de uma única chave, de modo que depois o volume original seja facilmente restaurado.

Ao *mixar* as fontes — microfones, aparelhos de CD, inserção de computador etc. — a regra geral é introduzir o novo *fader* antes de tirar o antigo. Isso evita aquela perda de clima que ocorre quando todos os *faders* estão fechados. Uma mixagem feita gradualmente de um som para o outro chama-se "*crossfade*" ou "fusão".

Para avaliar os níveis relativos de *som* de duas fontes de um programa, seja numa mixagem, seja em justaposição, o dispositivo mais importante é a própria audição do operador. A questão sobre qual deve ser a intensidade sonora da locução em relação à música depende de uma série de fatores, incluindo a natureza do programa

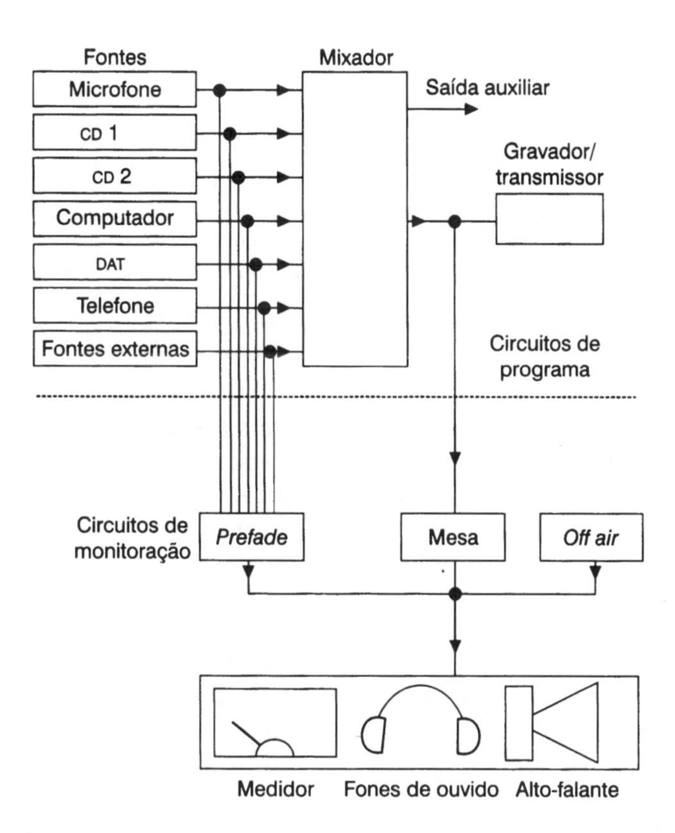

Fig. 2.2. Mixador de estúdio: programa típico e circuitos de monitoração mostrando o programa principal e as saídas auxiliares, e também o princípio de *prefade*, saída de mesa e monitoração fora do ar (*off-air*).

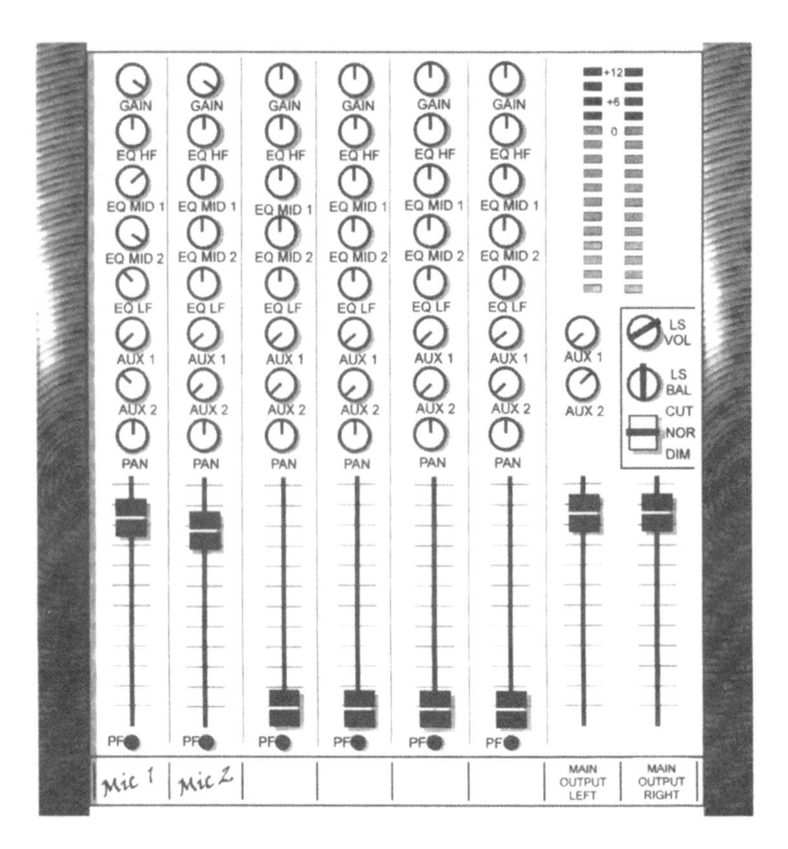

Fig. 2.3. Recursos de uma mesa de mixagem simples de seis canais. Cada fonte do programa é conectada ao mixador para que tenha seu próprio *fader* de canal e controles associados. Cada soquete (não aparece na figura) tem um comutador de sensibilidade de *mic/line* (microfone/linha) para compensar baixos níveis de entrada, por exemplo de um microfone, ou de uma entrada de alto nível, como de um aparelho de CD. Na prática, varia: em algumas mesas o *fade-up* é feito movendo-se o *fader* na direção do operador; muitas, porém, é fechado na posição proximal. Afastando o *fader* de sua posição de base, você pode acender a luz vermelha "no ar", silenciar o alto-falante ou operar equipamento de "inicialização remota". Cada canal também tem:

- um botão de *prefade* para ouvir e medir uma fonte individual sem *fade-up*;
- um *pan-pot* para jogar a fonte para a direita ou para a esquerda num quadro estéreo;
- duas saídas auxiliares, independentes da mixagem principal do programa;
- equalização para eliminar ou enfatizar freqüências.

Uma fita de identificação permite ao operador rotular cada canal. As saídas principais da esquerda e da direita (*main output left* e *main output right*) possuem *faders* para ajustar o nível geral da mixagem, o que também acontece com as saídas auxiliares (*auxiliary outputs*). Os alto-falantes de monitoração têm seu próprio volume de controle, balanço de esquerda e direita, *dim* (atenuação) e *cut key* (chave de eliminação). O nível de saída é indicado por colunas verticais de luzes que mudam para a cor vermelha quando começa a ocorrer distorção por sobrecarga. Neste exemplo, *mic 1* (microfone 1) tem um certo aumento de "presença" e *roll-off* de grave. Também aparece em *Aux output* 2 (saída auxiliar 2). Ambos os microfones são posicionados no centro para uma saída mono, mas poderiam ser deslocados um para a esquerda e outro para a direita, dando um efeito estéreo.

e as prováveis condições de escuta da audiência, bem como o tipo de música e as características vocais da locução. Certamente haverá um nível máximo que pode ser enviado para a linha que alimenta o transmissor, e isso representa o limite superior em relação ao qual tudo o mais é avaliado. É óbvio que para o concerto de uma orquestra a música precisa estar mais alta que a locução. O inverso, no entanto, é o caso quando a locução é mais importante ou quando a música já é dinamicamente condensada, como acontece com os discos de rock e de música pop. Essa característica de "locução mais alta que a música" é geral para a maioria dos programas com vários quadros ou quando a música é destinada para ser ouvida em segundo plano. É particularmente importante quando as condições de escuta provavelmente são ruidosas, como em meio aos afazeres domésticos ou no automóvel.

Também é verdade, porém, em especial numa situação de feroz concorrência de transmissores, que o máximo de penetração para o sinal seja obtido sacrificando-se a sutileza dinâmica. Os níveis de som de todas as fontes são mantidos no máximo possível e o transmissor recebe uma grande dose de compressão. É aconselhável que o produtor tenha conhecimento disso, ou poderá gastar um bom tempo obtendo um certo tipo de efeito ou aperfeiçoando seus *fades* para acabar sendo sobrepujado por um transmissor não-abrangente!

Provavelmente, o aspecto mais importante da operação da mesa é a *auto-organização*. É essencial ter um sistema para cuidar dos itens materiais: seqüência de transmissão, *scripts*, folhas de sinalização, CDs e matérias gravadas etc. O material — e a papelada referente — que já foi usado deve ser colocado de lado e o material novo, deixado ao alcance do operador conforme a necessidade. O bom operador está sempre um passo adiante. Ele sabe o que vai fazer em seguida e, tendo feito, prepara a próxima etapa.

Computadores

Capazes de gravar, armazenar, manipular e executar o material de áudio na forma digital, os computadores oferecem uma excelente qualidade sonora, bem como facilitam a edição e o acesso imediato a qualquer parte do programa. Nesse contexto, o computador é utilizado de duas maneiras diferentes:

1) como um terminal "*stand-alone*" capaz de editar, armazenar ou transmitir material, mas que não está conectado a nenhum outro computador.

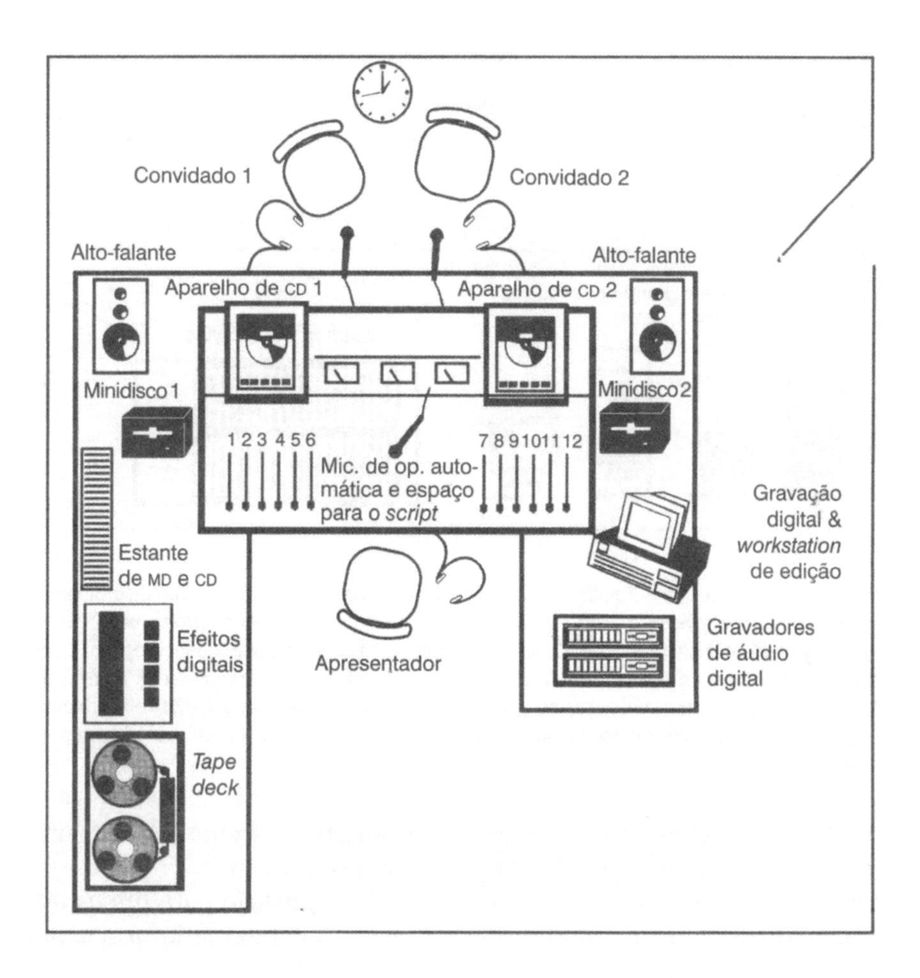

Fig. 2.4. **Estúdio de operação automática com mixador de 12 canais e várias fontes de programa. O computador pode fazer parte de um sistema integrado capaz de transmitir material de áudio a partir de um repertório central, ou pode ser do tipo "independente", capaz de gravar ou reproduzir o conteúdo do disco rígido. Um layout típico seria:**

1. Tape deck
2. MD 1
3. MD 2
4. CD 1
5. CD 2
6. Mic. de op. automática 1
7. Mic. p/ convidado 1
8. Mic. p/ convidado 2
9. DAT 1
10. DAT 2
11. Computador 1
12. Computador 2

A monitoração é feita por medidores estéreos e de *prefade*, auto-falantes e fones de ouvido.

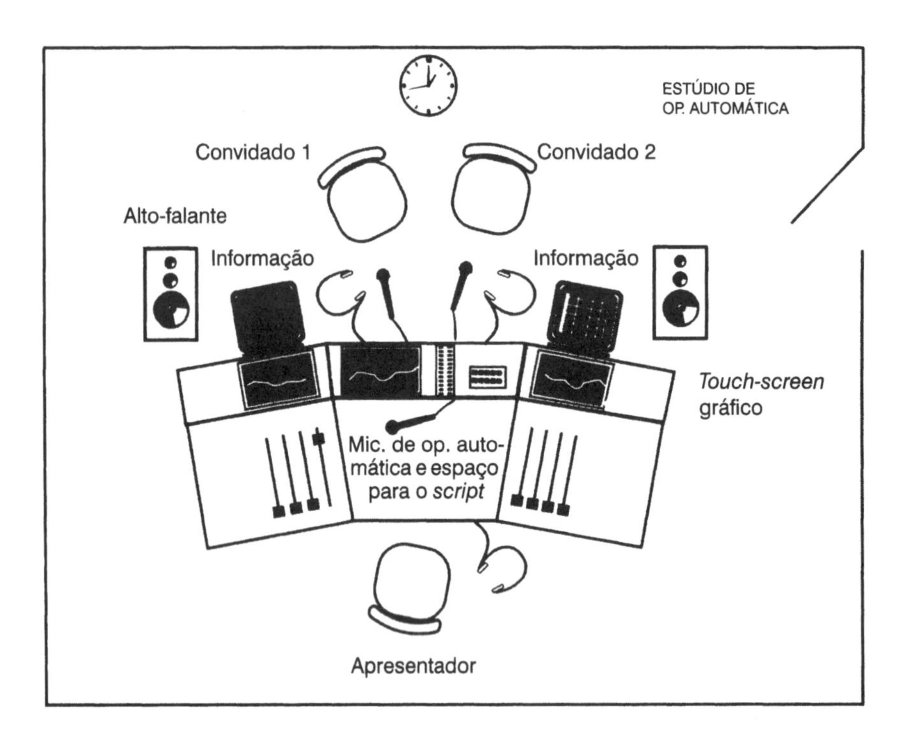

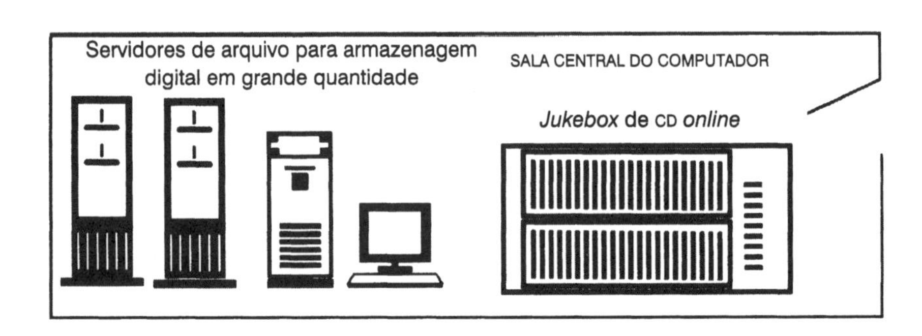

Fig. 2.5. Estúdio digital de operação automática. A simplicidade de operação é obtida removendo-se fontes de programa para uma sala central do computador. Os ícones da tela tipo *touch-screen* fornecem EQ variável para cada canal, conectando tudo o que for necessário a cada *fader* – sala de redação, material pré-gravado, CDs, fontes externas, eco, rede de sustentação etc. O computador pode ser programado de modo que a entrada de uma senha pessoal imediatamente disponha o *layout* da mesa segundo a preferência de cada apresentador. As telas de informação mostram a seqüência de transmissão do programa, boletins noticiosos ou atualizações, previsão do tempo, detalhes sobre chamadas telefônicas externas, horário da programação, os maiores sucessos musicais etc. Quando fora do ar, essa disposição também é utilizada como suite de edição digital para fazer pacotes e gravar *voice-overs* etc.

2) como parte de um sistema de rede integrado em que toda a armazenagem do material é centralizada e este pode ser acessado ou manipulado por qualquer um dos terminais existentes. Determinados programas ou matérias podem ser protegidos, permitindo-se o acesso apenas por meio de senha.

A grande vantagem de um sistema integrado é que, enquanto a edição de uma matéria — uma reportagem — pode ser feita num terminal na sala de redação, em seguida estará imediatamente disponível para o radialista no ar. O terminal do estúdio tem acesso a uma imensa quantidade de material — depende apenas do produtor conhecer o sistema o suficiente para saber o que está a seu alcance.

Na transição para um estúdio, uma emissora ou rede totalmente informatizados, é da máxima importância que as pessoas, em especial as mais velhas, acostumadas aos métodos mais tradicionais de elaboração de um programa, tenham tempo suficiente para treinamento. O custo para tanto é um componente essencial do capital de investimento total. Funcionários e colaboradores levam várias semanas para se familiarizar com um equipamento dessa natureza. Isso em parte tem a ver com a necessidade de uma aproximação psicológica bem diferente. O entendimento não está mais baseado em saber ou pelo menos ver como funciona — como era o caso com um toca-discos ou um gravador. Não é necessário saber "como", mas o novo aprendizado é saber o que se pode fazer e reconhecer o potencial desses equipamentos. Não entender plenamente um novo processo gera ansiedade para muitas pessoas, razão por que nenhum sistema deve ser entregue a usuários operacionais sem antes ser testado e aprovado pelos engenheiros de instalação. Uma vez operacional, o software deve ser totalmente confiável. Mesmo assim, a experiência mostra que é bom ter um aparelho de CD ou música pré-gravada em DAT prontamente disponível num dos canais do mixador.

Workstation de áudio digital

Esse recurso provavelmente encontra-se numa pequena sala separada do estúdio. Pode ser um terminal "independente" e completo, ou estar totalmente integrado a uma rede de computadores. O exemplo que damos aqui é o de uma típica *workstation* de áudio digital (Figura 2.6.). Inclui um mixador de áudio, que tem como uma das fontes o microfone, um computador e um teclado, e uma unidade para captar dados de linhas digitais ISDN. Como alternativa, o mixador pode receber dados da sala de redação local, de um estúdio remoto, de uma transmissão externa ou de uma chamada telefônica de fora. Esse arranjo pode portanto ser utilizado para gravação local de voz, entrevista com alguém numa fonte remota, edição de material, mixagem de matérias para criar um "pacote" pronto ou corrigir níveis de uma mixagem já gravada. É um arranjo ideal para fazer breves pacotes de notícias operadas automaticamente, em especial quando uma máquina de *playback* digital é incluída para transferir material gravado em locação. (Ver também Figura 7.1.) Nesse exemplo estamos fazendo a abertura de um programa, mixando ao mesmo tempo três fontes separadas (Figura 2.7.).

Com o software apropriado, diferentes matérias de estúdio são gravadas no computador e aparecem como pistas separadas. Eis aqui o *script* com o qual estamos trabalhando.

Música	Ritmo de guitarra gravado no estúdio (*fade* após 4 segundos e mixar com efeitos)
Efeitos	Rebentação de ondas na praia (*fade-up*, maximizar e manter ao fundo)
Narrador	Ilhas Comores. No mapa, parecem pequeninos pontos no Oceano Índico. (lentamente fazer *fade-down* da música) Mas, ao caminhar ao longo das praias de areias brancas, você fica maravilhado com aquela massa de vegetação verde e luxuriante que cobre os picos das montanhas. Mas não são apenas montanhas — são vulcões. Pergunte a qualquer pescador. (termina a música)
Efeitos	(aumenta por um breve instante, diminui, mantém ao fundo)
Pescador	Ah, sim — a última erupção que tivemos foi em 1977 — a lava foi despejada no mar...

Aqui a música é colocada na Pista 1, a locução na Pista 2 e os efeitos na Pista 3. A mixagem resultante aparece na Pista 4. Na parte de baixo, há uma escala de tempo dividida em segundos, contando da esquerda para a direita.

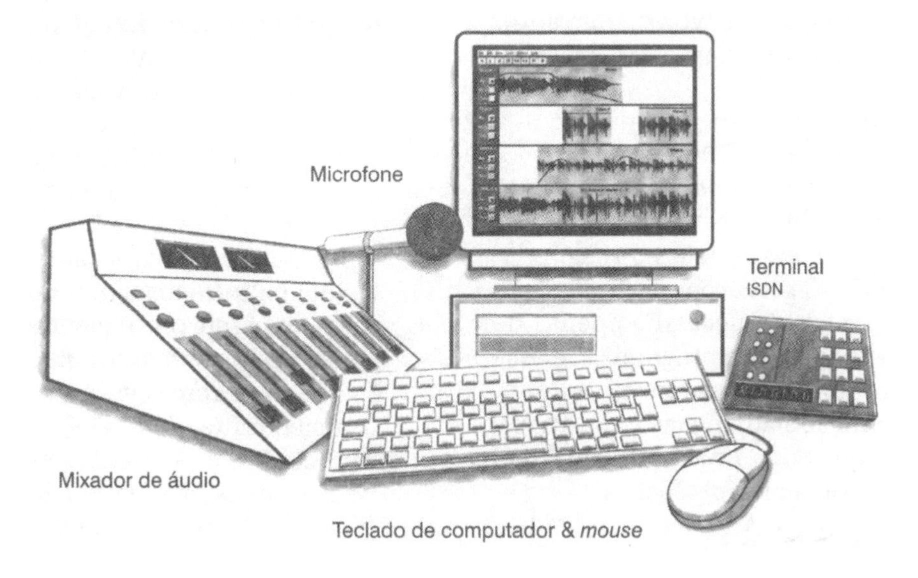

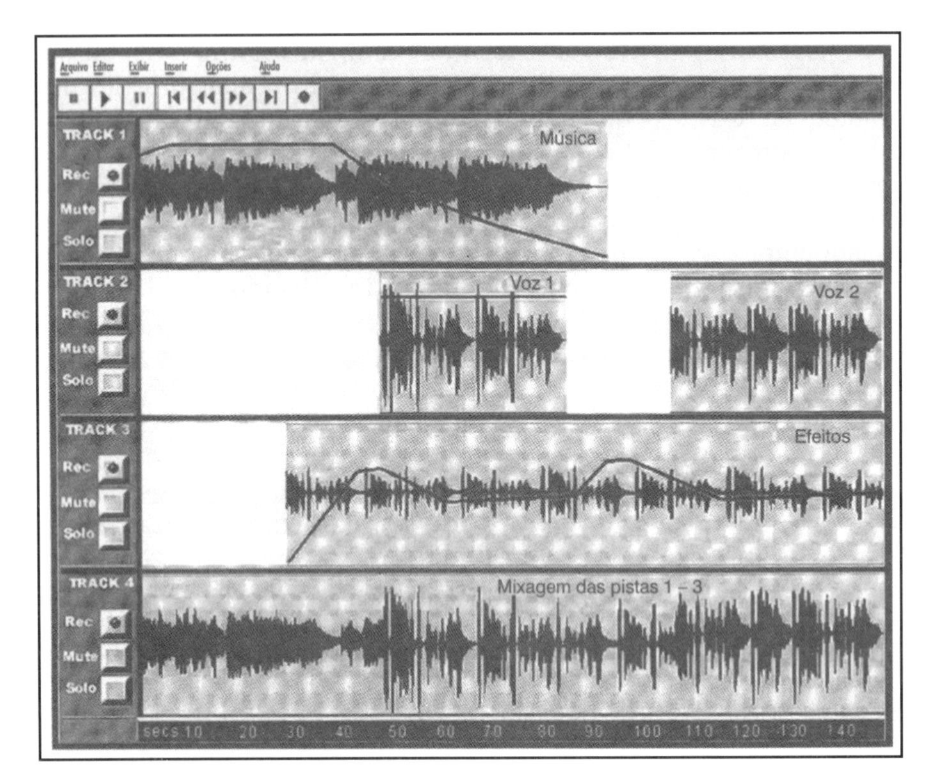

Fig. 2.7 Edição digital. Mixagem de três fontes diferentes para fazer a abertura de um programa.

Cada uma das pistas pode ser ouvida independentemente, e seu nível, ajustado com o clicar de um *mouse* na linha de volume, deslocando-o para cima ou para baixo. Essa é a linha sólida em cada pista que indica o nível relativo num dado momento.

A música começa sozinha e três segundos depois o barulho do mar é introduzido gradualmente em *fade-up*. Após cinco segundos, essa mistura de sons diminui em *fade-down* e é mantida ao fundo, com a voz do narrador em primeiro plano. O som da música continua diminuindo aos poucos até cessar por completo no momento em que o som das ondas do mar, por um breve instante, atinge um máximo antes de entrar a voz do pescador — voz 2. Observe que o pescador foi gravado num nível ligeiramente mais baixo do que o da voz do narrador, de modo que a pista 2 se destaca para compensar.

A vantagem desse recurso é permitir que a mixagem seja repetida com 100% de precisão, enquanto talvez se altere um dos níveis ou uma das sinalizações para obter o resultado desejado. Permite ainda cronometrar frações de segundo, deixa intactas todas as gravações originais, não obstrui o estúdio inteiro e necessita apenas de uma pessoa para consumar o programa. Se essa pessoa for o narrador e, além disso, o produtor, o método de produção não apenas é muito eficiente, mas também pode criar um alto nível de satisfação profissional e pessoal.

Reprodução de fitas magnéticas

Há vários formatos de fita magnética que podem ser utilizados num estúdio — fita de áudio digital (DAT), fita cassete de áudio, rolo de um quarto de polegada e o cartucho fechado. Assim como acontece com os CDs e os álbuns de vinil, as fitas de áudio também devem ser conferidas antes da transmissão para que não seja tocada a fita errada. Para tanto, as palavras ou a música do começo da fita precisam combinar com a informação fornecida pela folha de sinalização ou seqüência de transmissão. Os níveis de gravação variam consideravelmente e a verificação de pré-transmissão também é usada para o volume de *replay* no nível atual do programa.

- A *fita de áudio digital (digital audio tape)* — DAT — revolucionou a gravação e edição de áudio. É usada tanto na masterização de gravações musicais quanto em pequenas máquinas portáteis (ver também minidisco) para coletar material em locação. Com a mesma tecnologia da gravação em vídeo — uma fita de baixa velocidade lida por um cabeçote giratório —, o cassete DAT é menor do que o cassete de áudio convencional e, assim como acontece com o vídeo, não se tem acesso físico à fita. O sinal é gravado em forma digital, e as variações elétricas originais são representadas por uma série de pulsos ou "bits" de informação. O áudio na forma de "bits" é facilmente manipulado por um computador, do mesmo modo que o texto digitado é reordenado por um processador de texto. A qualidade do som permanece exatamente como no original e não degrada à medida que se fazem cópias digitais sucessivas. Duas máquinas DAT de gravação/reprodução costumam ser encontradas nos estúdios de transmissão e de gravação — principalmente para a gravação ou reprodução de programas inteiros e não apenas de matérias curtas ou inserções.

- *A fita cassete de áudio* usa um mecanismo rolo a rolo com fitas de 3 mm (um oitavo de polegada) de largura, que correm a uma velocidade de 4,7 cm (17/8 polegadas) por segundo. Os cassetes, originalmente desenvolvidos para uso doméstico, têm muitas aplicações em radiodifusão. O gravador cassete profissional do tipo "walkman" é de fácil transporte, além de ser prático, no que se iguala ao minidisco; a facilidade de manuseio é o segredo da sua popularidade. É bom lembrar, no entanto, que por ser razoavelmente

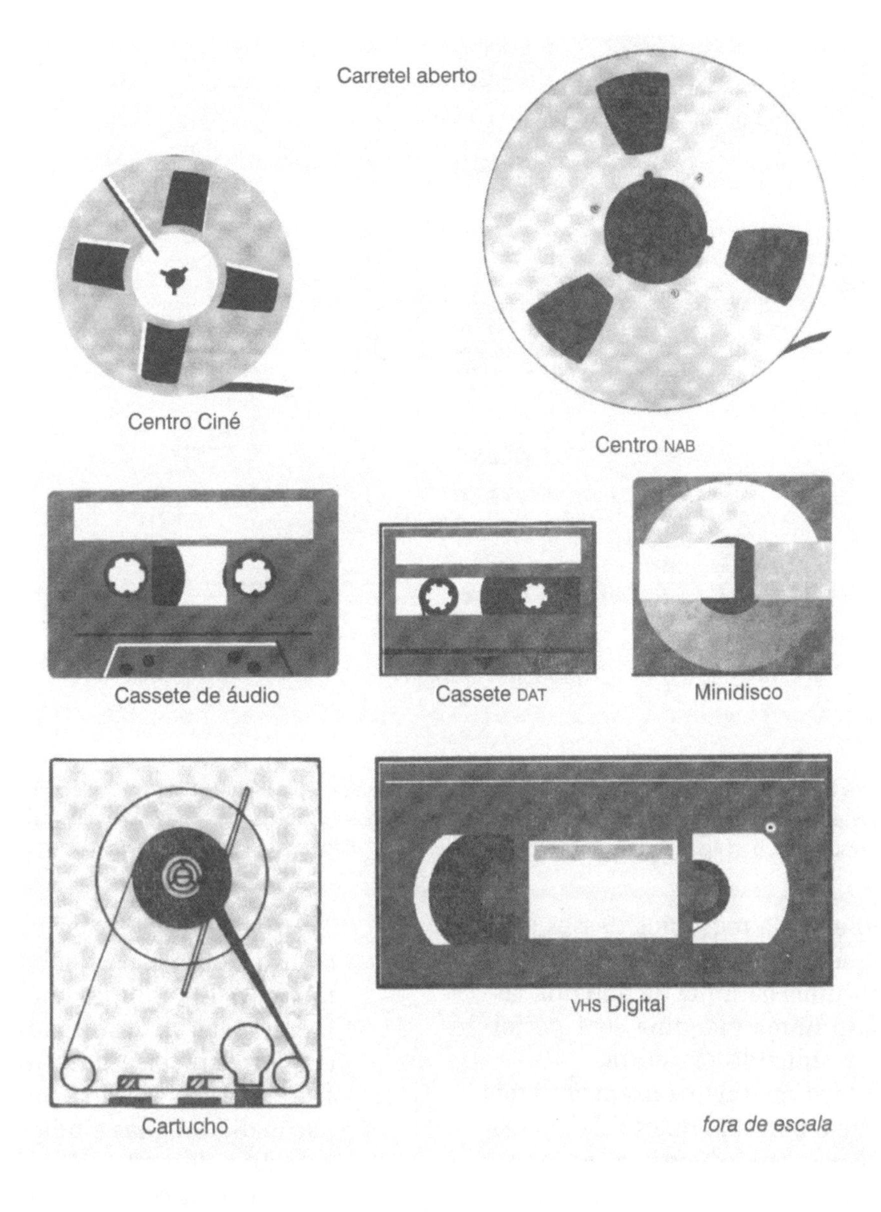

Fig. 2.8. Formatos de gravação. Existem fitas de rolo de vários comprimentos e larguras. Aqui aparecem os carretéis de centro ciné de 12,5 cm (5 pol.) e 17,5 cm (7 pol.) de diâmetro e o carretel de alumínio de 25 cm (10 pol.) de centro NAB. Fitas cassete de áudio são designadas conforme o tempo total de gravação – um cassete C60 tem 30 minutos de duração em cada lado. O cassete DAT é fechado, como um videocassete, e tem duas horas de duração. O minidisco tem um diâmetro de 64 mm e fica inserido num estojo de plástico, proporcionando 140 minutos de gravação mono e 70 minutos de gravação estéreo. Cartuchos apresentam comprimento variável, com duração de no mínimo 30 segundos – a fita em especial lubrificada sai da parte interna do carretel e volta pela parte externa. O videocassete digital é de duração variável, dependendo do sistema utilizado, e juntamente com o CD virgem ou gravável é o preferido para a armazenagem de arquivos de programas.

Tabela 2.1. Tempo de duração de fitas de áudio em horas e minutos

Extensão da fita	*Velocidade, cm/segundo (pol./segundo)*				
	38(15)	19($7\frac{1}{2}$)	9,5($3\frac{3}{4}$)	4,7($1\frac{7}{8}$)	2,3($\frac{15}{16}$)
180 metros	8 min	16 min	32 min	1h 4min	2h 8min
365 metros	16 min	32 min	1h 4min	2h 8min	4h 16min
730 metros	32 min	1h 4min	2h 8min	4h 16min	8h 32min

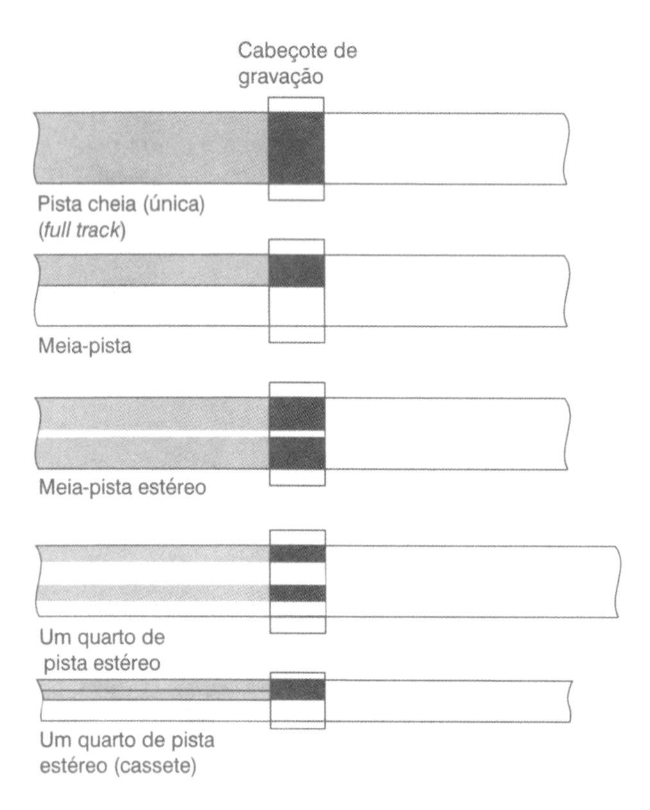

Fig 2.9. Sistemas de pistas (*tracks*) de fita de áudio. Fitas cassete gravadas monofonicamente utilizam toda a metade superior da fita para garantir compatibilidade de reprodução com o sistema estéreo. Um sistema de gravação que usa apenas parte da fita permite que um segundo sinal seja gravado ao "virar a fita", resultando, porém, numa relação mais baixa entre sinal e ruído, ou seja, produzindo mais chiado na fita.

crítica a tolerância mecânica desses aparelhos pequenos e de certa forma lentos, não há nenhuma garantia de que um cassete gravado numa máquina será perfeitamente reproduzido em outra.

- *Fitas de rolo* normalmente usam carretéis com fitas de 6 mm (um quarto de polegada) de largura, cujo diâmetro, na maior parte das vezes, varia de 12,5 cm (5 polegadas) a 25 cm (10 polegadas). As velocidades de reprodução de aparelhos profissionais são de 19 cm (7 1/2 polegadas) ou 38 cm (15 polegadas) por segundo. Quanto mais alta a velocidade, melhor a qualidade — a resposta de freqüência. Típicas gravações em estéreo são feitas com o dobro da velocidade do material mono. A fita de rolo também é usada em larguras de 1 a 2 polegadas para gravação em várias pistas (*multi-track*). Atualmente, o rolo está sendo substituído pela gravação digital, mas ainda existem enormes estoques de material de arquivo em fita de um quarto de polegada e, portanto, continuará sendo um recurso de estúdios de rádio, em especial para *back-up* e reprodução.
- *O cartucho* é um objeto fechado que contém um só rolo formando um *loop* de um quarto de polegada de fita contínuo e que

é usado para manipular matérias relativamente curtas que precisam ser reproduzidas várias vezes — assinaturas musicais, *jingles*, chamadas de programas identificações da emissora, comerciais etc. Atualmente essa função é exercida com mais eficiência pelo minidisco ou pelo CD virgem ou gravável — ou apenas armazena-se tudo num sistema de computadores.

Princípios de edição

O objetivo da edição pode ser resumido da seguinte maneira:

1) rearranjar o material numa seqüência mais lógica;
2) retirar aquilo que não é interessante ou que é repetitivo, ou tecnicamente inaceitável;
3) compactar material;
4) criar efeitos e produzir novos arranjos de locução, música, som e silêncio.

A edição não deve ser usada para alterar o sentido do que foi dito ou para colocar o material num contexto involuntário.

Ao se fazer uma edição, há sempre duas considerações, a editorial e a técnica. No sentido editorial, é importante deixar intacta, por exemplo, a visão do entrevistado e as razões que a embasam. Seria errado incluir uma declaração fundamental mas omitir uma ressalva essencial por causa da falta de tempo. Por outro lado, os fatos geralmente podem ser editados e incluídos mais economicamente no material de sinalização introdutório. Também quase sempre é possível retirar algumas das perguntas do entrevistador, ou todas, e deixar que o entrevistado continue. Se o entrevistado gaguejar ou fizer pausas por longos períodos, a edição da fita obviamente poderá remover essas lacunas. Mas não seria recomendável removê-las por completo, pois isso pode alterar a natureza da voz individual. Editar pausas de uma entrevista que indicam reflexão ou hesitação pode trazer resultados enganosos.

A falha de edição mais freqüente é a remoção da pequena pausa de parágrafo que ocorre naturalmente na fala. Não faz sentido aumentar o ritmo ao mesmo tempo que se destrói metade do significado — o silêncio não é necessariamente um valor negativo.

Prática de edição

Cada método de gravação tem seu próprio procedimento de edição:

- *Edição por computador* Uma vez que o material de áudio é transferido para um disco rígido, poderá ser manipulado, cortado, rearranjado ou tratado de diversas

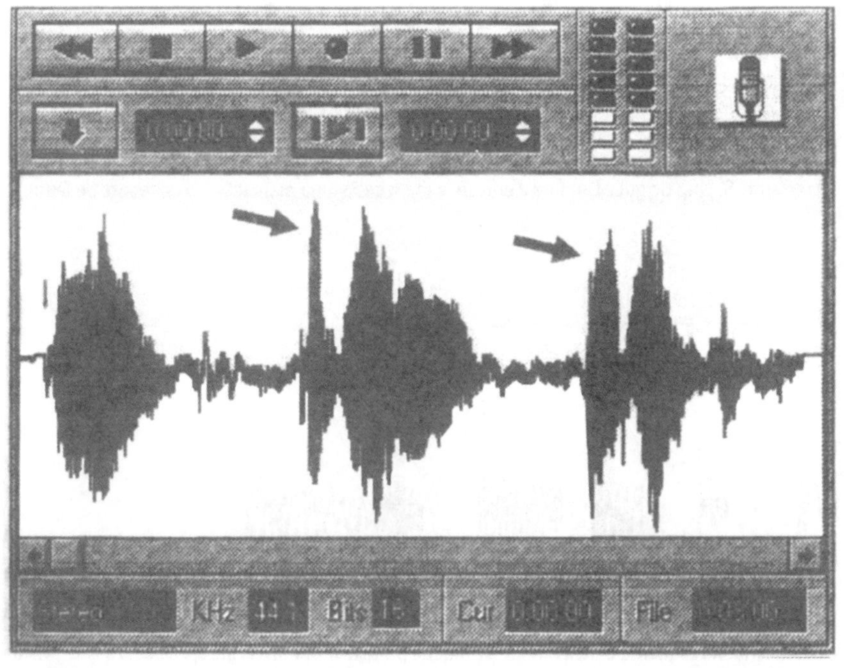

Fig. 2.10. Edição por computador. O *mouse* do computador colocou as setas nos pontos de edição para remover o "Bom-dia" desse programa que é repetido à tarde.

maneiras, dependendo do software utilizado. Uma questão técnica geral quase sempre é cortar no começo da palavra e não no final da palavra anterior. Isso contribui para que o ponto de edição seja mais definido.

Uma vantagem da edição por computador sobre alguns outros métodos é deixar a gravação original intacta — edição não-destrutiva. É possível, portanto, fazer a mesma edição várias vezes, ou tentar várias alternativas, para torná-la absolutamente correta. Este é um valioso recurso para editar locução e música.

- *DAT* Uma suite de edição totalmente digital é cara, sendo necessários pelo menos duas máquinas de DAT e um controlador de edição. Esse controlador usa informação de código de tempo sobre a gravação original como uma "etiqueta" para cada parte do áudio. Operando segundo instruções vindas do editor, estas podem ser reagrupadas na ordem desejada. O processo, porém, pode ser demorado, já que a reprodução em DAT deve ser feita em "tempo real". A edição em DAT é mais comum via computador. A gravação toda é transferida, manipulada na tela e passada para um gravador DAT — o material de áudio permanece o tempo todo na forma digital.
- *Minidisco* Parte da edição pode ser feita na própria máquina. Isso implica necessariamente alterar a numeração das inserções ou pistas para a ordem numérica exigida, colocando-se o material indesejado no fim. A máquina então faz a reprodução nessa ordem. Tal reordenação pode ser feita quantas vezes for preciso sem afetar a seqüência original. Também se trata de uma edição não-destrutiva. É melhor não deletar nenhuma gravação nesta etapa, no caso de ser necessária. Outra alternativa é transferir o conteúdo do disco para um computador.
- *Fita de um quarto de polegada* Aqui a fita é efetivamente cortada nos pontos de edição e a parte indesejada é fisicamente removida. O processo consiste em iden-

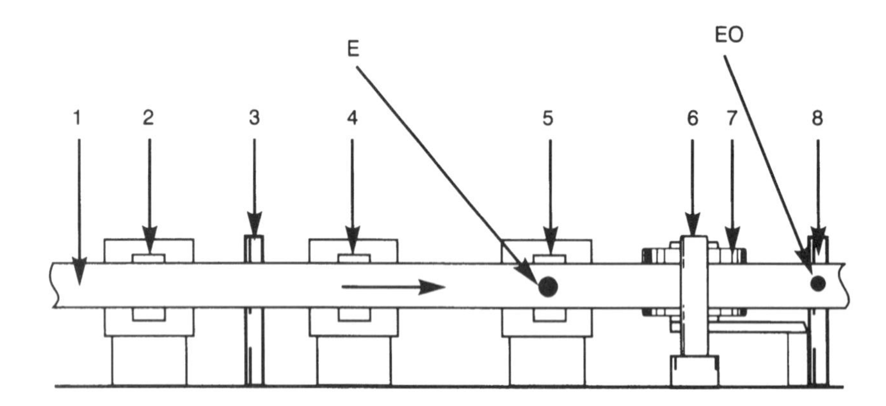

Fig. 2.11. Sistema de cabeçotes de um gravador. 1. Fita. 2. Cabeçote de apagamento. 3. Pino de guia. 4. Cabeçote de gravação. 5. Cabeçote de leitura. 6. Cabrestante. 7. Rolopressor que prende a fita no cabrestante. 8. Pino de guia. Durante a edição, a fita recebe uma marcação no cabeçote de leitura, no ponto E, ou uma marca de deslocamento em EO.

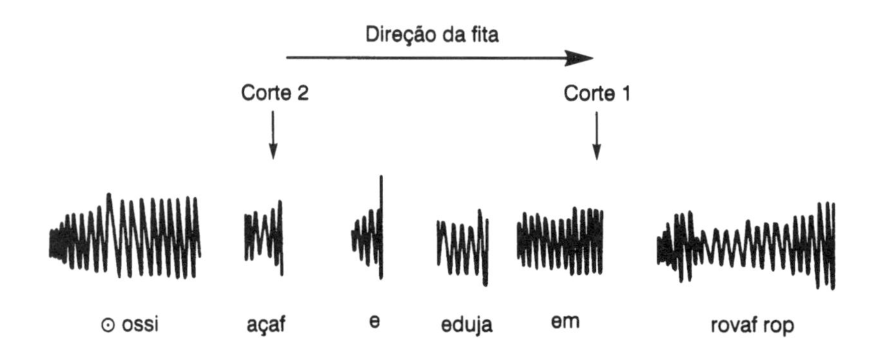

Fig. 2.12. Identificando uma edição. Como a fita se movimenta da esquerda para a direita, a primeira parte do "por favor, me ajude e faça isso", vista da dianteira dos cabeçotes, está à direita. Para editar e reduzir a "por favor, faça isso", os cortes são feitos no começo das palavras apropriadas, e não no fim das anteriores.

tificar o começo e o fim do segmento indesejado, fazendo, à mão, a fita passar pelo cabeçote de reprodução da máquina e ouvindo com cuidado a primeira palavra a ser cortada. Esse ponto é marcado com uma caneta hidrográfica — e *não* uma caneta esferográfica, para evitar danos ao cabeçote. O primeiro som desejado é também identificado e marcado, e essas duas marcas são então cortadas com um estilete na ranhura diagonal de um bloco de edição; a fita indesejada é removida e as duas extremidades da fita restante são unidas com aproximadamente 3 cm de fita adesiva.
Interessante notar que alguns instrutores de rádio ensinam a edição com corte de fita antes da edição feita por computador, pois aquela proporciona uma clara idéia do que está acontecendo. Assim, a edição digital torna-se mais fácil de entender. Quando o acesso ao cabeçote de leitura é difícil, é preciso lançar mão de um segundo método conhecido como marcação de deslocamento. Isso significa marcar a fita num ponto que está adiante do ponto de edição — levando-se em conta a distância ao se fazer o corte no bloco de edição. A marca fica portanto um pouco adiante do corte. Isso é levado em conta no bloco de edição, que também possui uma marca de deslocamento na mesma distância adiante da ranhura de corte. A ranhura de corte de 90°, no bloco, é usada para editar gravações de música estéreo, em que o corte nas duas pistas deve ser feito no mesmo lugar e com maior precisão.

- *Audiocassete* A edição em geral é feita por *dubbing* ou copiada para outro formato — computador ou rolo — antes de editar. Às vezes apenas parte ou partes necessárias precisam ser copiadas, assim o resultado final é produzido rapidamente. É claro que esse processo pode ser também aplicado em DAT, minidisco ou fita de um quarto de polegada, de modo que só as partes desejadas sejam copiadas num outro formato. Talvez seja o método mais adequado quando é preciso remover longos segmentos do material, ou quando os níveis de gravação variam e precisam ser ajustados, ou então no caso em que se deve inserir várias conexões de estúdio; por exemplo, ao se fazer um pacote. Para manter um nível de som coerente, os diferentes elementos são copiados numa mesa de mixagem para fazer a gravação final. Esse fica sendo o pacote pronto para a transmissão.
- *Edição de retomada* Uma simples técnica de estúdio que corrige um erro sem edição envolve a retomada para corrigir o engano. Se o locutor cometer um erro ou *fluff*, a gravação é interrompida e reproduzida outra vez. No final da sentença que antecede aquela em que houve o erro, passa-se para o modo de gravação e o locutor recomeça imediatamente naquele ponto. A sentença indesejada é apagada e, sem nenhuma lacuna perceptível, a versão corrigida toma seu lugar. Na gravação, esse procedimento evita mais tempo de edição por causa de um ou dois erros verbais ou operacionais.

CDs, álbuns e outros discos

A reprodução de música utiliza uma grande variedade de métodos. Algumas emissoras possuem todas as suas músicas armazenadas num sistema central de computadores, com acesso imediato a qualquer faixa. Outras contam com uma discoteca montada na época dos discos de vinil — ou das fitas cassete. De uma forma ou de outra, quase todas usam CDs, seja em aparelhos individuais, seja por um sistema de *juke-*

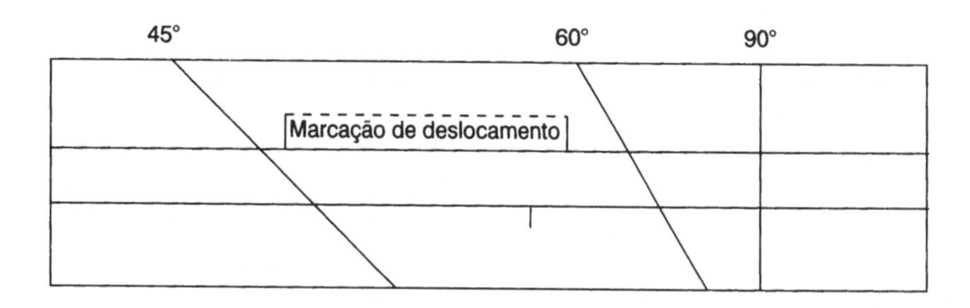

Fig. 2.13. Bloco de edição com marca de deslocamento. A marca de deslocamento fica adiante da ranhura de corte o tanto quanto o pino de guia (8) se encontra adiante do cabeçote de leitura (5). As ranhuras de 60° e 90° são usadas para cortar duas pistas estéreo quase no mesmo lugar.

box. Não causa surpresa, portanto, que o equipamento de estúdio apresente grandes diferenças de uma emissora para outra.

Embora mais empregado como um gravador portátil para uso em locação, o minidisco também serve como sistema de reprodução no estúdio. Como cada disco comporta 140 minutos de programação mono, ou 70 em estéreo, é facilmente capaz de assumir um programa musical de uma hora de duração.

De toda a aparelhagem existente num estúdio, vale lembrar que o equipamento musical é particularmente sensível a pancadas e vibrações. Aparelhos de CD não gostam de choques durante o uso, toca-discos não aceitam que se apóiem sobre eles, e nenhum tipo de disco gosta de ser deixado fora de seu estojo ou capa — são dignos de cuidado e não devem ser abandonados, acumulando poeira, cinza de cigarro ou impressões digitais. CDs e discos de vinil devem ser manuseados sem que os dedos toquem a superfície de reprodução. Os CDs precisam ser limpos com um pano macio sem felpas. A limpeza não pode ser feita em movimentos circulares e concêntricos, pois isso pode afetar e danificar as pequeninas cavidades existentes nas ranhuras que representam a música. Em vez disso, devem ser limpos delicadamente em movimento radial do centro para fora.

Dispensados os devidos cuidados, o CD apresenta vários atributos importantes:

- ótima reprodução, perfeitamente adequada à transmissão em FM estéreo;
- fácil localização das faixas, com indicação do número;
- precisão para começar tocando no início de uma faixa ou no ponto médio; por exemplo, num vocal;
- leitura visual do "tempo decorrido" e "tempo restante";
- recurso de "busca de áudio" com avanço rápido (*fast forward*) e retorno rápido (*fast backward*) para procurar um determinado ponto;
- tempo de execução longo, capaz de tocar até 70 minutos;
- capaz de suportar manuseio incorreto, embora seja preciso cuidado.
- requer menos espaço de armazenagem.

Quando se vai tocar um disco, a maioria das mesas de controle tem um "prefade", "pré-escuta" ou um recurso de "audição" que possibilita ao operador ouvir a faixa e ajustar o volume antes de prepará-la para ir ao ar. Assim pode-se ter a oportunidade de verificar se é a música certa; mas escutar apenas o começo pode dar uma falsa idéia do volume durante toda a execução.

Em vez de aparelhos de CD individuais, algumas emissoras usam uma espécie de carrossel ou *jukebox* que comporta cerca de cem discos, num total de até 2 mil faixas. Isso evita que o apresentador tenha de manusear os discos, superando assim vários problemas. Os CDs não ficam perdidos, nem são roubados ou extraviados, e a surperfície de reprodução é mantida em perfeitas condições, sem marcas de dedos — a principal causa dos saltos de faixas. A *jukebox*, que pode não estar no estúdio, mas numa sala de controle separada, é acessada por um sistema de seleção de músicas; por exemplo, um computador com *touch-screen*. O sistema pode ser expandido conectando-se as *jukeboxes* em série, sendo ideal para uma emissora em que a disponibilidade de faixas em qualquer momento é determinada por uma central.

Um possível argumento contra a operação remota de CDs é que os apresentadores preferem sentir que estão controlando o programa por meio de contato físico com os discos. Aqui a desvantagem é que o CD fica separado das informações que o acompanham. Estas, porém, poderão estar disponíveis num banco de dados acessado na tela de um computador. O próprio computador é um outro método para armazenar música que depois será executada, já que um disco rígido de grande capacidade pode armazenar muitos milhares de faixas.

Uma emissora totalmente digital, e que usa CDs como a única fonte de música, deve manter pelo menos um prato convencional para discos de vinil — pois até o raro "78" pode ser solicitado por um ouvinte.

Microfones

O bom microfone converte energia acústica em energia elétrica com muita precisão. Responde rapidamente ao início repentino do som — resposta transiente; responde de igual maneira a todos os níveis de altura — resposta de freqüência; e opera apropriadamente com sons de diferentes intensidades — sensibilidade e resposta dinâmica. Deve ser sensível aos sons mais discretos, no entanto não tão delicado a ponto de se quebrar com facilidade ou ser suscetível à vibração quando montado. Não deve gerar ruído que venha de si próprio. Acrescente a esses fatores qualidades desejáveis em termos de tamanho, peso, aparência, facilidade de manejo e de uso, confiabilidade e baixo custo, e o projeto de

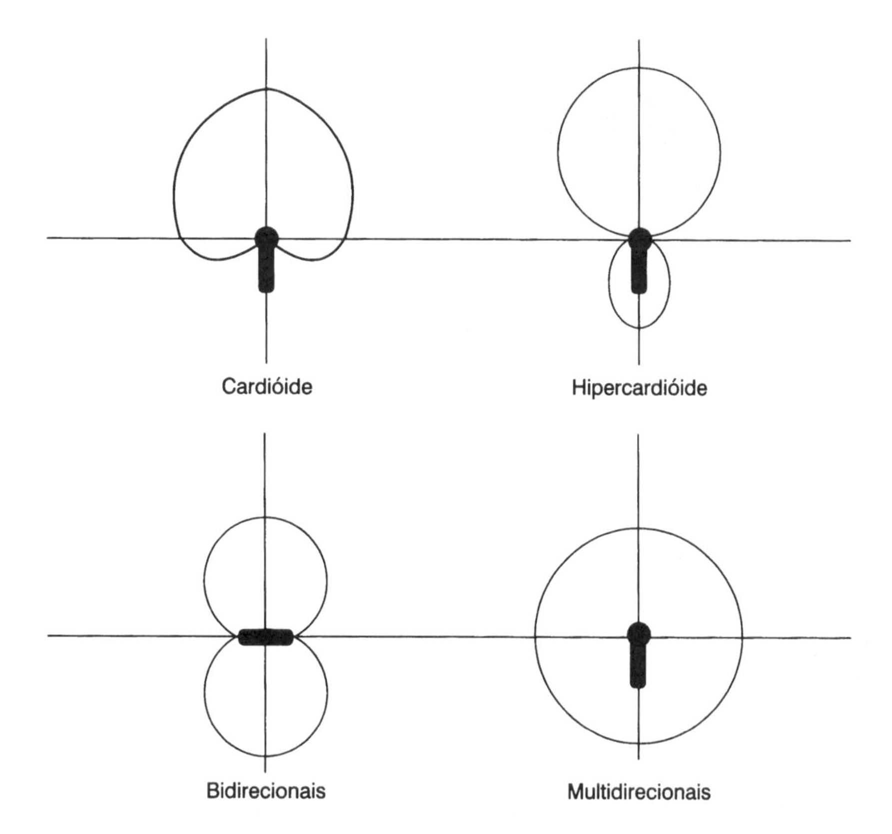

Fig. 2.14. **Diagramas polares ou padrões de direcionamento para microfones. O microfone é sensível a sons que se manifestam dentro de sua área de captação, mas ao selecionar um aparelho para determinado objetivo, deve-se levar em conta sua capacidade de rejeitar sons não desejáveis de uma outra direção.**

um microfone torna-se uma arte científica altamente especializada.

Para o produtor, a característica mais útil de um microfone provavelmente é sua propriedade direcional. Quando é multidirecional, ele é sensível a sons que chegam de todas as direções, e por isso é útil para gravação de locações e entrevistas, reação do público e ponto eletrônico. O microfone direcional é essencial na maioria dos balanços musicais, programas de perguntas e respostas e onde existe algum tipo de comunicação com o público.

A escolha do microfone para um serviço específico requer certa atenção, e embora se possa confiar nos conhecimentos de um técnico, será útil para o produtor familiarizar-se com as vantagens e limitações de cada tipo disponível. Por exemplo, alguns microfones incluem comutadores liga/desliga (*on/off*), ou um comutador para ligar um gravador portátil. Outros incluem um recurso opcional de *bass-cut* (eliminador de graves). Outros ainda requerem uma unidade central ou uma bateria, ou então possuem um padrão de direcionamento que pode ser alterado em pleno uso. Alguns operam melhor ao ar livre, outros farão com que a voz do apresentador tenha uma boa sonoridade quando próxima, enquanto existem aqueles que a distorcem. O produtor deve saber quando é necessário um radiomicrofone, quando é mais apropriado um de lapela, ou se é preciso um microfone ultradirecional. Quanto mais se conhece o uso correto do equipamento certo, mais os aspectos técnicos da elaboração de um programa se rendem às decisões editoriais.

Estéreo

Simplificando, o microfone estéreo tem duas saídas elétricas em vez de uma, as quais estão relacionadas aos sons que chegam da direita e da esquerda. Essa "informação posicional" é levada por todo o sistema via dois canais de transmissão que chegam ao receptor estéreo, para depois ser ouvida nos alto-falantes da esquerda e da direita. O canal da esquerda geralmente é a saída "A" (vermelho) e o canal da direita, a saída "B" (verde). O medidor que monitora os níveis elétricos tem dois ponteiros — um vermelho e outro verde. O sinal enviado a um transmissor mono — sinal "M" — é a *combinação* da esquerda e da direita, isto é, A+B, enquanto a informação estéreo — o sinal "S" — consiste nas *diferenças* entre o que está acontecendo na esquerda e na

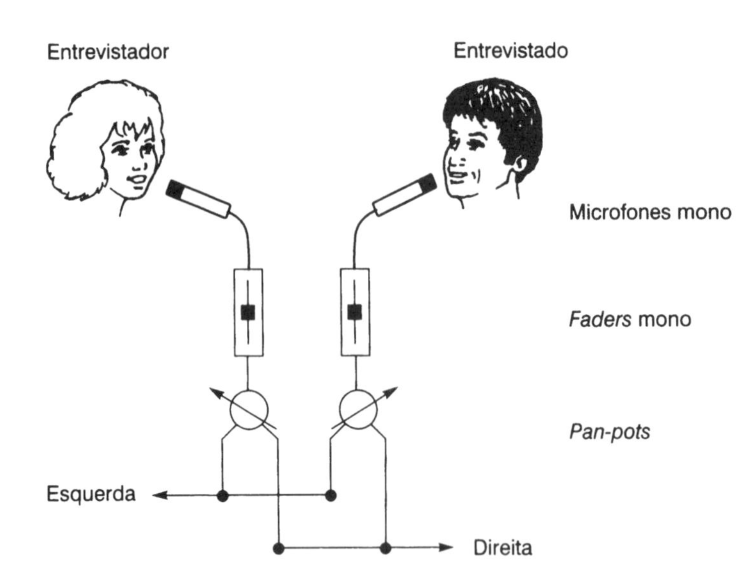

Fig. 2.15. Microfones e *faders* mono criam um efeito estéreo quando seus *pan-pots* são ajustados para dar um posicionamento esquerdo e direito para cada fonte sonora.

direita, ou seja, "A-B". Às vezes há um segundo medidor para indicar os sinais "M" e "S", também com dois ponteiros, um branco e outro amarelo, respectivamente, conforme a convenção. Colunas verticais de LEDs são uma alternativa para indicar os níveis de sinais. O que o produtor precisa saber sobre tudo isso?

Primeiro, que se um programa utilizar transmissores tanto monaurais quanto estéreos é preciso atentar para a questão da compatibilidade. Um material destinado à transmissão estéreo pode parecer inútil em mono, ou mesmo tecnicamente ruim. Por exemplo, locução e música juntos podem ser diferenciados em estéreo apenas por causa da diferença de *posição*; em mono, a mesma mixagem talvez seja inaceitável, já que é preciso uma diferença de *nível*. O produtor deve fazer o programa para o seu público básico — é improvável que a transmissão esteja totalmente correta para ambos. É muito fácil se apaixonar pelo som estéreo do estúdio e esquecer as necessidades do ouvinte mono.

Segundo, que os microfones estéreo são relativamente raros e não é necessário usá-los para gerar um sinal estéreo. Dois microfones direcionais monos — ou "par coincidente" — conectados a um mixador estéreo de modo a simular sinais da direita e da esquerda, por exemplo, por meio de "*pan-pots*", darão excelentes resultados. Essa técnica é útil em entrevistas e telefonemas no ar, quando se pode dar uma separação adicional às vozes, tendo em vista o ouvinte estéreo.

Terceiro, que um *pan-pot* pode dar tamanho e posição a uma fonte mono. Por exemplo, uma gravação mono de um efeito sonoro pode ser colocada no lado oposto da imagem sonora, parte do tempo ou durante todo o tempo. Duas gravações mono — por exemplo, de chuva — podem proporcionar uma imagem estéreo convincente se uma for deslocada para a esquerda e a outra para a direita, com alguma sobreposição no meio. Na gravação de música, efeitos especiais são obtidos com o deslocamento proposital de uma determinada fonte — daí o piano a um espaço de 10 metros à frente da orquestra, ou o trumpetista cujo som parece percorrer todo o palco apenas quando se gira o seu *pan-pot*!

Quarto, que a operação em estéreo requer um padrão mais alto de limpeza no estúdio e de manutenção de equipamento. Discos empoeirados, por exemplo, ficam bem mais evidentes no ar; cada partícula que afeta um canal mais do que o outro aparece como um estalo perceptível.

E quinto, que a operação em estéreo é um desafio para a criatividade do produtor. Estabelecer distância e efetuar movimento em algo tão simples quanto uma chamada causa impacto. Tocar três discos simultaneamente — à esquerda, no centro e à direita — numa competição do tipo "adivinhe o nome da música" é muito interessante. Uma discussão em mesa-redonda que realmente separe os interlocutores dá a impressão de um encontro ao vivo, muito mais do que seria em mono. A peça radiofônica — ou o comercial — em que as vozes podem surgir do nada, pode deslocar-se rapidamente ou "flutuar"; literalmente acrescenta uma outra dimensão. Para o ouvinte, uma emissora que transmite em estéreo deveria fazer mais do que manter acesa a luz indicadora de som estéreo.

Estéreo binaural

Para os mais ousados, há o estéreo binaural. Com uma *dummy head*, ou seja, um disco Pers-

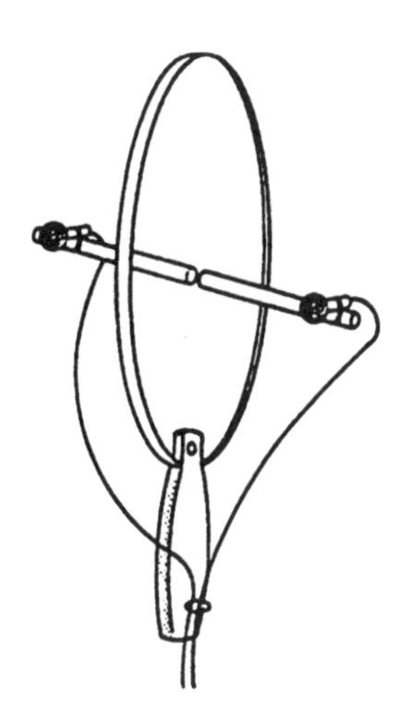

Fig. 2.16. Uma "*dummy head*" para estéreo binaural. Dois microfones de lapela multidirecionais, representando duas orelhas, estão fixados a uns 9 centímetros de um disco Perspex de 20 cm de diâmetro.

pex do tamanho de uma cabeça, no plano "póstero-anterior", utilizam-se dois microfones multidirecionais onde seriam as orelhas. A ação ocorre em torno desse aparelho, e o resultado é gravado em estéreo, em dois canais. Para o ouvinte que estiver usando um fone de ouvido, o efeito é bastante incomum.

Falhas de equipamento

Estúdios são lugares complexos: há muita coisa que pode dar errado — um botão ou uma chave no mixador se solta, um aparelho de CD se desajusta, o relógio não está absolutamente certo, uma pequena lâmpada indicadora queima ou o fio do fone de ouvido se rompe. Talvez seja alguma coisa física como o ranger de uma porta ou uma base de microfone que não está firme; ou então operacional, como um software não confiável ou um CD em que uma das faixas pulou. Seja qual for o problema, é provável que afete os programas e portanto deve ser corrigido. Cabe a todo usuário de estúdio relatar qualquer falha ocorrida, e o modo mais fácil de fazê-lo é por meio de um pequeno caderno permanentemente disponível em lugar visível. É responsabilidade da pessoa que descobriu o defeito tomar nota dos problemas e do momento em que aconteceu. Todas as manhãs o caderno é regularmente verificado por um técnico da manutenção. Defeitos intermitentes são em especial problemáticos e podem exigir um trabalho de detetive. É do interesse de todos registrar qualquer incidente técnico, por mais insignificante que seja, a fim de manter altos padrões operacionais.

3 Entrevistas

O objetivo de uma entrevista é fornecer, nas próprias palavras do entrevistado, fatos, razões ou opiniões sobre um determinado assunto, de modo que o ouvinte possa tirar uma conclusão no que diz respeito à validade do que está sendo dito.

Método básico

Da definição acima conclui-se que as opiniões do entrevistador não são pertinentes; ele nunca deve sentir-se tentado a responder uma pergunta formulada pelo entrevistado — uma entrevista não é uma discussão. Não estamos tratando aqui do que é conhecido como "entrevista de personalidade", em que o entrevistador, em geral o apresentador de um *talk show*, age como o grande inquisidor, fazendo perguntas aos seus convidados para testar a opinião deles contra as suas próprias. De acordo com a definição em questão, somente o entrevistado deve aparecer, enquanto o entrevistador fica "ausente". Não se exige deferência, mas sim polidez; persistência é desejável, molestamento não. A função do entrevistador não é debater, concordar ou discordar; nem tampouco comentar as respostas obtidas. Ele está ali para fazer perguntas. E para tanto precisa ter feito sua lição de casa e estar preparado para ouvir.

A entrevista basicamente é um evento espontâneo. Qualquer indicação de ter sido ensaiada prejudica a credibilidade do entrevistado a ponto de o ouvinte achar que a coisa toda foi "arranjada". Por essa razão, embora o assunto possa ter sido discutido de antemão em termos gerais, as perguntas não devem ser fornecidas antecipadamente. A entrevista deve ser o que parece ser — perguntas e respostas em benefício do ouvinte interessado. O entrevistador age em nome do ouvinte, fazendo as perguntas que este gostaria de fazer. Mais ainda, ele está fazendo as perguntas que o ouvinte formularia se conhecesse tanto sobre o assunto quanto o entrevistador. A entrevista é uma oportunidade de informar não apenas o que o ouvinte quer saber, mas também o que ele precisa saber. Ao menos no que diz respeito às entrevistas de personagens políticas, a entrevista deve representar uma contribuição à sociedade democrática, isto é, o devido questionamento de pessoas que, em razão do cargo que ocupam, têm de prestar contas ao eleitorado. É um elemento valioso da radiodifusão e é preciso tomar cuidado para não ser deturpado, no mínimo por abusos casuais como o culto à personalidade por parte dos radialistas.

Tipos de entrevista

Por uma questão de simplicidade, podemos identificar três tipos de entrevista, embora qualquer situação possa envolver as três categorias em maior ou menor grau. São elas: informativa, interpretativa e emocional.

Obviamente, o objetivo da *entrevista informativa* é transmitir informações ao ouvinte. A seqüência torna-se importante para que os detalhes sejam bem claros. Poderá haver antecipadamente bastante discussão para esclarecer qual a informação desejada e permitir que o entrevistado tenha tempo de recordar ou verificar algum dado. Temas para esse tipo de entrevista incluem: a ação que envolve uma operação militar, os eventos e as decisões tomadas numa reunião de sindicato ou as propostas contidas no recém-anunciado plano de desenvolvimento da cidade.

Na *entrevista interpretativa*, o entrevistador fornece os fatos e pede ao entrevistado que os comente ou explique. O objetivo é expor o raciocínio dele ou dela, permitindo ao ouvinte fazer um julgamento sobre o senso de valores ou as prioridades do entrevistado. Respostas a perguntas quase certamente conterão declarações justificando um determinado procedimento que também devem ser questionadas. O entrevistador precisa estar bem informado, alerta e atento para captar e desafiar as opiniões expressas. Exemplos dessa categoria seriam um ministro do governo justificando uma política econômica divulgada; por que os vereadores decidiram por um determinado traçado para a nova avenida; ou as opiniões do clero sobre as leis relativas ao divórcio. A questão fundamental é que o entrevistador não está solicitando fatos sobre o assunto, visto que estes de maneira geral são conhecidos; em vez disso, ele está investigando a reação do entrevistado a esses fatos. A discussão prévia pode ser breve, o entrevistador descrevendo em linhas gerais o objetivo da entrevista e os limites do tema que ele quer discutir. Uma vez que o conteúdo é reativo, não deve em hipótese nenhuma ser ensaiado detalhadamente.

O objetivo da *entrevista emocional* é dar uma idéia do estado de espírito do entrevistado, de modo que o ouvinte possa entender melhor o que ocorre em termos humanos. Exemplos específicos seriam os sentimentos de parentes de mineiros que ficaram presos no subsolo por causa de um acidente, a euforia que envolve o momento da suprema conquista de um atleta ou de um artista bem-sucedido, ou a raiva sentida por pessoas envolvidas num conflito de trabalhadores. É a força das emoções presentes que importa e não o significado racional; o entrevistador, portanto, precisa ser bastante sensível ao lidar com essas situações. Ele será bem-visto por fazer a pergunta certa na hora certa a fim de esclarecer uma questão de interesse público, mesmo quando o evento é trágico. Mas logo é criticado por sua intromissão no sofrimento alheio. É por isso que a maneira de formular uma pergunta é tão importante quanto o seu conteúdo, talvez até mais. Outra dificuldade que o entrevistador enfrenta é reconciliar a necessidade de continuar sendo um observador imparcial ao mesmo tempo que não se mostra indiferente ao sofrimento alheio. O tempo necessário para uma conversa preliminar varia consideravelmente, dependendo das circunstâncias. Estabelecer o devido relacionamento pode ser um processo demorado — mas há o momento certo para começar a gravação, e é importante para o entrevistador permanecer sensível a essa avaliação. Tal situação permite poucas oportunidades de retomadas.

Essas diferentes categorias de entrevista provavelmente se juntam quando se prepara material para um documentário ou um programa especial. Primeiro os fatos, os antecedentes ou a seqüência de eventos; depois a interpretação, o significado ou a implicação dos fatos; por último, o efeito sobre as pessoas, uma reação pessoal à questão. A *entrevista-documentário* com um político aposentado, por exemplo, levará tempo, mas será tão interessante para o entrevistador quanto para o ouvinte. O processo de recordar a história deve surpreender, lançar novas luzes sobre acontecimentos e pessoas e revelar o caráter do entrevistado. Cada entrevista é diferente, mas dois princípios permanecem para o entrevistador — ouça com atenção e continue perguntando "por quê?".

Relacionado com a entrevista-documentário, mas não interessado necessariamente num único tema, está o gênero de entrevista que contribui para a *história oral*. Toda emissora, nacional, regional ou local, deve assumir alguma responsabilidade em manter um arquivo de registros sobre a sua região. Isso não apenas compõe um material fascinante para futuros programas, mas por si só é algo valioso, à medida que assinala as mudanças que afetam cada comunidade. A velha conversa sobre a infância das pessoas, os valores de seus pais, artesãos descrevendo seu trabalho, crianças falando sobre as expectativas de se tornarem adultas, os desempregados, músicos, comerciantes. A lista é interminável. O resultado é uma rica biblioteca de expressões, histórias, humor, nostalgia e idiossincrasias. Mas para captar as vozes de pessoas não acostumadas a falar no microfone é preciso paciência e um autêntico e profundo interesse com relação aos outros. Pode levar algum tempo para estabelecer a necessária comunicação e deixar as pessoas à vontade. Por outro lado, ao conversar com pessoas de idade, é aconselhável começar a gravar logo que o entrevistado começar a contar qualquer tipo de recordação pessoal. Elas poderão não entender quando a entrevista tem início e não serão capazes de repetir o que disseram com a mesma animação. Preparativos e pesquisa prévia sobre o passado das pessoas ajudam a recordar fatos e incidentes que o entrevistado em geral considera muito insignificantes ou banais para ser mencionados. Geralmente as pessoas gostam de falar sobre elas e é preciso rapidez e flexibilidade mental para responder de modo adequado, para saber quando se deve reduzir uma conversa e quando se deve continuar. As recompensas, no entanto, são consideráveis. E para concluir, essas gravações precisam ser bem documentadas — uma coisa é ter fitas no arquivo e outra é garantir uma retirada rápida e correta.

Preparativos que antecedem a entrevista

É fundamental para o entrevistador saber qual o seu objetivo. A entrevista deverá estabelecer fatos ou discutir razões? Quais os principais pontos a serem abordados? Existem argumentos e contra-argumentos estabelecidos em relação ao tema? Há uma história a ser contada? O entrevistador obviamente precisa conhecer alguma coisa sobre o assunto, sendo bastante desejável um *briefing* por parte do produtor combinado com uma pesquisa própria. É essencial ter certeza absoluta a respeito de nomes, datas, números ou quaisquer fatos utilizados nas perguntas. É embaraçoso para o entrevistado, se ele for um especialista, corrigir, na pergunta, um erro factual, insignificante que seja. Também representa uma perda de controle coisas do tipo:

"Por que você introduziu esse novo sistema apenas há três anos?"

"Bem, na verdade foi há cinco anos."

É importante, embora facilmente negligenciável, saber exatamente com quem você está falando:

"Como presidente da companhia, como você vê o futuro?"

"Não, eu sou o diretor-executivo."

Embora não faça nenhuma diferença para a validade da pergunta, a falta de cuidados básicos prejudica a credibilidade do entrevistador aos olhos do entrevistado e, o que é mais importante, aos ouvidos do público.

Decidido o que deve ser revelado, o entrevistador tem de estruturar as perguntas de maneira adequada. A técnica de formulação de perguntas será examinada mais adiante, mas é preciso lembrar que o que está sendo perguntado no momento não foi necessariamente formulado de antemão, em detalhes. Tal procedimento pode facilmente se tornar inflexível, e o entrevistador pode sentir-se obrigado a fazer as perguntas sem levar em conta as respostas do entrevistado. Os preparativos exigem uma cuidadosa elaboração de perguntas alternativas — tendo em vista as possíveis respostas, de modo a ser preparada a próxima linha de indagação.

Por exemplo, você quer saber por que um ministro defende o fechamento das minas de carvão, o que resultará num grande número de desempregados. Se a pergunta for apenas "Por que o senhor defende...", provavelmente o entrevistador ouvirá uma resposta comum sobre a necessidade de os poços serem economicamente viáveis. Essa resposta é conhecida pela maioria das pessoas e assim a entrevista meramente repete a posição, sem levar a questão adiante. Para avançar, o entrevistador deve adiantar-se e formular as perguntas que *pessoas bem informadas na indústria* estão fazendo — sobre outros mercados para o carvão, os custos relativos de capital e de operação para uma usina de carvão e outra movida a gás, o custo para o país de trabalhadores desempregados, possíveis medidas paliativas, e assim por diante.

Resumindo, normalmente o ponto de partida de um entrevistador será:

1) obter informação suficiente sobre o tema e o entrevistado;
2) ter um conhecimento detalhado do objetivo da entrevista;
3) saber quais são as perguntas mais importantes; e
4) ao prever possíveis respostas, ter à disposição um leque de perguntas suplementares.

A discussão antes da entrevista

A próxima etapa, depois dos trabalhos preparatórios, é discutir a entrevista com o entrevistado. Os primeiros minutos são cruciais. Cada um está avaliando o outro e o entrevistador deve decidir como proceder.

Não há um método padrão: cada ocasião exige uma conduta. O entrevistado pode reagir ao vigoroso profissionalismo do radialista ou talvez prefira uma atitude mais complacente; ou quem sabe precise sentir-se importante, ou ao contrário. Numa situação que lhe seja de todo estranha, o entrevistado poderá ficar nervoso a ponto de não conseguir ordenar devidamente seus pensamentos; sua estrutura de linguagem e a fluência de sua expressão são afetadas. Se estiver estressado, talvez nem seja capaz de ouvir direito as perguntas. O bom entrevistador estará consciente disso e se esforçará para que as idéias e a personalidade do entrevistado venham à tona. Quaisquer que sejam as circunstâncias, o entrevistador tem de manter o controle, e dispõe de pouco tempo para fazer avaliações.

O entrevistador indica os temas a serem abordados, mas sabe que deve deixar o entrevistado falar na maior parte do tempo. Essa é uma oportunidade para confirmar alguns fatos, o que ajuda o entrevistado a aliviar suas próprias tensões ao mesmo tempo que permite ao entrevistador prever problemas de linguagem, coerência ou volume.

É errado para o entrevistador se deixar arrastar numa discussão sobre o assunto, em especial se corre o risco de revelar sua própria atitude pessoal em relação ao tema. Também não deve adotar uma atitude hostil nem insinuar críticas. Isso pode ser conveniente durante a entrevista, mas mesmo assim não cabe ao entrevistador conduzir um inquérito judicial, nem se apresentar como promotor, juiz e júri.

A principal tarefa do entrevistador nessa etapa é esclarecer o significado da entrevista e criar um certo grau de comunicação que produza as informações apropriadas numa seqüência lógica e com os detalhes necessários. Ele precisa obter a confiança do entrevistado enquanto estabelece seus meios de controle. Um assunto complexo tem de ser simplificado e destilado para uma entrevista de, digamos, dois minutos e meio — sem a utilização de jargões técnicos e com o nível intelectual e emocional condizente com o programa. Acima de tudo, o resultado final deve ser interessante.

É uma prática comum e útil dizer de antemão qual será a primeira pergunta, visto que numa situação "ao vivo" isso ajuda a evitar um total "congelamento" quando acender a luz vermelha. Se a entrevista for gravada, tal pergunta pode servir como um *dummy* a ser editado posteriormente. De qualquer forma, isso ajuda o entrevistado a relaxar e a se sentir confiante para começar. O entrevistador deverá começar de fato a entrevista com o mínimo possível de detalhamento técnico, o diálogo preliminar encaminhando-se para a entrevista propriamente dita, quase sem descontinuidade.

Como fazer perguntas

A entrevista é um diálogo com um objetivo definido. Por um lado, o entrevistador sabe qual é esse objetivo e conhece alguma coisa do assunto. Por outro, ele se coloca no lugar do ouvinte, fazendo perguntas numa tentativa de descobrir mais coisas. Esse equilíbrio entre conhecimento e ignorância pode ser descrito como uma "ingenuidade esclarecida".

O tipo de pergunta formulada produzirá respostas do mesmo gênero. Em sua forma mais simples, são elas:

1) Quem? pergunta pelo fato. Resposta — uma pessoa.
2) Quando? pergunta pelo fato. Resposta — um tempo.
3) Onde? pergunta pelo fato. Resposta — um lugar.
4) O quê? pergunta pelo fato ou por uma interpretação do fato. Resposta — uma seqüência de eventos.
5) Como? pergunta por uma interpretação do fato. Resposta — uma seqüência de eventos.
6) Qual? pede uma escolha a partir de uma série de opções.
7) Por quê? pede uma opinião ou indaga sobre o motivo de um determinado evento.

São esses os tipos básicos de perguntas "abertas", em torno das quais existem muitas variações. Por exemplo:

"Qual a sua opinião a respeito...?"
"Até que ponto você acha que...?"

A melhor de todas as perguntas e a menos formulada é "por quê?". De fato, depois de uma resposta talvez seja desnecessário perguntar qualquer outra coisa a não ser "por que isso?". A pergunta "por quê?" é reveladora, já que leva o entrevistado a dar uma explicação sobre atitudes, julgamentos, motivação e valores:

"Por que você resolveu...?"
"Por que você acredita que é necessário...?"

Às vezes se diz que é errado fazer perguntas "fechadas" como:

Você é...?
É verdade que...?
Eles irão...?
Você irá...?

Aqui o entrevistador está pedindo uma confirmação ou uma negação; a resposta a uma pergunta como essa é sim ou não. Se esse é o objetivo do entrevistador, então a estrutura da resposta é adequada. Se, no entanto, for uma tentativa de introduzir um novo tópico na esperança de que o entrevistado continue a dizer outra coisa que não seja sim ou não, trata-se de uma pergunta maldefinida. É provável que isso leve o entrevistador a perder o controle, pois faz com que a iniciativa fique totalmente nas mãos do entrevistado. Sendo assim, esse tipo de indagação não é um bom substituto para uma pergunta destinada especificamente a orientar a entrevista na direção desejada, devendo ser usada quando se quer uma resposta sim/não.

"Haverá um aumento nos impostos este ano?"

"Você irá se candidatar ao cargo na próxima eleição?"

A "amplitude" da pergunta

Essa questão introduz o conceito de espaço de manobra que o entrevistador deve dar ao entrevistado. É claro que numa resposta do tipo sim ou não o entrevistado encontra-se amarrado, tendo pouco espaço de manobra; a pergunta é muito estreita. Por outro lado, é possível fazer uma pergunta tão ampla a ponto de o entrevistado ficar confuso sobre o que está sendo perguntado:

"Você acabou de chegar de uma excursão pela Europa, conte-me como foi."

Isso não é absolutamente uma pergunta, é uma ordem. Formulações dessa natureza são feitas por entrevistadores inexperientes que acham que estão ajudando um entrevistado nervoso. Na verdade, é mais provável que ocorra o contrário, o entrevistado sentindo-se desconcertado e sem saber por onde começar.

Outro tipo de pergunta, também aparentemente útil, é a do "ou":

"Você introduziu esse tipo de motor porque há um novo mercado que irá absorvê-lo ou porque já estava trabalhando nele?"

O problema aqui é que a "amplitude" da pergunta é tão estreita que muito provavelmente a resposta está fora dela, deixando ao entrevistado pouca opção a não ser dizer: "Bem, nenhuma das duas coisas. Em parte foi porque...". As coisas raramente são tão definidas a ponto de poderem ser classificadas de uma ou de outra maneira. De qualquer forma, não cabe ao entrevistador sugerir respostas. O que ele queria saber era:

"Por que você introduziu esse tipo de motor?".

Advogado do diabo

Se o entrevistado precisa expressar plenamente o seu ponto de vista e responder às diversas críticas, é necessário expor para ele as opiniões contrárias. Isso lhe dará a oportunidade de destruir esses argumentos para a satisfação, ou não, do ouvinte. Ao apresentar essas opiniões, o entrevistador deve ter o cuidado de não se associar a elas, nem ficar associado, na mente do ouvinte, ao princípio de oposição. Seu papel é apresentar propostas que ele sabe que já foram expressas por alguém, ou dúvidas e argumentos que provavelmente estão na cabeça do ouvinte. Ao adotar a abordagem do tipo "advogado do diabo", são comuns as seguintes perguntas:

"Por outro lado, já foi dito que..."
"Algumas pessoas diriam que..."
"Como você reage às pessoas que afirmam..."
"O que você diria diante do argumento..."

Os dois primeiros exemplos não são perguntas, mas afirmações, e se deixadas assim levarão a entrevista perigosamente à beira de uma discussão. O entrevistador deve garantir que a questão seja apresentada como uma pergunta objetiva.

Já foi dito nesse contexto que "você não pode jogar um bom tênis com um mau adversário". Os radialistas precisam ter cautela ao apresentar uma contra-argumentação; mas entrevistados experientes preferem assim, pois é uma maneira de tornar seu argumento mais fácil de ser entendido.

Múltiplas perguntas

Uma armadilha em que pode cair o entrevistador inexperiente, obcecado pelo medo de que o entrevistado não dê respostas suficientes, é fazer duas perguntas de uma só vez:

"Por que o encontro terminou em desordem, e como você impedirá que isso ocorra no futuro?"

O entrevistado que recebe duas perguntas poderá responder a primeira e depois, sinceramente, esquecer a segunda, ou talvez exercite sua evidente opção em responder a que ele prefere. Em ambos os casos há uma perda de controle por parte do entrevistador, pois a iniciativa passa para o entrevistado.

As perguntas devem ser curtas e simples. Perguntas longas com divagações e cirncunlóquios obterão respostas semelhantes; é assim que funciona o diálogo. A resposta tende a refletir o estímulo — isso realça o fato de que a abordagem inicial do entrevistador estabelece o tom de toda a entrevista.

Cuidado com o entrevistador que precisa esclarecer suas próprias perguntas:

"Como foi que você seguiu esse caminho, quero dizer, o que o levou a fazer isso — afinal de contas, na época não era o mais óbvio, era?".

Confusão e mais confusão, e além do mais esse tipo de trapalhada vai ao ar. Se o objetivo da pergunta não está claro na mente do entrevistador, é improvável que seja entendido pelo entrevistado — a confusão do ouvinte está propensa a degenerar em indiferença e, posteriormente, em total desinteresse.

Perguntas condutoras

Perguntas feitas sem o devido cuidado ou experiência ou maldosas podem colocar o entrevistado numa determinada condição antes mesmo de ele começar a respondê-las:

"Por que você começou seu negócio com as finanças tão combalidas?"

"Como você justifica uma ação tão arbitrária?"

Não cabe ao entrevistador sugerir que as finanças estão combalidas ou que a ação é arbitrária, a não ser que se trate de uma citação direta do que o entrevistado acabou de dizer. Dados os fatos, o ouvinte deve ser capaz de deduzir por si mesmo, a partir do que o entrevistado diz, se as finanças foram suficientes ou se a ação foi desnecessariamente autocrática. Adjetivos que sugerem juízos de valor devem ser um sinal de alerta, tanto para o entrevistado quanto para o entrevistador, de que as coisas não são bem como aparentam ser. Eis aqui um entrevistado que tem uma opinião a dar, e no que diz respeito a isso, talvez não represente propriamente o ouvinte. As perguntas no entanto podem ser formuladas de uma forma perfeitamente aceitável.

"Com quanto você começou o seu negócio?" (fato)

"Na época, você achou que era o suficiente?" (sim/não)

"Qual sua opinião sobre isso agora?" (juízo)

"O que você diria às pessoas que consideram essa atitude arbitrária?" (Esta é a abordagem do tipo "advogado do diabo", já citada.)

É surpreendente como um entrevistador pode fazer perguntas diretas, reveladoras e "duras" de uma forma perfeitamente aceitável, ao mesmo tempo que mantém a compostura. Quando um radialista é criticado por ser muito agressivo, o que está sendo questionado é antes o modo da sua abordagem do que o conteúdo. Até mesmo a persistência pode ser polida:

"Desculpe-me, mas a pergunta foi *por que* isso aconteceu".

Ao perguntar *por que* algo aconteceu, não é raro receber como resposta *como* aquilo aconteceu, em especial se o entrevistado deseja ser evasivo. Se ele for evasivo uma segunda vez, isso ficará óbvio para o ouvinte e o entrevistador não precisa insistir.

Antiperguntas

Alguns entrevistadores adoram fazer afirmações em vez de perguntas. O perigo é a entrevista tornar-se uma discussão. Por exemplo, uma resposta poderia ser seguida da afirmação:

"Isso não ocorreria normalmente",

em lugar da pergunta "Isso é normal?".

Outro exemplo é a afirmação:

"Parece que você não levou isso em consideração",

em vez da pergunta "Até que ponto você levou isso em consideração?"

Mais uma vez, a falha está no fato de a pergunta não ter sido formulada de modo explícito; o entrevistado poderá responder como quiser, talvez ele mesmo fazendo uma pergunta, e o entrevistador achará difícil exercer controle sobre o assunto e sobre o tempo.

Às vezes alguns entrevistadores perguntam se podem fazer perguntas:

"Posso lhe perguntar se..."

"Será que você poderia dizer por que...".

É claro que isso é desnecessário, pois aceitar a entrevista implica concordar em responder perguntas. Em certas ocasiões, tal procedimento pode se justificar quando se lida com um assunto particularmente delicado e o entrevistador sente que precisa avançar com cuidado. Essa fraseologia é usada para indicar que o entrevistador reconhece a dificuldade inerente à pergunta. É muito mais provável, porém, que seja usada ao acaso quando aquele que faz as perguntas não tem certeza quanto ao rumo da entrevista e fica "enchendo linguiça" para ganhar mais tempo e poder pensar. Esse recurso pode dar ao ouvinte a impressão de que, por sua vez, ele, ouvinte, está perdendo seu tempo.

Comunicação não-verbal

Durante a entrevista, a comunicação estabelecida anteriormente deve continuar. Isso ocorre em especial pelo contato visual e pela expressão facial. Uma vez que o entrevistador pare de olhar para o seu convidado, talvez num relance dirigido ao equipamento ou às suas anotações, há o perigo de perder o fio da entrevista. Na pior das hipóteses, o entrevistador desviará o olhar e tanto seus pensamentos quanto seus olhos poderão divagar. A concentração tem de ser mantida. Os olhos do entrevistador expressam o interesse no que está sendo dito — o entrevistador nunca está entediado. Ele pode expressar surpresa, perplexidade ou encorajamento inclinando a cabeça em sinal de afirmação. De fato, logo torna-se irritante para o ouvinte receber essas reações na forma verbal — "ah, sim", "mm", "entendo".

O contato visual é também o meio mais freqüente de controlar o *timing* da entrevista — de indicar que outra pergunta precisa ser feita. Talvez seja necessário fazer um gesto com a mão, mas em geral é aceitável entrar com outra pergunta. É claro que o entrevistador deve ser educado e explícito a ponto de saber exatamente o que quer dizer. Mesmo o entrevistado mais tagarela tem de respirar, e os sinais dessas pequenas pausas devem ser notados de antemão de modo que o entrevistador possa aproveitá-los efetivamente.

Durante a entrevista

O entrevistador deve controlar ativamente quatro funções distintas — a parte técnica, o direcionamento da entrevista, as perguntas suplementares e o *timing*.

Os aspectos *técnicos* devem ser constantemente monitorados. O ruído de fundo requer mudança na posição do microfone? A posição do entrevistado está mudando em relação ao microfone, ou os níveis de voz se alteraram? Se a entrevista estiver sendo gravada, o aparelho continua funcionando corretamente? Os carretéis estão rodando e o medidor ou qualquer outro indicador fornecem uma leitura adequada?

Não se pode esquecer dos *objetivos* da entrevista. O assunto está sendo abordado nos termos das perguntas-chave determinadas anteriormente? Às vezes é possível para o entrevistador tomar uma decisão categórica e mudar os rumos, mas, de qualquer maneira, ele não pode se perder.

As *perguntas suplementares*. É fundamental que o entrevistador não esteja tão preocupado com a próxima pergunta a ponto de deixar de ouvir o que o entrevistado está dizendo. A capacidade de ouvir e pensar rapidamente são atributos essenciais para um entrevistador. Ele deve ser capaz de fazer a pergunta adequada para esclarecer uma questão técnica ou um jargão usado pelo seu convidado, ou questionar as razões de uma determinada resposta. Quando uma resposta é dada de uma maneira desnecessariamente acadêmica ou abstrata, o entrevistador deve pedir para que o entrevistado dê um exemplo factual.

O *timing* da entrevista precisa ser estritamente observado. Isso vale tanto para uma entrevista de meia hora quanto para outra de dois minutos e meio. Se é uma entrevista para um breve noticiário, não faz muito sentido fazer uma gravação de dez minutos para cortá-la depois. Há ocasiões em que esse processo demorado será inevitável, até desejável, mas deve-se preferir o método de "afiar antes a mente para não ter de afiar depois a lâmina". Sendo assim, o entrevistador, quando grava, tem um relógio funcionando na cabeça, que pára ao ouvir uma resposta sem utilidade e continua outra vez ao ouvir algo interessante. Ele controla o fluxo do material para que o assunto seja abordado de acordo com o tempo disponível. Essa noção de tempo é inestimável numa entrevista "ao vivo", quando, é claro, o *timing* é importantíssimo. Tal disciplina é fundamental para as aptidões do radialista.

Conclusão

A palavra "finalmente" só deve ser usada uma vez, precedendo a última pergunta como um sinal para o entrevistado de que o tempo está se esgotando e, se faltou dizer algo importante, agora é o momento. Outros sinais dessa natureza são palavras como:

"Em resumo, por que..."
"Numa palavra, como..."
"Dito da maneira mais simples, o que..."

Para que o entrevistado aceite os limites de tempo, ajudará bastante se o entrevistador explicar antecipadamente qual será a duração da entrevista.

Às vezes o entrevistador se vê tentado a fazer um resumo da entrevista. Isso deve ser evitado, já que é muito difícil ficar sem fazer algumas avaliações subjetivas. Não se deve esquecer que o maior trunfo do radialista é a abordagem objetiva dos fatos e a atitude imparcial. Ir além é esquecer o ouvinte ou, no mínimo, subestimar a capacidade do ouvinte de tirar uma conclusão por si só. Uma entrevista devidamente estruturada não deve precisar de sumário, muito menos será necessário impor ao ouvinte uma visão do que foi dito.

Se de alguma forma a entrevista foi cronológica, uma última pergunta com vistas ao futuro será uma oportunidade óbvia para uma conclusão. Uma convenção evidente de finalização é agradecer ao entrevistado a sua presença:

"Sr. Jones, muito obrigado".

Um entrevistador, no entanto, logo desenvolve a capacidade de aproveitar uma deixa para terminar a entrevista, sendo em geral suficiente finalizar com as palavras do entrevistado, especialmente se este fez uma observação divertida ou bastante categórica.

Depois da entrevista

O entrevistador deve sentir que foi uma experiência esclarecedora, uma contribuição tanto para o entendimento quanto para a avaliação do assunto e do entrevistado por parte do ouvinte. Se a entrevista foi gravada, verifique-a imediatamente rodando os últimos 15 segundos. Não mais que isso, pois de outra maneira o entrevistado com certeza desejará fazer alguma alteração e terá início um longo processo de explicações e reafirmações. A decisão editorial quanto ao conteúdo da entrevista bem como sobre a responsabilidade por sua qualidade técnica cabem ao entrevistador. Se por alguma razão ele quiser refazer partes de uma gravação, seria bom ele adotar uma abordagem totalmente nova em vez de tentar recriar o original. Para não gerar problemas na edição posterior, as perguntas devem ser formuladas de modo diferente, evitando assim um esforço inconsciente de lembrar a resposta anterior. Isso significa que houve um ensaio completo, o que quase sempre resulta num produto final já gasto. O entrevistado que perdeu de vista o que está saindo na fita definitiva também provavelmente dirá "...e como já expliquei..." ou "...e como estávamos dizendo há pouco...". Tais referências a um material que já foi cortado na edição naturalmente deixarão o ouvinte confuso, atrapalhando sua concentração no que está sendo dito agora.

Se a entrevista foi gravada, o entrevistado provavelmente desejará saber detalhes da transmissão. Caso o material seja específico para um programa já escalado, essa informação pode ser dada com alguma segurança. Mas se for uma notícia para o próximo boletim, é melhor não ser tão categórico, pois poderá haver substituição por uma matéria mais importante, e em conseqüência a transmissão da entrevista ficará para uma outra ocasião. Diga ao entrevistado quando você espera levá-la ao ar, mas, se possível, evite um compromisso absoluto.

Agradeça ao entrevistado o tempo dispensado e a participação no programa. Se ele foi até o estúdio, talvez seja normal pagar as despesas de viagem ou uma taxa, de acordo com a política da emissora. Independentemente de como transcorreu a entrevista, é importante demonstrar cortesia profissional no encerramento. Afinal de contas, pode ser que você queira falar com ele amanhã.

Estilo

A evidência mostra que a entrevista política reflete a conduta do governo no âmbito nacional. Se governo e oposição estiverem empenhados num debate agressivo, em que se levantam questões não só partidárias mas também pessoais, então a mídia assumirá o mesmo estilo. Se, no entanto, as opiniões da oposição costumam ser suprimidas — ou em alguns casos talvez nem existam —, ministros não esperarão, e talvez nem permitam, qualquer desafio por parte da mídia.

Diferentes culturas, diferentes nações, têm visões distintas sobre a autoridade, mesmo quando esta foi eleita por voto popular. Em muitos lugares, radialistas não entrevistarão um ministro de Estado sem antes fornecer as perguntas a serem formuladas. Em alguns, é o ministro quem fornece as perguntas — uma prática que dificilmente atende ao interesse público.

No Ocidente, onde a autoridade, seja qual for sua natureza, não é tida em tão alta consideração, as entrevistas de rádio e televisão em geral são desafiadoras, ainda mais quando se trata de figuras públicas que precisam prestar contas de seus atos. Não devem, porém, adotar um tom de superioridade nem se tornar um confronto pessoal envolvendo entrevistador e entrevistado. O primeiro sinal dessa possibilidade é quando o entrevistador faz afirmações para levar vantagem, em vez de fazer perguntas. O produtor deve analisar com vigor o estilo de entrevista para eliminar tais tendências, que logo acabam atraindo as críticas do público, como um exemplo da mídia ultrapassando seus limites.

Entrevista "fria"

Um dos aspectos mais desafiadores da entrevista é o programa de longa seqüência, como o "show da manhã", em que vários entrevistados foram arregimentados e trazidos para o estúdio. O produtor/entrevistador dispõe de poucas oportunidades, ou nenhuma, para preparar cada um antecipadamente. A situação pode ser melhorada com a utilização de música, dando assim dois ou três minutos para pensar, ou ainda com a presença de dois apresentadores entrevistando de modo alternado. É fundamental que um assistente de produção providencie notas de pesquisa adequadas sobre cada um dos entrevistados.

Se um apresentador está diante de um convidado para uma entrevista imediata, a informação básica necessária é a seguinte:

Título do tema
Nome da pessoa
Cargo, atribuição, profissão, *status* etc.
A questão principal que está em jogo
A opinião da pessoa sobre essa questão — com citações reais, se possível.
Notas sobre possíveis perguntas ou abordagens, o que outras pessoas, com diferentes opiniões, têm dito.

Esse tipo de entrevista, que passa de um tema para outro sem que haja uma relação entre eles, exige grande flexibilidade. O perigo está em seu caráter superficial, em que nada é tratado em profundidade ou não se chega a uma conclusão satisfatória. "...Infelizmente teremos de terminar por causa do tempo."

A situação piora quando o entrevistado encontra-se do outro lado de uma linha de telefone e não pode ser visto. Fica difícil avaliar qual o estilo mais apropriado, a comunicação entre o entrevistador e o entrevistado é superficial, o resultado pode parecer uma relação fria e distante, e a necessidade de prosseguir com a seqüência de transmissão talvez dê a impressão de indelicadeza, no que diz respeito ao ouvinte — que não tem consciência das pressões do estúdio. Todos esses fatores devem ser considerados pelo produtor do programa. O programa pode ser ágil, mas será superficial? Talvez cubra bons temas, mas precisa ser trivial? Será que ele não é dinâmico ao preço de um ritmo excessivamente brusco?

Entrevistas em locação

O homem de negócios em seu escritório; a estrela, no camarim; o trabalhador, na fábrica ou ao ar livre; todos são prontamente acessíveis com um gravador portátil, o que confere uma atmosfera confiável ao programa. Em cada caso, porém, pode haver problemas específicos de ruído, interrupção e direito de acesso.

Para estar dentro da lei, o produtor deve observar regras que dizem respeito a lugares públicos e privados. Em geral é preciso ter permissão para fazer entrevistas em locais de entretenimento, prédios comerciais, fábricas, lojas, hospitais ou escolas. Neste último caso, vale lembrar que normalmente se deve obter o consentimento dos pais ou responsáveis antes de entrevistar qualquer jovem com menos de 16 anos. Atuar numa área não aberta ao público também significa que se alguém pedir para o radialista que deixe o lugar, esta é a melhor coisa a fazer — ou então correr o risco de um processo por molestamento ou violação de propriedade.

Em qualquer lugar que não seja um estúdio, a acústica provavelmente é ruim, com muita reflexão de som. É possível superar até certo ponto essa dificuldade evitando-se superfícies duras e lisas, tais como janelas, mesas, pisos de vinil ou paredes de argamassa. Um chão acarpetado, cortinas e outros móveis em geral são satisfatórios, mas em condições desfavoráveis a melhor conduta é trabalhar mais próximo do microfone, ao mesmo tempo que se reduz o nível de entrada no gravador.

O mesmo cuidado se aplica a locações com um alto nível de ruído de fundo. Oficinas me-

Fig. 3.1. Algumas situações que devem ser evitadas porque geram ruídos, são acusticamente ruins ou no mínimo assimétricas ou fisicamente incômodas.

cânicas ou a cabine do piloto, num avião, não constituem, no entanto, uma dificuldade técnica insuperável. Novamente, a solução é trabalhar mais perto do microfone e reduzir o nível de gravação. Problema maior ocorre quando o som é intermitente — uma aeronave que passa lá em cima, um telefone que toca ou o relógio anunciando as horas. Na pior das hipóteses, isso pode ser tão avassalador a ponto de impedir que a entrevista seja audível; mesmo que não seja esse o caso, porém, ruídos repentinos distraem o ouvinte, o que não acontece com um nível constante de fundo. Sons de fundo que variam de volume e qualidade também podem representar um problema considerável se a fita for editada mais tarde — uma questão que deve ser lembrada pelos entrevistadores antes de começar. A maior dificuldade nesse sentido ocorre quando uma entrevista foi gravada com um fundo musical. É quase impossível fazer uma edição.

Somente o profissional muito experiente deve tentar usar na entrevista um microfone estéreo — que precisará ficar fixo numa base. Mesmo um leve movimento causa um aparente deslocamento dos sons ambientais, com a conseqüente desorientação do ouvinte. Microfones estéreos estáticos são bons para gravar efeitos em locação, mas a entrevista quase sempre exige um microfone de mão, mono e multidirecional, ou dois pequenos microfones pessoais de lapela. Neste último caso, a gravação estéreo deve ser remixada em *playback*, com alguma sobreposição entre os dois canais para proporcionar a desejada relação espacial.

Geralmente é desejável que as entrevistas em locação apresentem algum efeito acústico ou ruído de fundo, e apenas a experiência indicará como obter o devido equilíbrio com um determinado tipo de microfone. Quando em dúvida, dê prioridade à clareza da fala.

Como acontece com a entrevista em estúdio, a discussão prévia tem como objetivo deixar o entrevistado à vontade. Ao utilizar um gravador portátil, parte desse mesmo processo é mostrar o pouco equipamento envolvido. O microfone e o gravador devem estar montados, prontos e devidamente testados durante essa conversa preliminar. É importante lidar com essas coisas na frente do entrevistado e não revelar de repente aspectos técnicos no último momento. Antes de começar, é aconselhável testar o sistema "captando o nível", isto é, gravando um breve diálogo para ouvir o volume relativo das duas vozes. Se o microfone for manual, o cabo deverá formar um laço paralelamente ao microfone, de tal modo que nenhuma parte do cabo que leva ao gravador esteja em contato com o corpo do microfone. Isso evita que qualquer movimento do cabo seja ouvido como uma vibração no microfone.

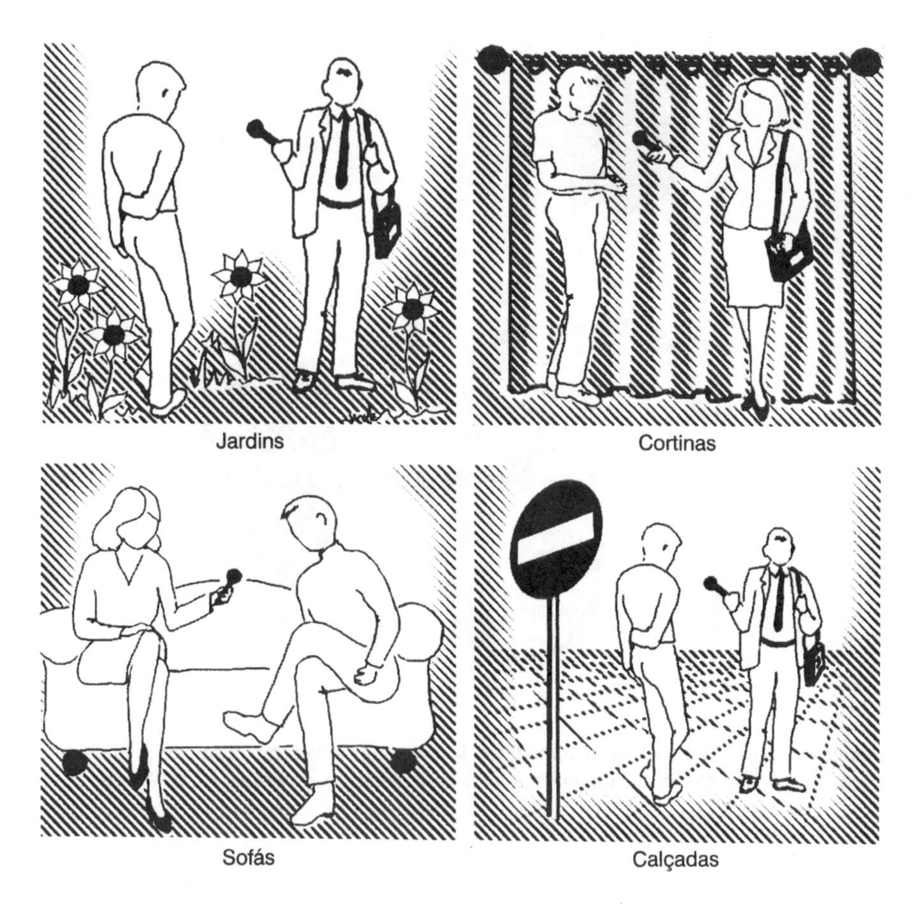

Fig. 3.2. Alguns bons lugares para entrevistas em locação, com um baixo, ou pelo menos constante, ruído de fundo, ambiente acusticamente absorvente ou uma confortável simetria.

O microfone deve ficar fora da linha de visão, num ponto em que possa permanecer o tempo todo praticamente imóvel. Apenas em condições de muito ruído de fundo será necessário deslocar o microfone, alternadamente, na direção do entrevistador e do entrevistado. Mesmo assim, é melhor do que usar um controle de ganho automático (AGC) no aparelho, que afeta tanto a voz do locutor quanto o ruído de fundo, ou seja, sem descriminá-los como o faz o deslocamento do microfone. Deve-se, portanto, desligar o ACG e ligar o sistema de redução de ruído, por exemplo o Dolby. Uma reprodução satisfatória nesse teste de gravação é a prova final antes de começar a entrevista.

Outras regras para o uso de gravadores portáteis:

1) Quando necessário, verifique a capacidade do aparelho de funcionar em condições não usuais como excesso de umidade, radiação elétrica ou campos magnéticos ou em baixas temperaturas; ou mesmo sua adequação a funções especiais, como gravar dentro de uma mina de carvão.
2) Verifique sempre o aparelho e o microfone antes de deixar a base — grave e reproduza.
3) Se houver alguma dúvida sobre a carga elétrica das baterias do gravador, leve pilhas sobressalentes.
4) Sempre use a espuma do microfone quando fizer uma gravação ao ar livre.
5) Não deixe o gravador abandonado, onde possa ser visto, mesmo que seja dentro de um carro trancado.
6) Use a melhor fita para gravadores de rolo e fitas de cromo para aparelhos do tipo cassete.
7) Baterias devem ser recarregadas após o uso.

Entrevista com intermediação de um tradutor

Noticiários podem exigir entrevistas com pessoas que não falam a sua língua. Quando a entrevista for "ao vivo", não há outra opção a não ser um intérprete e o laborioso processo de tradução seqüencial — portanto, faça perguntas curtas e simples:

Fig. 3.3. O cabo do microfone forma dois *loops*. O *loop* em torno do dedo não pode encostar no microfone, evitando assim que ruídos estranhos, conhecidos como *rattles*, passem ao longo do cabo. A espuma que cobre o microfone ajuda a evitar o barulho do vento e "estalidos" da voz.

"Quando os soldados estiveram aqui?"
"O que aconteceu com a sua casa?"
"Por que eles destruíram a vila?"
"O que aconteceu com a sua família?"

Dependendo é claro das circunstâncias, as respostas mesmo em outra língua podem apresentar uma poderosa capacidade de comunicação. A tradução fornece o conteúdo do que está sendo dito, mas a resposta em si define o espírito e a força do sentimento numa situação de crise. Se a entrevista for gravada, então será possível uma tradução simultânea por meio de dublagem e edição subseqüentes. A primeira pergunta é formulada e, ao começar a resposta, o som da tradução se sobrepõe à original. À segunda pergunta segue-se a tradução da segunda resposta, e assim por diante. É bom ter, de vez em quando, trechos da voz do entrevistado, em especial quando a entrevista é longa, lembrando assim que estamos usando um intérprete. O que se elimina por completo na edição são as perguntas do entrevistador. Naturalmente, na tradução, é melhor usar uma voz que seja semelhante à do entrevistado, isto é, a de um homem para um homem ou a de uma jovem para uma jovem etc. Embora isso nem sempre seja possível no contexto de um noticiário, deve ser cuidadosamente considerado se for o caso de um documentário ou programa especial.

4 O entrevistado

Talvez hipnotizadas pelos "astros da mídia" que se divertem em acirradas entrevistas que aparecem nas telas das televisões em todo o país, admiradas com aqueles que buscam a opinião dos poderosos, algumas pessoas, compreensivelmente, se sentem um pouco temerosas de ser entrevistadas, mesmo pela sua emissora local. Podem ter a impressão de que estão à mercê do entrevistador, e na hora dar um branco total, na melhor das hipóteses. Embora, no capítulo anterior, tenhamos insistido em que a iniciativa geral pertence ao entrevistador, há procedimentos que o entrevistado precisa conhecer — afinal de contas, a razão para a transmissão está no entrevistado; ele (ou ela) é o especialista.

Objetivos e atitudes

Para alguém que vai ser entrevistado, é fundamental entender o que é uma entrevista e quais as oportunidades que apresenta, e o que ela não é.

Por exemplo, não é um confronto que o entrevistador tem por objetivo vencer. O entrevistador que vê a entrevista como uma batalha, para quem o entrevistado representa um oponente a ser derrotado, quase inevitavelmente deixará o público de lado. O ouvinte logo perceberá a hostilidade e, bastante provável, ficará do lado do mais fraco. É fácil causar afronta ao senso de justiça do ouvinte que em geral percebe a vantagem que leva o radialista. Portanto, é contraproducente para um entrevistador ser indevidamente agressivo. Nem tampouco a entrevista é uma disputa — isto se enquadra mais em debates e discussões. Um suposto entrevistado não precisa sentir que está indo contra as opiniões de alguém, a não ser na forma indireta de "advogado do diabo" a que já nos referimos.

Por outro lado, a entrevista não é uma plataforma onde se tem total liberdade para expressar opiniões. As afirmações estão abertas à contestação, se não na própria entrevista, possivelmente numa próxima para "fazer média". O entrevistado talvez nem saiba sobre isso, a não ser que se lembre de perguntar, o que mostra a necessidade de alguma preparação de sua parte. Ele precisa perceber que mesmo quando não é feita nenhuma afirmação categórica, certamente ficará uma impressão. O rádio tem a ver com imagens e o ouvinte visualizará algo para acompanhar a transmissão. A impressão mais útil que um entrevistado pode transmitir é a de credibilidade. Somente quando o ouvinte estiver preparado para acreditar no entrevistado, ou num locutor, ele começará a prestar mais atenção no que está sendo dito.

O que o entrevistado deve saber

Uma vez que é impossível entrevistar alguém que não quer ser entrevistado, é razoável supor que o arranjo é de comum acordo. O radialista ao entrar em contato com um entrevistado em potencial pergunta se poderia fazer uma entrevista com ele. As informações que o entrevistado precisa nesse momento são as seguintes:

1) Sobre o que será? Não exatamente as perguntas, mas o tema de um modo geral, e os limites do assunto.
2) Vai ser ao vivo ou gravado?
3) Quanto tempo vai durar? Trata-se de todo um programa ou é uma matéria curta? Isso estabelece o nível em que o assunto pode ser tratado e ajuda a evitar que o entrevistado grave uma entrevista longa sem saber que será editada para uma outra duração.

4) Qual o contexto? A entrevista faz parte de uma abordagem mais ampla sobre o assunto, com contribuições de outras pessoas, ou é uma simples matéria de noticiário ou de um programa de variedades?
5) Qual é o público? É para uma emissora local, uma rede, uma agência de notícias (*syndicate*)?
6) Onde? É no estúdio ou em algum outro lugar?
7) Quando? Quanto tempo para se preparar?

Nenhum entrevistado em potencial precisa se apressar em dar uma entrevista sem antes ter as informações básicas já mencionadas. Às vezes é paga uma taxa, mas isso é improvável numa radio comunitária. Vale a pena perguntar.

Serei entrevistado?

Tendo obtido uma idéia geral do que quer o radialista, o entrevistado em potencial deve perguntar a si próprio se ele é a pessoa certa para ser entrevistada. Radialistas costumam procurar a pessoa que acreditam ser a que está mais intimamente envolvida com o assunto, mas não são infalíveis. Podem ir atrás do presidente da companhia quando o relações públicas seria o mais indicado, ou procuram o bispo quando um dos leigos está mais bem informado sobre os detalhes do fato.

Ao decidir se aceita ou não a entrevista, o que poderá ser levado em conta são as possíveis repercussões em casa e no trabalho, o valor da publicidade, ou a satisfação pessoal da transmissão. Talvez também seja necessário perguntar o que faria o radialista se houvesse uma recusa. Há pelo menos três alternativas — abandonar o assunto; entrevistar outra pessoa; transmitir o fato de que "nenhum comentário" foi emitido. Esta última inevitavelmente sugere que algo está sendo escondido; nesta situação o ouvinte deve saber por que não foi possível fazer a entrevista.

Os preparativos

Primeiro o radialista poderá telefonar e, obtido o consentimento para uma entrevista, dirigir-se em seguida para o local com o seu gravador portátil. Outra alternativa é combinar, com vários dias de antecedência, uma entrevista em estúdio. Neste caso, o entrevistado terá tempo para se preparar. Por outro lado, o entrevistador poderá chegar equipado com seu gravador e pedir uma entrevista ali na hora — ou mesmo telefonar e dizer ao entrevistado que ele já está no ar! Esta última técnica não é uma boa prática, além de infringir o direito básico do entrevistado de não ter a sua conversa telefônica transmitida ou gravada sem o seu consentimento. Deve ser procedimento padrão para todos os radialistas, ao telefonarem para um entrevistado em potencial, não iniciar, transmitir ou gravar qualquer coisa sem que este receba todas as informações já delineadas. Mesmo assim, ser solicitado para uma entrevista ali na hora já é pedir muita coisa, e ninguém é obrigado a aceitar esse convite. E a ninguém interessa, muito menos ao ouvinte, uma entrevista mal elaborada, com respostas incompletas e erros factuais.

O radialista poderá querer saber qual a reação imediata a um evento e o entrevistado, embora apreensivo, talvez esteja perfeitamente preparado para dar a resposta. Vale a pena, no entanto, verificar se você está bem informado sobre os fatos antes de dar a sua opinião. É provável que precise de algum tempo para pensar, breve que seja; poderá ter de fazer algumas confirmações, bem como considerar outros argumentos. O radialista tem um prazo e não está em condições de esperar indefinidamente, mas talvez haja boas razões para que o entrevistado em potencial sugira uma pequena delonga de uns dez minutos. Isso não deve eliminar a possibilidade de uma entrevista imediata por telefone, de um rápido comentário, de uma reação emocional surgida espontaneamente da pessoa.

Preparando-se para a entrevista

Sabendo quais são os temas a serem discutidos, o entrevistado precisa ter muita clareza quanto às *duas* idéias mais importantes que ele quer comunicar. São estes os *pontos-chave* que ele acredita devem ser apresentados — independentemente das perguntas que lhe forem feitas! Se ele e o entrevistador estiverem pensando mais ou menos a mesma coisa, essas questões serão óbvias e virão à tona com naturalidade como resposta às perguntas. Caso contrário, o entrevistado deverá incluí-las quando achar conveniente.

Reconhecendo o papel do entrevistador como "advogado do diabo", o entrevistado inteligente estará preparado para os possíveis *contra-argumentos* que poderão ser apresentados.

Deve perceber que o ouvinte tende a se identificar mais facilmente com argumentos razoáveis, baseados na capacidade de apreciar ambos os lados de uma questão, do que com dogmas e fanatismos. Aceitar a existência de uma opinião oposta e logicamente explicar por que acredita que ela está errada é uma das melhores maneiras de parecer convincente no rádio.

Qualquer coisa pode ser realçada com um bom *exemplo* que enfatize a idéia apresentada. Tirado da própria experiência do entrevistado e evocando as imagens apropriadas, o exemplo é um poderoso auxiliar da argumentação. Deve ser *breve*, *factual*, *recente* e *pertinente* — isto é, pertinente tanto para o caso em questão quanto para a experiência do ouvinte. A intenção é criar um ponto de contato, um meio pelo qual o ouvinte possa se identificar com o entrevistado. Para uma rádio comunitária, isso muito provavelmente significa que o exemplo é "local". Numa entrevista com um policial sobre atos de vandalismo, pode surgir a pergunta se o desemprego não seria uma das suas causas. Depois de responder à pergunta, o entrevistado ilustraria o seu argumento citando: "Por exemplo, na semana passada tivemos um caso de dois rapazes no centro da cidade que...". Para serem eficientes, os exemplos têm de ser elaborados de antemão pelo entrevistado.

Verifique os *fatos essenciais* da entrevista — a quantia exata de dinheiro que foi entregue, o nome da pessoa envolvida, quantas toneladas de carga foram exportadas etc. É importante não parecer fluente demais; no entanto, um entrevistado que está bem informado sobre os fatos ganhará mais facilmente o respeito do ouvinte.

O entrevistado agora já preparou as duas idéias principais, os contra-argumentos, exemplos e fatos, e ao encontrar o entrevistador confirma o objetivo da entrevista, seu contexto e a duração.

Os nervos

Não adianta nada dizer a alguém: "Não fique nervoso". O nervosismo é uma reação emocional a uma situação extraordinária e como tal é inevitável. Na verdade, é desejável à medida que faz fluir a adrenalina e melhora a capacidade de concentração — com a experiência, é possível aproveitar de modo construtivo as tensões dessa "luz vermelha". Por outro lado, se o entrevistado estiver completamente relaxado, poderá parecer indiferente em relação ao assunto tratado e o ouvinte talvez reaja contra essa postura. Em termos práticos, ele deve ouvir atentamente o que diz o entrevistador e olhar para ele; o contato visual ajuda muito na concentração.

Causando impressão

Na comunicação de áudio, a informação é transmitida em dois canais distintos — *conteúdo* (o que é dito) e *estilo* (como é dito). Ambos devem estar sob o controle do locutor, e para ser totalmente eficientes um deve reforçar o outro. Por causa da ênfase, porém, nem sempre é fácil, por exemplo, expressar uma idéia trivial de uma forma trivial. Sem querer, pode-se parecer sério, urgente até, e o efeito de expressar uma idéia trivial de um jeito sério é o da ironia. O inverso, trivializar algo sério, poderá soar sarcástico. O problema portanto é como parecer natural numa situação tensa. Talvez seja útil perguntar a si mesmo: "Como devo me fazer ouvir?".

Ao discutir as "imagens" ou impressões que as pessoas querem projetar, ocorrem invariavelmente os mesmos epítetos. Os entrevistados querem ser vistos como cordiais, sinceros, humanos, competentes etc. A seguinte lista poderá ser útil:

1) Ser *sincero* — dizer o que você realmente pensa e evitar encenações.
2) Ser *cordial* — usar um tom de voz comum e ser capaz de falar com um sorriso audível. Evite "jargões" e linguagem especializada.
3) Parecer *humano* — use a linguagem coloquial normal e evite uma afetação artificial. Admita quando você não souber a resposta.
4) Ser *atencioso* — demonstrar a capacidade de entender outras opiniões que não sejam as suas.
5) Ser *prestativo* — dar conselhos úteis, construtivos e práticos.
6) Mostrar-se *competente* — apreciar as perguntas e dar respostas precisas. Evite "encher linguiça".

É claro que essa relação não é diferente dos contatos pessoais normais feitos centenas de vezes a cada dia, sem estar consciente disso tudo. O que difere numa entrevista radiofônica é que a ênfase na situação pode abafar as qualidades humanas normais, deixando aparente apenas a "frieza" profissional. Um funcionário preocupado em parecer competente logo soará tão eficiente a ponto de se mostrar implacável, a não ser que permita que suas características humanas mais sensíveis venham à tona.

A qualidade mais valiosa é a credibilidade do entrevistado. Somente quando o ouvinte acreditar nele como pessoa é que estará disposto a lhe dar ouvidos ou mesmo a ser influenciado por ele. Por isso, a princípio o estilo é mais importante que o conteúdo.

Anti-respostas

Quando o entrevistado *acidentalmente* não dá uma resposta de acordo com a pergunta, talvez seja porque sinceramente ele não entendeu direito, ou a pergunta foi mal formulada; em ambos os casos, a entrevista segue o caminho errado. Numa gravação, isso é fácil de ser consertado, mas, se acontecer no ar, o ouvinte poderá ter dificuldade para acompanhar e perderá o interesse, ou então achará que o entrevistado é idiota ou que o entrevistador é incompetente. Uma das partes deverá trazer o assunto de volta a sua devida lógica.

A técnica do entrevistado *deliberadamente* evasivo, adotada em geral por quem não quer responder, é seguir com uma pergunta sua após a pergunta feita pelo entrevistador:

"Isso certamente tem a ver... mas eu acho que a pergunta correta é se...".

Se a nova pergunta de fato faz avançar o tema, o ouvinte a aceitará. Caso contrário, ele logo perceberá a evasão e esperará que o entrevistador faça a pergunta mais uma vez. Certo ou errado, o ouvinte invariavelmente acreditará que alguém que não responde tem algo a esconder e portanto é suspeito.

Pode haver razões genuínas para que uma resposta do tipo "*Sem comentários*" seja aceitável. Os fatos talvez ainda não sejam conhecidos com a devida certeza, pode existir um processo legal pendente, uma necessidade de honrar uma garantia dada a terceiros, ou a resposta deveria vir de outra fonte. É possível que o entrevistado legitimamente deseje proteger-se de seus concorrentes — um fator que ocorre tanto nos esportes quanto no mundo dos negócios.

O entrevistado, no entanto, deve ser visto como uma pessoa honesta e dizer por que não pode dar uma determinada resposta:

"Não seria correto de minha parte antecipar o relatório..."

"Não posso dizer nada enquanto não terminar o inquérito..."

"Tenho certeza de que você não espera que eu forneça detalhes, mas...".

Mesmo que a incapacidade de responder uma determinada pergunta tenha sido discutida de antemão, o entrevistado deve esperar mesmo assim que a pergunta seja feita, se provavelmente ela estiver na mente do ouvinte.

Numa tentativa de diminuir o ritmo das perguntas ou evitar a próxima, o entrevistado poderá concluir sua resposta lançando uma pergunta de volta ao entrevistador.

"...muita gente é assim, você não acha?"

"...foi o que eu fiz; como você se comportaria?".

É norma fundamental que o entrevistador nunca responda uma pergunta, e que o entrevistado seja ignorado em sua tentativa de transformar a entrevista numa discussão. O ouvinte, no entanto, já deve ter ficado com a impressão de que o entrevistado não está disposto a responder às perguntas. Isso obviamente prejudica a sua credibilidade.

O triângulo da confiança

Todo o esquema de entrevistas fundamenta-se na confiança. É uma estrutura tríplice que envolve entrevistador, entrevistado e ouvinte.

O entrevistado confia que o entrevistador manterá a declaração original de intenções sobre os temas e sobre o contexto da entrevista, e que também se aterá tanto ao espírito quanto ao conteúdo do original em qualquer edição subseqüente. O entrevistador confia que o entrevistado responderá a suas perguntas numa tentativa sincera de esclarecer o assunto. O ouvinte confia que o entrevistador está agindo de maneira justa no interesse do público e acredita que não há nenhum conluio secreto entre ele, entrevistador e entrevistado. O entrevistado confia que o ouvinte não interpretará de forma incorreta o que ele está dizendo e entenderá que dentro das limitações do tempo disponível as respostas são verdadeiras.

O "triângulo da confiança" é um importante componente não só da credibilidade da mídia mas do respeito que a sociedade tem por si própria. Se um dos lados se sentir prejudicado — por exemplo, os ouvintes não mais confiarem nos radialistas, os entrevistados não mais confiarem nos entrevistadores, ou nenhum destes tiver suficiente consideração pelo ouvinte —, há o risco de o processo ser visto apenas como um exercício de propaganda. Sob tais condições, não é mais possível distinguir entre a "verdade como a vemos" e "o que achamos que devemos saber". Em conseqüência, a razão básica para a comunicação começa a desaparecer, reduzindo assim a contribuição democrática da radiodifusão. A própria estrutura da sociedade é afetada. Esta é uma visão extrema, mas toda vez que um radialista deturpa, toda vez que um entrevistado mente ou que um ouvinte duvida, perdemos algo de genuíno valor.

5 O texto

O texto usado no rádio é uma fala armazenada. A apresentação de um roteiro pelo microfone é a utilização dessa fala. De um modo geral, o processo deve dar ao ouvinte a impressão de que o radialista está falando com ele e não lendo para ele. É claro que há uma preparação prévia, mas deve parecer espontânea.

Este capítulo é escrito num estilo bem diferente do restante do livro – contém coisas que vão de encontro às regras da convenção "literária". Talvez até seja difícil para algumas pessoas lerem; a questão, porém, é que se trata de um estilo que podemos muito bem chamar de coloquial, uma conversa pessoal disposta de um modo que eu considero adequado para um *script*. Cada um, é claro, precisa encontrar seu próprio caminho, e um estilo como este, para uma fala de 20 minutos, com certeza não serviria para um noticiário. Teria de ser bem mais conciso.

Eu disse que este texto poderia ser difícil de ler. Há uma boa razão para isso, e é importante perceber que escrever palavras no papel é uma forma bem grosseira de armazenamento que não lhe dá metade do que você precisa para ter um texto sem ambigüidades. Por exemplo, não lhe dá nenhuma idéia de onde recai a ênfase. É possível sublinhar algumas palavras, mas isso não é suficiente. A palavra escrita não fornece nenhuma indicação dos sons vocais pretendidos – a forma da sentença, como se diz. Boa parte do significado das palavras, porém, é transmitida nas sutilezas de sua inflexão. A página não diz qual deve ser a velocidade de leitura ou onde está a pausa. E são todas essas qualidades que ajudam a dar sentido ao texto – sem elas as palavras que estão no papel praticamente não fazem sentido, ou no mínimo serão ambíguas. Considere a seguinte sentença:

"Quer dizer que eu tenho de estar lá às dez, amanhã." As palavras permanecem as mesmas, mas o significado exato pode mudar em oito maneiras, dependendo de onde recai a ênfase. Experimente em voz alta!

"Quer dizer que eu tenho de estar lá às dez amanhã?"

"Quer dizer que eu tenho de estar lá, as dez amanhã", e assim por diante.

Portanto, o texto é apenas uma parte do processo de comunicação, que só é concluído depois que o roteiro for verbalizado – e do modo adequado. Já é difícil se sair bem quando você está escrevendo algo que você mesmo vai ler, mais ainda quando se escreve para outro ler.

Por que então precisamos de um *script*? – Não seria melhor apenas ter algumas anotações e falar no microfone? É possível, mas nem sempre aconselhável – mesmo quando o redator e o radialista são a mesma pessoa. Não, há boas razões para se usar um *script*, tais como:

- Assegurar que haja o mínimo possível de tensão na transmissão. O *script* é uma "rede de segurança" – pelo menos você sabe o que vai dizer, mesmo que o *script* não lhe diga exatamente como será dito.
- Outras questões são: o *script* completo garante que nada ficará faltando, que o tempo será devidamente preenchido e todas as informações

e argumentos serão apresentados na ordem correta. Uma das coisas mais importantes sobre a palavra falada é que ela deve ser lógica. Experimente contar uma piada e dar uma informação na ordem errada! Não funciona. No impresso é diferente porque tudo está lá na sua frente – você pode voltar e olhar de novo para entender. Com a "fala", tem de fazer sentido na hora, ou provavelmente não fará sentido nenhum. Isso depende em grande parte do material estar numa ordem lógica.

- Finalmente, a razão de escrevermos um *script* obviamente é permitir que outras pessoas comuniquem as nossas idéias – para dar forma permanente à natureza efêmera do discurso.

Bem, estabelecidas as razões, vejamos agora o que vamos escrever.

A primeira coisa a fazer, e isso se aplica a qualquer tipo de comunicação, é decidir o que você quer dizer, quais idéias deseja expressar e que tipo de impressão quer deixar. Ninguém consegue ser 100% bem-sucedido, mas pelo menos assim é bem melhor do que não ter nenhum objetivo. Sabe quando você está escrevendo e pára porque não consegue concluir a sentença? É um beco sem saída. Nessas horas, apague a sentença, largue a caneta e pergunte a si mesmo: "O que estou tentando dizer?". Costuma ser uma ótima pergunta!

Faça uma lista dos principais argumentos e veja se dispõe dos fatos ou exemplos necessários para apoiá-los. Depois, em nome da lógica, junte essas idéias e coloque-as na ordem certa – a ordem que ficar mais fácil para o ouvinte entendê-las. E não dá para fazer isso sem ter em mente o ouvinte, ou seja, pense num típico membro do público que você deseja. Uma dona de casa no lar, uma criança na escola ou um homem dirigindo um carro. Ajuda bastante visualizar o ouvinte enquanto você escreve, pois evita o paternalismo. Em geral dizemos: "Como faço para tornar isso inteligível?", e não "como faço para tornar isso mais simples?", que é a atitude paternalista. Ou pior ainda, "como faço para tornar isso mais elevado?", que soa servil.

Esse método também impede que o redator sofra da terrível doença da palavra "difícil". Todos nós gostamos de impressionar, mas se queremos nos comunicar, o importante não é a palavra que impressiona, mas a palavra certa, aquela que é correta para o público ao qual me dirijo. Afinal de contas, se quisermos parecer que estamos falando, usaremos a linguagem coloquial do nosso dia-a-dia e não o "oficialês" bombástico ou o jargão que com tanta freqüência podemos ver na mídia impressa. E se a intenção for parecer atencioso com o público, então a impressão a ser passada não será a do radialista dizendo: "Veja como eu sou inteligente!". Não, o importante é expressar e não impressionar; mas logo voltaremos à questão da linguagem.

Outro ponto referente à visualização da radiodifusão é imaginar a transmissão para uma só pessoa. O rádio é um dos meios de "comunicação de massa" cujo alcance abrange milhares, milhões de pessoas. A mensagem, no entanto, chega à mente do ouvinte como indivíduo. É errado pensar no rádio como uma experiência grupal – por exemplo, o público de um auditório –, ou tratá-lo como um sistema de comunicação pública em grande escala que atinge multidões. Evite frases como: "Os ouvintes talvez vão gostar de saber..." ou "alguns de vocês já terão visto..." e "se vocês viram...". É uma comunicação entre você, radialista, e o ouvinte, com seus próprios pensamentos. Escreva portanto para o indivíduo – ele sentirá que você está falando apenas com ele e assim suas palavras terão muito mais impacto.

Já decidido o que queremos dizer e em que ordem, e sabendo com quem estamos falando, vamos começar com o *script* propriamente dito.

O rádio está sempre sujeito a ser desligado; você está falando com um público nem um pouco cativo e por isso a primeira sentença deve ser interessante. Não perca muito tempo "entrando" no assunto, comece com uma idéia que prenda a atenção, que seja pertinente ou pelo menos incomum. E prossiga deixando claro qual é o tema – não deixe o ouvinte na dúvida!

"A primeira sentença deve despertar interesse, a segunda deve informar." Trata-se de uma regra bastante simplificada, mas é a idéia correta. Agora você vai juntando os pontos de uma maneira lógica, arranjando-os em seqüência como contas num cordão. E sempre deixe bem claro o que está fazendo.

Se você levantar uma questão complicada, poderá dizer a seguinte frase: "Como posso explicar isso?", sinalizando que está prestes a fazer uma digressão para esclarecer a idéia. Ou então termine um assunto e prossiga dizendo: "Vamos continuar e ver como isso funciona na prática". Essa é uma clara indicação para o seu público de que você está iniciando um novo tópico — no caso, passando da teoria para a aplicação prática. Esses "indicadores" costumam ser chamados de "sinalizadores". Há muitos neste *script* — o problema é que na palavra escrita podem tornar-se um tanto maçantes, já que na página impressa normalmente é muito mais econômico aparecerem na forma de cabeçalhos de parágrafo. Quando pronunciados, soam bem; de fato, sem os "sinalizadores" é fácil para o ouvinte perder o fio da meada.

Ora, eu disse que voltaria ao uso concreto da linguagem, e isso significa que o estilo geral da radiodifusão deve ser coloquial, o que não é a mesma coisa que negligente ou informal — algumas conversas podem ser bem formais; e, no rádio, o texto das "notícias" em geral recebe um tratamento mais "cuidadoso". Mas os *links* de um programa de variedades ou o texto da previsão do tempo, uma fala religiosa, a crítica de um livro — ou qualquer comunicação falada — deve soar como algo coloquial, como alguém falando.

Há uma regra fundamental para colocar a palavra falada no papel — expressá-la em voz alta e escrever o que você ouve. Não escreva mentalmente, mas a partir dos sons que você gerar enquanto fala. Uma vez na página, altere, rearranje e retoque, mas a base do *script* será a linguagem falada — muito mais fácil de ser entendida no estúdio. Quantas vezes ouviu alguém dizer — "logo que falei, percebi que estava errado"?. Pois bem, como radialista, não deixe nada ir para o papel antes de você ler e saber que está certo.

Outra coisa acontece quando as sentenças são ditas em voz alta — ficam mais curtas. E não são necessariamente o tipo de sentença que aprendemos na escola. Mas elas têm cor e vida, e significado — se deixá-las fluir. Sentenças curtas são mais fáceis de ler e de entender. Assim você evita as complexidades das orações relativas; coisas do tipo:

Jim, que está prestes a deixar a escola em que estudou durante cinco anos, onde por algum tempo foi monitor, agora procura emprego.

Isso não soa muito bem no ar. Melhor é escrever essas três afirmações como três sentenças separadas:

Jim cursou a escola durante cinco anos. Por algum tempo foi monitor. Ele está prestes a sair e agora procura emprego.

Outra questão que diz respeito a verbalizar o roteiro em voz alta enquanto você escreve é que isso ajuda a evitar frases difíceis de serem pronunciadas ou significados não-intencionais. Os seguintes exemplos de *scripts* radiofônicos podem parecer normais no papel, mas tente lê-los em voz alta:

- Seis pesqueiros suecos soçobraram próximo de Sölversborg.
- A platéia se emocionava com cada gesto dos atores.
- As baleias que estavam perto do barco foram mortas.
- A princípio, as vendas do novo automóvel estariam restritas para o mercado interno.

Ainda estou em dúvida quanto a esta última. O novo veículo seria vendido apenas no mercado interno ou as vendas no mercado interno seriam limitadas? A sentença em si mesma não é clara.

Eis aqui um outro exemplo que ouvi num noticiário. Dizia o locutor: "O homem foi visto amarrado na cadeira pela esposa". Bem, o que isso significa? Que a esposa viu o marido amarrado na cadeira ou que viram o homem sendo amarrado na cadeira pela esposa? A questão é que não pode haver ambigüidade de sentido – mesmo para alguém que não esteja totalmente concentrado no que você está dizendo.

A pontuação deve ajudar o leitor a extrair sentido do texto, mas trata-se de um recurso muito insignificante quando todo o significado depende de uma vírgula ou duas. Tomemos o terceiro exemplo – As baleias que estavam perto do barco foram mortas. Assim como está sugere que só as baleias que estavam perto do barco foram liquidadas. Provavelmente havia outras. Mas quando colocamos duas vírgulas, a frase muda para – As baleias, que estavam perto do barco, foram mortas. Isso indica que todas as baleias foram mortas, e que elas estavam próximas do barco. Preste bem atenção em sentenças com orações subordinadas ou frases entre parênteses – há uma forma mais fácil e natural de dizê-la? Ao pontuar um *script*, gosto muito de utilizar o travessão – como você já deve ter notado! Isso junta as frases e, no entanto, mostra que deve haver uma pequena pausa. Alguns *scripts* apresentam todo tipo de sinais – setas para indicar inflexão, notação musical, até orientações como "sorria" – tudo planejado para ajudar o leitor a recriar a intenção do redator.

O mesmo acontece com a pontuação. O importante é ilustrar suas idéias com alegorias e exemplos – conte histórias, reviva acontecimentos. E lembre-se de que o rádio é um meio de comunicação intensamente visual – crie imagens – e, sim, em cores, apelando para todos os sentidos – o sentido do olfato, do tato, de modo que todos possamos formar uma imagem da casca rugosa dessa maravilhosa laranja fresquinha que eu tenho aqui em minhas mãos – e do odor pungente e do esguicho do suco quando eu a corto. Ah – e – mm – a doçura suculenta que sinto ao chupá-la. Você já viu algo desse tipo? Espero que sim, pois isso é o rádio – para uma conversa ou para um comentário ao vivo.

Algumas questões agora sobre a mecânica de um *script*. Se for possível, deve ser digitado, com espaço duplo ou mesmo triplo para facilitar a leitura – de preferência letras grandes – e margens bem definidas em ambos os lados. Isso permite alterações e acréscimos sem obliterar a parte que você quer. Se tiver de escrever o *script* por extenso, certifique-se de que está totalmente claro para o leitor. Algumas pessoas escrevem *scripts* à mão em letra maiúscula, mas isso reduz a quantidade de informação na página em termos de como você a lê – há menos indicações, por exemplo, sobre o início de uma nova sentença ou um nome "próprio". O roteiro utilizado no estúdio deve estar impresso em papel de boa qualidade – faz menos barulho ao ser manuseado. E para não precisar virar as páginas desnecessariamente, digite apenas num dos lados do papel.

A página em si deve começar com parágrafos indicando idéias separadas. Não continue uma sentença na próxima página. Cada folha tem de terminar com um ponto final. Na verdade, às vezes pode ser desejável não distribuir uma frase importante em duas linhas do roteiro – afinal de contas, você não o faria se estivesse escrevendo números.

Sobre a questão dos números há três escolas de pensamento – escrevê-los na forma de algarismos, por extenso ou de ambos os modos. Por exemplo:

Os gastos do Ministério da Defesa chegariam a três milhões de libras.

O custo do novo motor foi de apenas $380.

Vinte e sete (27) pessoas ficaram feridas no acidente.

A única regra é que o significado deve estar claro. O leitor sempre poderá riscar a forma que não quiser.

E a respeito da velocidade e do *timing*? Nossa velocidade de leitura varia; entre 160 e 180 palavras por minuto seria normal para um noticiário. Para um rápido cálculo sobre o tempo que levará um roteiro, uma única linha digitada dará de três a quatro segundos, e uma página de folha A4 escrita em espaço duplo – 27 linhas, digamos 270 palavras –, cerca de um minuto e meio. Aqui é necessário um certo grau de precisão; uma fala de 30 segundos significa umas 85 palavras; uma matéria de dois minutos e meio no programa matutino, 450. É uma grande arte, e um exercício de disciplina, encaixar aquilo que você quer dizer exatamente no tempo permitido. Mas o relógio é um chefe durão.

Agora, a conclusão. Começamos com uma sentença interessante e em geral, numa conversa, é uma boa idéia terminar referindo-se ao mesmo pensamento do início. Isso reforça o argumento, podendo funcionar como um "ativador" para recordar o que você disse. É claro que se você deseja que o ouvinte fique com um pensamento específico, ou quer motivá-lo para uma determinada ação, então essas idéias devem aparecer no final. O que estou tentando dizer aqui é que deve haver um final — não uma súbita interrupção ou uma digressão — mas uma clara "conclusão". Talvez um resumo ou uma pergunta provocadora para estimular o ouvinte a novas reflexões. Aberturas e encerramentos — sem dúvida a parte mais difícil de qualquer transmissão radiofônica —, mas em geral é pela palavra final que você será lembrado.

E se, entre o começo e o fim, você evitou aquele tipo de prosa literária intricada e tão freqüente quando colocamos a caneta no papel, e utilizou palavras num estilo que tem a textura de uma linguagem viva, falada — e se o ouvinte puder entender a linguagem, poderá entender o conteúdo. Ele talvez até tenha mais facilidade de entender o que você diz. De fato, você terá estabelecido uma comunicação.

Resumindo então o que em geral é chamado de "texto para os ouvidos". Eis aqui meus 12 itens:

- decida o que você quer dizer;
- faça uma lista das suas idéias numa ordem lógica;
- torne a abertura interessante e informativa;
- escreva para o ouvinte individualmente — visualize-o enquanto escreve;
- fale em voz alta o que você quer dizer, depois tome nota;
- use "sinalizadores" para explicar a estrutura da sua fala;
- crie imagens, conte histórias e apele para todos os sentidos;
- use a linguagem coloquial comum;
- escreva sentenças ou frases curtas;
- utilize a pontuação de modo a tornar a locução clara para o ouvinte;
- digite o roteiro em espaço duplo e com margens amplas e parágrafos nítidos;
- e quando estiver em dúvida, mantenha a simplicidade — lembre-se de que a idéia é expressar e não impressionar.

Com o *script* no papel, depois trataremos da Apresentação — a arte de expressar tudo isso novamente!

6 Material de sinalização

A papelada que acompanha uma entrevista gravada ou outra matéria qualquer, como uma inserção num programa, tem duas funções bem distintas. A primeira é fornecer informação ao pessoal do estúdio. A segunda é apresentar a matéria ao ouvinte de modo a fazer sentido no contexto.

As regras gerais relativas ao material de sinalização aplicam-se igualmente aos *links* entre matérias em programas com vários quadros e aos anúncios introdutórios dados nos programas de tema único.

Informações para o radialista

1) Nome da emissora.
2) Título do programa.
3) Data da transmissão.
4) Título de referência da matéria, uma "chamada".
5) Sugestão para a introdução no ar.
6) O *in-cue* e o *out-cue* do programa como aparecem na fita.
7) Duração exata do material.
8) Sugestão para a "retrolocução" no ar.
9) Detalhes adicionais de natureza técnica ou não — requisitos para a edição, velocidade incomum da fita, mono/estéreo etc.

A folha de sinalização também pode incluir uma nota de pagamento a ser feito ao colaborador. Assim, toda a informação sobre o programa ou a matéria é reunida numa só página, como no exemplo a seguir.

Fitas podem trazer número de gravação, que deve aparecer na parte inferior da folha de sinalização. Sistemas de numeração, no entanto, podem consumir muito tempo e nenhum sistema deve ser introduzido a não ser que poupe esforço e seja realmente útil. Há informações suficientes no exemplo dado para que a fita possa ser facilmente identificada. A maioria das emissoras de rádio não faz uso de números de gravação, em especial para fitas de inserção.

Alguns detalhes também aparecem na parte externa do estojo da fita — emissora, programa e chamada. A chamada deve ser repetida no próprio rolo — escrita num pequeno rótulo adesivo e não no plástico.

Com freqüência o produtor toma suas decisões baseado nas informações que aparecem na folha de sinalização — se de fato vai usar a matéria ou onde inseri-la no programa. Se ele conhecer bem o colaborador e tiver pouco tempo, poderá às vezes usar a fita sem primeiro ouvi-la. Esse não é um procedimento recomendado, e a responsabilidade geral pelo programa ainda recai sobre o produtor.

O operador de estúdio também possui toda a informação necessária para garantir que a fita vá para o ar com segurança. Antes da transmissão, a fita é conferida para confirmar o "*in-cue*".

O apresentador de estúdio tem uma clara indicação de como introduzir a fita. Talvez ele tenha de alterar algumas palavras para que se adaptem ao seu próprio estilo, mas o bom redator de sinalização escreverá de modo adequado à natureza do programa.

No exemplo que damos aqui, a primeira pergunta do entrevistador foi retirada da fita e transferida para a introdução; a fita então começa com a primeira resposta. Esse método é uma forma muito comum de sinalização, mas é apenas uma entre várias, não devendo ser usada em demasia, em especial num único programa. É fácil para o material de sinalização tornar-se mecânico, "rotineiro", daí a necessidade de buscar novas abordagens. Mais adiante, daremos alguns exemplos.

1	*Rádio Norfolk* — Folha de Sinalização
2	PROGRAMA: *Countywide*
3	DATA: 26 de outubro
4	TÍTULO: Campanha do barco
5	ABERTURA: A principal instituição de caridade de Norfolk está lançando uma grande campanha para ajudar os deficientes deste condado. O grupo Amigos da Liberdade, que já promove passeios de barco, espera arrecadar 500 mil libras para comprar um barco novo e construir um clube de aventura. Nossa repórter, Julie Thmpson, perguntou ao comandante voluntário do MV Freedom, Peter Campion, o que ele espera como resultado da campanha.
6	IN-CUE: (*Fadeup* do som da água) Uma das primeiras coisas será... OUT-CUE: ... no começo do ano que vem. (som do barco *fade* 3")
7	DURAÇÃO: 2'47"
8	RETROLOC: Peter Campion dos Amigos da Liberdade. E a campanha começa no sábado.
9	Pronto para transmissão. — PAGAMENTO Thompson £.......

Informações para o ouvinte

Escrever um bom material de sinalização é uma arte. O texto que serve de introdução para uma matéria apresenta três funções para o ouvinte. Tem de ser interessante, informativo e funcionar como um "sinalizador".

A informação precisa ser *interessante.* A primeira sentença deve conter alguma idéia com a qual o ouvinte possa estabelecer uma relação. Deve ser escrita em resposta a prováveis perguntas: "Qual o objetivo dessa entrevista?" "Por que estou transmitindo essa matéria?". Descoberto o aspecto mais interessante — o "ângulo" mais atraente para o ouvinte —, o autor começa a partir desse ponto. Mais do que isso, porém, deve ser atraente para o maior número possível de ouvintes, sem excluir ninguém. Tomemos um exemplo local:

Não: Há um grande buraco na rua, na esquina da rua Campbell com a Broadway.

Sim: Estão cavando nas ruas novamente. Onde quer que se vá, o tráfego está sendo desviado por causa de um buraco. O que está acontecendo? Por exemplo, na esquina da...

A primeira introdução só interessará às pessoas que estiverem passando pela rua Campbell. A segunda é dirigida a todos os motoristas, pedestres inclusive. Para atrair a atenção das pessoas, escreva do geral para o particular. Outro método é fazer a pergunta apropriada como uma tentativa de envolver o ouvinte numa reação inconsciente.

O material de sinalização deve anunciar o que virá em seguida. Tendo obtido o interesse do ouvinte, é importante então satisfazer-lhe as expectativas.

A introdução deve ser *informativa.* Um dos seus objetivos é fornecer o contexto para que a matéria seja devidamente entendida. Poderá haver:

1) Um resumo dos eventos que conduzem à história ou que a envolvem.
2) Uma indicação do motivo por que um determinado entrevistado foi escolhido.
3) Fatos adicionais para ajudar o ouvinte a compreender. Talvez seja necessário esclarecer termos técnicos e jargões, ou explicar a existência de quaisquer sons ou ruídos de fundo que de outra maneira distrairiam o ouvinte.
4) O nome do entrevistador/repórter.

Essa última informação, em geral as últimas palavras de sinalização, pode tornar-se um tremendo clichê:

"Nosso repórter, John Benson, tem os detalhes".

Essa é uma introdução comum, e se repetida muitas vezes, torna-se tão maçante quanto as introduções do tipo "e ele perguntou a ela". O redator de sinalização, portanto, precisa de uma imaginação fértil a fim de evitar repetições previsíveis.

A não ser que a entrevista ou a fala seja muito curta, digamos, menos de um minuto, será necessário repetir no final as informações sobre o entrevistado. Há uma grande probabilidade de o ouvinte não estar totalmente envolvido com o programa e ter ouvido a introdução apenas de forma superficial, apesar de uma abertura convincente e interessante. Em geral, o ouvinte passa a dedicar plena atenção apenas durante a entrevista. Fascinado ou ultrajado, é depois que ele vai querer saber o nome do entrevistado e suas qualificações.

O rádio está propenso a modismos, e há uma tendência para omitir a "retrolocução". Dizem que retarda o programa. É verdade que um sinalizador que aponta para trás pode ter um tal efeito, ao passo que as introduções ajudam a tocar o programa para a frente. O argumento a favor de uma retrolocução, no entanto, coloca a informação dada ao ouvinte acima do andamento do programa. Também ajuda a dar a impressão de que o apresentador esteve ouvindo. Sem qualquer referência à entrevista, o apresentador que apenas passa para a próxima matéria pode parecer indelicado. Os radialistas devem se lembrar de que para o ouvinte as matérias gravadas são pessoas e não rolos de fita magnética. Devem portanto ser referidas como se na verdade fizessem parte do programa.

A prática de omitir a retrolocução provavelmente é um exemplo da televisão sobre o rádio. Na imagem é possível sobrepor uma legenda com o nome e as qualificações do entrevistado. Isso pode ser repetido várias vezes durante uma matéria, o que torna desnecessária a retrolocução. Os dois canais de informação na televisão, som e imagem, podem ser usados simultaneamente para diferentes propósitos. Não é o que acontece no rádio, em que declarar o nome do entrevistado é, em geral, o modo mais simples e lógico de "reinformar" o ouvinte.

Dois outros exemplos ilustrarão as funções do material de sinalização — ou seja, obter o interesse do ouvinte, fornecer um contexto, explicar o ruído de fundo, esclarecer aspectos técnicos e sinalizar a "retrolocução".

Primeiro exemplo

LOCUÇÃO: Terminou a greve na Abbots Electrical. Com a participação de 45 trabalhadores da linha de montagem e duração de quase duas semanas, a greve trouxe um prejuízo na produção de mais de 100 mil libras.
O desentendimento começou quando, segundo a gerência, três homens foram despedidos por "constantes atrasos que estavam afetando a produtividade dos outros trabalhadores".
O sindicato protestou, dizendo que os homens estavam sendo "injustamente penalizados".
Dois deles já foram readmitidos. Vale a pena uma tal paralisação? Das dependências da fábrica, nosso repórter conversou com o representante do sindicato, Joe Frimley.

CUE-IN: (ruído 3") Nenhuma paralisação...

CUE-OUT: ...compensando o tempo perdido. (ruído 2")

Duração 2'08"

LOCUÇÃO: Joe Frimley, representante sindical na Abbots Electrical.

Quando se faz uma gravação com ruído de fundo, deve-se começar a matéria com dois ou três segundos só de som. A fita de inserção pode ser iniciada antes da sinalização e seu conteúdo introduzido com a locução, de modo que as palavras comecem exatamente após a introdução. Do mesmo modo, no fim da inserção, o ruído de fundo diminui aos poucos atrás da retrolocução do apresentador. Essa técnica é preferível ao efeito dissonante de "cortar" o ruído.

A bem do equilíbrio e da objetividade, essa matéria precisaria ser invariavelmente acompanhada e "seguida" por uma visão que a emissora tem da situação e cuja função será equilibrar a matéria.

Segundo exemplo

LOCUÇÃO: A pesquisa espacial e a pia da sua cozinha. Parece uma combinação improvável, mas a mesma tecnologia avançada que enviou o homem à Lua também ajudou nas tarefas domésticas. Por exemplo, as frigideiras não-aderentes usam um produto químico chamado politetrafluoretileno. Felizmente, abrevia-se para TFE. Utilizado agora em utensílios de cozinha, o PTFE foi desenvolvido para revestir o material de naves espaciais.
O dr. John Hewson do Conselho Nacional de Pesquisa explica.

CUE-IN: Já faz algum tempo que usamos o PTFE...

CUE-OUT: ...sempre com vistas ao futuro.

Duração 3'17"

LOCUÇÃO: Dr. Hewson

Neste caso, o material de sinalização serviu para explicar o que é o PTFE, mencionado na entrevista, mas sem esclarecimento. O ouvinte tem de ser preparado para entender o termo. O material de sinalização é uma ótima maneira de resolver problemas dessa natureza numa matéria gravada.

Em geral, o último nome na sinalização é a primeira voz na fita. Sinalizar a pessoa "errada" é embaraçoso. Por exemplo: "Nosso repórter Bill West procurou saber como anda a construção". Presume-se que a voz que virá em seguida é a de Bill West; se, na verdade, for a do encarregado da obra, o ouvinte levará algum tempo até perceber o fato.

Portanto, além das várias funções do material de sinalização, o redator busca diversidade e clareza sem ambigüidades. Sinalizações e *links* bem elaborados farão diferença na melhoria de qualidade do programa. Pode levar tempo, mas compensa.

7 Notícias — procedimentos e práticas

A melhor definição de notícia é "aquilo que é novidade, interessante e verdadeiro". "Novidade" à medida que é um relato de eventos que o ouvinte ainda não conhece — ou uma atualização de uma história que lhe é familiar. "Interessante" no sentido de que é um material que lhe diz respeito ou que o afeta de alguma maneira. "Verdadeiro" porque a história, como foi contada, é factualmente correta.

Esta é uma definição útil não só porque lembra três aspectos cruciais de um noticiário digno de crédito, mas por levar em consideração suas próprias omissões. Se toda notícia for de fato uma "novidade", uma história será transmitida só uma vez. Há, no entanto, o óbvio dever de assegurar que ela seja recebida por um público o mais amplo possível. Em que momento pode o jornalista atualizar uma história, supondo que o ouvinte já dispõe das informações básicas? O que queremos dizer com "interessante" quando nos referimos não a um indivíduo mas a um grupo numeroso e diversificado com um amplo espectro de interesses? Significa apenas "importante"? Seja como for, como o radialista concilia interesses mais imediatos e interesses a longo prazo? E quanto à *verdade* total — simplesmente não há tempo. Como decidir, em meio a uma série de eventos importantes e interessantes, quais serão deixados de lado? E entre os que forem incluídos, em que proporção se deve apresentar seu contexto a fim de dar uma perspectiva adequada do evento? E até que ponto é possível fazê-lo sem indicar um ponto de vista particular? O radialista deve permanecer imparcial em *todas* as circunstâncias?

São essas algumas das questões relativas às apreciações editoriais de notícias. De início, precisamos considerar não as soluções práticas, mas os critérios pelos quais se podem avaliar possíveis respostas.

Começando com o ouvinte, o que ele espera? Certamente, numa verdadeira democracia, ele tem o direito de saber e discutir o que acontece ao seu redor. Haverá limitações, definidas e mantidas pela lei — questões de segurança nacional, segredos de natureza comercial ou privada, aos quais o público não tem legítimo acesso. Mas essas razões podem ser usadas para ocultar o genuíno interesse do indivíduo. Envolvido nesse conflito, o radialista enfrenta um problema moral — decidir o que é melhor entre apoiar a lei e defender os direitos e a liberdade do indivíduo. Em situações como essa, os que têm responsabilidade perante o público devem considerar duas proposições distintas:

1) Radialistas não são eleitos: não pertencem ao governo e como tais não se encontram em condições de tomar decisões que afetam o interesse do Estado. Se infringirem a lei, o fazem como simples cidadãos, sem privilégios especiais pelo ato de terem acesso a uma emissora de rádio.
2) Associado ao direito do público de saber, está o direito privado de não divulgar. Uma sociedade que professa a liberdade individual não compele a mídia a extrair de uma pessoa o que esta legalmente deseja manter para si própria, nem permite que isso seja feito.

O ouvinte, portanto, tem o direito de ser informado; mas embora as proibições possam ser poucas e as transgressões relativamente raras, o direito não é absoluto. Todo radialista deve ter consciência do que faz e saber em que bases está delineada sua linha editorial.

Objetividade

Alguns dizem que isso é impossível, que inevitavelmente somos criaturas de nossa própria época e nosso meio, vendo o mundo por intermédio de filtros de um determinado tempo e cultura. Neste sentido, só Deus é objetivo. Mas os radialistas devem se preocupar com a verdade — mesmo quando diferentes visões e crenças pretendem ser verdadeiras. Objetividade aqui significa relatar de maneira correta essas verdades em seu próprio contexto, mesmo quando entram em conflito com nossos valores pessoais. A dificuldade é que as avaliações profissionais devem, no final das contas, basear-se em decisões pessoais. Por isso, a questão da motivação individual é tão importante: *por que* desejo fazer desta maneira a cobertura da matéria? — para dizer a verdade ou para expressar uma idéia pessoal?

No caso da BBC, a base da transmissão de notícias e atualidades tem sido — e ainda é —, primeiro, separar o relato dos acontecimentos (notícias) da discussão de questões e comentários (atualidades) e, segundo, mostrar a opinião de ambos os lados. Isso fica mais fácil quando se é independente. É claro que existem jornalistas que vêem a radiodifusão como um meio de favorecer suas tentativas de manipular o público, assim como há governos para quem a notícia serve para fazer propaganda de sua própria causa. Mas pessoas protegidas de verdades desagradáveis não podem tomar decisões nem tampouco evoluir. É claro que nenhum governo quer, por exemplo, divulgar casos de corrupção nas altas esferas, mas suponha que isso aconteça e que os radialistas tenham conhecimento. Não deveriam investigar e denunciar? A história política dos últimos 200 anos mostra que se a mídia não o fizer, o povo finalmente o fará. Manifestando-se a partir da posição privilegiada do radialista como guardião dessa forma de debate público, o papel do rádio, mesmo quando sob controle comercial ou do governo, é permitir a expressão aos vários componentes do debate, sem se engajar na defesa de qualquer dos lados nem apoiar uma determinada opinião.[1] O que o produtor não deve fazer é ser faccioso por causa de suas convicções e motivações pessoais conscientes mas inconfessas, mesmo com a melhor das intenções. Deve evitar tomar decisões baseadas em suas próprias opiniões religiosas, políticas ou comerciais — visto que assim estará se colocando acima do ouvinte. A imparcialidade do mediador é um ideal ao qual ele deve aderir; qualquer viés prejudicará seriamente sua credibilidade. Num mundo, porém, em que o "terrorista" para uns é o "combatente da liberdade" para outro a própria linguagem que usamos para comunicar os fatos é em si mesma alvo de disputa e confronto. Neste exemplo, utilizamos outras palavras mais neutras, como "guerrilha" e "atirador".

A objetividade torna-se mais difícil e mais crucial à medida que a sociedade vai ficando menos organizada em suas deliberações e mais fragmentada com suas próprias divisões. Isso é algo que muitos países têm testemunhado nos últimos anos. O esfacelamento de um código de comportamento estabelecido altera as normas de tomadas de decisão — é possível ser imparcial numa discussão, digamos, sobre a sociedade permissiva, mas o restante do que é produzido pela emissora indica claramente o ponto de vista do radialista. Qual o significado da imparcialidade ao se cobrir uma complexa disputa trabalhista que envolve representantes oficiais e não-oficiais, grupos dissidentes, militantes individuais e as perspectivas e soluções de empregadores e governo?

Situações ainda mais difíceis são aquelas como a da Irlanda do Norte, onde há uma guerra civil "restrito". Damos o mesmo tempo para os que destruiriam a sociedade — que se opõem às normas da lei? Não são questões fáceis de responder, já que há um limite para a imparcialidade seja de quem for. Quando o próprio país da pessoa está envolvido num conflito armado, provavelmente a neutralidade não será possível ou mesmo desejável — mas mesmo assim, até onde for possível, é preciso ser fiel à verdade. Embora a sociedade possa estar dividida e seja mutável com relação ao que é certo e errado, não é tanto assim no que diz respeito a sua atitude fundamental para com o bem e o mal. Nenhum meio de comunicação público pode funcionar devidamente e sem discordância crítica, a não ser que a sociedade esteja de acordo, em si mesma, sobre o que é legal e ilegal. É possível ser imparcial numa discussão pacífica sobre tentativas de efetuar mudanças na lei existente, mas tal imparcialidade não é possível ao relatar tentativas de derrubá-la pela força. A pessoa pode ser objetiva ao relatar as atividades de um ho-

---

1. Essa política de imparcialidade não é universal. Em alguns países as emissoras são encorajadas a assumir uma linha editorial. Na Grã-Bretanha, por muitos anos, o rádio foi monopólio da BBC, e teve de ser o mais objetivo possível. Onde há várias fontes de radiodifusão, cada uma poderá desenvolver suas própria atitudes em relação aos assuntos políticos e a outras questões controversas, e, como um jornal, tentar dirigir a opinião pública.

mem armado, mas não ao decidir se propaga as opiniões deste último.

Um ex-diretor geral da BBC, sir Hugh Greene, disse, na década de 1960:

> Não quero sugerir que um sistema de radiodifusão deva ser neutro em questões bem definidas de certo e errado, embora deva ser entre as questões que envolvem Direita e Esquerda. Em nenhum momento eu admitiria que um homem que quisesse falar em favor da intolerância racial tivesse os mesmos direitos que outro que quisesse condená-la. Há algumas questões em relação às quais não se deve ser imparcial.

Há os que discordam que as relações raciais sejam um terreno próprio para demonstrar parcialidade, assim como há pessoas que se opõem à aceitação tácita da fé cristã como base de condução dos negócios públicos. Essa não é uma questão abstrata ou puramente acadêmica, mas que se coloca constantemente diante do produtor. Ele deve decidir se é do interesse público dar voz aos que contestariam o próprio sistema democrático que lhe permite proporcionar a liberdade de expressão. Por um lado, uma divulgação mais ampla de suas idéias pode ser interpretada como uma forma de endosso público; por outro, mostrá-los como são pode resultar numa total censura. Importante é manter a liberdade de exercitar essa escolha e ser responsável por ela diante de uma autoridade eleita. Sir Geoffrey Cox, ex-diretor executivo da Independent Television News (ITN), disse a respeito da função do radialista:

> Não é seu dever, ou direito, redigir editoriais sobre a questão da democracia, defender suas virtudes ou atacar seus detratores. Mas ele tem o dever inabalável de tomar providências para que a sociedade não corra perigo, seja porque não se encontra devidamente informada ou porque as questões cruciais do dia não foram analisadas e debatidas de modo a estabelecer sua verdade. Um bom serviço de noticiário é essencial para o funcionamento da democracia. É tão necessário à saúde política da sociedade quanto um bom suprimento de água para a saúde física.

A democracia só pode ser exercitada numa sociedade quando a cada um de seus membros é dada uma opção a partir da qual poderá tomar suas próprias decisões morais, políticas e sociais. Essa opção não existe a não ser que as alternativas sejam apresentadas num clima de livre discussão, que por sua vez só pode existir com liberdade de imprensa e radiodifusão, dentro dos limites da lei. O segredo da objetividade está em evitar motivações ocultas e na disposição do radialista em tomar parte dessa liberdade total de discussão — saber que mesmo a sua avaliação editorial, a própria base de seu programa, está aberta à contestação. Mantenha o ouvinte informado sobre o que você está fazendo e por que está fazendo — isso é interesse público.

Os valores das notícias

Entre todos os eventos e histórias que ocorrem num dia, como o radialista decide o que será incluído no boletim noticiário? A decisão de cobrir ou não uma determinada história pode ser interpretada como um viés. A escolha inicial de uma matéria por parte do produtor, com base no fato de ela ser digna de cobertura, costuma ser chamada de "fixação da agenda". Até que ponto um produtor permite que sua avaliação pessoal selecione as matérias a serem transmitidas é assunto para muitos debates. As pessoas discutirão o que ouvem no rádio, e é menos provável que se preocupem com temas que não tiveram ampla divulgação. Vale então a pena a avaliação da emissora sobre o que é importante? Em caso afirmativo, o processo de seleção, as razões da rejeição e o peso concedido a cada história (tratamento, ordem de transmissão e duração no noticiário) são questões que merecem o máximo cuidado.

Há evidência suficiente a apoiar a importância dos efeitos das primeiras e das últimas notícias na comunicação. Isso significa que as matérias apresentadas no começo de um noticiário exercem maior influência do que as que vêm depois — e as declarações finais também têm uma forte relação com o impacto total —, provavelmente porque são mais fáceis de ser recordadas. Esses princípios são muito utilizados em debates e julgamentos, mas obviamente aplicam-se a noticiários, entrevistas e discussões. Em geral há alguma disputa para ver quem vai falar primeiro e quem terá a última palavra.

O poder do radialista de selecionar as questões a serem debatidas — e a ordem de apresentação — representa uma grande responsabilidade. Mas dada uma lista de notícias, cada membro de um grupo de editores chegará em termos gerais a uma ordem de apresentação semelhante à dos demais, tendo em vista um público específico. Existem critérios objetivos?

A primeira consideração é produzir um pacote de notícias que esteja de acordo com o estilo do programa, respondendo à pergunta: "O que interessa ao meu tipo de ouvinte?". Um boletim de cinco minutos pode ser uma visão geral de 20 matérias, superficial mas abrangente; ou então uma cobertura mais detalhada de quatro ou cinco matérias principais. Ambos têm o seu espaço, o primeiro montando o cenário para o começo do dia; o segundo enfatizando e atualizando o desenvolvimento de certas histórias à medida que avança o dia. O importante é que a forma e o estilo do noticiário sejam alvo de planejamento e não do acaso. Diferentemente de um jornal, que tem capacidade de variar o tamanho do tipo, o rádio pode apenas enfatizar a importância de um assunto pelo tratamento que lhe der. Um típico boletim noticiário de cinco minutos pode conter oito ou nove matérias, as duas ou três primeiras com um minuto de duração e o restante baixando para 30 segundos ou menos. Como já foi dito, comparado a um jornal, isso representa uma séria limitação no que diz respeito à cobertura *total*.

Depois de decidir sobre o número de matérias e sua duração, o produtor tem de selecionar o que é importante, contrariamente ao que for de interesse passageiro. Se dispõe de pouco tempo, é mais fácil atrair o interesse do ouvinte com uma matéria sobre o escândalo mais recente do que sobre a situação econômica. A segunda matéria é mais importante para todos a longo prazo, mas requer uma informação mais contextual. O produtor não se deve deixar vencer por essas dificuldades, pois é a tentação da opção fácil que acaba de certo modo justificando a acusação de que "a mídia tende à banalização". Um dos efeitos da política segundo a qual a notícia deve sempre estar disponível na observação do momento é que histórias cuja importância não são imediatas não têm lugar no noticiário. Afinal de contas, é mais fácil anunciar a explosão de um avião do que sua fabricação.

Um segundo critério de seleção é dar prioridade a matérias relacionadas a pessoas e não a coisas. A ameaça de um conflito trabalhista que afetará centenas de empregos terá mais valor do que um quadro vendido por um preço recorde. "Como esse acontecimento poderá afetar meu ouvinte?" é uma pergunta razoável. Para o ouvinte de uma emissora local na Inglaterra, uma epidemia de febre tifóide em Hong Kong com 50 vítimas fatais provavelmente seria considerada menos importante do que um acidente rodoviário em sua própria região onde ninguém ficou ferido. Mas deveria ser assim? Nas emissoras locais, em particular, há uma tendência a ir atrás de histórias que estejam associadas a violência e desgraça. A preocupação com incêndios em domicílios e acidentes de trânsito, conhecida como "perseguição de ambulâncias", deve ser desencorajada.

Os valores da notícia se resolvem no que é de interesse do ouvinte, ou que o afeta. Essencialmente, são determinados pelo que é:

- Importante — acontecimentos e decisões que afetam o mundo, a nação, a comunidade e, portanto, a mim.
- Controverso — eleição, guerra, processo no tribunal, em que o resultado ainda não é conhecido.
- Dramático — as dimensões da tragédia, acidente, terremoto, tempestade, assalto.
- Geograficamente próximo — quanto mais perto, menor precisa ser para me afetar.
- Culturalmente pertinente — posso me sentir ligado a um incidente mesmo que seja distante, se eu tiver algo em comum com ele.
- Imediato — acontecimentos, e não tendências.
- Inusitado — o incomum ou coincidente à medida que afeta as pessoas.

Numa escala diferente, o esporte pode ser tudo isso.

A notícia tem sido chamada de "O Espelho da Sociedade". Mas espelhos refletem a imagem toda e as notícias por certo não o fazem. A notícia de rádio é altamente seletiva.

Por definição, a notícia tem a ver com o que é incomum e anormal, mas a base da seleção não deve repousar no aspecto curioso ou espetacular de uma história e sim na sua relevância e pertinência. Isso por certo não significa uma abordagem elitista — é apenas encontrar numa história o ponto certo de contato humano. Talvez seja traduzir para a compreensão do ouvinte um acontecimento obscuro mas importante. Uma brusca mudança no mercado financeiro será facilmente entendida por um especialista. O noticiário radiofônico deve fazer com que a relevância desse fato possa ser apreciada pelo cidadão comum. A tarefa da notícia não é chocar mas informar. Um serviço de radiodifusão será julgado tanto pelo que omite quanto pelo que inclui.

Reportagem investigativa

A investigação da conduta pessoal e da prática empresarial faz parte da atividade da mídia. Há muito que os jornais se consideram verdadeiros guardiães, vigiando em especial os que ocupam cargos públicos de confiança. O papel do *Washington Post* na denúncia do Watergate é um exemplo bem documentado. O rádio também reconhece que não basta esperar que uma história surja espontaneamente — algumas, de genuíno interesse público, são protegidas contra denúncias apenas para que a verdade nunca venha à tona. Portanto, às vezes, é necessário investigar uma situação que ainda não é um fato estabelecido. A história talvez nunca chegue a se materializar por causa da insuficiência de dados. Isso fará a emissora perder tempo com esforço improdutivo, o que não é nada comparado à perda que advirá se o noticiário transmitir uma notícia com acusações que se revelarão falsas.

Órgãos do governo ou empresas envolvidas em negócios ilícitos; funcionários públicos ou autoridades que participam de práticas financeiras questionáveis; os ricos e famosos convocados a dar satisfação sobre seu comportamento sexual imoral. Essas são as áreas de investigação mais comuns. Mas quem determina o que é ilícito, questionável ou imoral? Embora seja possível permanecer imparcial ao relatar os fatos, a denúncia inevitavelmente traz consigo a avaliação de uma situação segundo certas normas de conduta. Esses valores raramente são objetivos. A investigação sobre o pagamento de suborno para garantir um contrato poderá provocar um escândalo público num determinado país, enquanto em outros será visto como algo normal, inerente à condução dos negócios. Em outras palavras, a investigação requer um julgamento prévio de que houve um mau procedimento — um julgamento de certo e errado. A avaliação do repórter, portanto, deverá estar correta em dois aspectos — os fatos conforme foram relatados terão de ser confirmados por investigações posteriores; e o seu julgamento sobre a moralidade da questão precisará em seguida ser endossada pelo ouvinte, isto é, pela sociedade.

Para fazer com que, de um modo geral, os próprios valores do repórter fiquem fora da investigação, o método mais proveitoso costuma ser a utilização dos valores declarados da organização ou pessoa a ser investigada como base de julgamento. Sendo assim, um grupo que alega ter sido democraticamente eleito, mas que depois foi acusado de manipular as eleições, torna-se vulnerável à crítica pelos seus próprios padrões. Isso também acontece com governos que, embora satisfeitos por serem signatários de acordos sobre tratamento de prisioneiros, também permitem que suas forças armadas pratiquem maus-tratos e tortura; ou com empresas que prometem restituição em caso de queixas do consumidor, mas que de algum modo sempre encontram uma saída para fugir à responsabilidade. A emissora de rádio poderá ter de representar o ouvinte em casos de injustiças pessoais, ou perseguir o interesse maior da sociedade diante da corrupção pública. Mas o radialista precisa estar certo. E isso exige paciência, pesquisas exaustivas e a capacidade de distinguir fatos pertinentes de detalhes nebulosos.

Às vezes, pressões externas surgirão para pôr fim à investigação. Pode ser um sinal de que alguém está se sentindo incomodado e que o esforço começa a trazer resultados. É surpreendente como a conduta errada costuma gerar insatisfação. Uma vez revelado o fato que levou à investigação, provavelmente alguma pessoa ressentida fornecerá informações anônimas. É claro que esses "vazamentos" e essas dicas precisam ser confirmados e tratados com o máximo de cautela. Uma história contada prematuramente não dará em nada, tanto quanto uma notícia falsa. Além do mais, a emissora deve resistir à tentação de se envolver de tal modo com a história a ponto de cair na mesma conduta errada — embora, talvez, numa escala muito menor —, pois é tentador fazer denúncias. Ela paga para obter informações? Participa de gravações furtivas, de chamadas telefônicas, por exemplo? Põe em risco sua própria integridade dando falsas informações ou encenando eventos na esperança de montar uma armadilha para os outros? Repórteres investigativos não devem trabalhar sozinhos, mas em dupla ou em trio — para discutir métodos, desenvolver teorias e avaliar resultados. É bom permanecer em contato com a chefia — cujo apoio, financeiro inclusive, é crucial.

Se der certo, os efeitos são imediatos e consideráveis. A reputação adquirida pelo programa e pela emissora é incalculável; um "furo" de reportagem que deixa os concorrentes lá embaixo. O público de um modo geral quer ver corrigido o que está errado. As pessoas respeitam a ordem moral, em especial para os outros, e preferem a justiça à conveniência.

Jornalismo de campanha

Os programas, bem como a emissora ou a rede em que são transmitidos, deixam de ser objetivos ou imparciais quando promovem entusiasticamente um determinado comportamento. Até que ponto essa preferência ameaçará a credibilidade da emissora como um todo depende da proporção do público que concordará com a ação proposta. Assim, uma emissora local que defende a construção de um desvio para a estrada principal que atravessa a cidade, ou faz campanha para angariar fundos para as crianças deficientes, provavelmente não criará oposição entre os ouvintes. Mesmo que a sala de redação dê origem à campanha, o prestígio do material normal do noticiário com certeza não será afetado. Se, no entanto, a emissora estiver defendendo atitudes que dizem respeito a questões mais controversas — não fumar em lugares públicos, a introdução do teste aleatório com bafômetro como um meio de dissuadir os motoristas bêbados, ou exames de sangue obrigatórios para detectar portadores do vírus da aids — então ela deverá esperar oposições, algumas criticando qualquer matéria que ela apresentar sobre o assunto.

De um modo geral, é melhor manter as campanhas longe da sala de redação. O editor de notícias deve ficar à vontade para se dedicar ao relato profissional da verdade factual do dia-a-dia, sem se envolver em considerações sobre o que outras pessoas — governos, conselhos, anunciantes ou os diretores da rádio — querem que seja ou não apresentado. Isso pelo menos minimiza o perigo de a política editorial de um programa pôr em risco a credibilidade das notícias. Vozes associadas com a notícia sempre correm algum risco quando aparecem em outro contexto de transmissão. Jornalistas que emprestam seu prestígio a uma determinada opinião, por mais nobre que seja, facilmente prejudicam sua reputação de observadores imparciais.

Um produtor que queira promover uma causa deve obviamente buscar o apoio da direção e ter consciência dos possíveis efeitos de qualquer campanha sobre os outros programas, em especial os noticiários. A parcialidade em si mesma pode tornar-se contraproducente em relação à própria questão que deveria promover. Causas políticas são as mais extremas e as que geram mais cinismo [...] "mas então isso é o que você diria, não é?".

A notícia como reportagem

O repórter que está nas ruas e o editor assistente são as pessoas que tomam decisões sobre as notícias. Sua preocupação é com a precisão, inteligibilidade, legalidade, imparcialidade e bom gosto.

Antes de tratar desses princípios fundamentais, é importante dizer algo sobre um dos aspectos mais difíceis do trabalho.

A maior parte do trabalho é simples, com alguma rotina. O relato de eventos e as razões de sua ocorrência requerem que o jornalista reescreva o material de outras pessoas recebido por diversos meios. Isso acarreta horas ao telefone verificando fontes e vários dias em trabalho de campo, gravando entrevistas e enviando informações. É durante esses momentos em que se encontra longe da redação, quando o repórter está só, que ele precisa ter um senso de auto-suficiência — uma aparente autoconfiança, que nem sempre consegue sentir — para lidar com o desconhecido e, às vezes, com situações perigosas.

Reportagens sobre perturbações na ordem civil ou guerras

Tragédias devem ser relatadas em tom grave — o radialista sempre permanecendo sensível à reação do ouvinte. Cobrindo tumultos ou fazendo comentários na zona de batalha, a tarefa do repórter é relatar o fato, e não se envolver. É aconselhável, portanto, sempre procurar obter informações locais sobre as condições e, na medida do possível, ficar fora do tumulto, em vez de tentar trabalhar de dentro do entrevero. Assim é possível ver e avaliar o que está acontecendo enquanto a situação se desenvolve. Nessas condições, o repórter deve permanecer o mais discreto possível, e não agravar a situação com a sua presença.

O clima numa situação de crise provavelmente é de confusão. Pedir uma opinião oficial tende a gerar esperanças otimistas ou os piores temores; portanto, qualquer comentário desse tipo deve ser devidamente atribuído a quem o emitiu, ou pelo menos citado como "não confirmado". A análise e a interpretação de um evento assumem duas formas — as pressões e as causas que o geraram e as implicações e conseqüências que provavelmente delas resultarão. A não ser que o repórter esteja bem a par da situação, melhor é deixar as razões e os prognósticos para uma etapa posterior, e provavelmente para outros. Em meio ao conflito, não cabem especulações: a história deve ser contada apenas com base naquilo que o repórter vê e ouve.

Em situações reais de combate, um repórter credenciado terá de usar uma jaqueta à prova de balas ou algum outro vestuário protetor — os militares não gostam de ser responsabilizados desnecessariamente pelas sua próprias baixas civis. Será necessário estabelecer um contato próximo com o oficial encarregado e, às vezes, aceitar limites sobre o que pode ser dito. Alguns fatos talvez tenham de ser encobertos no interesse de uma operação específica; por exemplo, o tamanho da tropa e suas intenções de movimento, ou o nome e a identidade das pessoas envolvidas num rapto ou num cerco policial. Isso ocorre por razões táticas relativamente óbvias e em geral é permitido dizer que a reportagem está sofrendo restrições. Um dos mais memoráveis relatos sobre o conflito nas ilhas Malvinas surgiu de uma situação dessa natureza. Brian Hanrahan falando do convés do porta-aviões britânico Hermes:

> Ao amanhecer, nossos Falcões do Ar decolaram, cada um deles carregando três bombas de meia tonelada. Fizeram um giro no ar antes de se dirigirem para as ilhas, que nessa altura estavam a pouco mais de 140 quilômetros de distância. Alguns aviões foram causar mais estragos em Stanley, os outros seguiram para uma pequena pista de pouso chamada Goose Green, perto de Darwin, 190 quilômetros a oeste. Ali encontraram e bombardearam várias aeronaves aterrissadas em meio a objetos de disfarce. Em Stanley, os aviões fizeram vôos rasantes, com intervalos de poucos segundos entre um e outro. Olharam de relance para as crateras de bombas deixadas pelo Vulcão e deixaram atrás de si ainda mais fogo e destruição. Os pilotos disseram que havia fumaça e poeira por toda parte, pontuadas por lampejos de explosões. Enfrentaram uma barreira antiaérea, pesada mas aparentemente ineficaz. Não tenho permissão para dizer quantos aviões participaram do ataque, mas contei todos eles quando saíram e na volta o número era o mesmo. Os pilotos estavam ilesos, alegres e exultantes, fazendo sinais de positivo com o polegar virado para cima. Apenas um avião apresentava um buraco de bala na cauda — que já foi consertado. (Cortesia da BBC News)

Expresso em tom moderado, vale notar como esse relato faz uso de sentenças curtas e palavras comuns. Não é necessário utilizar uma linguagem extravagante para ser memorável. Veja também o segmento sobre comentário ao vivo, na página 154.

Quando se trabalha em condições de risco à integridade física, é muito valioso ter algum conhecimento de primeiros socorros. Várias organizações fornecem às suas equipes de reportagem que atuam em áreas de risco potencial kits de primeiros socorros contendo material essencial como seringas esterilizadas, agulhas e fluido intravenoso. A segurança psicológica é tão importante quanto a física. Repórteres que estiveram diante de situações violentas, de mortos mutilados e pessoas agonizantes — seja resultante de uma guerra distante ou de um acidente ferroviário doméstico — podem ficar traumatizados por algum tempo em conseqüência dessas experiências. Os efeitos por vezes dolorosos do trabalho jornalístico não devem ser subestimados, daí a importância de providenciar aconselhamento adequado para esses casos.

Precisão

O primeiro dever de um repórter é obter os fatos corretamente. Nomes, iniciais, títulos, horários, lugares, cifras financeiras, porcentagens, a seqüência dos fatos — tudo tem de ser preciso. Nada deve ser transmitido sem que os fatos tenham sido verificados duas vezes, não por ouvir dizer ou por alguma sugestão, mas com total confiabilidade. "Retorne à fonte" é um ditado muito útil. Se não for possível confirmar o fato em si, pelo menos atribua à fonte a declaração do fato. Sob pressão de um prazo apertado, é tentador permitir que a falta de tempo sirva como desculpa para a não verificação. Mas é assim que o profissional desleixado perde a credibilidade. Mesmo numa situação de concorrência, o direito do ouvinte de ser corretamente informado paira acima do desejo do radialista de ser o primeiro. Afinal de contas, o rádio como meio de comunicação oferece flexibilidade suficiente para um acompanhamento intermitente e contínuo. Sem dúvida, é ideal para a história que se desenrola.

Às vezes, apenas a precisão não é o bastante. Com estatísticas, a história pode estar não no relato mas na interpretação. Por exemplo, de acordo com as cifras de acidentes de trânsito, a faixa etária mais segura no caso de motociclistas é aquela "acima dos 80" — no ano passado, ninguém saiu ferido! Assim, uma matéria sobre os 20% de aumento no nível de radioatividade do leite de vaca em dois anos pode ser verdadeira, mas será importante? Como foi a variação em outros tempos? O nível há dois anos foi extraordinariamente baixo? As medidas foram feitas exatamente nas mesmas bases? E assim por diante. Afirmações estatísticas requerem cuidado.

A precisão também é necessária nos sons que acompanham uma reportagem. O repórter que trabalha em rádio sabe como o clima é transmitido pela "realidade dos fatos" — o barulho de um canteiro de obras, os gritos de uma manifestação. É importante, para causar impacto e obter credibilidade, utilizar esses sons, mas sem fazer com que se tornem "maiores" do que realmente são. Até que ponto é justo adicionar um clima musical a uma entrevista gravada num café silencioso? Pode até ser música típica desse café (além de ser útil para encobrir as edições) — mas é honesto e real? É correto acrescentar disparos de armas leves numa reportagem feita em área de batalha? Geralmente ocorrem, mas quando eu estava gravando, as armas silenciaram. Em outras palavras, a matéria tem de *ser* a realidade ou deve transmitir realidade? No momento em que você edita, destrói a precisão do tempo real. É uma questão de motivação. O repórter fiel aos fatos, em oposição àquele meramente sensacionalista, precisará de uma boa dose de discernimento se quiser interessar e entusiasmar o ouvinte, sem enganá-lo.

A estrutura básica para o entrevistador de um noticiário é primeiro obter os fatos, depois estabelecer as razões ou causas que estão por trás dos acontecimentos e finalmente chegar às suas implicações e prováveis ações resultantes. Essas três áreas são apenas o passado, presente e futuro — "O que aconteceu? Por que você acha que aconteceu? O que fará em seguida?". Em outro nível, uma notícia tem a ver com os motivos pessoais para a decisão e a ação, e são estes que devem ser expostos e, se necessário, questionados com fatos precisos ou com opiniões de peso devidamente citadas.

Inteligibilidade

Transmitir significado imediato com clareza e brevidade é uma tarefa que requer um pensamento refinado e facilidade com as palavras. O primeiro requisito é entender a história de modo que possa ser contada sem recorrer ao recurso do jargão científico, comercial, jurídico, político ou sociológico, com tanta freqüência utilizado nas declarações oficiais. Um repórter disposto a mostrar que está familiarizado com esses termos técnicos e que constantemente faz uso deles tem pouca utilidade como comunicador. Ele tem de traduzir o jargão e não disseminá-lo.

Ao discernir por onde começar, ele deve perceber o grau de conhecimento do ouvinte e como as idéias são expressas na fala do dia-a-dia. Uma vez compreendido, o segundo requisito é portanto conhecer o público — não é aconselhável tratar apenas com colegas e fontes profissionais, pois acabará de forma inconsciente transmitindo só para eles. Se o público é remoto em vez de local, periodicamente ele deve viajar entre essas pessoas, ou no mínimo estabelecer algum tipo de *feedback*.

O terceiro elemento quando se narra uma notícia é que ela deve ser expressa de maneira lógica. Isso significa que precisa ser cronológica e seqüencial — a causa vem antes do efeito:

Não: Maiores limites na veiculação de propagandas de cigarros é o que recomenda um relatório do Ministério da Saúde divulgado hoje.

Sim: Em relatório divulgado hoje, o Ministério da Saúde recomenda maiores limites na veiculação de propagandas de cigarro.

A chave para a inteligibilidade está, portanto, na própria compreensão do repórter em relação à notícia, ao ouvinte e à linguagem de comunicação.

Juntando esses três aspectos, a função do redator é contar a história como ele a entende, colocando-a numa seqüência lógica e respondendo para o ouvinte perguntas como:

"O que aconteceu?"
"Quando e onde aconteceu?"
"Quem estava envolvido?"
"Como aconteceu e por quê?"

A primeira técnica é assegurar que dessas seis perguntas básicas pelo menos três sejam respondidas na primeira sentença:

1) O ministro da Economia disse ao Parlamento, nesta tarde, que elevaria o imposto de renda numa média de 4% em outubro.
(quem, onde, quando, o quê, quando)
2) Oito pessoas morreram e mais de 60 ficaram gravemente feridas quando dois trens se chocaram nas proximidades de Amritsar, norte da Índia, nas primeiras horas desta manhã.
(o quê, onde, quando)

A segunda sentença e as demais continuam respondendo a essas perguntas:

1) Ele disse que isso seria aplicado apenas às faixas mais altas e não afetaria as taxações das rendas mais baixas. Em resposta a uma pergunta da Oposição, o ministro afirmou que essa atitude era necessária para reduzir o déficit público.
(como, quem, por quê)

2) O expresso noturno que vinha lotado de Delhi descarrilou e tombou após se chocar com um trem de carga local que saía de uma linha de manobra próximo à estação de Amritsar. Trabalhadores da ferrovia e policiais ainda estão tirando os feridos dos escombros e teme-se que o número de mortos possa aumentar.

(como, o quê)

Um erro que se costuma ouvir no ar, e que já vimos no Capítulo 5, é o do particípio mal colocado.

"O primeiro-ministro terá de defender o acordo que assinou, na Câmara dos Comuns."

Sem a vírgula, soa como se estivéssemos falando de um acordo que ele assinou na Câmara dos Comuns. Mas a história é diferente:

"O primeiro-ministro terá de defender na Câmara dos Comuns o acordo que assinou".

Esse tipo de equívoco ocorre freqüentemente em relação a datas.

"Ele disse que não houve nenhum caso para atender em julho passado."

Quando, o que se queria realmente dizer era que.

"Ele disse em julho passado que não havia nenhum caso para atender."

E outro ainda sobre uma reportagem de maus-tratos contra crianças por parte de babás.

"Exigiu-se o registro de todas as babás em Conselhos Locais."

Mas, poderíamos perguntar, e as babás que não estão em Conselhos Locais?

"Exigiu-se que todas as babás fossem registradas em Conselhos Locais."

No rádio a inteligibilidade tem de ser imediata e sem ambigüidades.

Legalidade

Para estar dentro da lei, é preciso conhecer a legislação e os limites que a lei impõe à livre expressão de qualquer um, indivíduo ou emissora de rádio. Na Grã-Bretanha, ninguém, por exemplo, pode prejulgar um caso, interferir num julgamento, influenciar um júri ou antecipar um veredicto. Portanto, há várias restrições para o relato de uma matéria *sub judice*. Ultrapassar os limites definidos é correr o grave risco de desacatar um tribunal — uma ofensa considerada muito séria, uma vez que ameaça a própria credibilidade da lei.

Num esboço do que é permitido na atual legislação britânica com relação a reportagens sobre crimes, temos quatro etapas distintas:

1) *Antes de efetuada a prisão*, é permitido apresentar os *fatos* do crime; mas descrever uma morte como "assassinato", só se a polícia tivesse feito uma declaração nesse sentido. As testemunhas do crime podem ser entrevistadas, mas não devem tentar descrever a identidade de ninguém que tenham visto nem especular sobre o motivo.
2) Depois de efetuada a prisão, ou emitido um mandado de prisão, o caso é considerado "ativo". E assim continua *enquanto o processo estiver em andamento*, não sendo permitido dar notícias sobre os procedimentos de detenção num tribunal de pequenas causas, nome e endereço das partes envolvidas, dos advogados, o crime de que está sendo acusado o réu e a decisão do tribunal. Notícias sobre os procedimentos subseqüentes no tribunal de instância superior são permitidas, mas sem comentários. A matéria deixa de ser "ativa" com a condenação ou absolvição.
3) Comentários responsáveis são permitidos *após anunciada a sentença*, contanto que o juiz não seja criticado pelo rigor da sentença, ou por qualquer outro motivo, e não haja alegação de parcialidade ou preconceito.
4) *Se houver apelação*, mais uma vez a matéria torna-se *sub judice*. Não são permitidos comentários ou especulações, e somente pareceres factuais do tribunal deverão ser transmitidos.

Podem surgir complicações se a polícia ficar muito entusiasmada e disser que "pegamos o responsável". Essa decisão cabe ao tribunal e os radialistas não devem se juntar à polícia prejulgando o caso. Há normas especiais que se aplicam aos juizados de menores e casos envolvendo relações conjugais. A questão fundamental é se o que está sendo transmitido ajuda ou dificulta o trabalho de investigação da polícia ou prejudica a autoridade do processo judicial.

Essas questões são típicas do trabalho jornalístico. Produtores não familiarizados com os tribunais são aconselhados a agir com cautela e procurar orientação de um especialista.

Outro aspecto legal ao qual os produtores devem prestar atenção é o que se refere à injúria, difamação e calúnia. O radialista não goza de direitos especiais sobre os indivíduos e não está autorizado a dizer nada que "exponha uma pessoa ao ódio, ao ridículo ou ao desprezo, que a faça ser evitada pelos outros ou tenda a prejudicá-la em seu ofício, profissão ou negócio". Injúria, difamação e calúnia só podem ser cometidos contra um indivíduo ou grupo identificável. No Código Civil, não se pode difamar os mortos. A acusação mais prejudicial contra um radialista ameaçado por uma ação de injúria, difamacão e calúnia é ele ter agido com dolo. Esse não é um risco ignorado pelo jornalista investigativo que trabalha, por exemplo, numa história envolvendo a possibilidade de corrupção ou prática duvidosa por parte de personalidades públicas bem conhecidas. A verdadeira defesa do radialista contra esse tipo de acusação é a veracidade do que ele disse poder ser provada satisfatoriamente em juízo. Mais uma vez, temos a absoluta necessidade de verificar os fatos e usar as palavras com uma precisão que impeça o que com toda probabilidade será uma interpretação deliberadamente falsa.

Uma segunda defesa é a do "comentário justo". Isso significa que as opiniões expressas foram honestas e feitas de boa fé, sem qualquer intenção maliciosa. É o caso em particular das críticas literárias, teatrais e de cinema, mas que também se aplica a comentários feitos sobre políticos ou outras pessoas públicas. Esse tipo de defesa tem de mostrar que as observações baseiam-se em fatos demonstráveis e não em informações incorretas.

Repetir a declaração injuriosa feita por alguém não constitui defesa, a não ser que a pessoa goze de "privilégio absoluto", como nos tribunais e no Parlamento. Mesmo assim, as notícias sobre tais procedimentos têm de ser justas e precisas; e se a declaração se mostrar errada, sendo necessária a publicação de desculpas ou de uma correção, isso também precisa ser noticiado. Uma defesa baseada em "privilégio qualificado" é viável no caso de notícias de outros procedimentos públicos, tais como as reuniões do Conselho de Autoridade Local; tribunais oficiais; reuniões gerais anuais de uma empresa, quando abertas ao público; e outras reuniões relacionadas ao interesse público. A mesma defesa pode ser usada quando se trata de um relato justo e preciso de uma comunicação ou declaração pública divulgada oficialmente pela polícia, órgão do governo ou autoridade local. Quando não há nenhum "privilégio", o radialista é tão culpado quanto o difamador ou caluniador. Produtores e apresentadores de programas em que o ouvinte participa pelo telefone, em linha aberta no ar, devem tomar cuidado com pessoas que se queixam de trabalhos malfeitos, incompetência profissional ou coisa pior da parte de indivíduos identificáveis. Uma referência imediata ao fato, do tipo: "Bem, essa é apenas a sua opinião" pode ser vista como uma atenuação da acusação, mas ainda assim pode-se atribuir ao radialista a divulgação de uma calúnia.

A lei também atinge diretamente o radialista em questões relativas a segredos "oficiais", eleições, programas voltados para o consumidor, discriminação sexual, relações raciais, jogos e loterias, notícias sobre tribunais estrangeiros e direitos autorais.

O produtor deve conhecer os principais riscos legais e deve ter uma fonte confiável de orientação jurídica. Sem isso, mais cedo ou mais tarde provavelmente precisará dos serviços de um bom advogado.

Imparcialidade e eqüidade

O repórter não escolhe "vítimas" e as persegue — não despreza aqueles de cujas opiniões discorda —, não procura vingar-se, não tem predileções. Ele não promove interesses sectários e resiste à persuasão de quem está em busca de publicidade gratuita. O repórter é justo. Sem ter opiniões editoriais próprias, procura transmitir as notícias sem fazer julgamentos morais. Ele é um servo do ouvinte. A radiodifusão é uma disseminação geral e é improvável que alguma opinião seja universalmente aceita. A "boa notícia" de tarifas mais baixas para os importadores é má notícia para os fabricantes nacionais que lutam contra a concorrência. A "boa notícia" de mais um dia ensolarado é má notícia para os agricultores que esperam ansiosos pela chuva. O segredo é estar atento aos adjetivos. Os superlativos podem impressionar, mas serão justos? A notícia mostra um conflito trabalhista, mas que direito tem o repórter de descrevê-lo como um "*sério* conflito trabalhista"? Com base em que ele se refere ao "*fraco* relatório" de uma empresa ou à "*notável* descoberta" de uma equipe de pesquisa médica? Palavras como "principal", "crucial" e "especial" são utilizadas com bastante freqüência apenas para convencer as pessoas de que a notícia é importante. É muito melhor deixar os adjetivos qualificativos para os verdadeiros protagonistas e permitir que os fatos falem por si mesmos mediante o texto do redator.

Às vezes os repórteres ficam preocupados por talvez não serem capazes de uma total objetividade, visto que receberam certos valores na sua criação e educação. Embora possa ser verdade que na radiodifusão predominem as pessoas vindas de famílias de classe média e com nível de instrução superior, qualquer desequilíbrio ou restrição resultante é problema não do repórter, mas do editor-chefe. O repórter não precisa ficar indevidamente preocupado com suas próprias motivações inconscientes oriundas de sua formação e experiência, exceto para perceber que os outros talvez não as compartilhem. Ele deve, no entanto, estar atento a qualquer desejo consciente que possa ter de persuadir os outros a pensar da mesma maneira, e reprimir esse desejo. É sensato assegurar que qualquer grupo étnico significativamente amplo esteja representado entre os funcionários da emissora.

Ao contrário do jornalista iniciante, para quem cada adjetivo e cada vírgula podem ser verificados antes da publicação, o repórter de rádio em geral está só diante do microfone. Para evitar a tentação de inserir suas próprias opiniões, os repórteres não devem ser recrutados diretamente da escola, mas ter uma formação a mais ampla e variada possível e, de preferência, trazer para essa profissão alguma experiência de trabalho fora da radiodifusão.

Bom gosto

Como acontece em toda a radiodifusão, os noticiários têm a responsabilidade de ser fiéis aos padrões em geral aceitos pelos ouvintes e por estes considerados de "bom gosto". Há duas áreas que podem criar problemas — quando há ofensa e quando a notícia causa mal-estar.

Para evitar ofensas desnecessárias, primeiro deve haver um cuidado profissional na escolha das palavras. As pessoas são particularmente sensíveis, e com justa razão, quanto à descrição de si próprias. A palavra "imigrante" significa alguém que entrou no país vindo de outra nação, mas tende a ser aplicada de maneira incorreta a pessoas cujos pais ou mesmo avós foram imigrantes. Rótulos relativos à raça, religião ou a afiliações políticas devem ser usados com todo o cuidado e nunca como uma simplificação social para transmitir qualquer outra coisa que não seja seu significado literal. Exemplos como "negro", "de cor", "muçulmano", "guerrilha", "sulista", "judeu", "comunista" etc. — usados livremente como adjetivos tendem a ser mais perigosos do que como substantivos específicos.

A questão da ofensa deve ser levada em conta nas reportagens sobre crimes sexuais e outros. A notícia não pode ser suprimida por razões morais ou sociais, mas o desejo de chocar deve estar subordinado à necessidade de informar. O jornalista precisa encontrar as palavras adequadas para transmitir os fatos sem causar constrangimento, por exemplo, em lares em que as crianças estão ouvindo. No caso da mídia impressa, os pais podem afastar seus filhos do que é moralmente ofensivo e sórdido; quanto ao rádio, um cuidado geral imediato precisa ser exercitado no estúdio. Uma diretriz que pode ser útil é o radialista pensar em como ele realmente daria a notícia a alguém que ele encontrasse no supermercado local, com outras pessoas a sua volta.

Mais difícil é a avaliação do que é bom gosto na transmissão de fatos "ao vivo" ou gravados. Noticiar uma manifestação ou um conflito trabalhista quando os ânimos estão exaltados provavelmente resultará na transmissão de linguagem "imprópria". O que deve ser permitido? Usaremos a edição para cortar esse conteúdo da gravação? Até que ponto usá-lo de forma deliberada para mostrar a dimensão dos sentimentos que estão em jogo? Não há respostas definitivas. O contexto do evento e a situação do ouvinte são ambos pertinentes ao que é aceitável. Ao utilizar esse material como notícia, porém, o radialista deve certificar-se de que sua intenção de fato é informar e não apenas causar sensacionalismo. Pode ser uma "boa matéria", mas efetivamente ajuda o ouvinte na compreensão do assunto? Em caso positivo, talvez seja válido, mas o ouvinte tem o direito de reagir à decisão do radialista.

Notícias sobre acidentes podem causar um excessivo mal-estar. Basta apenas mencionar as palavras "desastre aéreo" para causar uma ansiedadde imediata entre amigos e parentes de alguém que embarcou num avião nas últimas 24 horas. A responsabilidade do radialista está em conter o alarme nos limites do menor grupo possível, identificando horário e local do acidente, a empresa de aviação, número do vôo, ponto de partida e destino da aeronave em questão. A matéria deverá continuar com detalhes sobre os prejuízos e a possibilidade de sobreviventes; nessa altura a maioria das pessoas que viajaram de avião estará fora do âmbito dessa notícia. No caso de acidentes envolvendo vítimas, por exemplo um acidente de ônibus, é útil para os ouvintes saber para que hospital foram levados os feridos ou que número de telefone poderão usar para obter mais informações. Os nomes dos mortos e feridos normalmente não devem ser transmitidos até que os parentes mais próximos sejam avisados.

Um detalhe importante na montagem de um noticiário é a necessidade de estar atento à associação involuntária e possivelmente infeliz entre as matérias. Poderia parecer por demais insensível mostrar logo após uma matéria sobre assassinato uma reportagem sobre "um novo negócio para os açougueiros". O bom senso e a consciência da sensibilidade do ouvinte em geral preencherão os requisitos do bom gosto, mas é justamente num processo que envolve várias fontes e tempo limitado que certos refinamentos acabam sendo desprezados.

Resumo

Resumindo os princípios da notícia. O bom jornalismo baseia-se num conjunto de valores freqüentemente citados — deve ser preciso e verídico, ter sua origem na observação e na investigação e ser mais do que uma reação a eventos, pois na tentativa de se mostrar imparcial e objetivo precisará ativamente procurar e testar opiniões. Tem de esclarecer os eventos para os leitores, ouvintes e telespectadores, resistindo às pressões de políticos, anunciantes e outros que desejam mostrar o mundo sob um aspecto que seja favorável a seus próprios interesses ou à sua causa. Toda sociedade baseada na liberdade democrática de escolha requer um livre fluxo de notícias honestas. Não faz sentido nenhum apresentar um noticiário que não tenha credibilidade.

A sala de redação

Em última análise, quase toda emissora de rádio é sustentada ou fracassa graças à qualidade de suas notícias e de seu serviço de informações. Sua capacidade de responder rapidamente aos eventos do dia e a precisão de seus relatos vão além dos boletins noticiários. A sala de redação talvez represente a maior área de "entrada" ou "input" numa emissora e como tal é a única fonte capaz de contribuir para a totalidade do "produto final" ou "output". Diferentemente de um jornal que dirige suas energias para um ou dois fechamentos específicos, numa rádio a sala de redação está envolvida num processo contínuo. As principais fontes de cobertura de notícias podem ser:

1) *Profissional:* repórteres de assuntos gerais e repórteres especializados (p. ex., repórter policial, político etc.); *free lancers* e correspondentes; serviços *online*, de fax e telefone; agências de notícias; outras emissoras de rádio; jornais.
2) *Oficial:* fontes do governo, nacionais ou locais; serviços de emergência como polícia, bombeiro, hospitais; organizações militares; autoridades ligadas ao transporte público.
3) *Comercial:* departamentos de Relações Públicas; interesses ligados à indústria do entretenimento.
4) *Pública:* informações fornecidas por ouvintes, motoristas de táxi etc.; organizações voluntárias, sociedades e clubes.

Ao se basear de forma exagerada em *releases* e notas divulgadas à imprensa, a emissora corre o risco de ser facilmente manipulada por interesses comerciais e do governo. O produto final começa a soar como a voz do sistema. Um editor ficará desconfiado com o material entregue por uma determinada fonte pouco antes do fechamento. É claro que uma nota de imprensa fornece "boas" informações unilaterais — esse é o objetivo. É um material que precisa ser avaliado e cotejado; deve ser questionado quanto a suas implicações e seus efeitos imediatos. Uma sala de redação tem de ser mais do que um processador de notícias trazidas por outras pessoas. Isso também acontece com matérias tiradas de jornais — procure sempre novos ângulos e verifique se a notícia foi publicada em outros veículos; desenvolva a história, vá mais além.

O coração de uma sala de redação é sua agenda, que pode estar em forma de livro ou de dados num computador. Recolhe-se com antecedência o máximo de informação possível, de modo que as possíveis notícias possam ser cobertas com os recursos disponíveis. Na primeira reunião editorial de cada dia, serão analisadas as perspectivas e decididas as prioridades. Os repórteres serão designados para descobrir os números da balança comercial do mês, cobrir a inauguração de um novo aeroporto ou de uma nova estrada, fazer a reportagem sobre uma polêmica reunião pública, participar de uma entrevista coletiva num órgão do governo, cobrir a chegada de um chefe de Estado ou a divulgação de um importante relatório. A tarefa do editor de notícias é integrar o trabalho dos repórteres locais com o fluxo de notícias vindas de outras fontes disponíveis, fazendo um equilíbrio entre matérias internacionais, nacionais e locais.

Mas o editor também deve considerar os imprevistos — uma explosão numa indústria química, um pronunciamento inesperado de um dirigente político, um assassinato nas ruas. A sala de redação não pode, no entanto, esperar que as coisas aconteçam; ela deve seguir suas próprias linhas de investigação.

Salas de redação locais às vezes sentem a tentação de selecionar matérias em termos de cobertura geográfica — por exemplo, 20 histórias de sua área em vez de dez matérias de interesse mais geral. Isso deve ser resolvido na forma de uma política estabelecida — ou seja, até que ponto a sala de redação atende a várias minorias em oposição a um público de interesse coletivo. A primeira opção vale para um jornal em que cada leitor escolhe a matéria que deseja ler; a segunda é mais apropriada ao rádio, em que a escolha já foi feita para o ouvinte. Com muito menos "espaço", as poucas matérias têm de interessar a todos.

Uma redação competente precisa estar organizada em seu fluxo de textos. Deve haver um lugar em que se recebem cartas, *releases*, material impresso, fax e outros dados por escrito. Um repórter fazendo chamadas de "rotina" para os serviços de emergência ou outros contatos regulares obtém a informação verbal de modo que, depois de consultar a agenda, o editor possa decidir quais as histórias que serão cobertas. Ele talvez convoque uma reunião, pessoalmente ou via telefone, para discutir as possibilidades, em particular com os repórteres especializados. Uma pessoa será designada para escrever, ou pelo menos editar, os boletins — uma tarefa que não é coletiva. Se possível, outros redatores escrevem boletins mais curtos e resumos. Partindo do mesmo material, um resumo de dois minutos requer uma técnica diferente. Omitir as últimas três sentenças de cada matéria num boletim de cinco minutos não dará certo!

Repórteres contratados e *free lancers* são designados para cobrir as matérias selecionadas. Cada um é instruído sobre as implicações e possíveis "ângulos" de abordagem, além de receber sugestões para o tratamento da matéria e um prazo para sua conclusão. Em outra parte da sala ou nas proximidades, são copiados cassetes; fitas são editadas, podendo ser passadas para cartucho e usadas no estúdio; é redigido o material de sinalização; gravações de entrevistas são feitas pelo telefone e textos anteriores substituídos, atualizados ou renovados para uso posterior. O detalhe mecânico dependerá do grau de sofisticação de cada sala de redação — da disponibilidade de uma unidade móvel ou de algum outro equipamento móvel, de transmissão externa e outros recursos "remotos"; processamento eletrônico de dados; televisão de circuito fechado; histórias atualizadas permanentemente disponíveis nos estúdios via telas de computador; intercomunicação com outras partes do prédio etc.

Uma sala de redação também requer a presença de sistemas que permitam acessar informações contidas num catálogo central, que pode ser um arquivo físico com nomes, endereços e números de telefone de contatos úteis, além de recortes de jornais, *scripts* ou outras matérias relacionadas com histórias atuais ou eventos futuros. Esses dados poderão ser organizados em ordem alfabética ou cronológica, mas de modo que todos tenham acesso ao sistema e o entendam. Mas uma sala de redação informatizada possui a grande vantagem de conectar as informações da agenda com as possibilidades do "dia", a ordem de transmissão das notícias e os *scripts* dos boletins. Todos dispõem da mesma informação atualizada, no mesmo instante. O apresentador que está no estúdio tem as últimas notícias constantemente disponíveis, lendo-as na tela. Para a fixação a curto prazo de informação local, no caso de um número de telefone urgente ou de mensagem para um colega de outro turno, um quadro-negro ou algo semelhante é algo simples e eficaz.

O importante é que todos saibam exatamente o que precisam fazer, e em qual escala de tempo, e a quem recorrer em caso de dificuldade. O editor de notícias ou o diretor encarregado deve estar de posse de todas as informações necessárias para controlar o produto final. Ele também deve deixar claro, como todos os demais, até que ponto a operação minuto a minuto é delegada a terceiros. Não há lugar nem tempo para confusão ou conflito.

Manual da redação

Uma das tarefas do editor é preservar as normas, diretrizes, procedimentos e precedentes que formam a base do esquema diário de uma sala de redação, e que são o resultado da experiência prática acumulada numa determinada redação e das decisões de um editor. O manual da redação não é uma coisa estática; é alterado e enriquecido à medida que surgem novas situações. Uma organização de grande porte terá suas diretrizes gerais, que as emissoras locais ou afiliadas poderão ampliar.

O manual esclarecerá dúvidas sobre difamação e desobediência às regras de um tribunal.

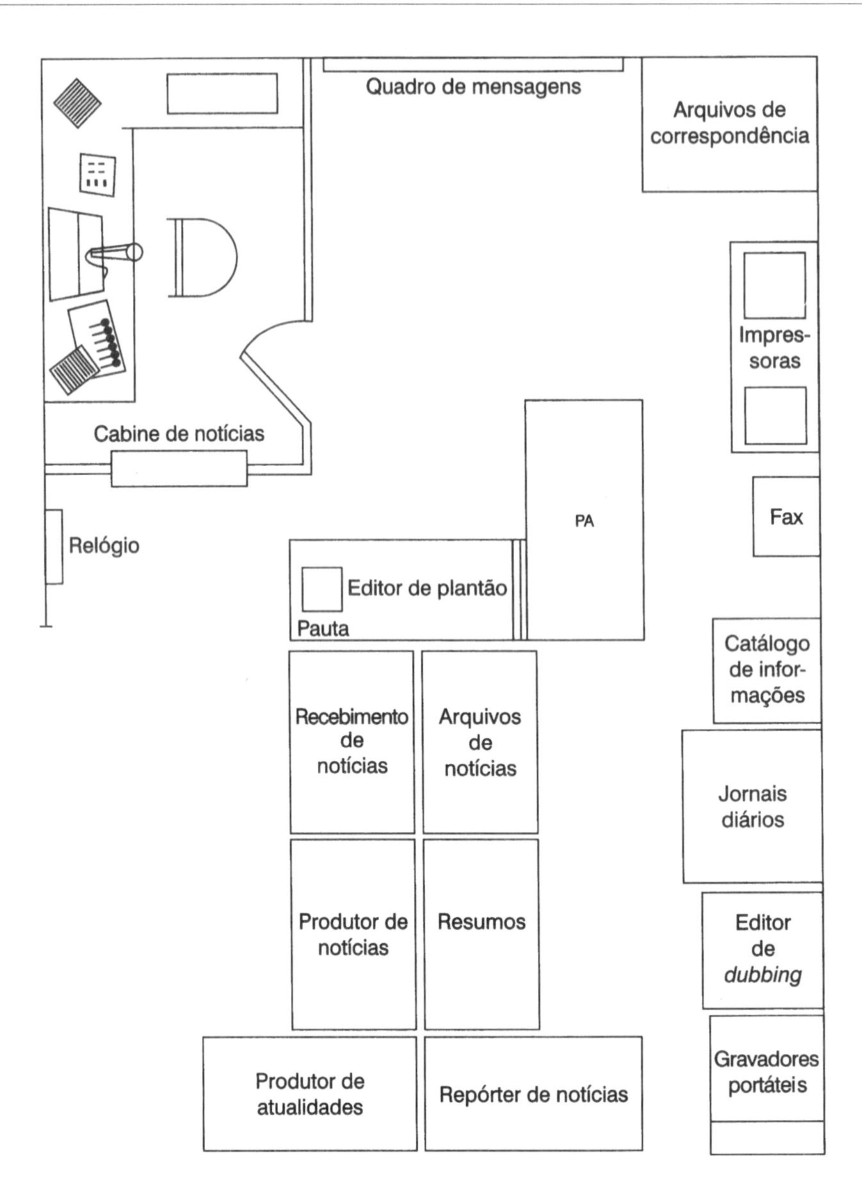

Fig. 7.1. Recursos de uma pequena sala de redação. A presença de um terminal em cada mesa permite aos jornalistas escrever e editar textos, dá acesso a todas as fontes disponíveis e ainda possibilita a edição de áudio. O material já concluído fica armazenado num arquivo central de transmissão para ser apresentado posteriormente. A cabine de notícias, com sua *workstation* para áudio digital, é utilizada para produzir pacotes de notícias e entrevistas por telefone em linha ISDN, além da leitura de notícias no ar. Também estão disponíveis recursos para *dubbing* e edição de fitas cassete, DAT, fitas de rolo de um quarto de polegada e minidisco.

Definirá o procedimento a ser seguido, por exemplo, no caso de comunicados de bombas (falsos ou não), seqüestro, pedidos de supressão de informações, morte de chefes de Estado, observância de embargos, eleições nacionais e locais, revelação das fontes, e assim por diante.

O manual mostra a Declaração de Objetivos da emissora e o papel da notícia no contexto. Indica o formato do noticiário, os procedimentos de início e fim das transmissões, o estilo das manchetes, a pronúncia correta de palavras problemáticas e as normas relativas a correções, pedidos de desculpa e direito de resposta. Traz ainda os regulamentos que tratam da segurança na emissora, além de sugestões sobre formas de locução. Acima de tudo, haverá um sem-número de correções de erros de gramática e sintaxe — do uso de substantivos coletivos até neologismos ou palavras recém-inventadas.

Logo que chega a uma sala de redação, o novato pode esperar receber o manual para ser estudado.

Unidade móvel, telefonia móvel e ISDN

As emissoras maiores costumam ter um carro, reservado para uso da redação, que vai para as ruas cobrir uma determinada matéria. O editor escolhe um repórter que entrevistará uma personalidade qualquer, cobrirá uma manifestação ou fará uma reportagem sobre um acidente ferroviário. Uma pequena operação poderá ter apenas um microfone de rádio de alta potência capaz de enviar um sinal para a emissora num raio de alguns quilômetros. Os princípios de utilização dos recursos móveis tendem a ser semelhantes, independentemente do modelo. As operações de rotina apresentam a seguinte base comum:

- Para cada veículo deverá haver um procedimento de prioridade. Quem controla e autoriza seu uso? Quem decide se uma determinada matéria deve ser abandonada para cobrir uma matéria mais importante? Todos os usuários em potencial conhecem esses procedimentos?
- Lembre-se de que você está dirigindo um veículo muito especial. Mesmo que esteja com pressa, seja educado, cuidadoso e respeite as leis.
- Antes de deixar a base, verifique se todo o equipamento está no carro, se as baterias têm carga e se alguém está pronto para ficar na escuta.
- Ligue o receptor de comunicação bidirecional de modo que a base possa chamá-lo. Sintonize o rádio do carro para receber a saída da emissora.
- Chegando ao seu destino, eleve a antena telescópica, quando necessário, tomando cuidado para evitar obstruções como fios de alta-tensão e linhas de telefone. Chame a emissora pela conexão bidirecional e faça um teste no canal do programa.
- Receba o sinal para prosseguir, a duração da matéria e o *handback*. Verifique se está ouvindo a saída da emissora nos fones de ouvido.
- Depois da transmissão, guarde todo o equipamento e abaixe a antena antes de ir embora. Deixe o receptor ligado até voltar para a base, no caso de a emissora querer chamá-lo.
- Veículos de rádio atraem curiosos; certifique-se de que ficarão estacionados com segurança dia e noite.

Quando na base, todos os carros devem ficar "carregando" suas baterias e sempre no mínimo com meio tanque de gasolina. Deverão também ter um mapa da cidade, um rolo de cabo para operações remotas, fones de ouvido sobressalentes, baterias, um galão para gasolina, extensões, bloco de anotação, prancheta, lápis, panos e lanterna.

Um veículo pequeno equipado com telefonia móvel também pode ser usado como unidade móvel. Telefones digitais, em especial aqueles adaptados com um microfone para transmissão radiofônica, podem ser conectados ao estúdio da base utilizando o sistema de telefonia pública para entrar com inserções no programa, mesmo fora da área de transmissão da emissora. O repórter precisa ouvir a sinalização de início do programa para prosseguir e, obviamente, não pode receber comunicação enquanto estiver no ar. Mas o advento do telefone móvel facilitou e flexibilizou bastante a reportagem em locação.

Equipamento de campo

A distância da base obviamente não é nenhum problema na utilização da internet, seja para enviar texto via e-mail, seja para reportagens e entrevistas em formato de áudio digital. As principais empresas de radiodifusão costumam usar esse método de comunicação em sua rede de correspondentes do mundo todo. Um aperfeiçoamento mais recente é a Integrated Services Digital Network, — ISDN, ou Rede Digital de Serviços Integrados. A um custo relativamente baixo, esse sistema utiliza circuitos telefônicos para transmissões de voz de alta qualidade. O repórter conecta o microfone ou gravador numa "caixa preta" (Codec) de ISDN que codifica o sinal na forma digital. O sistema funciona bem para locução e pode ser "esticado" para a música. Em lugares onde as linhas telefônicas não são confiáveis, um gravador digital, *laptop* ou *notebook*, e um telefone celular — ou melhor ainda, um telefone via satélite — constituem a única aparelhagem necessária para editar e empacotar entrevistas e reportagens imediatamente no ar, a partir de qualquer lugar do mundo.

Embora a tecnologia moderna possa parecer atraente, o repórter que trabalha longe da base logo aprende a se tornar autoconfiante quando se trata do seu equipamento técnico. Em geral é a tecnologia antiga que salva o dia — o canivete suíço ou a coleção de pequenas chaves de fenda. Tudo tem um *back-up*. Repórteres experientes quando estão no além-mar contam com instrumentos como:

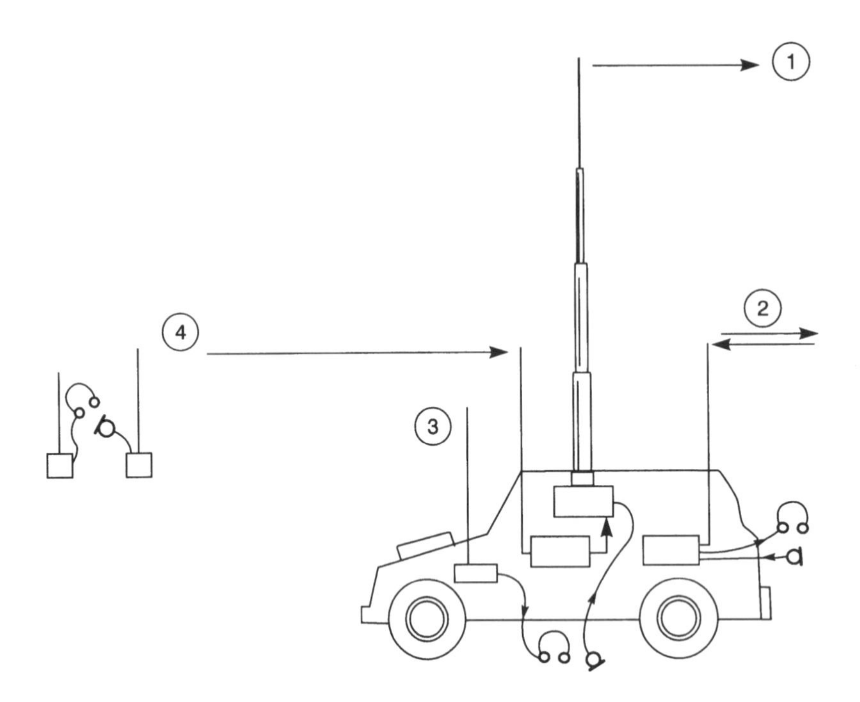

Fig. 7.2. Unidade móvel. 1. Transmissão do programa para o estúdio da base. 2. Conexão bidirecional com a base. Isso permite que o carro colabore com programas que não estão sendo transmitidos "ao vivo". Quando essa conexão é utilizada como o canal do programa, não é necessário nenhum outro equipamento. 3. Receptor de rádio. 4. Conexão opcional de baixa potência que permite ao repórter, se necessário, um trabalho remoto no veículo, usando um radiomicrofone e recebendo informações *off-air* de um outro rádio.

- Gravadores de bateria — gravadores cassete mono são resistentes, mas um minidisco é bom para edições rápidas. Se tiver um alto-falante grande poderá ser usado para mixar acusticamente com voz e gravar numa outra máquina. Uma alternativa é um gravador com duas entradas de mic./line (microfone/linha) e mixagem interna.
- Microfones unidirecionais resistentes com *windshield* embutido.
- Microfone dobrável pequeno para usar sobre a mesa.
- Um microfone labial para excluir a acústica indesejada do ambiente ou para utilizar quando se anda de carro.
- Pelo menos um cabo longo para posicionar o microfone bem na frente, em discursos ou coletivas.
- Vários pinos e cabos, incluindo prendedores do tipo jacaré para conexão com linhas de telefone.
- Fita isolante impermeável, fita adesiva.
- Fones de ouvido ou *ear-piece* para monitoração.
- Adaptador internacional duplo. Útil em hotéis, para transformar a tomada do telefone em duas, possibilitando conexão simultânea de telefone e gravador.
- Um rádio — FM/MW/LW/SW — com fio extra para antena.
- Baterias, fitas cassete, discos, cabos etc. de reserva.

Esse kit invariavelmente é transportado em um estojo de metal para câmera, forrado com espuma. Nunca se deve perdê-lo de vista.

Entrevista coletiva e *press release*

Entrevistas coletivas, reuniões de empresas, declarações oficiais e *briefings* de todos os tipos quase sempre tentam ser favoráveis aos que os promovem. Por isso é importante ouvir com cuidado o que está sendo dito — e o que não está sendo dito — e fazer as perguntas básicas. Se forem apresentados fatos ou planos de ação, a pergunta é "por quê?". É necessário citar com precisão o que é dito — o que não é difícil com um gravador — e atribuí-lo a um porta-voz ou a uma fonte. O que está sendo dito pode ou não ser de todo verdadeiro — mas é verdade que uma pessoa devidamente citada está dizendo aquilo.

Releases, notas distribuídas à imprensa, avisos e cartas chegam em grande quantidade à mesa do editor. A maior parte não é utilizada — mas se não servir para o noticiário, uma redação bem organizada deixará a história disponível para ser usada de algum outro modo. Periodicamente, os editores precisam definir o que deve fazer parte de um *release* e como será o *layout*. Considere as seguintes diretrizes:

1) O editor tem pouco tempo e inicialmente quer um resumo da história, sem todos os detalhes. O objetivo é despertar interesse e encorajar novas iniciativas.
2) Na parte superior deve haver um cabeçalho que identifique a notícia ou o acontecimento.
3) O texto principal deve ser imediatamente inteligível, chegando logo ao âmago do assunto e fornecendo um contexto suficiente para enfatizar a importância da história — *por que* interessa, bem como *o que* interessa, p. ex.: "Esta é a primeira vez que um jovem de 18 anos ganha o prêmio". O estilo do texto deve ser mais coloquial do que formal. Evite jargões jurídicos ou técnicos.
4) Confira duas vezes todos os fatos: nomes (primeiro nome e sobrenome), qualificações pessoais, títulos, ocupações, idades, endereços, datas, horários, lugares, quantias em dinheiro, porcentagens etc.
5) No final, inclua nome para contato, departamento de origem, número do tele-

AMPERSAND
CROYDON ARTS ASSOCIATION

Centro Cívico de Croydon

COMUNICADO
Data

PARA: Editor de Notícias
e Produtor, "Music Box"

ORQUESTRA SINFÔNICA DE CROYDON — NOVO MAESTRO

JOHN THORNEHILL passa a fazer parte da Orquestra Sinfônica de Croydon, como maestro residente, com um contrato de três anos a partir de 1º de janeiro de 1995. Atualmente ele é diretor musical do The Music Group of New York.
Nascido na Filadélfia em 1945, estudou piano e violino na Universidade de Colúmbia, tendo recebido do Conservatório de Paris uma bolsa de estudo em composição.
Visitou a Grã-Bretanha em 1975 com a Orquestra de Jovens de Lincoln. Nessa turnê apresentou-se num concerto no Croydon Civic Hall. Em Cambridge conheceu sua esposa, Julia.
Ele está particularmente interessado em treinar jovens músicos e durante três anos trabalhou na escola de verão em Tanglewood, Massachusetts.
Compositor de várias obras publicadas para orquestra de cordas, ele espera ter mais tempo para compor.
Nota para o Editor: O sr. e a sra. Thornehill estarão visitando Croydon nos dias 18 e 19 de novembro.
Detalhes sobre a coletiva a serem anunciados.

Mais informações com: Gavin Watson,

tel. 081-653 4411 ext. 671 (escritório)
fax. 081-653 4422
tel. 081-658 5931 ^residência)
e-mail: ampersand@compuserve.com

fone (da residência também), data e horário em que foi expedido.

6) O texto deve ser digitado em espaço duplo, com margens amplas, em um dos lados de uma folha de papel A4, com logotipo ou cabeçalho em destaque — ou em papel colorido para destacar. Ao enviar cópias para diferentes endereços na emissora, deixe isso bem claro. Um *release* só deve ser recusado se houver uma razão óbvia — por exemplo, no caso de se ter uma cópia antecipada de um discurso, ou quando for sensato esperar algum tempo para digerir ou analisar uma questão complexa antes de fazer uma ampla divulgação. O rádio é um meio de comunicação imediato e os editores não se inclinam a esperar simplesmente para agir ao mesmo tempo que os concorrentes.

8

Leitura de notícias e apresentação

A apresentação é a "embalagem" do rádio. Pouco importa o conteúdo de um programa, se a redação for boa ou se as entrevistas forem excelentes; mas se a apresentação for malfeita, será um fracasso. É como pegar um ótimo perfume e comercializá-lo num vidro de remédio. Uma boa apresentação vem da compreensão do meio de comunicação utilizado e de uma atitude zelosa com relação ao ouvinte. O radialista, ao usar um microfone, deve conscientemente se preocupar com o fato de o ouvinte poder ou não entender o que ele está dizendo. Ao "pensar como se fosse outro", o apresentador fica menos propenso aos efeitos destrutivos do nervosismo de estúdio, ou da complacência de uma profunda familiaridade, e assim é mais provável que consiga comunicar significados. Como ele não conhece pessoalmente o ouvinte, adota a postura de um conhecido e não a de um amigo. Ele é camarada, atencioso, informativo e prestativo. Tem algo a oferecer, mas não se aproveita disso para tirar vantagem, seja exibindo ares de superioridade, seja assumindo qualquer autoridade especial. O relacionamento é horizontal. Ele não tira conclusões indevidas sobre essa familiaridade nem tampouco abusa do relacionamento, mas sempre se esforça para tornar interessante o que está dizendo.

É claro que a leitura do noticiário tende a ser mais formal do que um programa musical, mas há espaço para diversas abordagens. Qualquer que seja o estilo da emissora, governado por sua atitude básica perante o ouvinte, deve apresentar-se de modo coerente. Enquanto o sociólogo vê o rádio como um meio de comunicação de massa, para o homem que está no microfone trata-se de uma comunicação individual; ele está falando com *alguém*. Pensando no ouvinte como uma pessoa, ele diz: "Se hoje você estiver viajando para o Sul...", e não: "Quem estiver viajando para o Sul...". O apresentador não grita. Se ele estiver a meio metro do microfone e o ouvinte a um metro do rádio, a distância total entre eles é de um metro e meio. Não é preciso volume, mas uma simples clareza. Uma projeção exagerada faz com que o ouvinte psicologicamente "recue" — estabelecendo uma distância no relacionamento. Ao contrário, ao diminuir a voz, o apresentador adota um estilo confidencial ou intimista mais apropriado à proximidade da escuta noturna, às altas horas da noite.

A velocidade da locução depende do estilo da emissora e do material transmitido. A locução entre programas ou a que anuncia a passagem de um para outro deve ser no ritmo normal de conversa do apresentador; por exemplo, a leitura de notícias é de 160-200 palavras por minuto; se for em ondas curtas, é mais lenta. Comentários devem ser transmitidos numa velocidade adequada à ação. Se o apresentador estiver indo muito rápido, talvez não ajude apenas pedir a ele que vá mais devagar; isso provavelmente fará com que pareça afetado e cuidadoso em excesso. O importante é que ele aumente a pausa entre as sentenças — que é quando ocorre o entendimento. Não é tanto a velocidade das palavras que pode confundir, mas a falta de tempo suficiente para que façam sentido.

A maneira mais simples de acertar o estilo, a projeção e a velocidade é visualizar o ouvinte sentado no estúdio um pouco além do microfone. O apresentador não está lendo sozinho, mas falando com o ouvinte. Esse pequeno exercício de imaginação é a chave para uma boa apresentação.

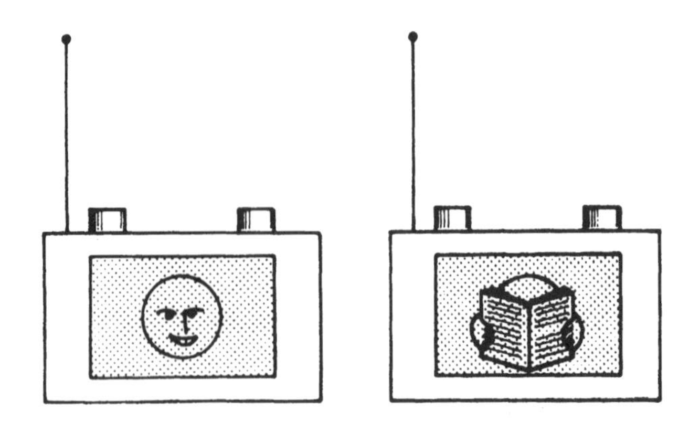

Fig. 8.1. O *script* não deve se interpor entre o radialista e o ouvinte. Este deve sentir que as palavras estão sendo dirigidas a ele – e não lidas. O *script* precisa ser redigido para a locução em voz alta e as inflexões e ênfases vocais têm de fluir naturalmente como a própria fala do radialista.

Leitura de notícias

A primeira coisa que se exige do apresentador é que ele entenda o que está lendo. Não se pode esperar que sua comunicação seja clara se ele mesmo não captou plenamente o sentido do texto. Com as devidas reservas feitas a seguir sobre o material "destacado e lido", há pouco espaço para o apresentador que pega um boletim 30 segundos antes de ir ao ar na esperança de lê-lo "com perfeição". Ele deve ser mais do que pontual, precisa estar adiantado. Ler não é a mesma coisa que comunicar significados. O apresentador deve estar bem informado e ter um excelente conhecimento básico sobre atualidades de modo que possa lidar com problemas que venham a ocorrer pouco antes de começar o noticiário. Deve reservar um tempo para fazer a leitura antecipadamente e em voz alta — o que lhe dá a oportunidade de entender o conteúdo e evitar as armadilhas. Poderá haver problemas com a pronúncia na visita de uma missão comercial chinesa ou com a declaração de um ministro africano. Talvez apareça uma frase difícil de pronunciar, uma construção ambígua ou um erro de digitação. As páginas têm de ser verbalmente verificadas pela pessoa que, na mente do ouvinte, é o responsável pela comunicação. Embora a sala de redação queira dar a impressão de que o seu material "acabou de chegar", raramente é possível para o apresentador ler todas as páginas de um boletim que está sendo montado. A regra deve ser preparação cuidadosa, com a leitura imediata reservada para as emergências.

É claro que em geral esse é um conselho para a perfeição. Numa emissora pequena, em que o apresentador pode estar trabalhando sozinho, as notícias chegam à impressora segundos antes do fechamento. Terá de ser lida imediatamente. Não é portanto a melhor prática e corre considerável risco de erro, pois atribui à agência de notícias (*syndicate*) e ao digitador uma grande responsabilidade pela precisão de todo o material. A razão pela má qualidade na transmissão desse material "destacado e lido" pode estar na administração da emissora que contrata poucos funcionários ou na agência de notícias cujos padrões do ponto de vista profissional deixam a desejar. O fato é que, se algum engano for cometido durante a transmissão, não importa a causa, o ouvinte culpará o apresentador.

A pessoa que fica no microfone tem portanto o direito de esperar um certo nível de qualidade no serviço. Isso significa um boletim bem escrito e elaborado de maneira adequada, digitado com precisão, chegando por uma máquina em bom estado de manutenção e alguns minutos antes do horário. O apresentador então verifica se houve mudança na notícia principal e faz uma leitura rápida para ver se há algum nome não-familiar. Destaca os números e as datas. Na leitura real, seus olhos estão um pouco adiante da sua fala, permitindo-lhe abranger *grupos de palavras*, entendendo-as antes de passar o significado para o ouvinte.

A idéia de "destacar e ler" é excelente, mas não deve ser a causa nem a justificativa para uma locução de má qualidade.

No estúdio, o apresentador senta-se confortavelmente mas não de forma desleixada, sentindo-se relaxado mas não despreocupado, respirando normalmente e depois bem fundo logo antes de começar.

Eis aqui algumas dicas de leitura de *script*:

- Não coma doces nem chocolate antes da leitura: o açúcar engrossa a saliva.
- Tenha sempre à mão uma caneta ou um lápis para fazer alterações, correções, destaques etc.
- Se você usa óculos, não se esqueça de colocá-los.
- Não use nada que possa bater na mesa ou fazer ruído — pulseiras, abotoaduras.
- Deixe um copo d'água ao seu alcance.

- Retire grampos ou clipes do *script* e separe as páginas para poder manuseá-las individualmente.
- Certifique-se de que você tem o *script* na íntegra, verifique se as páginas estão na ordem certa, viradas para cima.
- Tenha um espaço onde colocar as páginas lidas — não se incomode em deixá-las viradas para baixo.
- Verifique o relógio, a luz-piloto, os fones de ouvido — do ponto eletrônico e do sinalizador do programa, e da chave que fecha o microfone, se houver.
- Verifique o nível (volume) da sua voz.
- Quando for importante a contagem de tempo, cronometre o minuto final do *script* (180 palavras — talvez 18 linhas de texto digitado) e marque esse ponto. Você precisará atingi-lo quando faltar um minuto para o encerramento e talvez tenha de deixar de lado algumas matérias.
- Uma vez começada a transmissão, não se preocupe com o seu próprio desempenho, tenha em mente que você de fato está se comunicando com o ouvinte imaginado que está "pouco além do microfone".
- Se estiver lendo numa tela de computador conectado a um sistema de rede local, verifique se um colega em outro terminal não está entrando com dados de notícias enquanto você transmite.

Pronúncia

Uma emissora deve ser o mais coerente possível sobre o uso de determinado nome. Surgem problemas quando são várias as fontes de informação — agências distribuidoras; notícias que chegam em áudio, ao vivo; um serviço de apoio. O que deve ser evitado é uma determinada pronúncia num noticiário transmitido nacionalmente, seguida alguns minutos depois de um tratamento diferente ao ler um fax para um programa local. A redação deve ouvir tudo o que é transmitido nos noticiários da emissora, seja qual for a fonte, e avisar o apresentador. Em segundo lugar, os ouvintes são extremamente sensíveis à pronúncia incorreta de nomes aos quais estão associados. A emissora que transmitir errado o nome de um lugar da região perde credibilidade; quem pronuncia de modo incorreto um nome pessoal é considerado ignorante ou analfabeto. A dificuldade é que os próprios ouvintes talvez não concordem quanto à forma correta. A emissora, todavia, deve esforçar-se para assegurar um tratamento coerente aos nomes de lugares situados na sua área. Uma lista de pronúncia baseada na "linguagem culta do local" deverá ser adotada como norma de procedimento e todo radialista que for contratado terá de se familiarizar com ela o mais rápido possível.

Uma alternativa é armazenar num computador pronúncias corretas na forma de áudio. Fica fácil então para o apresentador chamar um nome na tela e ouvir a pronúncia.

Ênfase vocal

Um aspecto importante da transmissão de significados sobre os quais o *script* não dá nenhuma indicação é a ênfase colocada numa palavra. Considere a frase:

"O que você quer que eu faça com isso?".

Com a ênfase em "você", é uma pergunta bem direta; em "eu", é mais pessoal para quem faz a pergunta; em "faça", é mais uma questão prática que teórica; em "isso", também é diferente. O significado muda com a ênfase. Ao ler as notícias, essas sutilezas podem ser cruciais. Por exemplo, podemos ter numa notícia sobre os problemas entre árabes e israelenses estas duas declarações:

> O sr. Radim está fazendo uma visita a Washington, onde deverá se encontrar com o presidente hoje à tarde. Enquanto isso, o ministro das Relações Exteriores de Israel estará em Paris.

O nome é fictício, mas o exemplo é real. Enfatize a palavra "Israel" e o sr. Radim provavelmente é um ministro das Relações Exteriores árabe. Coloque a ênfase em "Relações Exteriores" e ele se torna o primeiro-ministro de Israel. Experimente. Muitas sentenças têm um "pivô" central ou são contrabalançadas entre si: "Enquanto *isto* acontece *aqui, aquilo* ocorre *ali"*. Muitas sentenças contêm um contrapeso em termos de evento, geografia, pessoa ou tempo: "O sr. *Smith* disse que a eleição deveria ser *agora, antes* de surgir a questão. O sr. *Jones* acha que é preciso esperar pelo menos até que o assunto seja debatido. *Depois* viriam as eleições".

Ouvindo o apresentador de um noticiário, é possível entender a crença de que há um estilo universal de dar notícias, em que a velocidade e a urgência têm prioridade sobre o significado, em que a ênfase recai em cada palavra ou então se distribui de modo aleatório, mas sempre na última palavra de cada sentença. Será que isso tem origem na necessidade de clareza por parte do jornalista ao ditar um texto pelo telefone? O fato é que uma única ênfase mal colocada tornará confuso o significado, podendo até alterá-lo. A única maneira de obter uma ênfase correta é com a total compreensão das implicações do material e de seu "significado aparente". É preciso ter consciência disso durante a leitura prévia. Como já foi devidamente observado, "cuide do significado e os sons cuidarão de si próprios".

Inflexão

O locutor monótono ou não tem nenhuma inflexão na voz ou ao subir e descer a tonalidade torna-se regular e repetitivo. É a previsibilidade do padrão vocal que faz a locução ficar maçante. Um "formato" bem típico de sentença começa numa tonalidade mais baixa, sobe rapidamente e aos poucos vai decaindo, chegando mais uma vez à base, no ponto final. Colocadas uma em seguida da outra, essas sentenças logo estabelecem um ritmo que, se não chega a hipnotizar, trará confusão porque começando e terminando na mesma "nota" mal se percebem os pontos de junção. À medida que a estrutura desaparece, o significado evapora. Sem parecerem artificiais ou elaboradas, as sentenças normalmente começam numa tonalidade mais alta do que no final da frase anterior — é o que deveria acontecer com um novo parágrafo. Em geral pode haver altos e baixos numa sentença, especialmente se ela contiver mais de uma frase. Uma ênfase significativa, em vez de um padrão aleatório, irá ajudar.

Às vezes o apresentador é aconselhado a gravar seu trabalho para que ele mesmo possa analisá-lo — está muito ritmado, enfadonho ou agressivo? No que diz respeito à inflexão, ele deve experimentar fora do ar, aumentando e abaixando a voz mais do que de costume para ver se o resultado é mais aceitável. É muito comum, quando talvez ele sentir que está de fato exagerando, o *playback* soar perfeitamente normal, apenas um pouco mais enérgico. Até mesmo locutores experientes podem tornar-se insípidos e cair na armadilha de uma leitura mecânica. Um pouco de variação e de autocrítica sem obsessões é bastante salutar.

Citações

Ler citações é uma arte menor em si mesma. É fácil soar como se o comentário fosse do apresentador, embora a redação deva evitar essa construção. Alguns exemplos:

> Embora o boletim da manhã descrevesse sua condição como "estável", à tarde ele estava "mais fraco". (Isso deveria ser reescrito para atribuir ambas as citações.)

> O líder da oposição descreveu a declaração como uma "mentira com o objetivo de iludir a opinião pública".

> Mais tarde ele disse que "nunca tinha visto" a testemunha.

Para fazer com que as palavras de outra pessoa se destaquem das do próprio locutor, há uma pequena pausa e uma mudança na tonalidade e na velocidade da voz para a citação.

Alterações

Mudanças de última hora, feitas à mão, na página digitada devem ser inseridas com o máximo de clareza possível. Deve-se riscar uma frase ou sentença em bloco, e não cada palavra individualmente. Linhas e setas indicando uma ordem diferente precisam estar bem nítidas, e qualquer linha nova tem de ser escrita com clareza ao pé da página. Para evitar confusão, o objetivo deve ser uma "unidade de mudança". É espantoso como é comum um apresentador orientar-se com extrema habilidade por um labirinto de alterações para depois tropeçar quando sua concentração relaxar na próxima página que estiver perfeitamente nítida.

Correções

Mas o que acontece quando se comete um engano? É melhor continuar e ignorá-lo ou voltar e corrigi-lo? Quando é necessário pedir desculpa? Depende, é claro, do tipo de erro. Há o deslize verbal, para o qual não há necessidade de correção; a ênfase mal colocada; a inflexão errada; a palavra que sai de forma involuntária. A pergunta fundamental é a seguinte: "Será que o ouvinte interpretou mal minha intenção. Se isso acontecer, é preciso corrigir. Se persistir um erro, ou uma palavra não for pronunciada, é melhor recomeçar toda a sentença. Visto que "Desculpe-me, vou ler novamente" tornou-se um clichê, pode-se optar por outra coisa — "Desculpe-me, vou repetir", ou então, "Ou melhor...".

Será o que vier mais naturalmente para o locutor controlado. Para o radialista pode parecer o fim do mundo; mas não é. Mesmo que o ouvinte tenha notado, ele simplesmente quer uma correção com o mínimo possível de alvoroço.

Listas e números

A leitura de uma lista pode criar problemas. Uma tabela de resultados esportivos, ações da bolsa de valores, preços do boi gordo ou previsões de remessas de mercadorias; isso pode soar muito tedioso. Mais uma vez, primeiro o apresentador precisa entender esse material, interessar-se por ele, para que então possa comunicá-lo. Em segundo lugar, o locutor inexperiente deve ouvir os outros, não para copiá-los, mas para pegar alguns pontos no estilo deles que lhe pareçam apropriados. Há certas inflexões na leitura desse material que reforçam o conteúdo da informação. Nos resultados do futebol, por exemplo, a voz indica o resultado à medida que fornece o placar. Isso também acontece com as corridas de cavalo, que possuem um formato coerente:

Corrida em Catterick — o páreo das 15h30.
Em primeiro, o número 7, Phantom, pagando 5 para 2
Em segundo, o número 9, Crystal Lad, 7 para 1
Em terceiro, o número 3, Handmaiden, 25 para 1
Não correu o número 1, Gold Digger.

Toda vez que aparecerem algarismos num roteiro, o locutor deve separar as centenas dos milhares e, se necessário, escrever por extenso o número que aparece no texto.

Se foi escrito de modo correto, o roteiro consiste em sentenças ou frases curtas, sem ambigüidade, de fácil assimilação pelos olhos e que podem ser transmitidas verbalmente num único fôlego. O sentido não está em cada palavra individualmente, mas em seu agrupamento. No começo, aprendemos a ler letra por letra, depois palavra por palavra, O apresentador inteligente transmite seu material frase por frase, assimilando e transmitindo grupos de palavras, deixando pequenas pausas entre elas para que o significado seja entendido pelo ouvinte. O estilo geral não é de alguém que está "lendo", mas sim "contando".

Em resumo, as "regras" da leitura de notícias são:

1) Entender o conteúdo antecipadamente.
2) Visualizar a figura do ouvinte.
3) Comunicar o significado "contando" a notícia.

O estilo da emissora

Os gerentes de rádio ficam paranóicos com a questão do estilo da emissora. Considerarão qualquer má conduta no ar uma afronta pessoal, em especial se a regra a ser observada foi instituída por eles. É verdade, no entanto, que um som coerente ajuda na identificação. É preciso, portanto, ter alguma disciplina, em particular no que diz respeito à uniformização dos dados. Deve-se dizer 3h40 ou 20 minutos para as 4? A temperatura é 22 graus Celsius, centígrados ou apenas 22 graus?

Algumas emissoras insistem numa forma bem rígida de identificação, outras preferem variedade:

Rádio Berkely
Berkely — dois sete um
O som do condado de Berkeley
Berkely, o som do condado etc.

A identificação pode ser o nome da estação, a freqüência ou comprimento de onda, o título do programa, o nome do apresentador ou alguma vinheta usual:

XFM — a notícia em primeiro lugar
XFM — o coração do condado
XFM — a sua música favorita

Procure conhecer as normas da emissora e respeite-as — mesmo quando estiver enviando uma fita com um teste de voz, use a forma que você ouve no ar.

Uma regra muito comum para a apresentação é "nunca diga até logo". É um convite para o ouvinte responder e desligar. No final do programa, o apresentador passa a transmissão para outra pessoa — você (a emissora) nunca deve dar a impressão de que está indo embora. Além do mais, o locutor vem juntar-se ao ouvinte, e não o contrário. "É bom estar com você" é uma forma sutil de demonstrar serviço, enquanto "Obrigado por estar comigo" é mais uma vaidade do apresentador. A emissora deve se dar ao trabalho de ir até os ouvintes, e não esperar que eles venham até ela.

Continuidade

Apresentar uma seqüência de programas, dando-lhes continuidade, e atuar como a voz da emissora é como ser o apresentador de um programa de variedades responsável pelo encadeamento das diferentes matérias. A tarefa é manter constante o interesse do ouvinte, mesmo havendo contrastes de conteúdo e ritmo. O apresentador faz a transição retomando o estilo do programa que está terminando, de modo que até o momento em que ele fizer as retrolocuções e der algumas informações eventuais, a identificação da emissora e a hora certa, estará pronto para anunciar o próximo programa, talvez de uma forma bem diferente. É claro que para avaliar corretamente o ritmo, ele precisa ouvir um pouco. Não é bom chegar ao estúdio faltando um minuto para começar, esperando encontrar a folha de papel certa para entrar na programação, sem destoar do clima geral. Uma estação assim poderia muito bem ser automatizada.

Se houver tempo nos intervalos, faça a chamada para um programa que virá depois — não o próximo, já que este você anunciará em instantes. O estilo mais comum é uma chamada do programa que virá depois do próximo. Mas faça isso de uma maneira atraente, de modo a prender a atenção do ouvinte — talvez usando um clipe interessante (ver p. 91). Se a chamada for para um programa no dia seguinte, então deixe isso bem claro — "Vejamos agora nossa programação de amanhã à noite...".

A apresentação da continuidade requer sensibilidade em relação ao modo como termina um programa, para deixar apenas a pausa certa, continuar com um sorriso na voz ou o que for necessário. É preciso desenvolver um senso de *timing*, a capacidade de falar em vez de "enrolar", seja durante 15 segundos ou um minuto e meio. Um bom apresentador sabe que não basta colocar os programas no ar, sua preocupação é com a pessoa do outro lado do sistema.

Falhas e emergências

O que você faz quando o cartucho não "dispara", o aparelho não funciona ou, depois de apresentada a introdução, há um silêncio quando o *fader* é aberto? Primeiro, nada de xingamentos nem exclamações! O microfone pode estar aberto e esse é o momento em que um problema pode levar a outro. Segundo, veja bem se não se trata de um simples erro operacional. Todas as luzes estão acesas? Há alguma falha de equipamento que pode ser reparada rapidamente? A fita pode ser transferida para outra máquina? Se o programa puder continuar depois de uma pequena pausa, uns cinco segundos, então não é necessário dar explicações. Se levar dez segundos ou mais, alguma coisa deve ser dita para manter o ouvinte informado:

> "Desculpe-nos pela demora. Parece que perdemos contato por alguns instantes..."

Depois de tudo ajeitado, é possível continuar:

> "Logo voltaremos ao normal..."

O apresentador poderá assumir responsabilidade pessoal ou coletiva pelo problema, mas o que não deve fazer é culpar os outros:

> "Desculpe-nos, o rapaz ali apertou o botão errado!"

A mesma orientação serve para fitas ou discos tocados na velocidade errada, matéria que não corresponde a uma determinada sinalização, ou páginas lidas na ordem errada. O profissional não se acomoda, dizendo como é complicado o seu trabalho, ele apenas corrige, com a ajuda de todos os demais, de uma maneira natural e com o mínimo de aborrecimento. Seu trabalho é esperar pelo inesperado.

Mais cedo ou mais tarde, ocorrerá uma situação mais séria que exige um "preenchimento" maior em termos de tempo. Deixe à disposição comunicados sobre serviços de utilidade pública — um apelo para doadores de sangue, normas de segurança no lar, regras de trânsito para os motoristas, procedimentos para entrar em contato com a polícia ou com os hospitais. Chamadas de programas e outros materiais de promoção também podem ser usados. Esses "tapa-buracos" devem sempre estar disponíveis para cobrir os 20 segundos de vazio, e para serem trocados depois de usados.

Ter música preparada à mão é parte essencial desse procedimento de emergência. Alguma coisa para cada ocasião — a interrupção na transmissão de um serviço religioso, a derrota do time de futebol, o tempo que acaba sobrando num programa infantil. Para evitar confusão, a música escolhida não deve ser idêntica a nada que ela esteja substituindo, apenas agradável. Uma vez no ar, ganha-se tempo para tentar solucionar o problema. A idéia é retornar ao programa original o mais rápido possível. Raramente é necessário abandoná-lo. Para essas situações, algumas emissoras mantêm uma "fala para qualquer momento" ou uma atração qualquer de 15 minutos para cobrir a lacuna. Para mudanças mais longas na programação, ver p. 208.

Fones de ouvido

Às vezes um locutor pode ficar obcecado pelo som de sua própria voz. Entre os sinais de alerta está a tendência a ouvir a si próprio continuamente nos fones de ouvido. O objetivo da monitoração por fone de ouvido é fornecer um retorno na comunicação ou uma fonte externa ou sinalização para o programa. Somente se for inevitável, deverão ambos os ouvidos ser cobertos, senão o apresentador começa a viver num mundo isolado, sem contato com os outros no estúdio. Se ele tiver uma rotina muito extensa, com os mesmos avisos, identificações de emissora, hora certa e introduções, é fácil não procurar variações. Como o apresentador de noticiário, ele deve ouvir de vez em quando, fora do ar, sua própria voz gravada e verificar se está usando um vocabulário repetitivo, clichês ou se o seu estilo é monótono.

Chamadas e promoções

Parte do conjunto da apresentação "sonora" de uma emissora é o modo como ela vende a si própria. A atividade promocional não deve ser negligenciada, mas cuidadosamente planejada a se harmonizar com uma noção geral de estilo. "Vender" os próprios programas no ar é como fazer marketing de qualquer outro produto, o que será discutido no próximo capítulo; mas lembre-se de que o apelo só pode ser dirigido às pessoas que já estão ouvindo a emissora. A tarefa é descrever um programa futuro sendo tão interessante e atraente que o ouvinte resolve sintonizar de novo. As qualidades apreciadas pelas pessoas e que as farão se sentir atraídas por um determinado programa são:

- Humor que agrade
- Originalidade interessante
- Pertinência
- Um caráter inteligente que possa ser entendido
- Conteúdo musical
- Simplicidade — mensagem que não seja confusa
- Boa qualidade sonora

Se um ou mais desses atributos for apresentado num estilo com o qual ele se identifique, o ouvinte provavelmente voltará. O tempo todo a emissora está tentando estabelecer uma comunicação com o ouvinte, e um *trailer* do programa é uma oportunidade para que isso seja feito. É dizer que o futuro programa "foi feito para *você*".

Obtido o interesse do ouvinte, a chamada deve fornecer algumas informações sobre o conteúdo — o que o programa está tentando fazer, quem vai participar e qual o formato que terá (perguntas e respostas, debates, telefonemas dos ouvintes etc.). Tudo isso precisa estar de acordo com a mesma lista de qualidades atraentes, o que não é nada fácil — ser engraçado *e* original, inteligente *e* simples. A etapa final é ter certeza de que ficaram bem claros para o ouvinte os detalhes sobre a transmissão, o dia e a hora que o programa irá ao ar.

> "...Não perca esse programa amanhã nesta emissora às 18 horas. A melhor coisa para o seu começo de noite — "A saga de Kate Greenhouse", na 251 — amanhã, às 18 horas."

Em geral as chamadas vêm acompanhadas de música que reflete algo do estilo do programa, ou pelo menos do estilo do programa em que a chamada estiver inserida. Devem ter começo e fim bem definidos, sem *fade*. Isso é feito *com a retrocronometragem da música de encerramento* e editando-a na música de abertura para que a junção seja encoberta pela locução.

Na sua forma mais simples, uma chamada de 30 segundos é algo mais ou menos assim:

MÚSICA:	Alegre, diminui gradualmente na frase musical, mantida durante a fala.	5″
LOCUÇÃO:	Capta o interesse do ouvinte.	10″
	Fornece informações sobre o conteúdo. (Edição da música em volume baixo durante a fala)	5″
	Detalhes de transmissão.	5″
MÚSICA:	*Fade up* até o final.	5″

Não faz muito sentido mandar o ouvinte ligar; obtém-se um efeito melhor convencendo-o de que ele perderá alguma coisa se não o fizer. É claro que se for essa a promessa da emissora, precisará ser cumprida. As chamadas não devem ser muito impositivas, e devem acima de tudo ser fáceis de memorizar.

9 Comerciais

O objetivo de um anúncio é vender. Ele não está lá apenas para divertir as pessoas ou impressionar a esposa do presidente da empresa; destina-se a esvaziar as prateleiras, tirar os carros das revendedoras e levar os consumidores a, avidamente, contratar serviços. Quem faz propaganda para rádio deve ter muita habilidade em motivar o público-alvo a realizar uma ação específica. A propaganda eficiente irá:

- interessar
- informar
- envolver
- motivar
- direcionar

A maior parte dos comerciais é feita por agências de publicidade associadas a produtoras especializadas. Eles chegam à emissora em disquete ou cartucho, sendo reproduzidos para o meio operacional mais adequado, em geral um cartucho ou disco rígido de computador. Mas os produtores podem ser convocados para fazer comerciais locais e, portanto, deverão considerar os seguintes elementos:

- Público-alvo — para quem a mensagem é dirigida?
- O produto ou serviço — qual a qualidade específica a ser promovida?
- Redação — qual o conteúdo e o estilo apropriados?
- Voz ou vozes — quem melhor reforçará o estilo?
- Pano de fundo — vai precisar de música ou de efeitos sonoros?

O produtor também deve estar familiarizado com as normas ou os códigos de redação comercial da emissora que regulam a produção de anúncios.

Normas para os comerciais

"Comprei o horário e posso dizer o que quiser." Infelizmente, não. O cliente não tem total liberdade com a emissora no ar, mas deve cumprir uma série de normas, uma cópia das quais estará à disposição de qualquer anunciante em potencial. Na Grã-Bretanha, a Lei nº 1990 de Radiodifusão faz com que a emissão dessas normas seja um dever do Conselho de Radiodifusão, que também é o encarregado de sua execução.

A idéia é que toda publicidade deve ser "legal, decente, honesta e verídica" e que nada poderá "ofender o bom gosto ou os sentimentos do público".

O "Código de Padrões e Prática de Propaganda e Patrocínio de Programas" do Conselho de Radiodifusão estabelece as regras, incluindo proibições específicas sobre propaganda que:

- possa ser confundida com programação;
- seja em nome de qualquer órgão político;
- demonstre parcialidade em questões de política atual ou controvérsia trabalhista;
- ataque ou deprecie injustamente outros produtos;
- inclua sons que possam criar risco de segurança para os motoristas;
- faça uso da colocação do produto em programas;
- explore a superstição ou tire proveito do medo das pessoas;
- seja em nome de qualquer organização que pratique ou defenda atos ilegais;
- faça afirmações que provoquem uma impressão enganosa.

Nenhuma propaganda é permitida durante a cobertura de um serviço religioso, cerimoniais reais ou programas de escolas com menos de 30 minutos. Apresentadores de programas não devem endossar o uso de um produto em comerciais lidos por ele próprio. O Código fornece uma lista das categorias para as quais é necessária uma autorização prévia, e que inclui parágrafos detalhados sobre publicidade financeira — investimentos, poupança, seguro etc. —, álcool, anúncio feito para e por crianças, remédios e tratamentos que incluam contraceptivos e serviços de teste para gravidez, caridade, apelos em caso de calamidades e propaganda em nome de organizações religiosas. Proíbe a propaganda de cigarros, armas e clubes de atiradores, pornografia, ocultismo, jogos de azar, agências de acompanhantes, produtos para tratamento do alcoolismo, hipnose e psicanálise. Também apresenta a legislação atual sobre propaganda em radiodifusão. O Código é leitura obrigatória para qualquer um que esteja envolvido com a radiodifusão comercial na Grã-Bretanha.

Nos Estados Unidos, a regulamentação da propaganda é feita principalmente pelo código da Associação Nacional de Radiodifusão, que é algo semelhante às normas citadas do Conselho de Radiodifusão, e tem certas peculiaridades sobre o uso das palavras "segurança" e "inofensivo", relacionadas a produtos farmacêuticos, cerimônias de casamento e a sensibilidade necessária no uso de material relativo a raça, cor ou origem étnica. O anúncio de bebidas alcoólicas é proibido. Além do Código Nacional, emissoras de rede e locais têm suas próprias normas que se ajustam às leis estaduais. Algumas são bastante detalhadas, definindo termos como "quase novo", "o maior", "novo da fábrica", "não recusamos crédito" e "garantia".

Comunicados de Interesse Público em nome de instituições de caridade e de organizações sem fins lucrativos, e que não são cobrados, devem conformar-se aos mesmos padrões dos comerciais pagos, também necessitando de aprovação do departamento comercial. As emissoras podem definir o padrão de linguagem aceitável — quando o pagamento é por palavra, os anunciantes sentem-se tentados a fornecer texto em "telegrafês". As normas para os comerciais não são uma coisa fixa e imutável. Tornam-se obsoletas quando mudam os padrões. O produtor comercial, portanto, precisa estar em dia com essas regulamentações à medida que estiver acompanhando as mudanças na própria legislação.

Público-alvo

Só nas emissoras muito pequenas é que o produtor será requisitado para vender o horário. Qualidades como persistência, persuasão e paciência pertencem à equipe de vendas, que negociará preço, número de anúncios locais e o desconto oferecido pela tabela de anúncios. A inserção de anúncios locais logicamente afetará de maneira crucial a taxa a ser cobrada, sendo algo que o produtor também precisa saber por duas razões. Primeiro porque o horário de transmissão deve estar de acordo com o ouvinte que se quer atingir e, segundo, porque pode afetar o texto do anúncio. É claro que não faz sentido transmitir uma mensagem para as crianças quando elas estão na escola, ou para os agricultores quando estão ocupados trabalhando. De nada adianta persuadir as pessoas a comprar algo já, se as lojas estão fechadas. Se você estiver vendendo férias, quem toma a decisão da compra? Que faixa etária compra que tipo de música? Qual grupo socioeconômico você quer atrair para comprar determinada bebida?

Para vender seu horário com eficiência, uma emissora comercial precisa conhecer seu público. Utilizando pesquisa de mercado independente, ela tem de mostrar por que é melhor do que o concorrente para atingir um certo segmento de público. Que faixa etária ela atrai? Qual a renda disponível e o que eles fazem com ela? Até que ponto compram café, automóveis, mobília, férias, revistas, hipotecas ou seguro? E de que tipo — de alto nível ou de promoção? Se você for fabricante de equipamentos de cozinha, vai querer gastar seu orçamento para publicidade onde for mais compensador. Portanto, qual a melhor maneira de atingir casais recém-casados que estejam montando casa? Uma emissora de rádio com um público cujo perfil foi bem pesquisado é muito mais convincente do que um amador com um palpite.

O produto ou "premissa" do serviço

Em 30 segundos, não dá para dizer tudo sobre qualquer coisa que seja. Portanto, identifique um, ou talvez dois, aspectos principais do produto que o destaquem, tornando-o atraente. Escolha um desses — utilidade, eficiência, simplicidade, baixo custo, durabilidade, disponibilidade, relação custo/benefício, exclusividade, qualidade técnica, novidade, *status*, *design* avançado, atrativos ou beleza. Há outras possibilidades, mas um único aspecto do produto que seja fácil de lembrar é bem mais eficiente do que tentar descrevê-lo em detalhes. No caso de comidas e bebidas, as frases mais importantes poderão ser mais subjetivas — fácil de preparar, feito num instante, você fica satisfeito, saboroso, nutritivo, e assim por diante.

Agora, crie uma sentença curta que associe a intenção do produto com um efeito conhecido e desejável. Esta será a "premissa crítica" ou o benefício do consumidor, e geralmente inclui sujeito, verbo e resultado. Eis aqui alguns exemplos:

Um hálito refrescante aproxima as pessoas.
Desinfete seu banheiro e deixe o seu lar mais protegido.
Faça uma dieta para emagrecer e fique mais atraente.
Sirva café com chantilly e impressione seus amigos.
Dirigir alcoolizado mata pessoas inocentes.
Sexo sem camisinha aumenta o risco de aids.
A vacinação pode salvar a vida do seu filho.
Um café da manhã reforçado fará seu dia render.

Esta é a hipótese do autor, a pedra fundamental para qualquer anúncio local. Antes de continuar, teste com outras pessoas — elas acreditam? A ação de fato vincula a causa e o efeito? O resultado final é algo que o seu público-alvo quer? Isso nos leva de volta à seguinte questão: a propaganda eficaz fundamenta-se numa pesquisa ampla e rigorosa? Se a premissa se mostrar verdadeira, agora é preciso associar o produto a ela.

Quer o objeto da atenção sejam as vendas de janeiro, um *fast food*, um cosmético ou uma apólice de seguro, o cliente e o produtor/redator, juntos, devem concordar com o aspecto básico a ser vendido.

É importante considerar o estilo ou a imagem geral a ser projetada. A impressão deve ser amistosa, cordial e doméstica ou insólita, jovial e ousada? Se a idéia for transmitir segurança e confiança, isso deve ser transmitido no texto, mas também na voz e na música utilizada. Todos os elementos precisam ser coerentes para, combinados, apoiarem a premissa, associando a ela o produto.

A redação do texto publicitário

Este é o coração de um anúncio, e vale lembrar duas coisas — 1) bem escolhidas, palavras adequadas não custam mais do que melosos clichês; e 2) o rádio é um meio que cria imagens.

As primeiras impressões é que contam — os efeitos das primeiras e das últimas notícias citados em "Notícias" não são menos imporantes aqui. A primeira sentença deve imediatamente identificar o cenário — o lugar, a pessoa, o aspecto mais importante para a venda, o produto.

A utilização do efeito sonoro apropriado ajuda bastante:

CORO MASCULINO: "All Through the Night" (*fade-out*, mas continua)
SOM: Barulho de garrafas de leite
VOZ: No depósito, antes de raiar o dia, você encontrará os rapazes da Unigate preparando-se para mais uma jornada.
Eles estão carregando os perus, empacotando o queijo, os cremes e as carnes mais frescas, todas aquelas delícias do Natal que certamente irão lhe agradar.
(pausa – a música continua)
O leiteiro da Unigate pode lhe oferecer muito mais do leite neste Natal, e tudo com preços de promoção.
Aproveite! Seu leiteiro tem um carro cheio de guloseimas – da Unigate.
SOM: Pio de coruja (termina a música)
(55 seg)
[Cortesia County Sound Radio – comercial produzido na emissora]

Robert Pritikin, redator norte-americano de textos publicitários, mostrou a importância de escrever especificamente para a visão, auxiliando com isso na recordação do produto. Ele escreveu o que é hoje uma famosa ilustração da capacidade do rádio de ajudar o ouvinte a visualizar mesmo algo tão intangível quanto a cor:

LOCUÇÃO: A Fuller Paint Company o convida a olhar com seus próprios olhos para [...] o amarelo.
O amarelo é mais do que uma cor.
Amarelo é um modo de vida. Pergunte a qualquer motorista de táxi sobre o amarelo; ou a um vendedor de bananas; ou a um covarde.
Eles falarão a você sobre o amarelo.
(SOM: toca o telefone)
Oh, com licença. Amarelo!! Sim, anotarei sua encomenda. Uma dúzia de dentes-de-leão; meio quilo de manteiga derretida; balas de limão e uma gota de limão; e um canário que canta uma canção amarela. Mais alguma coisa? Amarelo? Amarelo? Amarelo? Oh, caiu a ligação. Bem, ele ligará mais tarde.

Se você quiser amarelo que seja amarelo-amarelo, lembre-se da Fuller Paint Company, um século de liderança em química das cores. Para encontrar o posto de vendas da Fuller mais próximo de você, procure na lista telefônica. As páginas amarelas, é claro.

[Robert C. Pritikin, em "Monday Memo", *Broadcasting Magazine*, 18 de março de 1974, p. 22].

Aqui o ouvinte pode associar suas próprias imagens às idéias apresentadas — e ao ponto principal dessa tinta, não o seu valor ou durabilidade — mas o seu caráter amarelo. Tudo é concatenado para comunicar sua brilhante vitalidade — mesmo a mais curta das sentenças. Ao ler a matéria, qualquer bom produtor será capaz de ouvir a voz apropriada para ela e, caso necessário, a música adequada.

Criar algo visual para produzir uma imagem memorável que faça as pessoas se lembrarem do produto exige uma grande imaginação — em especial para os mais rotineiros. Afinal de contas, como produtor de uma emissora o que você escreveria para um serviço local de conserto de pára-brisas?

VOZ MASCULINA: Você não vai acreditar nisso. (Música orquestral, tema de "suspense") Eram aproximadamente duas horas da manhã e eu estava esperando o sinal abrir, quando uma mulher de aparência estrangeira entrou em meu carro. "Vá em frente", disse ela. Pisei no acelerador. Cinco segundos depois, havia soldados por toda parte, cães farejadores, helicópteros e carros blindados. Vi um rifle apontado na direção do pára-brisa. Ela me agarrou e me jogou literalmente para baixo do painel. Ouvi um estampido agudo e o pára-brisa cedeu. Pouco depois, eu estava sozinho no escuro – ela tinha sumido, e os outros também. No banco do carro havia um cartão. Estava escrito "silver shield". Eles chegaram em questão de minutos. Viu? – Eu não disse que você não acreditaria?

2ª VOZ: Para utilizar o serviço de pára-brisas 24 horas da silver shield disque 100 e peça o Freephone Silver Shield – porque você nunca sabe quando vai precisar de nós. (Música: até o final)

[Cortesia County Sound Radio) (50 seg)

Em alguns segundos de transmissão, o roteiro deve atrair nosso interesse, apresentar o produto (no caso anterior, o serviço imediato) e dizer claramente o que o ouvinte precisa fazer para obtê-lo. Isso é importante em especial para o marketing produzido pela própria emissora com vistas aos potenciais compradores de seu próprio horário local. No exemplo a seguir, as vozes espirituosamente imitam dois conhecidos comentaristas de críquete:

SOM: Clima de críquete (durante todo o comercial)

VOZ 1: Um bom dia para todos e bem-vindos aos pequenos anúncios da Southern Sounds. Está fazendo um dia maravilhoso e muito interessante, são 9-99 por 5 transmissões. Uma oferta incrível – como chegamos a isso, John?

VOZ 2: Bem, são 9-99 por 5 transmissões, uma por noite, durante uma semana. E essa é a melhor oferta para pequenos anúncios já oferecida na Inglaterra desde 1893.

VOZ 1: Impressionante, e tudo que temos a fazer é ligar para a Alison, durante o horário de transmissão, em Brughton 4 triplo 2 duplo 8. (SOM: aplauso moderado). E lá vem um anunciante – está chegando com seu cheque de 9-99 (SOM: o taco acerta a bola, aplauso) – escalado pela Alison – e entrará no ar num instante. E assim, com a oferta ainda em 9-99 para 5 transmissões, voltamos ao estúdio.

[Cortesia Southern Sound Radio – chamada de marketing da emissora]

Propagandas baseadas em programas de rádio conhecidos obviamente soam familiares para o ouvinte. O próximo exemplo também imita os comentaristas da BBC, e o texto é uma paródia do estilo esportivo. Este é um de uma série de anúncios que usam tal recurso:

HOMEM 1: Então você quer ser comentarista de futebol, é?

HOMEM 2: Não penso em outra coisa, Brian.

HOMEM 1: Você vai ter de aprender todos aqueles clichês do futebol –

HOMEM 2: Ah ha.

HOMEM 1: muita emoção –

HOMEM 2: Estou entendendo.

HOMEM 1: e enfatizar – todas as palavras erradas.

HOMEM 2: Tenho certeza de que vou conseguir.

HOMEM 1: Certo – aqui vai um pouco do som da galera.

SOM: Barulho da torcida (continua durante a fala)

HOMEM 2: (no estilo de uma narração de futebol) E vamos para o segundo tempo, com o placar em 1 a 0. A partida está bem equilibrada — não vou ficar em cima do muro, mas pode dar qualquer coisa neste jogo. A torcida está virando. E lá vem Gray — o craque do Aston Villa que resolveu tomar para si a responsabilidade do jogo com suas chuteiras Nike...

HOMEM 1: (interrompendo) Hã... espere, espere. (SOM:corte)O que você disse?

HOMEM 2: Hã... Gray — Andy Gray, o jogador.

HOMEM 1: Não, não — você disse Nike, tenho certeza que ouvi você dizer Nike.

HOMEM 2: Sim, sem a menor sombra de dúvida.

HOMEM 1: Mas você não pode mencionar marcas — certo? Está pensando que isso é um comercial ou coisa parecida?

(60 seg)

[Cortesia Grierson Cockman Craig & Druiff Ltd.]

Esse método, uma vez estabelecidos o formato, o estilo e os personagens, é bastante eficaz para promover marcas comerciais. Talvez chegue o momento em que o nome de um produto de âmbito nacional nem precise ser mencionado. A vantagem é que o ouvinte participa do jogo e por certo dirá para si mesmo o nome do produto — como na famosa campanha do "Schhhh... você sabe quem". Aqui, as baterias Duracell usam apenas uma voz — a mesma voz cansada e "comum" de um homem idoso que foi usada por algum tempo em seus anúncios no rádio, e mais o "logotipo sonoro", também usado na TV:

VOZ: Assim como uma bateria de rádio HP-8, eu tenho uma grande ambição — quero ser esquecido. Se eu for lembrado, isso significa que estou morto. Admita — esta é a única vez que você se lembra das suas baterias. Você nunca nos pergunta como estamos, nem nos leva para dar um passeio — só quando vamos para o lixo. Bem, você pode me esquecer durante 145 horas de rádio ligado. Mas há uma bateria que pode ser esquecida por mais de 500 horas. Ora, isso é o que eu chamo de esquecimento.
Você sabe, aquela... hã... qual é o nome mesmo?

LOCUÇÃO: Qual é o nome mesmo? (logo SOM: porta batendo)
Nenhuma bateria comum é igual a ela nem dura tanto.

(50 seg)

[Cortesia Dorland Advertising Ltd.]

Expressão vocal e preparação

Criar um comercial é um negócio que dá certo ou não. Para ser bem-feito, é preciso ter uma idéia clara da impressão geral que se quer dar. Atores profissionais podem cobrar caro, mas costumam ser muito mais eficientes do que o pessoal da própria emissora ou o MD responsável de marketing do cliente. Eles têm maior flexibilidade, amplitude de voz e, acima de tudo, são mais "produzíveis". Uma vez que entendam o que você quer, artistas treinados produzirão resultados coerentes — e você certamente precisará disso muitas vezes, pelo menos para acertar as inflexões e o *timing*, com efeitos e música.

Eis aqui um texto notável e simples, sem música ou efeitos. A voz tem de ser tranqüila, forte, firme e compassiva. Não deve estar associada a nenhum grupo profissional ou social. A velocidade da locução é importante.

VOZ MASCULINA: No momento, nossa organização tem vagas para pessoas dessa área. Os candidatos aprovados não terão carro da empresa, nem ticket-refeição, férias, bônus, verba de representação, almoços de negócios, badalação e nem tampouco salário. Se estiver interessado e puder dispor de algumas horas por semana para ser um samaritano, entre em contato conosco e peça mais informações. Procure na lista telefônica. Mas, por favor, só telefone se estiver realmente interessado — outras pessoas poderão estar tentando ligar para nós.

(30 seg)

[Cortesia Saatchi & Saatchi Compton Ltd.]

Em termos de produção, a inflexão vocal, a ênfase, o ritmo e a projeção variam infinitamente. Mesmo começando com uma idéia bem definida, talvez seja preciso tentar várias vezes. Em geral, vale a pena perguntar ao locutor o que soa correto ou agradável para ele ou ela. Deve-se usar um tom confidencial e descontraído ou mais excitado? Qual o conteúdo emocional mais adequado? Ele deve literalmente "gritar", chamando assim a atenção, por exemplo, para a inauguração de uma nova loja?

Em alguns casos, porém, o resultado final não é o produto de um artifício ou de uma técnica criativa, mas vem direto da realidade. Em seguida damos o exemplo de uma voz bem real que demonstra uma autêntica angústia — não é uma atriz recitando um texto escrito para ela —, mas a voz hesitante, cuidadosa e controlada de uma mãe entrevistada depois que seu filho morreu num acidente de automóvel:

VOZ FEMININA:	Eles estavam atravessando a rua depois de descer do ônibus – e veio esse carro maluco e pegou o Simon – e aparentemente ele morreu na hora. eu sabia o que tinha acontecido quando ela disse – Sinto muito, quer se sentar? (voz embargada) Me lembro nitidamente. Quando a polícia chegou e nos contou que ele tinha sido – hã – incriminado – eles nos falaram sobre o estado em que ele ficou, e – hã – não conseguia dormir, e estava tendo pesadelos, e que ele também tinha um garotinho de cinco anos. A melhor maneira de descrever isso é que ao pensar no que tinha acontecido, eu – eu não queria estar na pele dele. Porque acho que não conseguiria viver com a idéia de ter matado uma criança pequena.
VOZ MASCULINA:	Beber e dirigir matam.

(60 seg)

[Cortesia: COI/Depto de Transporte, DMB&B]

Um comercial sério e de serviço público como este precisa da voz certa — que traga um impacto imediato. A apresentação deve reforçar o conteúdo. Muitos países veiculam propagandas sobre os problemas da aids e das doenças sexualmente transmissíveis — um tema sensível ao contexto cultural. Em seguida mostramos um exemplo britânico de um comercial premiado da Health Education Authority.

Música	*Jingle Bells* – instrumental (começa e continua ao fundo)
Mulher 1 (cordial e enérgica)	Se você está pensando no que vai dar para a sua namorada neste Natal, considere os seguintes presentes: clamídia, papilomas genitais ou mesmo gonorréia. Nesta época do ano pequenas surpresas como essas são muito comuns, e embora você saiba da necessidade de se proteger contra o HIV, há outras infecções que também podem ser muito sérias, apesar de às vezes não apresentarem sintomas visíveis. É claro que o uso do preservativo evita a disseminação. Portanto, seja qual for o presente de Natal para a sua parceira, não se esqueça de embrulhar com cuidado.
Música	(fade out)
Mulher 2 (formal e autoritária)	Para mais informações sobre o HIV e outras infecções sexualmente transmissíveis ligue para a National AIDS, 0800 567 123

(40 seg)

[Cortesia: BMP DDB Ltd.]

O produtor dispõe de uma série de técnicas para alterar a voz: filtros, equalizador gráfico e controle de "presença" para mudar a qualidade tonal ou dar um caráter mais incisivo; compressão para restringir a amplitude dinâmica e manter a altura dos níveis; gravação *multi-tracking* e de velocidade variável para aumentar o número aparente de vozes; eco para "espaço"; efeitos de *phasing* para dar um clima de mistério, harmonizadores, e assim por diante. Mas cuidado com os recursos disponíveis. Se você se sentir tentado a usar alguns truques técnicos para "tornar os anúncios mais interessantes", verifique novamente o seu texto — as palavras estão sendo bem empregadas? Um dos anúncios mais eficientes que já fiz foi também o mais simples. Era para uma emissora nos trópicos, e seu objetivo, vender uma nova marca de picolé:

VOZ 1 (chamando ao longe):	Ei, aonde você vai?
VOZ 2 (mais próxima):	Comprar um picolé da Blums.
LOCUTOR:	Você encontra nas melhores sorveterias.

(5 seg)

Transmitidas com razoável freqüência, por causa do baixo custo, essas frases — ou versões delas — logo podiam ser ouvidas por toda a cidade. Um anúncio tem de ser adequado à sua própria cultura. Não importa quão inteligente ou complicado ele seja — pois só é bom em relação ao que acontece depois de transmitido, e nunca em si mesmo.

Música e efeitos

A principal função da música é criar um clima. O maior erro é usar uma faixa da discoteca apenas por causa do título. No rótulo pode estar escrito *Serenata ao amanhecer*, mas essa peça musical de fato *soa* como uma promessa matinal de um novo dia, ou ela é fria, ameaçadora, ou apenas indefinida? No contexto de um comercial de rádio, a música deve produzir o efeito que você quer — imediatamente. Se estiver em dúvida, toque-a para um colega e pergunte "o que isso o faz lembrar". Sozinho, você pode convencer-se de qualquer coisa.

A música certa muito provavelmente não terá a duração certa. Se quiser que a música termine no fim, em vez de usar *fade*, será necessário fazer uma edição criteriosa.

Com certeza foi o que aconteceu num espirituoso anúncio que utilizava Mozart para promover férias na Jamaica — no contexto britânico, uma avaliação sensata das preferências do público-alvo que provavelmente estaria interessado nesse tipo de viagem:

SOM:	Orquestra afinando instrumentos. Clima de sala de concerto
LOCUTOR (calmo)	E regendo a Sinfonia nº 40 em sol menor - Arturo Barbizelli - bronzeado e bem-disposto graças às férias que passou na Jamaica.
SOM:	Aplauso, silencia
MÚSICA:	Sinfonia nº 40, de Mozart (compasso quaternário), acompanhada de tambores de aço, estilo calipso (compasso quaternário) (Música de fundo)
LOCUTOR:	Ele ficou lá apenas duas semanas! (Música em primeiro plano, alternando entre o clássico e o calipso. Música de fundo)
LOCUTOR:	Descubra a Jamaica - a ilha que o deixará encantado.
VOZ JAMAICANA:	Ligue para o Conselho Turístico da Jamaica - 01-493-9007. (Música em primeiro plano e em *fade out*)

(50 seg)

[Cortesia Young and Rubicam Ltd]

Se o orçamento for suficiente para compor músicas próprias, mesmo que simples, é claro que você poderá fazer o que quiser. Até uma pequena emissora local deveria ser capaz de oferecer aos clientes a possibilidade de encomendar músicas — talvez utilizando um músico local e uma mesa de sintetizadores. Pode fazer uma grande diferença — como é o caso desta firma de advocacia que tem sua própria canção. Uma idéia engraçada e fácil de lembrar, que certamente dá a impressão de uma firma dinâmica e "informal".

MÚSICA:	Acompanhamento com piano
VOZ 1:	Eu sou Underhill
VOZ 2:	Eu sou Wilcock
VOZ 3:	Eu sou Taylor
TODOS:	prazer em conhecê-lo
VOZ 1:	somos advogados
TODOS:	e disso temos muito orgulho
VOZ 2:	de Wolverhampton
TODOS:	na rodovia Waterloo -
VOZ 3:	se você tem um problema
TODOS:	podemos ajudá-lo como só um profissional pode
VOZ 1:	somos Underhill
VOZ 2:	e Wilcock
VOZ 3:	e Taylor
TODOS:	advogados de Wolverhampton, rodovia Waterloo

(20 seg)

[Cortesia Beacon Radio - comercial produzido na emissora]

Uma palavra de advertência sobre o uso de uma nova letra numa canção já famosa. Certifique-se de que a música não esteja mais protegida por direitos autorais, ou pelo menos obtenha uma autorização por escrito da editora antes de prosseguir. Os editores costumam ser sensíveis a paródias de obras que lhes pertencem. A utilização de qualquer música em anúncios deve ser autorizada da mesma maneira que as outras músicas usadas pela emissora. Para comerciais e chamadas, as Sociedades de Direitos Autorais e Direitos de Execução normalmente fazem acordos especiais em vez de insistir em detalhes de uso individual.

Do ponto de vista técnico, não se esqueça de verificar a audibilidade da mixagem de música/locução em ambas as versões, mono e estéreo. Talvez não seja satisfatório transmitir a mesma mixagem, em termos de volume relativo, em FM estéreo e ondas médias mono.

Os efeitos sonoros, assim como a música, precisam atingir seu objetivo imediatamente e sem ambigüidades. É melhor usá-los com moderação, a não ser que a impressão desejada seja de caos ou "agitação". Um efeito correto de ambiente para definir a cena, manipulado e adicionado na hora certa no *script* — como no exemplo anterior do "críquete" — funciona bem. Os produtores não devem se deixar enganar pelo título de uma faixa de efeitos ou pelo que eles *realmente* são. O que importa é como *soam*. E mais uma vez há todo um arsenal de técnicas, que vai do filtro à reprodução em velocidade variada, para alterar o som.

Estéreo

São raros os comerciais que deliberadamente exploram o efeito estéreo. Há o exemplo da British Airways que entremeia frases de seu logotipo musical — o "Dueto da Flor", de *Lakmé*, composta por Delibes —, utilizando um sitar à esquerda e um piano à direita, e finalmente juntando-os sob a seguinte locução:

"Ouça – o mundo está mais próximo do que você pensa.

British Airways – a companhia aérea preferida no mundo todo".

(60 seg)

[Cortesia: M & C Saatchi Ltd.]

Ainda mais contundente é este comercial do automóvel SEAT Arosa. Não faz muito sentido em ondas médias mono por causa das duas vozes que ao que parece falam juntas. Obviamente foi escrito para FM estéreo.

Música	(lentos acordes alternados de instrumentos de corda. Mantidos em segundo plano durante todo o tempo)	
Voz masculina		
(E + D)	O cérebro funciona de uma maneira misteriosa.	
(D)		Impulsos criativos e emocionais, sonhos e desejos são controlados pelo lado direito do cérebro.
(E)	Pensamentos práticos e decisões são criados pelo lado esquerdo do cérebro.	
(E + D)	Qual deles o ajudará a se decidir por um novo SEAT? Agora sintonize o seu estéreo no alto-falante da esquerda ou da direita para ouvir o argumento prático e o emotivo.	
Vozes femininas		
(E + D)	SEAT Arosa. Elegante, clássico, estilo e acabamento de primeira. O SEAT Ibitha Fresca, arrojado e esportivo, enfatiza o controle, a manobra e a velha diversão. E tem ainda a série esportiva Cooper, mais agressiva, e seria preciso uma focinheira. Duas vezes campeão mundial de rally Fórmula 2, econômico e assustador. Você vai gostar. SEAT	Custando menos de 7 mil libras e com uma lista de equipamentos de deixar alguns modelos de cinco portas com vergonha. O preço é ótimo. O SEAT Ibitha Fresca é econômico, grande por dentro, porta-malas espaçoso. A série esporte SEAT Cooper traz para o seu dia-a-dia todas as qualidades já provadas em competições. Prático, seguro, econômico. SEAT
Homem (E + D)		SEAT
Homem/Mulher (E) (D)	Divirta-se	Divirta-se
Homem (E + D)	Ligue para o atendimento SEAT – 0500 22 22 22 e peça mais informações sobre o revendedor mais próximo.	
		(60 seg)
[Cortesia: Chrysalis Creative/Galaxy 101]		

O humor na publicidade

Todos nós gostamos de rir, e há uma ligação perfeitamente lógica entre gostarmos de um anúncio porque ele nos fez rir e gostar do produto que está sendo promovido. A marca passa a ganhar a nossa estima ao se associar com algo que é espirituoso e divertido. Mas há um duplo perigo — se a piada for muito boa poderá obscurecer ou ridicularizar o produto, e se não for suficientemente boa, não resistirá a uma audiência, muito menos à repetição que o rádio proporciona. A resposta está no texto genuinamente cômico, que não se apóia numa única frase final, e na caracterização que pode ser enfática, mas que é verossímil. O bom comercial tem muito em comum com o cartum bem-sucedido. Mesmo assim, a exposição desse chiste deve ser regulada com cuidado. Provavelmente é melhor criar uma série de vinhetas de um determinado estilo e mesclá-las nos seus

horários para proporcionar o máximo de variedade. O ouvinte apreciará as novas piadas além de ter o prazer de ouvir outra vez as antigas — mais ainda, ele se lembrará do produto bem antes do anúncio mencioná-lo.

Uma situação quase infalível é parodiar um programa de TV bastante popular, como as novelas, escolhendo vozes e inflexões que representem personagens já familiares, ou pelo menos estereótipos:

MÚSICA:	Introdução orquestral (em *fade*, em segundo plano)
LOCUTOR:	Nancy Loofah tem algo em mente no episódio de hoje de "Washington" – a novela que dura tanto quanto o sabonete Fada. (Música em *fade out*. O som de um lento tique-taque de relógio)
HOMEM:	O que você queria falar comigo, Nancy?
MULHER:	Bem, dr. Flannel, o sr. sabe que sou a presidente da Soft-Soap Corporation.
HOMEM:	É claro.
MULHER:	Parece que em toda parte eu vejo o meu maior concorrente.
HOMEM (tranqüilizando):	Muito bem, vamos fazer um pequeno teste. Eu digo uma palavra – e você diz a primeira coisa que lhe vier à cabeça.
MULHER:	Tá bom.
HOMEM:	Comecemos com "puro".
MULHER:	Fada.
HOMEM:	Suave.
MULHER:	Fada.
HOMEM:	Leve.
MULHER:	Fada.
HOMEM:	Duradouro.
MULHER:	Fada.
HOMEM (sorrindo):	Certo. Bem, eu diria que você tem uma leve –
MULHER:	Fada.
HOMEM:	– uma leve fixação em fadas. Isso deve passar.
MULHER:	Oh, quanto tempo vai durar?
HOMEM:	Bem, se fosse um sabonete comum, não muito. Mas como é Fada...
MULHER (delicada):	Tudo bem, doutor, pode me dizer.
HOMEM:	Como se trata do sabonete Fada, sra. Loofah, pode durar um longotempo. (Música em *fade up*)
MULHER (horrorizada):	Oh, não!
LOCUTOR:	Será que Nancy soreu uma lavagem cerebral? Não perca o próximo capítulo de "Washington" – a novela que dura tanto quanto o sabonete Fada. (Termina a música)

(60 seg)

[Cortesia Saatchi & Saatchi Compton Ltd.]

Alguns desses anúncios de "um minuto" são verdadeiros dramas. Como foi dito em outro capítulo, se os recursos da emissora não forem suficientes para esse tipo de trabalho, é melhor fazer algo mais simples do que embarcar na complexidade de uma produção mais sofisticada como esta:

(Vozes americanas)	Chiado de circuito espacial, som de bip
HOMEM 1 (filtro de voz):	OK base, agora estou na escada. (Música: grandiosa, volume baixo). Este é um pequeno salto para o homem...
HOMEM 2:	Hank, hã, espere um pouco. (Interrompe a música). O certo é "um pequeno passo para o homem".
HOMEM 1 (filtro):	hã... sim, senhor. (Para si mesmo) Um pequeno passo – OK, base. (Começa a música) Este é um pequenino (interrompe a música) – oh droga.
HOMEM 2 (lacônico):	Relaxe, Hank, dá um tempo. (Começa a música)
HOMEM 1 (filtro):	Este é um grande, pequeno, passo dado por um homem que desce uma escada... (Interrompe a música)
HOMEM 2:	OK Hank, você está ficando irritado. "Um salto gigantesco para a humanidade".

HOMEM 3 (filtro):	Hank, estou ficando com cãibra aqui em cima na escada. Quer fazer favor de se apressar. (Começa a música)
HOMEM 1 (filtro):	Este é um pequeno salto para um gigante – (Interrompe a música)
HOMEM 2 (interrompe):	Um salto gigantesco para a humanidade. (Começa a música)
HOMEM 1 (filtro):	Este humano é um peque no gigante. (Interrompe a música)
HOMEM 2 (irritado):	Salto gigantesco. (Começa a música)
HOMEM 1 (filtro):	O salto do sapato é gigantesco (interrompe a música) – aah
HOMEM 2:	Chuck, por favor, descarregue o compartimento da Heineken e refresque o discurso desse sujeito!
SOM (próximo):	Despejando líquido num copo
HOMEM 1 (filtro):	OK, estou pronto – toque a música. (A música começa novamente) Este é um pequeno passo para o homem – e um salto gigantesco para a humanidade. SOM aplausos Música: as vozes masculinas cantam lentamente no estilo de *2001 – uma odisséia no espaço* "Heineken refresca as regiões onde as outras cervejas não chegam".
HOMEM 1 (filtro; triunfante):	O Passarinho Azul pousou.
HOMEM 2:	A Águia, Hank, Águia.

(85 seg)

[Cortesia Lowe Howard-Spink Marschalk]

Um comercial de rádio está tentando vender um produto ou um serviço real: o anúncio em si deve portanto apresentar a realidade e ao mesmo tempo ser ousado. Afinal, as pessoas precisam acreditar nele.

10

Programas de debate

O assunto a ser abordado na transmissão de um debate deve ser de interesse público. O objetivo é fazer o ouvinte ficar a par de argumentos e contra-argumentos expressos em forma discursiva por pessoas que de fato sustentam suas opiniões com convicção. O radialista poderá então permanecer neutro.

Formatos

No formato mais simples, haverá dois interlocutores representando visões opostas e mais um mediador imparcial. É claro que o produtor poderá achar que esse tipo de arranjo não faria justiça ao tema, que o assunto não é algo tão bem definido que possa ser abordado num debate de mão dupla, sendo melhor incluir outras opiniões, num debate multifacetado.

Quanto a isso, a "cegueira" do rádio impõe suas próprias limitações e, portanto, quatro ou cinco interlocutores deve ser considerado o máximo. Mesmo assim, é preferível uma combinação de vozes masculinas e femininas.

O chamado *chat show* ou *talk show* também pode ser classificado como programa de debates. Aqui, uma personalidade bem conhe-

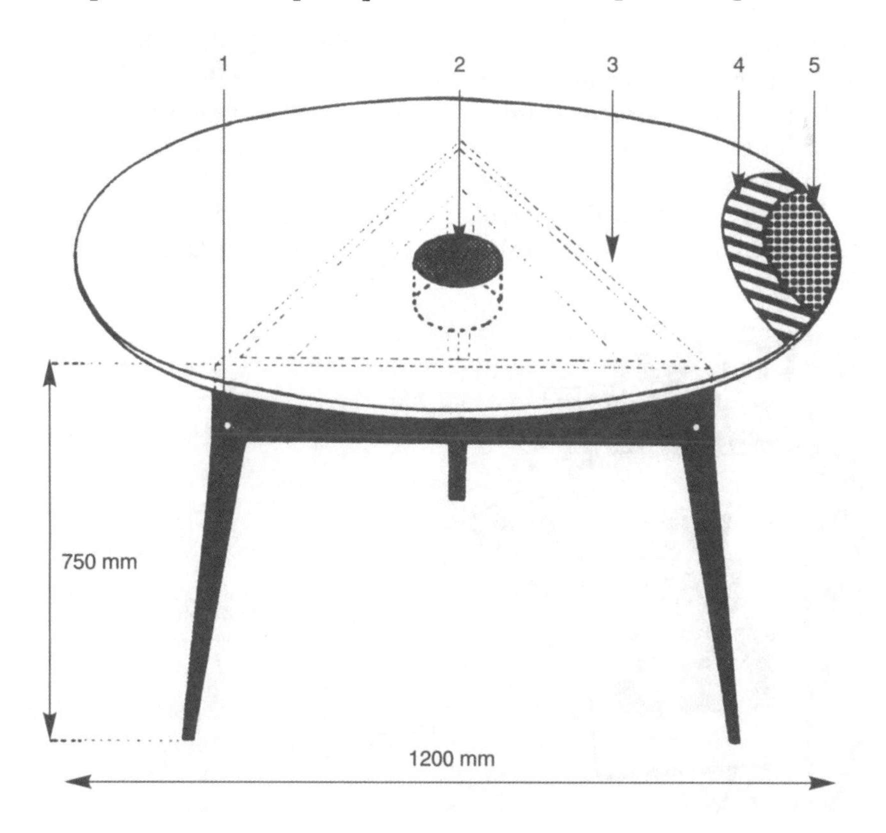

Fig. 10.1. Uma mesa de debates. Projetada para uso em estúdio, a mesa tem três pernas, o que reduz obstruções e impede que balance num chão desnivelado. 1. Entrada para fone de ouvido, com transmissão de sinais do programa, acompanhado ou não de um talkback adicional. 2. Abertura no meio para colocar o microfone. 3. Superfície acusticamente transparente que consiste numa toalha solta de tecido, uma camada estofada (4) e uma base de aço (5). (Cortesia do Departamento de Engenharia de Informação da BBC.)

cida do rádio apresenta um convidado com o qual conversa. Talvez seja incorreto descrevê-lo como um entrevistado; uma vez que as "personalidades" têm opiniões próprias e estão ávidas por expressá-las, o resultado provavelmente é um debate. A fórmula "mediador mais um" pode ser um método mais satisfatório, em particular quando se trata de assuntos mais leves. Já não funciona tão bem no caso de temas polêmicos e de atualidades, pois fica mais difícil para o mediador permanecer neutro, se ele participa do debate. De qualquer maneira, o perigo é o radialista, com o intuito de extrair informações de seu convidado, agir como se fosse a "oposição" e ser identificado como o "antitudo". Nesses casos, a forma mais aceitável é a entrevista. É importante para ouvintes e radialistas que se faça uma clara distinção entre debate e entrevista.

Uma forma de apresentação bastante aceitável é aquela em que as perguntas são dirigidas — provavelmente por um público — a uma mesa-redonda de participantes que representam diferentes partidos políticos ou interesses específicos. Esses programas de "perguntas" são mais contundentes quando transmitidos ao vivo.

A escolha dos participantes

Todos os participantes começam em pé de igualdade? O debate tende a favorecer o mais articulado e organizado. O mediador talvez tenha de criar oportunidades para que os outros possam apresentar seus argumentos. É possível "induzir" um debate de maneira a favorecer um determinado ponto de vista, mas já que o ouvinte tem de ser capaz de chegar a uma conclusão depois de ouvir diferentes opiniões expressas de modo adequado o produtor não deve buscar o equilíbrio — seja de habilidade, seja de opiniões. Em geral, de um lado, há os "porta-vozes oficiais" e de outro os bons radialistas! Às vezes eles se combinam na mesma pessoa, mas nem todos, nas circunstâncias de um debate radiofônico, pensam rápido, são fluentes e convincentes — por mais competentes que possam ser em outros aspectos. Ao selecionar o porta-voz de um partido político, é praticamente obrigatório incluir sua "sombra" oposta — qualquer que seja a qualidade de seu desempenho no rádio.

É claro que haverá momentos em que será necessário escolher o líder do partido, o membro do conselho, o presidente da companhia ou o porta-voz oficial; mas também haverá ocasiões em que a escolha será mais aberta, e um debate multifacetado exigirá a presença de uma variedade de interesses a mais ampla possível.

Em termos gerais, podem ser assim resumidas: pessoas que detêm poder e tomam decisões; organizações com representação legal e voltadas para a preservação do comportamento ético; produtores e consumidores de bens e serviços. Essas categorias são válidas quer a questão seja a inundação de um vale com o objetivo de construir uma hidrelétrica, uma mudança na lei do aborto ou o aumento no preço dos alimentos.

O ouvinte também deve ser considerado um participante e o assunto tem de ser algo que lhe diga respeito. Se ele for diretamente afetado, poderá ser convidado a tomar parte, seja por carta,

Fig. 10.2. Um debate pode tornar-se confuso se tiver muitos pontos de vista diferentes.

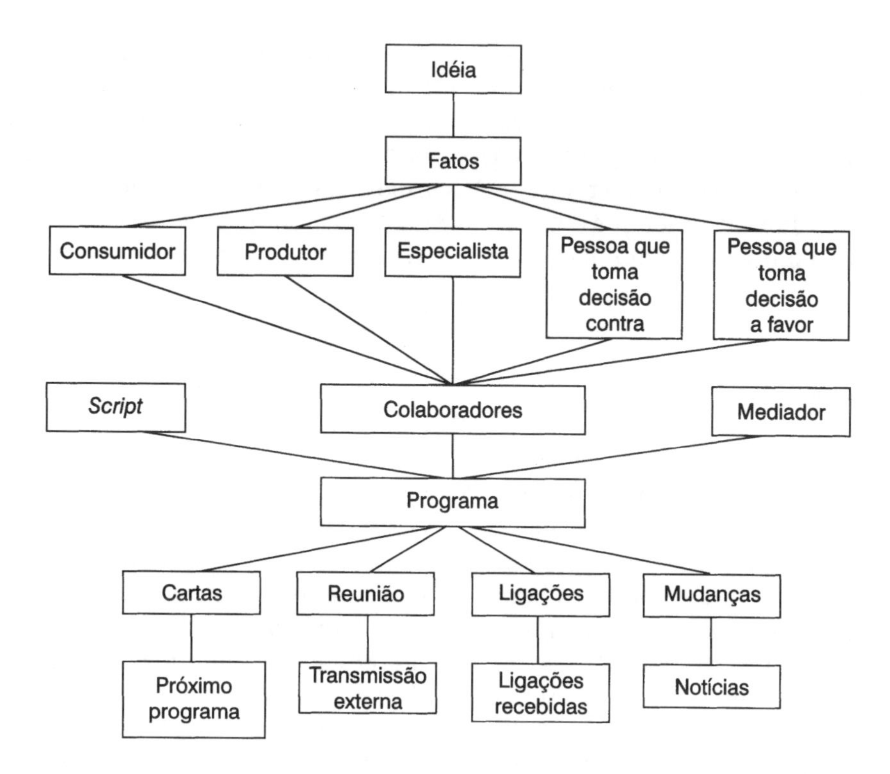

Fig. 10.3. Etapas na produção de um programa de debate. Selecionar o tema – pesquisar a informação – escolher os participantes – coordenar os colaboradores – transmitir o programa – lidar com a resposta – avaliar a possibilidade de acompanhamento.

telefone, fax ou e-mail. No caso de um encontro público, o radialista poderá fazer uma cobertura com transmissão externa.

O mediador

Escolhidos o assunto e os participantes, o programa precisará de alguém para mediar o debate. O ideal é que seja uma pessoa culta, firme, sensível, de raciocínio rápido, imparcial e educada. Ele ou ela deverá estar interessado em quase tudo e precisará ter senso de humor — o que não é fácil!

Depois de achar esse modelo de virtude humana, que além do mais também possua uma boa voz para o rádio e um aguçado senso de *timing*, há vários pontos que, antes da transmissão, exigem atenção.

Preparativos

O assunto deve ser pesquisado e as informações essenciais, colhidas e verificadas. O material de referência poderá ser encontrado em bibliotecas, arquivos de recortes de jornais ou na internet e na própria sala de redação da emissora. O mediador precisa ter os fatos ao seu alcance e também anotações sobre as opiniões já expressas, de modo que possa entender os pontos polêmicos. Depois ele poderá preparar um "esquema" básico do debate, esboçando os principais pontos a serem cobertos. Isso não é um *script*, mas sim um lembrete das questões essenciais no caso de serem esquecidas.

É importante que os interlocutores sejam avisados de antemão para que entendam o objetivo, o alcance *e as limitações* do debate. Todos devem saber os nomes dos demais participantes e a duração do programa. Não é necessário que se encontrem antes da transmissão, mas devem ter a oportunidade de se preparar.

O início do programa

No começo da transmissão, o mediador apresenta o assunto de modo a torná-lo interessante e pertinente para o ouvinte. Em geral isso é feito com perguntas sobre as questões principais, ou citando observações que já foram feitas publicamente.

O mediador deverá ter diante de si os nomes de todas pessoas, bem como seus títulos. Ele então os apresenta, fazendo com que as vozes de todos sejam ouvidas logo no começo do programa. Durante o debate, continuará a se dirigir aos participantes pelo nome, ao menos nas primeiras duas "rodadas" de conversação. No decorrer do debate, de vez em quando, ele deverá citar os nomes outra vez. É essencial que o começo do programa tenha um conteúdo factual e uma apresentação bem definida. Tal método será útil para os participantes menos confiantes e tranqüilizará o ouvinte, mostrando que o tema está em boas mãos. Isso também faz com que os debatedores comecem imediatamente a discussão, sem precisar de um longo período de aquecimento.

Controle dos participantes

Nas condições de certo modo especiais de um debate em estúdio, algumas pessoas tornam-se bastante loquazes, acreditando que fracassarão a não ser que apresentem todos os seus argumentos nos primeiros cinco minutos. Por outro lado, há aqueles que ficam nervosos e tímidos. É impossível fazer com que um orador medíocre pareça brilhante, mas há uma grande diferença entre uma pessoa que não sabe falar bem e outra que tem pouca coisa a dizer. O mediador deve encorajar a primeira e refrear a última. Até o interlocutor mais fluente precisa respirar — um fator que requer atenção! A principal tarefa do mediador é proporcionar oportunidades iguais de expressão para todos os participantes. Isso talvez exija interrupção e também encorajamento. Esse tipo de disciplina deve ser comunicado — provavelmente de forma não-verbal.

Depois de ter expressado sua opinião, não deve ser permitido ao interlocutor continuar por muito tempo antes que uma outra visão da questão seja apresentada. O mediador pode interromper de uma forma construtiva... "Esse é um ponto importante. Antes de continuarmos, o que os outros acham disso? — sra. Jones?" Também é necessário impedir que duas pessoas falem ao mesmo tempo, a não ser no caso de uma breve observação, deixando bem claro "quem controla a situação". Não é nenhuma desgraça quando duas ou mais vozes se sobrepõem; na verdade isso pode ser um indicador do vigor das opiniões. Vale lembrar, porém, em especial nas transmissões monofônicas, que é difícil para o ouvinte distinguir o conteúdo de vozes sobrepostas.

Controle do tema

O mediador tem de obter esclarecimentos sobre qualquer jargão técnico ou linguagem especializada que um participante venha a utilizar. Abreviações, em especial de organizações, costumam ser bem menos conhecidas pelo ouvinte do que imaginam as pessoas sentadas à mesa de um estúdio.

Com um olho em seu "esquema" e o outro no relógio, o mediador conduz o tema, abordando suas áreas essenciais. É importante, no entanto, permanecer razoavelmente flexível e, caso um determinado aspecto se mostre interessante, a mesa poderá decidir desviar-se do esboço original. O mediador deve se preocupar com as seguintes questões:

- Tempo decorrido — tempo restante.
- Quanto tempo ele teve?
- Não tem nada a ver?
- Isso é irrelevante?
- Está maçante?
- É incompreensível?
- A próxima pergunta.
- Quem é o próximo?

Acima de tudo, ele precisa saber identificar e lidar com atitudes que visam desviar a atenção e também evitar as digressões. Para fazê-lo, ele precisa saber qual o rumo que deve dar ao

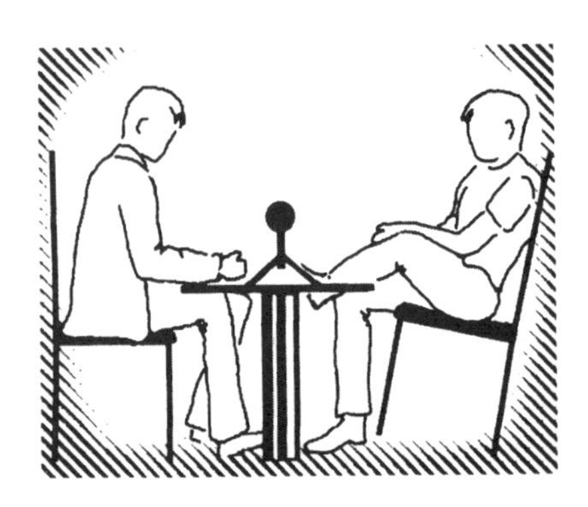

Fig. 10.4. É preciso estar atento aos níveis de voz. Uma pessoa de voz serena terá de sentar bem perto da mesa, e o mediador do debate deverá evitar muito movimento.

debate e ter a pergunta adequada na ponta da língua para que a interrupção seja categórica, construtiva e cordial.

Num programa de longa duração, poderá ser útil introduzir um esquema que crie uma certa variedade e ajude o debate a mudar de direção. Exemplos: a carta de um ouvinte, citação de um artigo lida pelo mediador, uma entrevista pré-gravada, uma matéria com informações do momento, uma chamada telefônica. Para que o mediador permaneça imparcial, tais inserções não devem ser usadas para fortalecer determinado argumento, mas apenas levantar questões que possam ser comentadas pelos participantes.

Controle técnico

O mediador tem de observar, e corrigir, alterações no equilíbrio de vozes obtido antes de começar o programa. Isso pode ocorrer por causa de um interlocutor que se afastou do microfone, virando-se para se dirigir ao participante do lado, ou que se debruçou e chegou perto demais. Poderá haver uma grande variação de níveis de vozes à medida que os participantes fiquem irritados, entusiasmados, confusos ou acuados. E ele tem de ficar alerta para qualquer barulho externo, tais como o de manuseio de papéis, fósforos sendo riscados ou dedos batendo na mesa. Sinais não-verbais são suficientes para impedir esse tipo de intromissão.

Para melhor avaliar o efeito de qualquer movimento, mudança no nível de voz ou sons indesejáveis, o mediador, em geral, usa fones de ouvido, que deverão estar postos em apenas um dos ouvidos para que ele não fique acusticamente isolado do debate. Isso também permitirá que ouça o retorno dos produtores e receba algumas idéias adicionais — por exemplo, sobre uma questão do debate que não foi explorada. Às vezes, todos no estúdio precisarão de fones de ouvido, em especial se o programa aceitar chamadas dos ouvintes, ou quando os participantes do debate não estiverem fisicamente presentes no mesmo estúdio, mas falando por links entre estúdios separados. Nessas circunstâncias, o ponto eletrônico deve ser utilizado de modo que os comentários editoriais do produtor estejam restritos aos fones de ouvido do mediador. Para evitar constrangimentos e confusão, esse sistema precisa ser verificado antes do início do programa.

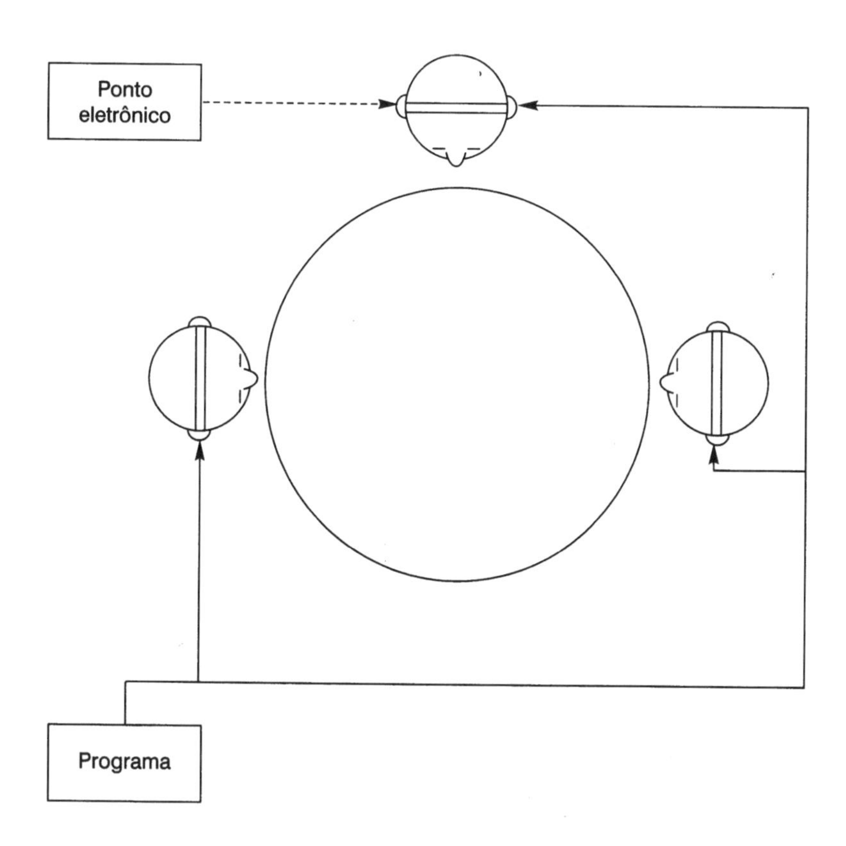

Fig. 10.5. O ponto eletrônico é usado apenas pelo mediador do debate. Os outros participantes poderão ter de usar fones de ouvido, apenas com a entrada do programa, para ouvir um debatedor a distância ou uma chamada telefônica.

Parte importante do controle técnico do programa é sua cronometragem global. O mediador não pode se esquecer do relógio.

O encerramento do programa

Raramente deseja-se que o mediador tente fazer um resumo do debate. Se tudo correu bem, o ouvinte já identificou as principais questões e os argumentos de apoio. Se *for* preciso fazer um resumo, em geral é melhor pedir para que cada interlocutor dê uma "última palavra". Ou, então, o mediador apresenta uma questão para o grupo, lançando o tema para uma próxima etapa — "Finalmente, o que você acha que deverá acontecer agora?". Isso é cronometrado para que haja tempo suficiente de resposta.

Grande número de bons programas é prejudicado por negligência no final. O mediador não deverá dar a impressão de que simplesmente esgotou o tempo do programa:

> "Bem, infelizmente teremos de parar por aqui..."
> "Mais uma vez fomos vencidos pelo relógio..."
> "É uma pena não termos mais tempo para explorar essa última questão..."

O programa tem de apresentar todo o material previsto, no tempo permitido. Quando estiver faltando um minuto ou menos para acabar, o mediador deverá agradecer os participantes pelo nome, dar quaisquer outros créditos que forem devidos e citar outros programas ou eventos públicos relacionados ao tema do debate.

Após a transmissão vem o momento em que os participantes pensam nas observações que deveriam ter feito. É importante que tenham uma oportunidade de relaxar e aliviar a tensão, o que preferivelmente ocorre em grupo, supondo que ainda estejam conversando entre si. Nessa altura, é provável que estejam se sentindo vulneráveis e expostos, imaginando se fizeram justiça aos argumentos que defenderam. Aqui deve-se agradecê-los e deixar que conversem de modo informal, se assim o desejarem. É apropriado servir comes e bebes ou simplesmente demonstrar algum tipo de cordialidade.

Não é tarefa do radialista criar confrontos e discordância onde não existem. Mas genuínas diferenças de opinião sobre questões de interesse público proporcionam transmissões interessantes, pois o ouvinte poderá sentir um envolvimento pessoal com os argumentos apresentados e com o resultado. O programa de debates é uma contribuição para a área mais ampla dos debates públicos e pode ser visto como parte do papel positivo desempenhado pelo radialista numa sociedade democrática.

11 Programas com a participação do público

Críticos dos telefonemas no ar descrevem essa prática como apenas uma maneira barata de preencher o horário e, de fato, ela às vezes é empregada com esse intuito. Mas como qualquer outra coisa, a prioridade que receberá e os métodos de produção aplicados é que decidirão se se trata de um mero preenchimento ou se pode ser útil e interessante para o ouvinte. "Este é o Seu Mundo", do Serviço Internacional da BBC, tem pelo menos o potencial de colocar qualquer pessoa, em qualquer lugar, em contato com uma importante personagem para fazer perguntas sobre política e discutir os assuntos do dia.

Por meio da participação pública, o objetivo dos telefonemas no ar é permitir a expressão democrática de opiniões e criar a possibilidade da ação comunitária. Uma questão importante, então, é até que ponto esse tipo de programa exclui os ouvintes que não têm telefone. A posse de uma linha telefônica pode variar bastante entre regiões do mesmo país, sendo que, em geral, as cidades estão bem mais servidas por esse meio de comunicação do que a zona rural. A América do Norte tem mais telefones *per capita* do que qualquer outro lugar do mundo. Portanto, simplesmente basear-se na prática norte-americana e canadense pode ser enganoso. É bom lembrar que 50% da população mundial nunca usou telefone.

É possível estar sendo pouco sincero ao fazer o seguinte convite: "...Se você quiser participar do programa, ligue para nós...". A pessoa não pode participar apenas ouvindo? Ou, ainda, se o objetivo é a participação pública, o programa também aceitará cartas ou pessoas que se dirigirem à própria emissora? O pequeno grupo de pessoas reunidas na porta de um estúdio no Haiti, enquanto suas mensagens e opiniões eram retransmitidas lá dentro, permanece como a nítida lembrança de uma emissora fazendo o seu trabalho.

É de fato gratificante quando uma pessoa, que não tem telefone em casa, se dá ao trabalho de ligar de um telefone público.

Recursos técnicos

Ao convidar os ouvintes para ligar para o programa, é melhor ter um número especial em vez de receber as chamadas pela linha normal da emissora. Caso contrário, o programa poderá congestionar o tráfego normal das ligações. São numerosos os meios técnicos de receber essas chamadas, mas deverão constar os seguintes recursos:

1) Atendimento fora do ar.
2) Atendimento de várias chamadas — umas quatro ou cinco ao mesmo tempo.
3) Segurar uma ligação até que seja liberada por um sinal.
4) A capacidade de atender a duas ligações no ar simultaneamente.
5) Ligações vindas do estúdio.
6) Atender uma chamada após sua utilização no ar.

Classificação do programa

O produtor deve decidir sobre o alvo do seu programa e elaborá-lo de modo a atingir um determinado objetivo. Se ele simplesmente abrir as linhas de telefone, o resultado será uma confusão irremediável. Sempre há fanáticos e exibicionistas prontos para falar, falar e não dizer nada; e pessoas solitárias precisando realmente falar alguma coisa. Dar orientações no estúdio sem que se tenha o devido conhecimento do assunto é algo que irritará os ouvintes que conhecem mais sobre o tema do que o apresentador, podendo até mesmo prejudicar a pessoa que fez a pergunta. É essencial que o produtor saiba o que está tentando fazer e, filtrando de modo adequado as ligações que chegam, limite a participação pública ao objetivo central do programa.

Tipos de programas com telefonemas no ar incluem:

1) Linha aberta — conversa com o apresentador que está no estúdio.
2) Tema específico — orientação especializada sobre um tópico escolhido.
3) Defesa do consumidor — orientação sobre como proceder em certos casos.
4) Aconselhamento pessoal — problemas são discutidos com vistas a um determinado indivíduo e não ao público em geral.

A linha aberta

Programa em que o apresentador discute, em estúdio, assuntos de natureza não-específica. Não precisa haver nenhum tema ou continuidade entre as chamadas, mas geralmente se desenvolve uma discussão sobre uma questão de interesse local. O telefonema de um minuto, ou "tribuna", funciona bem quando se permite que o ouvinte fale sobre um assunto durante um minuto, sem interrupção, contanto que não infrinja a lei.

Equipe de apoio

Há muitas variações do esquema básico em que o próprio apresentador atende às chamadas à medida que vão chegando. A primeira é aquela em que as ligações são atendidas por uma assistente ou secretária que verifica se o ouvinte é uma pessoa sensata e tem algo interessante a dizer. A assistente explica o procedimento: "Por favor, certifique-se de que seu aparelho de rádio não esteja ligado aí perto (para evitar microfonia); "Você ouvirá o programa pelo telefone e daqui a pouco X (o apresentador) falará com você". A chamada é mantida até que o apresentador queira atendê-la. Enquanto isso, a assistente anotou o nome do ouvinte e a opinião que ele quer dar, e passa essas informações para o apresentador. Como eles estão em salas separadas, usa-se o ponto eletrônico ou, melhor ainda, uma terceira pessoa encaminha as informações. Em geral essa pessoa é o produtor, que decidirá, com base no editorial ou em qualquer outro critério, se a chamada será ou não rejeitada, se as ligações serão atendidas numa determinada ordem ou se o apresentador será orientado sobre como atender cada chamada. Se a equipe de apoio limitar-se a duas pessoas, o produtor deverá atender às ligações, pois ele fará a primeira avaliação editorial. O computador é útil em termos de retorno visual entre atendente e apresentador, de modo que este possa receber, antecipadamente, várias informações sobre cada ligação.

A escolha das chamadas

A pessoa que faz a triagem das ligações logo desenvolve a capacidade de identificar o problema autêntico, a opinião interessante, o lado prático ou engraçado. Essas pessoas *dialogam*. Elas têm algo a dizer, mas também sabem ouvir; tendem a falar usando sentenças curtas e respondendo rapidamente às perguntas que lhes são feitas. Isso logo se descobre na conversa inicial que é conduzida fora do ar. Por outro lado, há pessoas que, de preferência, não devem participar do programa:

- os "freqüentadores" que estão sempre ligando;
- o ouvinte mal-educado, pervertido, agressivo ou que faz ameaças;
- os tagarelas que não param de falar;
- o chato, bobão ou lerdo;
- aqueles com deficiência na fala, a não ser que o programa aborde esse tema;
- aqueles cujo sotaque é quase ininteligível;
- os aduladores, que querem apenas ouvir seu nome no ar.

É claro que o programa deve ter os idiossincráticos e os normais, e talvez briga e conciliação. Mas sem precisar ser muito rude, há várias maneiras de terminar uma conversa, seja no ar ou fora do ar:

> "Desculpe-me, mas alguém já falou sobre isso ontem..."
> "Não posso prometer que vou usar sua chamada, depende do andamento do programa..."
> "Aqui não há ninguém que possa ajudá-lo..."
> "Sinto muito, mas hoje não estamos tratando disso..."
> "A ligação está muito ruim, não consigo ouvi-lo..."
> "Você está desviando do assunto, teremos de prosseguir..."
> "Temos muitas ligações na espera..."

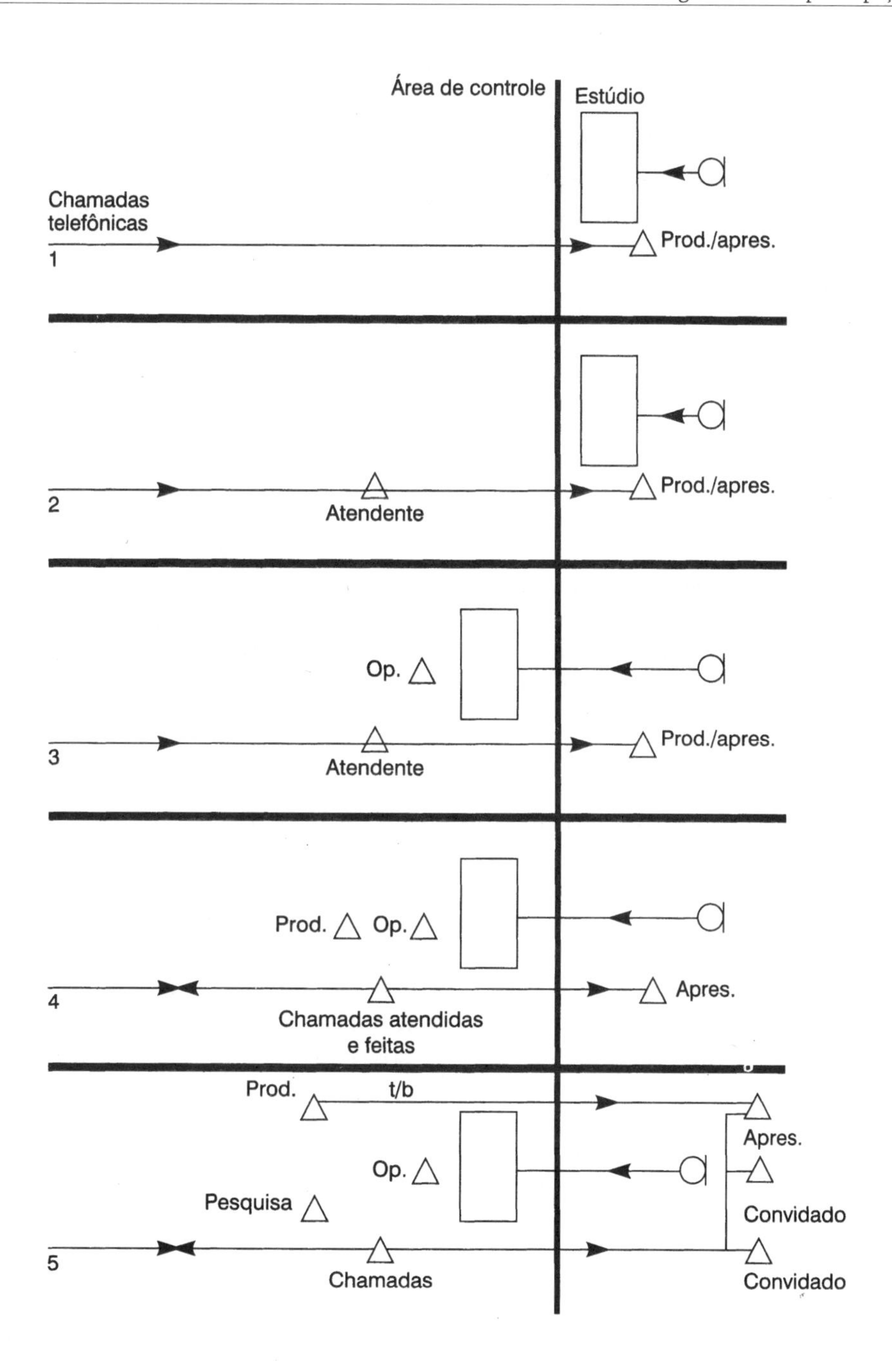

Fig. 11.1. **Distribuição das chamadas. 1. O próprio apresentador atende às ligações. 2. Uma atendente controla as chamadas e passa as informações antecipadamente para o apresentador. 3. Um operador controla toda a operação técnica: discos, fitas, níveis etc., enquanto o produtor/apresentador se concentra no conteúdo do programa. 4. O produtor fica separado na área de controle para tomar decisões sobre o programa, fazer ligações para fora. 5. "Especialistas" convidados, no estúdio, com apoio de pesquisa disponível.**

ou simplesmente
"Tudo bem, obrigado — até logo..."

O bom apresentador terá a habilidade de se livrar de uma pessoa sem dispensá-la. Em momentos de desespero, no entanto, vale lembrar que mesmo as mais tagarelas têm de respirar.

O papel do apresentador

O objetivo principal do programa é democrático — deixar que as pessoas falem e expressem suas opiniões sobre assuntos de seu interesse. Equivale à coluna de "carta ao editor" dos jornais ou à tribuna pública da praça de uma cidade. O papel do apresentador não é tomar partido — embora algumas emissoras de rádio possam adotar uma política editorial bem definida —, e sim estimular o diálogo para que o tema torne-se interessante para o ouvinte. Ele deve conhecer a lei de difamação, calúnia e injúria e estar pronto para interromper o ouvinte que se mostrar obsceno, politicamente partidário, fizer algum tipo de propaganda comercial ou disser algo ilegal, de acordo com as normas do programa.

É comum que um programa desse tipo seja bem-sucedido ou fracasse graças à personalidade do apresentador — raciocínio rápido e uma ampla cultura geral, interessado em pessoas, bem informado sobre temas atuais, sensato, espirituoso e, dependendo da ocasião, genial, incisivo, até mesmo rude. Tudo isso, combinado com uma boa locução para o rádio, faz do apresentador um radialista modelo.

Material de referência

O apresentador poderá deparar com um ouvinte que de fato busca uma orientação prática, e por isso é importante que o produtor saiba de antemão até onde o programa deve ir, não assumindo assim expectativas que não poderão ser cumpridas. Raramente radialistas são recrutados por terem conhecimentos práticos fora da área de comunicações, não havendo nenhuma razão para esperar que espontaneamente respondam a perguntas que envolvam alguma especialização. Mas a disponibilidade, no estúdio, de material de referência adequado possibilitará ao apresentador encaminhar o ouvinte à fonte de informações apropriada. Fontes de referência incluem listas telefônicas, nomes e endereços de vereadores locais, membros do parlamento ou outros representantes eleitos, órgãos do governo, serviços públicos, serviços sociais, organizações beneficientes e departamentos de RP comerciais. Essas informações em geral são dadas no ar; mas é uma questão de discrição. Em certos casos, talvez seja preferível para o apresentador encaminhar o ouvinte de volta à secretária, que providenciará as devidas informações individualmente. Se houver necessidade de uma grande quantidade de material factual, então uma quarta pessoa fará a pesquisa imediata, especialmente a pesquisa na internet.

Operações de estúdio

Em nível básico, é possível o próprio apresentador operar a mesa de controle do estúdio. Mas, à medida que se acrescentam mais recursos, torna-se necessária a presença de um operador especializado, em especial para controlar os níveis de som das diferentes fontes. Neste caso, será útil para o apresentador dispor de uma unidade de *voice-over*; assim, quando ele falar, o nível da chamada que entra poderá ser diminuído. É preciso, no entanto, utilizá-la com cuidado para não parecer dominador.

Recursos telefônicos adicionais

Se o equipamento permitir, o apresentador é capaz de atender a duas chamadas simultaneamente, podendo assim promover um debate entre dois ouvintes e também com a sua própria participação. A orientação e a cooperação do serviço telefônico são necessárias antes de se iniciar qualquer programa dessa natureza. Isso porque talvez seja preciso estabelecer algumas garantias para impedir que o uso da radiodifusão interfira no bom andamento do serviço de telefonia. Poderão ser impostas algumas limitações, ou possivelmente a instalação de equipamento especial, seja na estação telefônica, seja na emissora.

O uso do "retardo"

O interesse do ouvinte nesse tipo de programa depende até certo ponto da natureza dos temas em discussão e da conseqüente possibilidade de ocorrer o inesperado ou algum escândalo. Há um prazer indireto que se obtém de um programa que não é totalmente elaborado de antemão. Mas cabe ao apresentador assegurar que haja razoável controle. Como uma segurança adicional, é possível introduzir um tempo de retardo entre o programa e a transmissão — de fato, algumas emissoras de rádio e autoridades de radiodifusão insistem nisso. Se algum ouvinte pronunciar injúrias, difamações ou calúnias, exibir comportamento ofensivo ou obsceno, um dispositivo de retardo, digamos, de uns dez segundos, permite que parte do programa seja suprimida antes de ir ao ar. O programa, que geralmente está gravado numa fita magnética, é colocado em *fade out* e substituído pela voz do apresentador "ao vivo". Com um bom operador, essa substituição pode ser feita sem que o ouvinte perceba. Voltar da transmissão "ao vivo" para o programa em "retardo" é mais difícil. Para tanto, é útil que se tenha disponível notícias, música ou qualquer outra pausa para que o apresentador possa prosseguir com outra chamada. Se o ouvinte por vezes utilizar palavras que o produtor considere ofensivas, estas poderão ser substituídas por um som de "bip". Mais uma vez, é essencial uma boa técnica de operação. De um modo geral, porém, a emissora recebe as ligações que merece; com um processo de triagem ade-

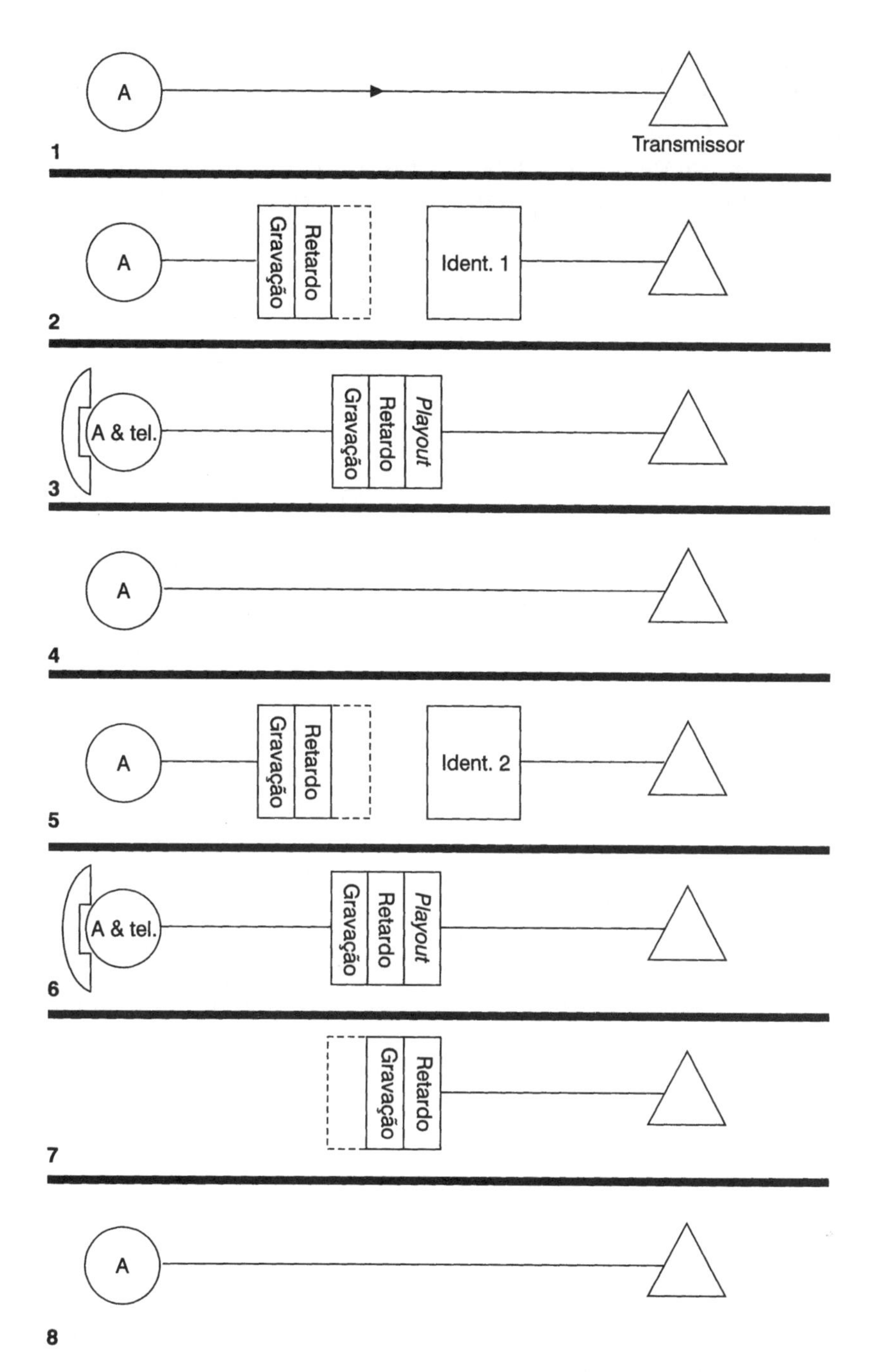

Figura 11.2. O uso do retardo no recebimento de chamadas telefônicas. **1.** O apresentador A é ligado diretamente ao transmissor. **2.** Para introduzir um retardo, a fala do apresentador é gravada e armazenada por um curto período de dez segundos. A saída do programa é mantida por esse tempo pela Ident. 1. **3.** Quando termina a Ident. 1, o programa continua utilizando o *playout* gravado. Agora a transmissão está a dez segundos da "realidade". **4.** Se alguém diz alguma coisa no telefone que precisa ser cortado, o retardo da saída é substituído pelo apresentador "ao vivo". **5.** Para restabelecer o retardo, segue-se o procedimento 2, mas usando uma Ident. diferente. **6.** O programa continua por meio do dispositivo de retardo. **7.** O apresentador finaliza o programa deixando que o *playout* gravado encerre a transmissão. **8.** Apresentação normal ao vivo.

quado, sem ser opressivo, as chamadas refletirão o nível de responsabilidade no qual o programa é conduzido.

O tema específico

Neste caso, o tema do programa é escolhido antecipadamente, para que o especialista, ou especialistas, possam ser convidados. Talvez o tema exija orientação factual a perguntas individuais. Por exemplo: como cuidar de crianças, viagens de automóvel, problemas de saúde, jardinagem, animais de estimação, antigüidades, férias, culinária, direitos do cidadão. Ou então o programa pode ser usado para uma discussão pública de natureza mais filosófica; por exemplo, a situação da economia, posturas políticas, educação ou religião.

Uma palavra de advertência sobre orientações específicas.

Médicos não devem tentar fazer diagnósticos por telefone, muito menos prescrever remédios em casos individuais. O que tende a ser muito útil são informações gerais sobre doenças, efeitos colaterais de medicamentos, o que esperar ao entrar num hospital, as fases da gravidez, doenças infantis, cobertura de custos médicos por parte da previdência social, e assim por diante.

É claro que haverá ligações problemáticas. O produtor deve, antes, discutir as normas do programa com seus convidados em vez de ter de decidir ao vivo e no ar. Por exemplo, como lidar com portadores de câncer, aids e doentes terminais? Até que ponto você poderia excluir uma chamada por ser muito embaraçosa, repugnante ou exibicionista? Quando o ouvinte está apenas fazendo troça?

Telefonemas com perguntas sobre questões legais também podem proporcionar uma ampla variedade de temas baseados na vida prática: lei trabalhista, reclamações sobre seguros de automóvel, casamento e divórcio, testamentos, direitos das vítimas, litígios entre proprietário e inquilino, reivindicações de terras, aquisição de imóvel, responsabilidades das crianças, discussões entre vizinhos — barulho, transtornos, cercas, árvores etc. Um advogado, assim como o médico, deve ser cauteloso ao oferecer soluções específicas pelo telefone — é improvável que o ouvinte dê todas as informações, em especial as que não corroboram o seu argumento. Também há o perigo de isso ser usado como uma segunda opinião num caso que já esteja no tribunal, ou se o ouvinte estiver insatisfeito com a orientação do seu próprio advogado. O profissional saberá quando tem de responder: "Não posso comentar sobre o seu caso especificamente sem conhecer os detalhes, mas de um modo geral...". A questão se uma emissora de rádio poder ser processada por dar orientação errada é interessante aqui para nós. A resposta será "não", contanto que o programa não tente imitar uma consulta particular. O produtor servirá melhor o público fornecendo orientações gerais, mostrando como a lei opera em áreas específicas.

"Linhas antecipadas"

A fim de obter perguntas adequadas, as linhas de telefone com acesso ao programa poderão ser abertas um pouco antes do começo da transmissão — digamos, uma hora. As chamadas são atendidas por uma secretária ou assistente que anota os detalhes necessários e passa a informação ao produtor, que então seleciona as ligações que irão ao ar. Para efeitos de transmissão, essas chamadas são originadas do estúdio num sistema *phone-back*.

A combinação de linhas "antecipadas" e *phone-back* dá ao programa as seguintes vantagens:

1) As ligações utilizadas são previamente selecionadas para que o tema escolhido seja desenvolvido no nível apropriado a fim de ser respondido pelos especialistas e para o objetivo do programa.
2) A ordem em que as chamadas são transmitidas é controlada pelo produtor, podendo representar uma progressão lógica do tema.
3) Os especialistas que estão no estúdio são avisados com antecedência sobre as perguntas e podem preparar respostas mais substanciais.
4) O princípio do *phone-back* ajuda a estabelecer as credenciais do ouvinte e serve para inibir chamadas irresponsáveis. Assim, o próprio programa poderá ser transmitido "ao vivo", sem o uso de qualquer dispositivo de retardo.
5) Não é preciso esperar, no início do programa, que cheguem as primeiras chamadas; já é possível começar com uma ligação de interesse geral.
6) Chamadas ruins ou barulhentas podem ser reestabelecidas pelo estúdio até se obter uma ligação de melhor qualidade.

Queixas do consumidor

Telefonemas de consumidores estão relacionados a "temas específicos", mas a amplitude do seu conteúdo é tanta que se torna improvável oferecer orientação detalhada em resposta a todas as perguntas. À medida que se amplia o conteúdo do programa, o tipo de orientação dada tende a se tornar mais geral, tratando questões de princípio em vez da ação a ser tomada num caso específico. Por exemplo, um ouvinte queixa-se de que um aparelho elétrico comprado recentemente tem apresentado constantes problemas — o que ele deve fazer? Um especialista em legislação de defesa do consumidor será capaz de distinguir entre a responsabilidade do fabricante e do vendedor, ou se a questão está vinculada a um determinado conselho de reclamações, a uma autoridade da área de eletricidade ou a um departamento do governo local. Para dar uma resposta detalhada a esse caso específico, é preciso ter mais informações. Quais foram as condições exatas de venda? Há um período de garantia? Existe um contrato de serviço? O aparelho estava sendo usado corretamente?

É preciso ser justo

Programas sobre queixas do consumidor justificadamente tendem a se colocar do lado do queixoso; mas não se deve esquecer que um grande número de queixas não resiste a um exame mais acurado, a culpa possivelmente sendo do usuário. Está certo defender o "homem do povo", mas as emissoras de rádio também têm responsabilidade perante os lojistas e fabricantes. Uma vez envolvido num caso específico, o programa deve ser justo, e ser considerado como tal. Duas variações desse tipo de programa ajudam a estabelecer esse equilíbrio:

1) *Phone-out.* Um recurso útil enquanto se atende a uma chamada é poder fazer uma segunda ligação e colocar ambas no ar, ao mesmo tempo. Em resposta a uma determinada pergunta, o estúdio liga para o chefe de vendas, RP, departamento ou órgão do governo apropriado a fim de obter uma resposta detalhada, ou pelo menos o compromisso de que a questão será examinada.
2) *Acompanhamento.* Para ser justo, em geral é necessário mais informações do que o ouvinte pode dar ou do que está disponível de imediato. Talvez seja preciso uma investigação posterior, fora do programa. Embora o problema possa ser apresentado e discutido inicialmente, o tema talvez exija um acompanhamento posterior.

Programas vinculados

Diferentemente do programa que mostra um "tema específico", o programa de queixas genéricas do consumidor pode ser periódico — semanal, diário ou mesmo ir ao ar pela manhã e à tarde. Uma questão complexa poderá ser discutida em vários programas, e mesmo que isso seja dispendioso para a emissora trata-se de uma excelente forma de manter e aumentar a audiência. Para benefício a longo prazo da comunidade, e da emissora, o radialista ficará convencido de que esse tipo de investigação presta um autêntico serviço ao público.

Em todos os programas que fazem uso de telefonemas no ar, a transmissão deve ser gravada na íntegra como uma prova do que foi dito — de fato, isso pode ser uma exigência estatutária imposta ao radialista. Pessoas ligadas a uma empresa mencionada no programa, mas que apenas souberam da transmissão por intermédio de outrem, talvez tenham ouvido um relato exagerado do que foi discutido. A gravação da transmissão permite à emissora dispor de uma transcrição do programa, o que é uma precaução sensata contra alegações de tratamento injusto ou ameaça de ações legais — supondo sempre, é claro, que a emissora foi justa e responsável!

Aconselhamento pessoal

Em todos os programas que recebem telefonemas no ar, o apresentador, no estúdio, fala com o ouvinte individualmente, mas sempre tem de se lembrar dos demais. O assunto em discussão deve interessar a uma grande parcela do público, que talvez nunca ligará para a emissora, mas se identificará com as questões levantadas. Essa é a natureza da radiodifusão. Ao declarar, porém, que lidará com problemas pessoais, atingindo às vezes níveis psicológicos e emocionais profundos, o radialista não poderá deixar de se preocupar com o bem-estar do ouvinte. Nessa ocasião, sua responsabilidade com o indivíduo excede a responsabilidade perante os demais. Por certo que o apresentador não pode terminar uma conversa apenas porque deixou de ser interessante ou porque tornou-se difícil. Quando um serviço de rádio diz: "Traga seus problemas para nós", deve estar preparado para fornecer algumas respostas.

Isso traz à tona importantes questões para o radialista. Esta ele explorando problemas individuais para entretenimento público? A emissora simplesmente oferece oportunidades para o equivalente auditivo do *voyeur*? Ou há justificativa suficiente na suposição de que, mesmo sem considerar o público em geral, pelo menos algumas pessoas se identificarão com algum problema e assim serão ajudadas pela discussão que atende a um indivíduo? Depende, é claro, de como o programa é conduzido, do nível da orientação oferecida e se há uma tentativa sincera de ajudar.

Até que ponto o programa prestará ajuda fora do seu horário no ar? O radialista não pode dizer "Só traga a sua depressão para mim no horário de transmissão, das 9 às 11 da noite". Tendo oferecido ajuda, o que acontece se a emissora receber uma chamada desesperada durante um programa musical? A emissora de rádio tornou-se mais do que apenas um meio de transmitir programas; transformou-se numa referência para a comunidade, à qual as pessoas recorrem quando estão em dificuldade. A emissora não deve assumir esse papel levianamente, é preciso que tenha os devidos contatos com serviços da comunidade para dispor de ajuda especializada no caso de um problema que não possa resolver sozinha. Mas como o diretor do programa garante que a orientação dada é responsável? De todos os tipos de programa que uma emissora leva ao ar, é neste que danos reais podem ser feitos se o radialista cometer algum erro. É preciso levar a sério discussões de casos que envolvem solidão, matrimônio e sexo, ou o desespero de um suposto suicida. É importante fazer o ouvinte falar e obter sua aceitação para a orientação dada. Para esse fim, a emissora precisa de conselheiros treinados.

O apresentador como ouvinte

O apresentador não pode ver o ouvinte que faz a ligação. Ele não tem acesso aos indicadores de comunicação não-verbais — expressão facial, gesto etc. Isso é particularmente importante num programa de aconselhamento em que a reação do ouvinte que está na linha é crucial. A pessoa que dá a orientação deve, portanto, ser um ouvinte atento — uma pausa, uma leve hesitação pode ser o suficiente para indicar se o que está sendo descrito é um sintoma ou uma causa, ou se quem está na linha chegou ao problema real. Por esse motivo, muitos desses programas têm duas pessoas no estúdio — o apresentador, que de início irá receber as chamadas e discutir a natureza do programa — e o especialista aconselhador que fica ouvindo cuidadosamente e participa da discussão sempre que achar necessário. Essa pessoa pode ser um especialista em aconselhamento conjugal, um psiquiatra, um sacerdote ou um médico.

Atendimento fora do ar

É importante que o programa tenha um apoio fora do ar — alguém que depois possa falar com o ouvinte ou fornecer nomes, endereços ou números de telefones confidenciais. A divulgação de um número de telefone no ar sempre faz com que alguém ligue, dificultando assim sua utilização como fonte eficaz para a pessoa que o programa está tentando ajudar. Mais uma vez, o radialista talvez precise passar o problema para um outro órgão.

O horário para uma transmissão desse tipo é muito importante. Como esses programas apresentam uma abordagem adulta, provavelmente é melhor que vá ao ar num período em que poucas crianças estejam ouvindo. Isso significa um horário noturno — mas não tão tarde que impeça a disponibilidade para uma ajuda prática que venha do público.

Anonimato

Geralmente, um programa dessa natureza, especializado em problemas pessoais, permite que o ouvinte permaneça anônimo. O nome da pessoa não é revelado no ar, o conselheiro refere-se a ela apenas pelo primeiro nome ou por um pseudônimo. Essa convenção preserva o que a maioria necessita — privacidade. Talvez cause surpresa que alguém ligue para uma emissora de rádio em busca de orientação em vez de recorrer à família, aos amigos ou mesmo a um especialista. A explicação é simples: porque não é preciso estar diante de ninguém. A pergunta pode ser feita numa posição de segurança, talvez num ambiente em que a pessoa sinta-se à vontade, não ameaçada.

Quem tem um problema de verdade quase nunca liga para a emissora a fim de mostrá-lo publicamente — esses exibicionistas devem ser separados na triagem feita fora do ar e ajudados de alguma outra maneira. Aquele que de fato está a procura de ajuda liga para a emissora porque sabe que pode contar com ela como uma fonte imparcial de orientação pessoal e particular. Sabe que não precisa agir de acordo com a orientação dada a não ser que concorde com ela. Essa é uma característica própria da radiodifusão. Talvez seja desagradável ouvir a pessoa dizer: "Eu liguei porque não posso falar com ninguém sobre isso"; mas, por outro lado, é um grande elogio para a emissora ser tratada dessa maneira. Isso deve ser aceito com responsabilidade e humildade.

Requisitos para receber telefonemas no ar

A lista a seguir resume o que é necessário para um programa baseado em ligações feitas pelo ouvinte:

1) Discuta o programa com a companhia telefônica e resolva os problemas causados pelo tráfego adicional que o programa poderá gerar. Você quer que todas as chamadas, mesmo as não atendidas, sejam contadas?
2) Decida sobre o objetivo e a natureza do programa.
3) Decida sobre o nível de apoio necessário no estúdio em termos de equipe. Isso poderá envolver um processo de triagem, *phone-back*, pesquisa imediata, controle operacional e ligações para fora.
4) Utilize convidados.
5) Reúna material de referência.
6) Decida se usará "retardo".
7) Providencie a gravação da transmissão.
8) Estabeleça ligações com outros órgãos para fins de acompanhamento.

12 Enquete

A enquete ou *vox populi* é a voz do povo ou a entrevista com o homem do povo. A utilização de opiniões de pessoas "comuns" do povo acrescenta uma dimensão útil à cobertura de um tema que, de outra maneira, poderia limitar-se a uma mera reportagem ou a uma discussão em estúdio entre funcionários ou especialistas. O princípio é o radialista usar um gravador portátil para fazer uma ou talvez duas perguntas específicas sobre um assunto de interesse público escolhido ao acaso e editar todas as respostas, formando assim uma essência da resposta global. Embora o objetivo seja apresentar uma amostra da opinião pública, o radialista nunca deve alegar que é estatisticamente válida ou mesmo representativa. Nunca poderá ser mais do que "as opiniões de algumas pessoas com quem falamos hoje à tarde". Isso porque colher material nas ruas para um programa vespertino de variedades por certo dará uma representação maior a quem está fazendo compras, turistas e desempregados; e menor a homens de negócios, motoristas, trabalhadores noturnos e agricultores! Uma vez que a entrevista é feita num horário específico e num único lugar, a amostra na verdade não é nem aleatória — é apenas não-estruturada e ninguém pode saber o que as opiniões obtidas de fato representam. Portanto, nenhuma afirmação importante deve ser feita sobre uma simples enquete, considerando-a "a voz do povo".

É mais fácil escolher determinado agrupamento apropriado a um tema específico — por exemplo, pessoas que levantam cedo, gente que vai para o trabalho, crianças ou motoristas de caminhões. Se a pergunta tem a ver com o aumento do preço da gasolina, pode-se encontrar motoristas, e comentários razoavelmente previsíveis, em qualquer porta de garagem. Da mesma forma, uma pergunta sobre saúde poderia ser dirigida a pessoas que estivessem saindo de um hospital. A propósito, muitos lugares aparentemente públicos são, de fato, propriedade privada e o radialista deve lembrar-se de que não tem o direito de ali fazer o seu trabalho sem a devida permissão.

À medida que a pergunta que se quer formular se torna mais específica, o grupo no qual as entrevistas são realizadas pode ser considerado mais representativo. Pontos de vista sobre um determinado conflito trabalhista podem ser discutidos entre os piqueteiros no portão da fábrica; opiniões sobre um novo show devem ser procuradas entre o público na noite de estréia. É importante, na apresentação da enquete, que o ouvinte seja informado onde e quando ela foi feita. Não deve haver avaliação de amostras de entrevistas desconhecidas pelo ouvinte. Assim, a sentença introdutória — "Perguntamos aos próprios grevistas o que eles achavam" — pode ser enganosa e mais abrangente do que a realidade. Uma frase mais precisa seria: "Perguntamos a alguns grevistas reunidos no portão da fábrica nesta manhã o que eles achavam". É mais longa, mas a brevidade não é uma virtude quando sacrifica a precisão.

A formulação da pergunta

Decidida a inclusão de uma enquete no programa, o produtor, ou o repórter que trabalha para ele, deve escolher com cuidado as palavras a serem usadas. A pergunta vai ser feita a alguém pouco preparado e portanto precisa ser relativamente simples e clara. Como o objetivo é obter opiniões e não uma sucessão de respostas do tipo "sim/não", a pergunta deve ser cuidadosamente formulada. Todas as vezes se faz a mesma pergunta, ou do contrário as respostas não poderão ser editadas. Um exemplo de pergunta nesse contexto é: "O que você acha do...". Isso trará à tona uma opinião que, caso necessário, será seguida de outra pergunta por parte do entrevistador — por quê? — que acabará desaparecendo — no processo de edição.

Um exemplo

O que você acha da proposta de aumentar o tempo de escolaridade?

Parece bom, mas quem vai pagar por isso?
Acho uma boa idéia, vai manter os jovens longe de encrencas.
Não vai *me* trazer nenhum benefício, vai?
A curto prazo, é ruim, mas a longo prazo, é bom.
(Por quê?)
(Bem) vai causar uma enorme confusão no trabalho dos professores e nas aulas, e coisas desse tipo, mas no fim elevará o nível geral.
Não ouvi falar nada sobre isso.
O custo! — e isso significa aumentar impostos.
Não acho que vá fazer muita diferença.
(Por quê?)
Porque para aquelas crianças que querem sair e arrumar um emprego, será um desperdício e os mais inteligentes iriam ficar de qualquer jeito.
Acho uma besteira, há muita instrução e não tem emprego suficiente.

É importante que a pergunta seja formulada de modo a conter a questão sobre a qual uma opinião deve ser dada. Nesse exemplo faz-se referência à proposta de aumentar o tempo de escolaridade. As pessoas podem responder mesmo que não tenham ouvido falar dela. Isso é bem melhor do que perguntar: "O que você acha da nova política educacional do governo?".

Além de verificar opiniões, a enquete pode ser usada para discutir sugestões ou coletar fatos; mas quando a resposta inicial tende a ser curta, é essencial seguir adiante. Essa pergunta depois é cortada na edição. Por exemplo: Quem é o seu artista de TV favorito? A resposta é seguida pela pergunta: Por quê?. Outro exemplo: Quantas vezes você vai ao cinema? — e depois: Agora você vai menos do que costumava ir? — ou: E por quê?.

Sem dúvida, é verdade que quanto mais complexa e variada a pergunta, mais difícil será a edição subseqüente. O produtor da enquete deve lembrar-se de que não está conduzindo uma pesquisa de opinião ou colhendo dados, e sim fazendo algo interessante em termos de rádio, algo que faça sentido num contexto limitado. O segundo exemplo talvez seja útil ao permitir que o ouvinte compare a sua freqüência ao cinema com a de outras pessoas. Mas o produtor deve perguntar a si próprio se a sua intenção seria igualmente satisfeita, de uma forma mais simples, com a pergunta: "O que você acha do cinema nos dias de hoje?".

Uma característica da enquete é que a voz do entrevistador não aparece no resultado final. As respostas devem ser tais que possam ser colocadas em seqüência sem mais explicações para o ouvinte, e por isso a técnica se distingue de uma simples sucessão de entrevistas. Os diálogos não devem ser tão complexos que a contribuição do entrevistado não se mantenha por si só.

A escolha do lugar

Se as perguntas tiverem de ser feitas para um grupo específico, isso poderá determinar o lugar — nas docas, crianças saindo da escola, no aeroporto etc. Se o material tiver de ser colhido num âmbito geral, o lugar ou lugares escolhidos serão limitados por fatores técnicos, de modo a facilitar a edição numa etapa posterior. Isso tem relação com um nível baixo mas praticamente constante de ruído de fundo.

O ouvinte espera ouvir a realidade de fundo, portanto seria indesejável excluí-la de todo. Mas, basicamente, a transmissão consiste em fragmentos de conversa na forma de observações informais feitas num espaço público; e, nessas condições, é mais difícil obter uma inteligibilidade imediata do que no estúdio. Uma rua menos movimentada será mais silenciosa do que uma via principal; mas um tráfego constante é preferível a ruídos intermitentes. Por isso, o lugar da entrevista não deve ficar perto de ponto de ônibus, semáforos ou cruzamentos — o processo de edição torna-se invasivamente óbvio se os ônibus desaparecerem de repente e os caminhões chegarem não se sabe de onde. Da mesma forma, o lugar deve estar livre de qualquer som que tenha um padrão próprio, como música, anúncios dirigidos ao público ou as batidas de um relógio. Editar a fala para que ela faça sentido já é suficientemente difícil sem ter de considerar o efeito do corte do ruído de fundo. Um local só para pedestres ou um shopping costumam ser adequados; mas o produtor deve evitar voltar sempre ao mesmo lugar — uma das atrações da enquete, tanto em sua forma geral quanto individual, é sua variedade.

O gravador

O aparelho e seu microfone são testados antes de sair da base, e no local é feita uma nova verificação para garantir um nível de locução adequado em relação ao ruído de fundo. Uns dez segundos de ambientação geral devem ser gravados, proporcionando um fundo disponível para *fade in* e *fade out*. Daqui para a frente, o controle de nível de gravação não será alterado, caso contrário haverá variação no nível de ruído de fundo. Para manter o mesmo nível de fundo, é preferível usar uma máquina que tenha controle de gravação manual, em vez de automático. Qualquer AGC (controle de ganho automático), portanto, deve ser desligado. Diferentes volumes de locução são compensados pelo posicionamento do microfone em relação ao interlocutor; e é claro que a distância normal será bem menor do que no estúdio.

Para simplificar a edição, só as respostas reais precisam ser gravadas, e portanto máquinas que possam ser ligadas rapidamente e sem entraves levam uma considerável vantagem — alguns modelos podem continuar ligados, mas mantidos em modo "pausa" até serem necessários outra vez; outros são ligados por meio de um botão no microfone.

Abordando as pessoas

É normal que o repórter inexperiente se comporte com timidez em sua primeira enquete; mas são relativamente raros os casos de agressões contra radialistas. Talvez seja útil lembrar que o transeunte está sendo abordado sem o benefício de qualquer conhecimento prévio e provavelmente sente-se bem mais nervoso. A iniciativa, porém, cabe ao entrevistador, que precisa adotar uma técnica bem prática. Ele deve explicar de forma breve quem ele é e o que ele quer, fazer a pergunta e gravar a reação.

Em primeiro lugar, o repórter deve se tornar bem visível. Ele fica no meio da calçada com o gravador no ombro e o microfone na mão para que todos o vejam. O microfone poderá ter um emblema de identificação, pois assim o pedestre ao se aproximar já perceberá a situação, podendo evitá-la se quiser. Ninguém deverá, ou poderá, ser entrevistado contra a sua vontade. Qualquer colaborador em potencial que não esteja disposto a falar não deverá ser perseguido ou molestado de qualquer maneira. Assim, embora o entrevistador possa receber uma recusa ocasional, os colaboradores são apenas aqueles que concordarem em parar e falar.

Ao ver um possível entrevistado, o repórter se aproxima e diz cordialmente: "Bom dia. Sou da Rádio XYZ". Com isso, o transeunte ou continuará andando, alegando estar muito ocupado, ou irá parar, sentindo-se seguro ao ver o emblema de identificação da emissora. Ele poderá também estar interessado em estar no rádio. O repórter continua: "Posso perguntar o que você acha da proposta de proibir o tráfego no centro da cidade?", e aproxima o microfone a uns 30 centímetros do colaborador e liga o gravador. No capítulo sobre entrevistas, perguntas que começavam com "Posso perguntar" ou "Você pode me dizer" eram em geral desaprovadas por serem supérfluas; como a permissão para a entrevista já tinha sido dada, era uma perda de tempo. No contexto de uma enquete, esse preâmbulo é aceitável, uma vez que permite a cortesia da não-cooperação. Seja como for, a frase desaparecerá na edição.

A reação normal do "homem do povo" varia da total ignorância sobre o tema, passando pela risada constrangida e uma reflexão, até a resposta detalhada e apaixonada de alguém que conhece bem o assunto. Tudo isso pode ser útil, mas provavelmente haverá um desperdício de 50%. Se forem utilizadas dez respostas, deve-se gravar umas 20. Se a gravação final tiver por volta de dois minutos — e raramente uma enquete excederia esse tempo —, será preciso gravar um total de quatro ou cinco minutos de reposta. Com um gravador de rolo, é só olhar para o carretel e ver se já foi colhido material suficiente, quando então o entrevistador espera ter diversas opiniões e um argumento sólido.

Às vezes, um grupo de pessoas se reunirá em volta e começará a discutir. Isso poderá ser útil, embora inevitavelmente nem tudo será captado pelo microfone. Uma conversa em andamento será mais difícil de editar, portanto é preferível abordar um de cada vez. Com crianças, se obtêm em geral comentários mais reveladores se estiverem dentro de um grupo conversando entre si.

Seja qual for a resposta do indivíduo, o entrevistador permanece amigável e cordial. Obviamente este desejará dar uma boa impressão da emissora que representa, evitando desviar-se para discussões sobre o próprio tema, sobre as normas da emissora ou o programa da noite anterior. Ele agradece a cada colaborador o fato de ter parado e dado sua opinião, lembrando que eles é que lhe fizeram um favor.

Edição

Espontaneidade, variedade, intuição e humor — é o que caracteriza uma boa enquete. De volta ao estúdio, ouvindo o material, o primeiro passo é eliminar tudo o que não for totalmente inteligível. Isso deve ser feito logo de início, antes que os ouvidos do editor se acostumem ao som. É uma grande tentação incluir uma observação importante, por pior que esteja a gravação, baseando-se no fato de que se tornou inteligível após algumas reproduções em condições de estúdio! A rejeição do material que não for de boa qualidade técnica é o primeiro pré-requisito para evitar que a gravação se torne uma mistura confusa. Se houver dois gravadores disponíveis, a edição por *dubbing* em vez de corte costuma ser o método mais rápido de eliminar material indesejável e rearranjar o que restou na ordem desejada.

A utilização de um gravador de minidisco permite rearranjar as faixas gravadas sem o uso de qualquer outro equipamento. Assim é possível fazer alguma edição preliminar antes de voltar ao estúdio da base. Isso, porém, requer certos cuidados, pois, na pressa, é fácil apagar material que será usado. De fato, nessa etapa o melhor é não apagar nada, apenas trazer para o começo do disco as respostas utilizáveis. De volta à base, é feita a edição final após o *download* desse material para um computador. A gravação em fita cassete requer o *dubbing* antes da edição – seja em disco rígido, seja em fita de um quarto de polegada. Já a gravação de rolo para rolo (de um quarto de polegada) precisará de uma edição com cortes físicos, embora, de modo geral, a copiagem para uma segunda fita seja um método mais rápido quando se quer uma determinada ordem, com a remoção do material indesejado e o rearranjo do que restou.

A primeira amostra da enquete já concluída precisa ser uma resposta direta e clara à pergunta que aparecerá no material introdutório de sinalização. Os comentários subseqüentes são apresentados para contrastarem uns com os outros, seja nas opiniões expressas, seja no estilo. Vozes masculinas alternam-se com vozes femininas, de jovens com idosos, de sotaques locais com "estrangeiros", de prós e contras. A voz do entrevistador não é utilizada, exceto ocasionalmente para lembrar qual é a pergunta. O que se deve evitar é a repetição contínua. Às vezes as próprias respostas são semelhantes, caso em que se deve mostrar o suficiente para indicar consenso, sem se tornar maçante e repetitivo. Pode haver problema com respostas bem elaboradas mas longas, que provavelmente acabam distorcendo o formato da enquete se forem usadas na íntegra. Uma técnica admissível é cortá-las em duas ou três partes, colocando-as em separado no final da gravação.

O editor precisa de um bom comentário para terminar, e a natureza deste dependerá do tema, mas pode ser uma opinião expressa com determinação, uma observação engraçada, ou aquele tipo de verdade óbvia que geralmente vem das crianças. Não é difícil identificar bons comentários. O entrevistador, ao terminar de coletar seu material, geralmente sabe como terminará a enquete. O ruído de fundo que fica disponível é utilizado para separar respostas, com alguns segundos no começo e no final, como "*fade up*" e "*fade down*" sob a fala — muito melhor do que entrar de repente e cortar em pleno ar.

Não é necessário dizer que uma enquete concluída refletirá em grande parte as respostas do público. É claro que é possível para a edição eliminar todas as opiniões de determinada natureza, dando assim a impressão de que não existem. Um produtor poderá começar com a intenção deliberada de demonstrar a avassaladora popularidade de certas atitude públicas — supostamente as que concordam com as suas próprias. Esse tipo de manipulação, além de trair a confiança que o ouvinte depositou nele, em última análise é contraproducente. O ouvinte faz sua própria enquete todos os dias — ele saberá se a emissora é tendenciosa ao refletir a opinião pública. Provavelmente mais do que o radialista, o ouvinte conhece sua própria realidade ao ouvi-la.

Utilizada de modo adequado, a enquete representa mais uma cor na paleta do radialista. Proporciona um contraste com o material de estúdio e, ao refletir com precisão o que as pessoas estão dizendo, ajuda o ouvinte a se identificar com a emissora, aumentando assim a credibilidade desta.

13 Cartas dos ouvintes

O rádio não é em si mesmo um bom meio para estabelecer um verdadeiro contato interativo. Os ouvintes podem achar que o radialista entra na casa deles e talvez até tenham a impressão de que conhecem determinado apresentador. Na melhor das hipóteses, isso é uma companhia substituta e não uma autêntica interação pessoal. A relação radialista/ouvinte — ou talvez emissora/ouvinte — pode tornar-se mais real pela capacidade do radialista de responder à correspondência do ouvinte. Trata-se de uma questão de norma da emissora se determinado apresentador é ou não encorajado a dar um retorno aos ouvintes. Isso consome tempo e uma emissora muito ocupada pode não dispor de recursos para fazê-lo. Por outro lado, se um programa oferece ajuda, em especial com vistas a necessidades pessoais, então, como acontece com os telefonemas no ar, deverá claramente honrar sua promessa atendendo a esses pedidos, que poderão chegar por fax ou e-mail.

A correspondência que chega à emissora pode ser classificada sob dois tópicos gerais — cartas para serem utilizadas no ar e aquelas cuja resposta deverá ir pelo correio.

Leitura no ar

Essa categoria inclui reclamações, pedidos de música e dedicatórias, respostas a concursos ou cartas escritas diretamente para a "caixa postal" de um programa; qualquer coisa destinada à divulgação, isto é, para ser lida no ar. Em termos gerais, oferecem orientação para o público ou pedem ajuda para um problema pessoal. Cartas desse tipo podem ser um recurso útil para programadores — pois costumam levantar questões de interesse e fazer comentários importantes, podendo fornecer conteúdo para um programa temático. Essas cartas podem ser:

1) Lidas pelo apresentador, que também as responderá.
2) Lidas por vozes masculinas ou femininas e depois respondidas pelo apresentador.
3) Lidas pelo apresentador, que depois entrevista um especialista ou lança uma discussão sobre o assunto.
4 Cartas sobre temas semelhantes ou correlatos agrupadas para serem respondidas em seguida.
5) Uma carta dramatizada como esboço para ilustrar uma questão que está sendo apresentada, seguida de uma resposta pelo apresentador, entrevistado ou por um debate.
6) Carta lida pelo apresentador que, sem responder, abre a discussão para o público, convidando os ouvintes a responderem.

O produtor poderá fazer as seguintes considerações para chegar ao formato mais apropriado:

- Para maximizar o envolvimento do ouvinte, várias cartas deverão ser utilizadas num único programa.
- Uma carta longa poderá não ser lida na íntegra, mas apenas trechos que reflitam com precisão o que o autor está dizendo.
- Uma carta com muitas perguntas não deverá monopolizar um programa, mas ser utilizada em partes, talvez em vários programas.
- Para dar variedade de ritmo e voz, um programa poderá usar mais de uma das formas de respostas indicadas anteriormente.
- Evite ler no ar o endereço completo ou fornecer qualquer informação que possa pôr em perigo o autor da carta (ver pp. 136-7).

É importante que o apresentador do programa não leia ou responda às cartas de maneira paternalista, mas como o faria a um prezado amigo. Radialistas não são oniscientes nem infalíveis, e devem sempre distinguir entre uma resposta factual, a melhor orientação e uma opinião pessoal. Algumas fontes de referência básicas e essenciais — livros, bancos de dados, especialistas disponíveis etc. — fornecerão respostas para questões como, por que a torre de Pisa é inclinada? Ou, como remover manchas de sangue da roupa? Mas é um caso completamente diferente responder a perguntas sobre como investir o seu dinheiro, a cura para a catarata, as causas do aumento da taxa de criminalidade, ou por que um Deus amoroso permite o sofrimento. Sem ser superficial ou leviano, é possível, no entanto, que uma tal carta desperte o interesse e abra uma discussão útil, ou que o apresentador dê uma resposta com base em informações e reflexões:

> "Considerando todos os aspectos, eu diria que..."
> ou "Se você está pedindo a minha opinião pessoal, eu diria... mas diga o que você acha".

A pesquisa pode ter revelado uma citação ou um texto sobre o assunto, cujo crédito sempre deve ser mencionado. Outras frases úteis são:

> "Os especialistas parecem concordar que..."
> "Na verdade ninguém sabe, mas...".

As pessoas escrevem para as emissoras de rádio para tornar pública determinada questão, ou para receber uma resposta imbuída de autoridade. Uma carta não é apenas um combustível para o programa, mas merece o mesmo nível de consideração dado pelo remetente. Isso se torna ainda mais importante no caso de transmissões de ondas curtas ou a longa distância.

Correspondência fora do ar

Correspondências que não se destinam à transmissão incluem pedidos dos ouvintes ou folhetos de anúncios, *scripts*, informação sobre programas e sugestões compra de mercadorias e acompanhamentos que vão desde uma orientação específica até aconselhamento pastoral e pessoal. Boa parte desse material pode ser trabalhada por meio de respostas padrão — talvez com alguns detalhes a serem preenchidos — ou por folhetos, livretos informativos, e assim por diante. É a resposta individual que consome tempo e torna-se um verdadeiro problema.

As reclamações exigem atenção especial. É tentador para uma emissora muito atarefada desconsiderá-las, e é preciso dizer que muitas provavelmente parecem insensatas, resultando de uma opinião radical ou limitada. Mas para não demonstrar indiferença em relação a possíveis erros apontados pelo ouvinte, essas cartas merecem uma resposta imediata, considerando-se o nível apropriado — apresentador do programa ou produtor, diretor do programa ou diretor sênior. Se tiverem fundamento, faz-se a correção. Se a questão for séria e a emissora estiver realmente errada, deverá desculpar-se no ar, no mesmo horário da transmissão que causou a ofensa. O público merece o mais alto padrão de comunicação e, feita de maneira adequada, uma correção por carta ou no ar pode elevar a reputação não só no que diz respeito à verdade, mas também quanto ao respeito pelo ouvinte. Ver também pp. 210-1.

É mais comum, porém, receber cartas com perguntas ou que buscam esclarecimentos sobre algo que foi dito — ou que desejam aprofundar o debate. Isso coloca uma outra questão — o radialista é responsável por questões que o programa tenha despertado na mente do ouvinte? Uma emissora pequena talvez tenha de ignorar esse tipo de correspondência — a qual representa um desperdício de recurso que não gera nada que possa ir ao ar. Além do mais, o apresentador pode alegar que a opinião do ouvinte, mesmo após um programa polêmico, não é da sua conta, e que uma vez terminado o programa, encerra-se o assunto. Questões filosóficas, políticas ou teológicas estão fora de sua competência.

Por outro lado, a emissora pode procurar desenvolver uma relação ativa com seus ouvintes mediante um acompanhamento posterior. Em geral, isso é feito não pelos apresentadores do programa ou pelo produtor individualmente, mas por uma outra equipe — um departamento especial ou voluntários intimamente ligados ao programa. Esse tipo de serviço de apoio é extremamente útil em caso de programas educacionais e religiosos, em que os ouvintes podem precisar de ajuda direta e pessoal — talvez tentando aprender uma língua, lidando com uma perda ou enfrentando o desemprego. Os membros da equipe de atendimento precisarão ser sensíveis a diferenças culturais que possam existir entre eles próprios e seus correspondentes. Serão pessoas selecionadas em áreas especializadas, mas que em pouco tempo acabarão desenvolvendo habilidade nessa forma singular de "aprendizado pessoal a distância". Um banco de dados informatizado possibilita à emissora acompanhar a correspondência e talvez antecipar futuras perguntas.

Outro método é colocar o ouvinte em contato com um monitor de uma faculdade, biblioteca, igreja, grupo de auto-ajuda ou qualquer outro órgão existente na localidade. Assim pode-se acompanhar cada pergunta.

Estas são maneiras de uma emissora ampliar seus serviços ao público, o que não pode ser feito apenas pela comunicação radiofônica. Mas não são tarefas fáceis, pois exigem considerável tempo, dinheiro e esforço. Requer, portanto, o apoio de uma política de gerenciamento que entenda e valorize essa forma adicional de contato com o ouvinte.

14 Programação musical

Preencher as horas de programação com música gravada é uma característica universal das emissoras de rádio do mundo inteiro. Isso não causa nenhuma surpresa, tendo em vista as vantagens que os discos trazem para o radialista: representam um material disponível de imediato e inesgotável, de alta qualidade, enorme variedade, relativamente barato, fácil de usar e agradável de ouvir. Antes de examinarmos em detalhes alguns dos possíveis formatos e o que é preciso para um programa fazer sucesso, há três premissas importantes a serem consideradas.

Em primeiro lugar, os direitos autorais. Praticamente todos os CDs, cassetes e discos trazem uma etiqueta com a inscrição: "todos os direitos de produção e propriedade da obra gravada estão reservados. Proibida a execução, transmissão e cópia pública não-autorizada desta gravação". Isso é para proteger, separadamente, os direitos do compositor, do editor, dos artistas e da gravadora que, juntos, possibilitaram a elaboração do disco. Em geral, a declaração tem amparo legal — na Grã-Bretanha, é a Lei de Direitos Autorais e Patentes de 1988. Obviamente seria injusto para os autores se não houvesse nenhuma sanção legal contra a cópia de seus trabalhos por parte de terceiros e a subseqüente comercialização por um outro selo. Da mesma maneira, radialistas que em parte ganham a vida gravando o trabalho de artistas e outros profissionais devem assegurar o devido pagamento pelo uso que fazem dessas gravações. Como parte de um acordo "coletivo" autorizando a transmissão, a maioria das emissoras tem de dar algum tipo de retorno às sociedades que representam editores musicais e gravadoras, indicando o que foi tocado. Na Grã-Bretanha, são elas, respectivamente, a Performing Right Society (PRS) e a Phonographic Performance Ltd. (PPL). É responsabilidade do produtor providenciar para que esse sistema seja cuidadosamente seguido.

Em segundo lugar, é preciso dizer que ao utilizar discos, os radialistas tendem a esquecer seu compromisso com a música "ao vivo". Quaisquer que sejam as limitações de uma determinada emissora, algumas tentativas devem ser feitas para incentivar os músicos, dando-lhes oportunidades de transmissão. Muitos artistas devem seu primeiro incentivo ao rádio, e por isso a radiodifusão deve ser vista como parte do processo que possibilita o surgimento de bons músicos. Depois de terem atingido o auge, esses artistas poderão se ver diante dos novos desafios que o rádio apresenta.

Em terceiro, o material de primeira qualidade merece o melhor tratamento. É fácil ver um disco como um pedaço de plástico, mas, no ar, pode estar em jogo a reputação de alguém. A técnica operacional básica deve ser impecável — níveis, precisão nos *talk-overs*, *fades* etc. O mais importante é que a música seja tratada respeitando o seu fraseado.

Posturas em relação à música

A música, como a locução, vem em sentenças e parágrafos. Não faria sentido terminar uma fala que não fosse ao fim de uma sentença, e igualmente é errado fazer *fade* de modo arbitrário num número musical. Sua produção exigiu bastante trabalho e não se deve tratá-la como se fosse água que sai da torneira, fechando-a e abrindo-a à vontade — a não ser que o radialista esteja preparado para aceitar a degradação da música num mero material plástico usado para preencher os vazios. O bom operador, portanto, desenvolverá um "ouvido" para os pontos de *fade*. O *talk-over* — um aviso cronometrado com precisão que se encaixa exatamente na introdução de uma canção — é um exemplo satisfatório da atenção que se dá a esse detalhe. A música tratada *com respeito ao seu fraseado* proporciona a todos um prazer auditivo.

O apresentador deve aceitar a responsabilidade quando música e voz são mixadas por uma unidade automática de *voice-over* ou "*ducker*", de modo que toda vez que ele fala a música é lançada como pano de fundo. Isso é útil em determinados programas de DJ, de ritmo acelerado. Mas utilizar a música como um vedante semilíquido de aplicação universal parece significar que o programa possui falhas que precisam ser freneticamente preenchidas.

A postura do radialista em relação à música carateriza-se em geral pelo seu cuidado no tratamento de CDs, fitas cassete e discos de vinil. Todo esse cuidado vale a pena. Isso inclui um sistema de catalogação atualizado e um esquema apropriado para retiradas e devoluções, evitando assim que sejam deixados em qualquer lugar no estúdio ou nas salas de produção. Muitos radialistas que executam músicas profissionalmente possuem em casa equipamento estéreo com o qual tomam meticuloso cuidado — nem sonhariam em tocar a superfície de um disco com os dedos.

CDs virgens para gravação podem armazenar uma grande quantidade de material em suas 99 trilhas, desde *jingles* comerciais e da própria emissora até identificações individuais do apresentador e inserções no programa. CDs de compilação podem ser montados para juntar as faixas musicais mais usadas do momento, além de serem uma excelente mídia para arquivos da emissora.

As áreas que agora discutiremos detalhadamente são: formatos musicais, pedidos e dedicatórias, programas de convidados e programas de DJs.

Formato relógio

Projetar a programação musical num mostrador de relógio que indica um período de uma hora traz várias vantagens: permite ao produtor/apresentador ver o equilíbrio entre música e locução, tipos de música e a distribuição dos comerciais; ajuda bastante a manter a coerência quando outro apresentador assume o comando; e permite mudanças de formato com um mínimo de ruptura. Esse é um método conveniente, não importando a duração do programa. O relógio proporciona uma sólida estrutura a partir da qual o apresentador pode fazer variações e retomar novamente a forma anterior com a mesma facilidade. Impõe uma disciplina mas permite liberdade.

Começando com o público, o produtor faz as seguintes perguntas: Quem eu quero atrair? Meu programa é para uma faixa etária ou grupo demográfico específico?. Isso obviamente afetará o tipo de música a ser escolhido. Uma regra sensata supõe que o gosto musical de muitas pessoas foi formado durante a adolescência. Por exemplo, ouvintes na faixa dos quarenta provavelmente apreciam sucessos de 25 anos atrás. É claro que há muitas categorias de música que possuem seu próprio formato específico ou podem contribuir para um programa de interesse mais amplo. Cuidado, porém, para não criar um contraste muito grande — o resultado poderá não agradar a ninguém. As categorias básicas, que podem conter suas próprias subdivisões, são as seguintes:

- As mais ouvidas
- Rock progressivo
- Soul/funk
- Rhythm and blues
- Disco
- Música contemporânea para adultos
- Sucessos dos últimos 25 anos
- Discos de ouro
- Jazz
- Folk
- Country
- Latina
- Pop
- Clássica suave, orquestral — opereta
- Clássica sinfônica — ópera etc.

Tendo estabelecido a categoria, há infinitas combinações de andamento e som com as quais se pode atingir a variedade essencial numa dada coerência:

- som — banda de rock, barulhento/suave, *heavy metal*, sintetizado.
- andamento — lento, médio, med./animado, ligeiro;
- vocal — masculino, feminino, dueto, grupo, revelação, famoso;
- época — década de: 20, 30, 40, 50, 60...;
- conjunto — big band, cordas, banda militar, metais, orquestral, coral.

Programas longos não precisam ser elaborados de modo a apresentar um começo e um final enfáticos; o apresentador deve ter a capacidade de proporcionar ao ouvinte um programa agradável o tempo todo. O show matinal e os programas em *drive-time* provavelmente são ouvidos por muitas pessoas num período rela-

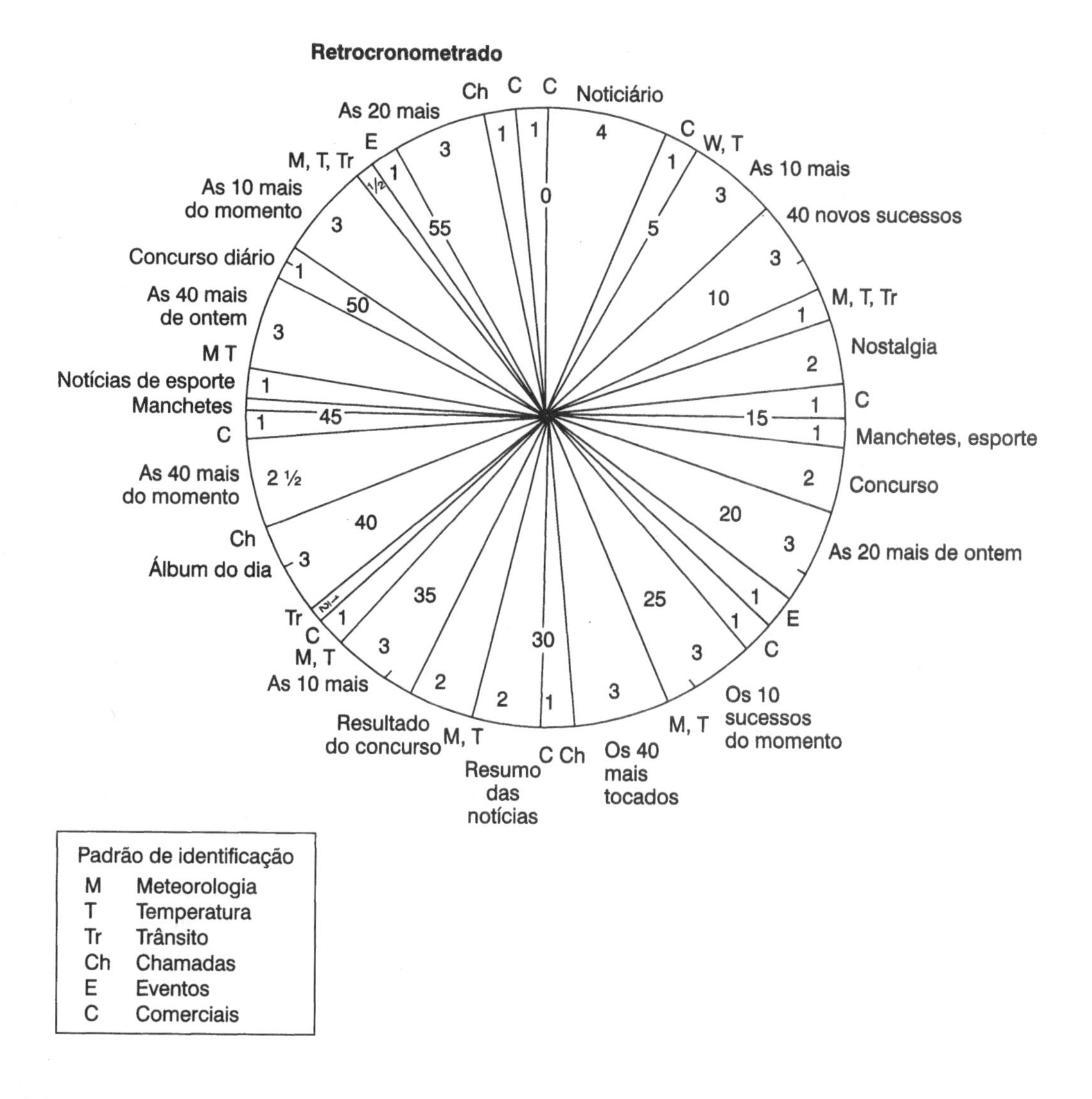

Fig. 14.1. O formato relógio ilustrando o conceito de um programa matinal com base em:

- Notícias no início do programa, um resumo na metade, manchetes a cada 15 minutos.
- Oito minutos de propaganda durante o programa, com noticiário adjacente.
- Coeficiente música/locução de aproximadamente 60:40.
- Geralmente música pop com sucessos atuais, as 40 mais de ontem, nome do artista e faixas do passado.
- A locução inclui informações atuais, notícias esportivas, concursos "breves" e competições diárias.

tivamente curto, talvez de 20-30 minutos. As transmissões vespertinas por sua vez deverão ter uma audiência mais longa. O produtor se esforça para atender às necessidades do seu público — assim, as duas questões principais são: o esquema contém os elementos essenciais no período normal estimado de audiência? Contém a variedade necessária num período de tempo maior?

A prática nas emissoras indica as seguintes regras básicas:

- Saia dos noticiários para um som apenas instrumental e de andamento ligeiro. Você precisa retomar o ritmo da música e evitar qualquer sobreposição entre narração noticiosa e letra de música.
- Ao programar uma música nova ou desconhecida, coloque canções de sucesso ou material conhecido antes e depois.
- Distribua de maneira uniforme matérias de diferentes tipos.
- Misture matéria de diferentes durações, evitando juntar mais de duas matérias de duração semelhante.
- Ocasionalmente, interrompa a seqüência locução-música-locução e toque um disco atrás do outro, ou seja, passe de uma música para a outra sem interrupção, com ou sem *talk-over*.
- Matérias regulares em horários regulares.

Seleção informatizada

Muitas emissoras regulam a utilização das músicas de maneira totalmente sistemática, por exemplo, para evitar que as mesmas faixas sejam usadas em programas em horários adjacentes. Entrando com os títulos das músicas, o computador pode ser programado para fornecer a combinação certa de estilos, artistas, compositores etc., que aparecerão na freqüência desejada. A escala fica então nas mãos do programador que decide sobre a alternância, a freqüência em que uma faixa será tocada num dado período, o tipo de música e qual a duração apropriada para diferentes horas do dia. O computador registra um histórico da música tocada, não só indicando quando ela voltará a ser apresentada, mas servindo como fonte para responder às perguntas do ouvinte.

Um sistema informatizado é usado para gerar uma lista semanal obrigatória para os apresentadores que não escolhem suas músicas. Menos restritivo é o roteiro de execução. Nesse caso, os apresentadores selecionam dada porcentagem de seu próprio programa a partir do material que lhes é fornecido; o restante, eles próprios escolhem. As normas da emissora invariavelmente determinam até que ponto vai a liberdade do indivíduo em termos de seleção musical.

Pedidos e dedicatórias

Ao apresentar um programa de pedidos musicais, é fácil esquecer que o objetivo tem a ver com a *radiodifusão*. Há uma tendência em pensar só naqueles que escreveram e fizeram seus pedidos, e não no público de um modo geral. Até que a abordagem básica seja esclarecida, é impossível responder às questões práticas que o produtor enfrentará. Por exemplo, até que ponto o mesmo disco deve ser tocado em programas sucessivos porque outra pessoa também fez o mesmo pedido? Há justificativa suficiente para se ler uma longa lista de nomes apenas porque isso é o que aparece no pedido? Embora a base do programa dependa obviamente da iniciativa individual do ouvinte que pede que uma música seja tocada, o radialista tem uma responsabilidade perante todos os ouvintes, não menor em relação à grande maioria que não escreve. Os objetivos do programa podem assim ser sintetizados:

1) Entreter o público em geral.
2) Proporcionar um prazer especial àqueles que se deram ao trabalho de enviar um pedido.
3) Promover um clima amigável com a participação do público.

Quando o apresentador define sua própria pauta, o programa passa a ter uma personalidade. Ele poderá intervir apenas em pedidos relacionados a datas de nascimento, casamentos ou aniversários de casamento, ou talvez insista para que cada pedido seja acompanhado de uma história pessoal, uma piada ou lembranças ligadas à música solicitada. Referências à nostalgia de outras pessoas enriquece o programa como entretenimento. É importante que o apresentador seja coerente e o estilo não se sobreponha ao conteúdo. A intenção declarada do programa é tocar música, e portanto é a música, e não a locução, o ingrediente principal.

Outra variação é permitir a inclusão de dedicatórias além dos pedidos, isto é, cartas não relacionadas a determinada música, mas que podem estar associadas a qualquer item já incluído no programa. Ao encorajar cartas "abertas" desse tipo, o programa será capaz de divulgar mais nomes e assim os ouvintes terão mais chances de ser mencionados.

Depois de decididos a natureza e o formato do programa, há elementos essenciais que compõem sua preparação.

A escolha das músicas

Com músicas variando entre dois minutos e meio a quatro minutos, haverá umas oito ou nove faixas em cada meia hora de transmissão sem propaganda. Isso permite cerca de um minuto de introdução, assinaturas musicais etc. Dado o volume de cartas recebido, logo torna-se claro até que ponto os pedidos efetivos podem ser atendidos. A proporção dos que podem ser atendidos é pequena, e supondo que o total exceda a capacidade de tocá-las, é necessário um processo de seleção.

Os critérios de seleção incluem o desejo do apresentador de oferecer a todos um programa atraente, com uma variedade de músicas coerente com a orientação do programa. Este poderá limitar-se às 40 Mais do Momento, à música pop ou restringir-se especificamente a uma área; por exemplo, o *gospel*. Por outro lado, a escolha poderia ser bem mais ampla, incluindo estilos populares, música clássica suave ou trechos de obras sinfônicas. O ouvinte que irá fazer o pedido deverá saber que tipo de música é oferecido por determinado programa.

Outro princípio de seleção é escolher pedidos que provavelmente servirão às observações do apresentador, ou que ajudarão numa introdução interessante, num evento importante ou pouco comum, numa observação divertida ou numa referência local ou atual. É possível combinar pedidos usando comentários de várias cartas a fim de apresentar uma única música. O perigo aqui é envolver-se com listas de nomes que poderão encantar os que gostam de ser mencionados no ar, e ao mesmo tempo aborrecer o ouvinte em geral. É, no entanto, um bom método para citar nomes, ao mesmo tempo que se evita determinada escolha, seja porque fazê-lo seria repetitivo, seja por não combinar com o programa — ou então, é claro, porque a emissora não tem o disco.

Ordem de apresentação

Depois de selecionadas as músicas, vem a decisão sobre a seqüência, que não deve ser aleatória, pois há diretrizes bem definidas para a elaboração de um programa atraente. "Comece cheio de vida, termine com energia" é um velho ditado das salas de espetáculo que se aplica ao nosso caso. Uma "abertura" harmoniosa ou rítmica, bastante conhecida e de andamento ligeiro, e com uma breve fala de introdução, proporcionará um bom começo com o qual o ouvinte em geral poderá identificar-se. Em seguida, um número musical mais lento, e daí em diante procura-se fazer vários tipos de contrastes : vocal/não-vocal, vocal feminino/vocal masculino, vocal em grupo/solo, instrumental/orquestral, ligeira/lenta, conhecida/desconhecida, e assim por diante. As músicas mais populares seriam distribuídas ao longo de todo o programa, limitando-se o uso de material totalmente novo. É preciso ter cuidado com a colocação das músicas lentas, que devem ser seguidas de algo mais alegre. É claro que a ordem de execução afeta todos os programas musicais, sejam ou não baseados no uso de discos.

Retrocronometragem

O último número musical poderá ser algo que proporcione um "grande final", e seria adequada uma música sem vocal, o que permitiria um *fade-in* enquanto o apresentador entra com a fala. Esta deve terminar cerca de um minuto antes do encerramento do programa, deixando espaço para as últimas informações e para a assinatura musical. A retrocronometragem é o recurso mais comum para garantir que programas musicais com discos transcorram no horário. A assinatura musical de encerramento quase certamente será *retrocronometrada.*

Do mesmo modo, especialmente em programas longos, as matérias poderão ser submetidas a essa técnica, criando assim pontos fixos e evitando a perda de controle do tempo.

Preparando as cartas

As cartas dos ouvintes que chegam à emissora nem sempre são legíveis, não podendo ser usadas no estúdio sem algum tipo de preparação. Alguns transcreverão as informações básicas para assegurar maior clareza, enquanto outros preferem trabalhar diretamente com as cartas originais. É importante que nomes e endereços estejam legíveis para que o apresentador não fique constantemente gaguejando ou dando a impressão de que decifrar a caligrafia de seus ouvintes é um problema insuperável. Na verdade, talvez seja esse o caso, mas uma pequena preparação evitará ofender de modo desnecessário as pessoas que se deram ao trabalho de escrever, e das quais o programa depende. Deve-se tomar o devido cuidado com as informações pessoais, tais como nome e idade. Desnecessário dizer que precisam ser corretamente pronunciados, o que também se aplica a ruas, bairros, hospitais, distritos, escolas e igrejas, caso em que uma pronúncia incorreta — mesmo que seja causada por uma caligrafia ilegível — imediatamente qualifica o apresentador como "alguém de fora", dificultando a identificação do ouvinte. Esses erros de pronúncia devem ser seriamente evitados, em especial nas emissoras comunitárias. É essencial, portanto, que se consultem listas telefônicas, mapas ou guias locais.

A leitura prévia das cartas permite ao apresentador identificar datas, como aniversários de casamento, que até o momento da transmissão já terão passado. Isso poderá ser objeto de devidas desculpas e de uma mensagem de parabéns, ou então omite-se o pedido. O que não pode acontecer é o apresentador perceber no ar que o evento antecipado pelo ouvinte já passou. Não apenas soa falta de profissionalismo, mas dá a impressão de que o apresentador na verdade não

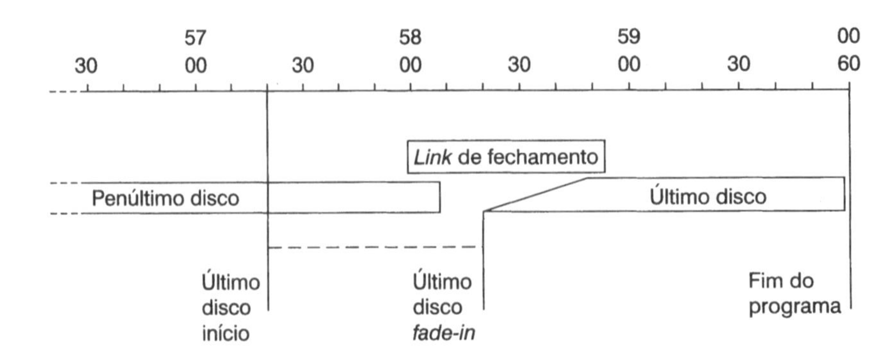

Figura 14.2. Retrocronometragem. Esse é o método mais utilizado para assegurar o encerramento dos programas no tempo certo. Neste exemplo, o último disco tem 2'40' de duração. Começou, portanto, aos 57'20', mas o *fade-up* só ocorre quando termina o *link* de fechamento. Continua então por mais 1'10', encerrando o programa no horário correto.

sabe do que está falando e, pior ainda, não se importa. Qualquer coisa que dificulte a comunicação entre ouvinte e apresentador depreciará o programa.

Para acomodar mais pedidos e dedicatórias, as cartas poderão ser agrupadas segundo a música solicitada. Esta não precisa ser exatamente a que foi requisitada, contanto que o apresentador deixe bem claro o que está fazendo. O número musical escolhido deve, no entanto, ser semelhante ao que foi solicitado; por exemplo, do mesmo artista.

Essa preparação do material falado é uma importante contribuição à familiaridade do apresentador com o conteúdo do programa. Embora sua intenção possa ser aparentar uma fala informal, questões como pronúncia, precisão das informações, pertinência do conteúdo e cronometragem precisam de cuidados prévios. O segredo é fazer tudo isso e ainda soar como algo novo "ao vivo", improvisado. O apresentador experiente sabe, porém, que mesmo o mais espontâneo contém algo planejado.

Técnica de programação

Uma vez no ar, cada apresentador deve encontrar o seu próprio estilo e ser coerente com ele. Nenhuma pessoa e nenhum programa conseguem atrair a todos, mas mantendo uma abordagem coerente pode-se reunir um público fiel. Vale a pena mencionar algumas técnicas gerais.

Nunca sobreponha sua fala a um vocal. Com a devida preparação, geralmente é agradável fazer um *talk-over* na introdução não-vocal de um disco. Mas falar em cima da voz de um cantor pode confundir, e para o ouvinte não soará muito diferente de uma interferência de outra emissora.

Evite insinuar *críticas sobre a escolha do ouvinte*. As faixas a serem tocadas podem não coincidir com o seu gosto, mas representam a intenção do radialista de encorajar a participação do público. Se um pedido for inadequado, é melhor deixar de lado.

Não toque menos de um minuto do pedido de alguém, ou o ouvinte se sentirá enganado. Se o tempo do programa estiver se esgotando, é melhor deixar de apresentar uma música do que comprimi-la. Se o último número musical, ou a assinatura musical de encerramento, ou ambos, estiverem "retrocronometrados", a duração do programa automaticamente estará controlada.

Se ao agrupar os pedidos houver vários nomes e endereços para um único disco, evite transmitir essa informação *como se estivesse fazendo uma chamada*. Divida a lista e intercale nomes e outras observações.

Desenvolva o hábito de falar *alternadamente* com o *ouvinte em geral* e com o *ouvinte específico* que solicitou a música. Por exemplo:

> Eis aqui uma carta de alguém que está prestes a comemorar 50 anos de casamento — é o que diz aqui a sra. Jane Smith, moradora da rua Highfield, em Mapperley. Parabéns à sra. Smith, que gostaria de dedicar com todo amor esta música a seu marido, John. Um exemplo para todos nós — e parabéns também ao sr. John. Vamos ouvir agora um dos maiores sucessos da década de 30...

Evite observações que, combinadas com o endereço, possam trazer algum tipo de *risco para o indivíduo*.

> "Aqui está escrito para não tocar antes das seis porque não há ninguém em casa até esse horário."
> "Ela diz que mora sozinha, mas não ouve muito bem."
> "Por favor, toque a música andes do domingo porque depois sairemos de férias."
> "Ele diz que seu *hobby* predileto é colecionar selos raros."

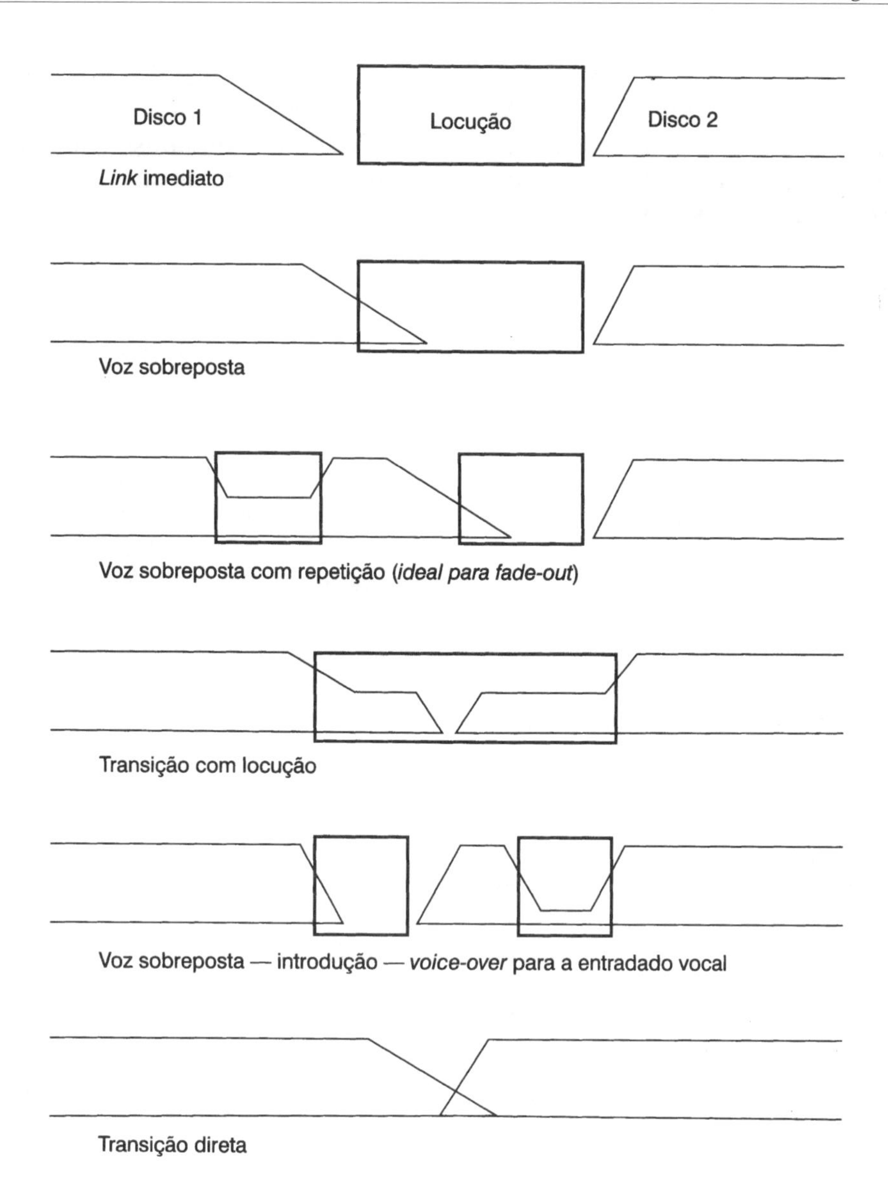

Fig. 14.3. **Seis maneiras de se passar de uma música para a outra, com ou sem um *link* de locução. O uso de vários métodos diferentes ajuda a manter a variedade e o interesse pelo programa.**

Para reduzir esses riscos, alguns apresentadores omitem detalhes sobre a casa, referindo-se apenas à rua e à cidade. No entanto, é possível descobrir o número de uma casa consultando a lista telefônica ou guias residenciais. Os radialistas devem sempre estar alerta para o uso ilegal de informações pessoais.

É uma boa precaução guardar as cartas usadas num programa pelo menos até uma semana após a transmissão para poder a atender alguma indagação que venha em seguida.

Programas de convidados

Neste caso, o apresentador convida uma personalidade famosa e é ela quem escolhe as músicas a serem tocadas. Obviamente, é sempre uma atração ouvir artistas falando sobre música, mas também é muito interessante focalizar dessa forma a vida de políticos, esportistas e homens de negócios.

As decisões da produção geralmente giram em torno da proporção entre música e locução. O programa, na verdade, é uma justificativa para tocar uma ampla variedade de gravações ou trata-se principalmente de uma conversa com o convidado, mas com algumas músicas? É fácil irritar o ouvinte interrompendo um diálogo interessante sem um motivo melhor do que tocar um interlúdio musical; até mesmo um pequeno trecho de uma sinfonia de Beethoven pode não ser satisfatório. O apresentador, combinando entrevista e música, deve assegurar uma coerência que impeça o programa de parecer "fragmentado". Embora talvez seja necessário chegar a um meio-termo, a resposta poderia ser concentrar-se na música quando o convidado tiver de fato interesse musical e aumentar o conteúdo da locução quando não for este o caso, utilizando menos inserções musicais, mas talvez um pouco mais longas.

Mais uma vez, a solução está na identificação prévia do objetivo do programa conforme seu público-alvo.

Programas de DJs

O *disc jockey* de rádio desafia qualquer classificação detalhada. Sua tarefa é ser singular, encontrar e estabelecer uma fórmula que seja diferente da dos outros DJs. O conteúdo musical pode variar pouco entre dois programas concorrentes; portanto, para criar uma preferência a atração deve estar no modo como é apresentado. Se for um sucesso, a personalidade do DJ e o estilo do programa devem não só estabelecer um contato com o ouvinte individualmente, mas em si mesmos constituírem a razão essencial da atenção deste último. O estilo pode ser elegante ou simples, estridente ou contido, mas o apresentador tem de ter coerência e a técnica operacional tem de ser de primeira qualidade.

Aplicam-se aqui as mesmas regras de seleção e seqüência musical já citadas. As músicas devem ser suficientemente variadas e equilibradas dentro de seus próprios termos de referência para manter o interesse e formar um todo atraente. Mesmo um programa de formatação limitada, do tipo As 40 Mais, permite todo tipo de tratamento criativo. Um dos segredos é estar absolutamente seguro quanto ao público-alvo. As 40 Mais para a faixa etária de 20-30 anos é radicalmente diferente de Música Contemporânea para Adultos — de 25 a 40 anos. E também diferente de Nostalgia, para quem tem mais de 40. A abordagem pessoal em programas dessa natureza difere bastante, e em princípio podemos distinguir três tipos de DJs.

O DJ discreto

Aqui a música é o mais importante e o apresentador tem pouco a dizer. Seu papel é não interferir. O objetivo do programa pode ser proporcionar ao ouvinte música de fundo, e tudo que se exige é, vez ou outra, a identificação da emissora ou a hora certa. No caso de um programa de música clássica, a razão locução/música obviamente deve ser baixa. O ouvinte ficará facilmente irritado com o apresentador que tenta roubar o show de Berlioz e Bach. O DJ discreto tem de ser tão cuidadoso com o que fala quanto os seus colegas mais tagarelas.

O DJ especialista

Especialistas em determinada área musical podem tornar-se excelentes apresentadores. Eles ilustram o programa com histórias sobre os artistas e as sessões de gravação, além de comentários comparando apresentações e críticas sobre a própria música. Gêneros como jazz, rock, ópera e folk se prestam a esse tipo de tratamento. Em geral analítica em sua abordagem, a tarefa do DJ é revelar o interesse humano inerente a todas as músicas. Obviamente o ouvinte apreciará as gravações tocadas, mas metade do valor do programa vem dos comentários especializados, possivelmente polêmicos, de alguém que entende do assunto.

O DJ personalista

Este é o tipo mais comum de DJ. Ele deve fazer mais do que apenas tocar faixas de discos entremeadas por alguns improvisos. Por mais conhecida que seja a música, essa forma de apresentação logo enjoa. O DJ tem de comunicar sua própria personalidade, criando um clima de amizade com o público. Ele nunca constrange o ouvinte, seja por incompetência, seja por mau gosto — sua tarefa é entreter. E para fazê-lo da maneira adequada, é preciso dois tipos de preparação.

A primeira é decidir o que dizer e quando. Isso significa ouvir pelo menos algumas gravações de antemão para determinar qual o momento apropriado para responder às palavras de uma canção, fazer uma observação engraçada ou qualquer outro comentário, apresentar a carta de um ouvinte, formular uma pergunta ou atender a uma ligação. O bate-papo entre as músicas deve ser elaborado com antecedência, para não soar prosaico, tornando-se apenas uma conversa fiada repetitiva. Toda fala transmitida precisa ter substância, com variedade e conteúdo interessante. Isso não significa excluir inteiramente as vantagens da ação espontânea e do improviso. O DJ que opera seu próprio programa, com ou sem produtor, em geral é capaz de criar o entretenimento necessário à medida que conduz seu trabalho. Sem dúvida, esse profissional terá um desempenho ainda melhor com uma certa preparação.

O programa também poderá apresentar identificações, informações sobre o tempo e o trânsito, comerciais, hora certa, chamadas para outros programas e notícias. Se tiver muitas matérias, será mais bem descrito como uma seqüência e não um programa de DJ. Falaremos mais sobre isso no próximo capítulo. Mas nenhum apresentador deverá se sentir perdido quanto ao que fazer em seguida. Ele precisa saber de antemão o que quer dizer e estar constantemente reabastecendo seu estoque de casos para contar. Sempre que possível, essas histórias deveriam ser extraídas de sua própria observação do dia-a-dia. Certamente, para o DJ da rádio local, quanto mais ele conseguir estabelecer uma comunicação com sua região, mais seus ouvintes se identificarão com ele. A preparação das falas do programa também inclui a cronometragem de *talkovers* e qualquer tipo de pesquisa.

Quando um DJ é criticado por falar demais, em geral isso significa que ele não é suficientemente interessante, ou seja, há muitas palavras para o que ele deve transmitir. É possível corrigir esse problema falando menos, assim como a crítica desaparecerá se a mesma quantidade de locução for usada para veicular menos conversa fiada e mais substância. Muito do que é dito pode ser trivial, mas deverá parecer importante para o ouvinte pela sua pertinência. Portanto, fale sobre coisas relacionadas com o ouvinte. Estabeleça essa comunicação perguntando — de que tipo de informação, entretenimento, companhia meu ouvinte precisa? Se não souber, vá conhecer alguns deles. E lembre-se de que há um fator preponderante para sua credibilidade que se se chama honestidade profissional.

O segundo tipo de preparação para um DJ, e se for o caso para o seu produtor, é fazer trechos adicionais de programa que ajudarão a dar vida ao espetáculo. Gravados provavelmente em fita, utilizando cartuchos para uma sinalização mais precisa, consistem em fragmentos de gravações, efeitos sonoros, vozes engraçadas em eco, acordes musicais, gravações com a velocidade alterada, e assim por diante. Os apresentadores podem até criar outras "pessoas", eles mesmos desempenhando o papel no ar, falando ao "vivo" com suas gravações. Essas personagens e vozes desenvolverão suas próprias personalidades, aparecendo em sucessivos programas e tornando-se parte do show. Os limites serão apenas o tempo necessário para preparar tudo isso e a própria imaginação do DJ.

A maior parte dessas inserções é bastante breve, mas dá mais vida à locução normal, adicionando-lhe um caráter imprevisível e proporcionando mais diversão.

Por mais simples ou complexo que seja o programa, o DJ personalista deve ser, acima de tudo, engraçado. Embora o show possa dar a impressão de ser espontâneo, raramente o sucesso vem por acaso. É mais provável que seja decorrência de uma fórmula cuidadosamente elaborada, muita preparação e trabalho árduo.

15

Variedades e seqüências

De todos os tipos de programa, o de variedades é o que com mais facilidade pode tornar-se maçante ou trivial quando degenera num amontoado de matérias frouxamente ligadas entre si. Para definir os termos, o programa de variedades em geral é elaborado tendo em mente um público específico, e sua estrutura é rígida, com ênfase no conteúdo. Um programa de seqüências geralmente é mais longo — de uma a quatro horas —, diário, utiliza música que agrade a um público bem amplo e dá ênfase à apresentação. Em ambos, o maior problema do produtor é como equilibrar coerência e variedade. É claro que precisa haver uma estrutura identificável — afinal de contas, é provável que essa tenha sido a razão da escolha do ouvinte. Uma norma de marketing bastante óbvia, e que se aplica ao rádio tanto quanto a qualquer outro produto, é construir uma audiência regular, criando expectativas bem definidas entre os ouvintes e depois satisfazê-las, ou melhor ainda, excedê-las. O motivo mais forte para sintonizar determinado programa é o ouvinte ter gostado do que ouviu da última vez. Agora, portanto, o programa deve funcionar em moldes semelhantes, não se muda muita coisa. É igualmente óbvio, no entanto, que o programa precisa ser *novo*, para apresentar um conteúdo diferente e atualizado, e mais o elemento surpresa. O programa torna-se maçante quando seu conteúdo é muito previsível, e fracassa se sua estrutura for obscura. Não basta apenas aconselhar — "mantenha a forma coerente, mas varie o conteúdo". É claro que isso é importante, mas também deve haver coerência quanto ao nível intelectual e apelo emocional do material apresentado. A mesma noção geral de estilo precisa ser mantida a cada programa.

Uma vez que até agora tomamos emprestado vários termos do mundo da mídia impressa, talvez seja produtivo estreitar a analogia.

Os jornais e revistas que compramos são em grande parte determinados pela nossa reação à edição anterior. As compras são uma questão de hábito e, embora às vezes se compre por impulso ou por acaso, as mudanças na leitura ocorrem de modo relativamente lento. Tendo adotado nosso periódico favorito, não nos importamos com alterações que passem despercebidas. Desenvolvemos um interesse pessoal pela tipologia, *layout* das páginas, extensão dos artigos ou pelo uso das fotos. Sabemos exatamente onde encontrar a página de esportes, a seção de palavras cruzadas ou a história em quadrinhos favorita. Escolhemos um jornal que nos atrai; há um vínculo emocional, e podemos nos sentir nitidamente irritados se um novo editor alterar o tipo de letra ou começar a mudar as coisas de lugar, pois compramos determinado jornal porque gostamos do jeito como ele é. Em outras palavras, a coerência de uma estrutura conforme percebida é importante visto que traz a segurança de poder achar o que se quer, de ser capaz de utilizar plenamente o veículo. Acrescente-se um estilo familiar de linguagem, palavras que não são nem difíceis nem triviais, sentenças que evitam tanto o bombástico quanto o simplório, legendas que esclarecem em vez de repetir; e é possível criar um vínculo de confiança entre o comunicador e o leitor, ou no nosso caso o ouvinte. Cada programa de variedade decidirá qual o seu estilo e público. É possível para um único dono de jornal, como o é para o gerente de uma emissora de rádio, criar um produto final cuja amplitude visa à pluralidade do mercado.

Para o produtor individualmente, a decisão crucial é estabelecer a "amplitude" emocional e intelectual de seu programa e identificar quando ele corre o risco de se extraviar.

Para manter a coerência do programa, vários fatores devem permanecer constantes. Veremos agora alguns deles.

Título do programa

Esse é o sinalizador óbvio e deve ativar lembranças da edição anterior, além de dar uma indicação de seu conteúdo para os não-iniciados. Títulos como "Rural", "Hoje", "Esporte Semanal" e "Momento Feminino" dispensam explicações. "Carrossel", "Caleidoscópio", "Miscelânea" e "Álbum de Recortes" são menos reveladores, exceto por indicarem um programa que contém várias matérias diferentes mas não necessariamente relacionadas entre si. No caso de um título como "Contato" ou "Horizonte", há pouca informação sobre o conteúdo. O que em geral se faz é usar um subtítulo para descrever o tema. Programas de seqüências, como programas de DJs, costumam ser conhecidos pelo nome do apresentador — "Jack Richards Show" —, mas o título de um programa de variedades deve ser derivado diretamente do seu objetivo, levando-se em consideração até que ponto o público-alvo limita-se a um grupo especializado.

Assinatura musical

O programa de seqüências de longa duração é feito para ser ouvido a qualquer momento de sua transmissão — pode-se entrar e sair quando quiser. Uma assinatura musical é, em grande parte, desnecessária, a não ser para distingui-lo do programa anterior, servindo como sinalizador adicional para fazer o ouvinte aumentar o volume. Deve também transmitir algo do estilo do programa — alegre, urgente, sério ou, de alguma forma, evocar seu conteúdo. Quinze segundos da música certa pode ser útil para logo criar um clima. Os produtores de programas de variedades devem, porém, evitar o clichê musical. Embora *O livro da natureza* possa exigir uma introdução bucólica, o programa religioso geralmente fará um grande esforço para não usar uma abertura musical que seja muito clerical. Se o objetivo é atrair um público já identificado com a religião institucionalizada, algum tipo de música de igreja cairá bem. Se, por outro lado, a idéia é atingir um público mais amplo do que os freqüentadores ou simpatizantes de uma igreja, talvez seja melhor evitar de início uma conotação institucional muito forte. Afinal de contas, o programa religioso de variedades não é a mesma coisa que o programa cristão ou o programa da igreja.

Tempo de transmissão

Muitas emissoras constroem sua programação diária com uma série de programas de seqüências em blocos fixos de três ou quatro horas. Obviamente, é importante ter o apresentador certo e o estilo certo de material para cada horário. O mesmo princípio serve para o programa de variedades mais especializado. Programas regulares devem ir ao ar em horários regulares, e matérias regulares devem ter uma colocação previsível em cada programa. Essa regra passa a ser mais rigorosa à medida que aumenta o grau de especialização do programa.

Por exemplo, um programa rural de variedades de meia hora pode conter uma matéria regular de três minutos sobre os preços do mercado local. O ouvinte interessado nessa matéria ligará o rádio especialmente para ouvi-la, mesmo que não se importe com o restante do programa. É mais provável que uma seqüência, com um espectro mais amplo, destinado ao público mais geral, esteja sendo ouvido como pano de fundo e portanto seja possível anunciar mudanças de horário. Mesmo assim, o ouvinte que está em casa pela manhã quer o capítulo da série, a matéria sobre atualidades ou o segmento de receitas no mesmo horário de ontem, visto que assim poderá orientar seu dia.

O apresentador

Sendo talvez o fator mais importante para a criação de um estilo consistente, o apresentador é quem regula o tom do programa de acordo com a maneira como ele aborda o ouvinte. Ele, ou ela, pode ser sociável e amigável, discretamente camarada, informal ou animadamente prático, ou então instruído e versado. É uma combinação coerente de características, talvez com dois apresentadores, que permite ao ouvinte estabelecer uma relação com o programa baseada em "vínculo" e "confiança". Redes e emissoras que freqüentemente mudam seus apresentadores ou programas que fazem "rotatividade" com seus âncoras simplesmente não estão dando a si próprios uma chance. Às vezes ouvimos como justificativa para essa prática a necessidade de "evitar que as pessoas se tornem cansativas" ou, pior, "para ser justo com todos que trabalham no programa". A maioria dos diretores recomendaria um período de seis meses como o mínimo para um apresentador num programa semanal, e três meses num show diário. Menos do que isso e ele mal será notado e lembrado.

Ao selecionar um apresentador para um programa de variedades especializado, o produtor poderá ficar em dúvida entre um bom radialista ou um especialista no assunto. Obviamente, o ideal é encontrar ambos na mesma pessoa, ou mediante treinamento transformar um no outro — em geral o caminho mais fácil é habilitar um especialista a se tornar um radialista. Se isso não for possível, uma alternativa é utilizar ambos. Se a escolha tiver de ser limitada, é preferível a pessoa que conhece o assunto. A credibilidade é o fator-chave para que um programa especializado tenha audiência. O conhecimento do assunto é fundamental, mesmo que não seja expresso de modo perfeito. Em outras palavras, se tivermos um médico para um programa sobre medicina e um jardineiro para um programa de jardinagem, deveríamos ter crianças nos programas infantis e uma pessoa com deficiência física para um programa dirigido a deficientes? Num programa de variedades para deficientes visuais poderá haver um pouco mais de ruído de papel sendo manuseado, e a leitura Braille talvez não seja tão fluente quanto a de um leitor que enxerga, mas o resultado provavelmente terá muito mais impacto sobre o público-alvo e será muito mais aceitável.

Estilos de *link*

Escolhido o apresentador, ou apresentadores e supondo que ele, ou ela, redigirá, ou pelo menos reescreverá, boa parte do *script*, o material de *link* terá seu próprio estilo coerente. A maneira como as matérias são apresentadas, o quanto e o tipo de humor a ser utilizado, o número de vezes em que se informa a hora certa e o volume em que o programa é fixado permanecerão constantes. É claro que os *links* referem-se a várias matérias, conforme foi discutido em "Material de sinalização", mas também permitem ao apresentador dar informações adicionais, fazer comentários personalizados ou algumas brincadeiras. A pessoa que faz o *link* é muito mais do que alguém que lê o material de sinalização — avisos entre as matérias devem ir além de um simples "isto é" e "isto foi". É interessante especular sobre a função da argamassa na construção de uma casa. Ela separa ou junta os tijolos? Obviamente que faz ambas as coisas, e o mesmo acontece com o apresentador. Cuidando assim dos *links*, ele separa e define, ao mesmo tempo que cria um senso de estilo coeso.

Conteúdo das informações

Quanto mais local se torna um programa de seqüências, mais específica e prática a informação fornecida, que poderá ser transmitida na forma de inserções regulares, em horários preestabelecidos, ou apenas incluída nos *links*. Se um programa é lançado com a intenção de se tornar conhecido pelo conteúdo de suas informações, os spots devem ser bem característicos e no entanto padronizado em termos de horário, duração, estilo, "indicação", identificação introdutória ou efeito sonoro.

Os tipos de informação naturalmente dependerão das necessidades específicas do público na área coberta pela transmissão. A lista é abrangente. Exemplos típicos para inclusão em programas diários são:

Reportagens
Meteorologia
Trânsito
Esportes
Programação da TV
Farmácias de plantão
Vias em obras
Condições das estradas
Bolsas de mercadorias agrícolas
Horário dos trens
Informação direta do aeroporto
Condições dos vôos locais
Preços ao consumidor
Tendências do mercado financeiro
Informação sobre corridas

Hora certa
Condições dos rios (p/ pescadores)
Campanhas de teatro
Horário das marés
Horário das balsas
Condições marítimas
Horários de navios
Horário de verão
Diversões
As Mais Tocadas
Resenha de jornais
Reuniões em clubes
Cotação da moeda
Doações de sangue
Identificação da emissora

Elaboração do programa

O formato geral do programa permanecerá razoavelmente constante. A proporção entre música e locução deve permanecer mais ou menos a mesma. Se normalmente o conteúdo compreender matérias de três a cinco minutos de duração, encerrando com uma atração de oito minutos, essa estrutura deve tornar-se o padrão estabelecido. Isso não quer dizer que um programa de variedades de meia hora não ocupará 15 minutos com uma única matéria, com o apresentador dando as devidas explicações. Mas vale dizer que um programa todo ou em parte dedicado a uma só matéria deixa de ser um programa de variedades e torna-se um documentário ou "especial". Esse é um argumento a ser apresentado no caso de um programa especializado para que se suspenda o formato de programa de variedades e se faça um especial, com vistas, é claro, ao mesmo público do programa de variedades que foi substituído. Outra variação permissível na estrutura é quando cada matéria tem uma qualidade semelhante — por exemplo, na "edição de Natal", ou quando um programa de variedades rural é todo feito numa festa agrícola.

Essas exceções são possíveis apenas onde há uma prática padrão estabelecida, pois só quando existem "normas" é que se pode introduzir a variedade ou afastar-se delas.

O formato relógio, descrito no capítulo anterior, é o melhor para os programas de seqüências.

Variedade

Cada programa deve criar novos interesses e conter surpresas. Em primeiro lugar, o tema das matérias tem de ser pertinente e constituir uma novidade para o ouvinte. Em segundo, o tratamento e a ordem das matérias precisam destacar as diferenças entre estas e entusiasmar o ouvinte. É fácil para um programa de variedades diário, em especial o de notícias, tornar-se nada mais do que uma sucessão de entrevistas gravadas. Cada uma delas pode ser suficientemente boa em si mesma mas, considerada no contexto de um material semelhante, o efeito global, apesar da qualidade, pode ser tedioso. Em todo caso, deve ser evitada uma locução muito longa, em particular quando feita por uma única voz. Vozes diferentes, locações, fatos reais e o uso de "pontes" musicais e acordes dramáticos devem produzir um efeito de brilho e variedade — não necessariamente superficial, mas algo que as pessoas de fato esperem com ansiedade.

Idéias

Produzir um bom programa é uma coisa, mantê-lo dia após dia ou semana após semana, talvez durante anos, é outra. Como pode um produtor, com poucos assistentes, se tiver algum, empenhar-se na tarefa de encontrar as matérias necessárias para manter o programa no ar? Em primeiro lugar, ele nunca está ocioso, mas sempre pensando se algo que vê ou ouve dará uma matéria. Ele registra até um pensamento fugaz ou uma simples impressão, provavelmente num bloco de notas que carrega consigo. É surpreendente como colocar no papel uma idéia por mais trivial que seja pode ajudar a cristalizar algo mais substancial. Em segundo, com o uso de um diário e de outras fontes, ele terá com antecedência informações sobre aniversários e outros eventos futuros. Em terceiro, é preciso cultivar um amplo espectro de contatos. Isso significa que ele vai ler, ou pelo menos folhear, o máximo de material que puder: jornais, histórias em quadrinhos, jornais diários, revistas especializadas, pequenos anúncios, cartazes — qualquer coisa que, segundo a experiência, possa ser fonte de idéias.

Ele sai do estúdio e caminha em seu território — o que é mais fácil numa rádio local do que o seria para um radialista de rede nacional! Ele é um bom ouvinte, tanto em relação à mídia quanto a um diálogo pessoal. Ele está atento aos problemas e às preocupações das pessoas e também ao que as faz rir. Incentiva seus colaboradores a apresentar idéias e, se tiver pouco dinheiro para pagá-los, pelo menos faz questão de que recebam os créditos. Se você for muito autoritário ou adotar uma atitude do tipo "eu sei tudo", as pessoas o deixarão sozinho. Mas, mostrando-se disponível e aberto, as pessoas lhe trarão idéias. Aceite de bom grado as correspondências. É um trabalho árduo mas o produtor de programa de variedades/seqüências logo desenvolve um faro especial para discriminar entre vários pequenos *leads* qual poderá desenvolver-se em algo útil para o programa.

Tendo decidido incluir uma matéria sobre determinado tema, o produtor dispõe de diversas opções de tratamento. Um pouco de imaginação evitará que o programa soe repetitivo. Ele deverá considerar até que ponto ampliará a variedade de seu programa utilizando as seguintes formas.

Voz unilateral

Uma única voz dando informações, como acontece em noticiários, reportagens ou nos eventos do dia. Essa forma também pode ser usada para dar testemunho ou contar uma história do tipo "eu estive lá".

Na locução unilateral falta a variedade natural da entrevista e, portanto, ela precisa ter sua

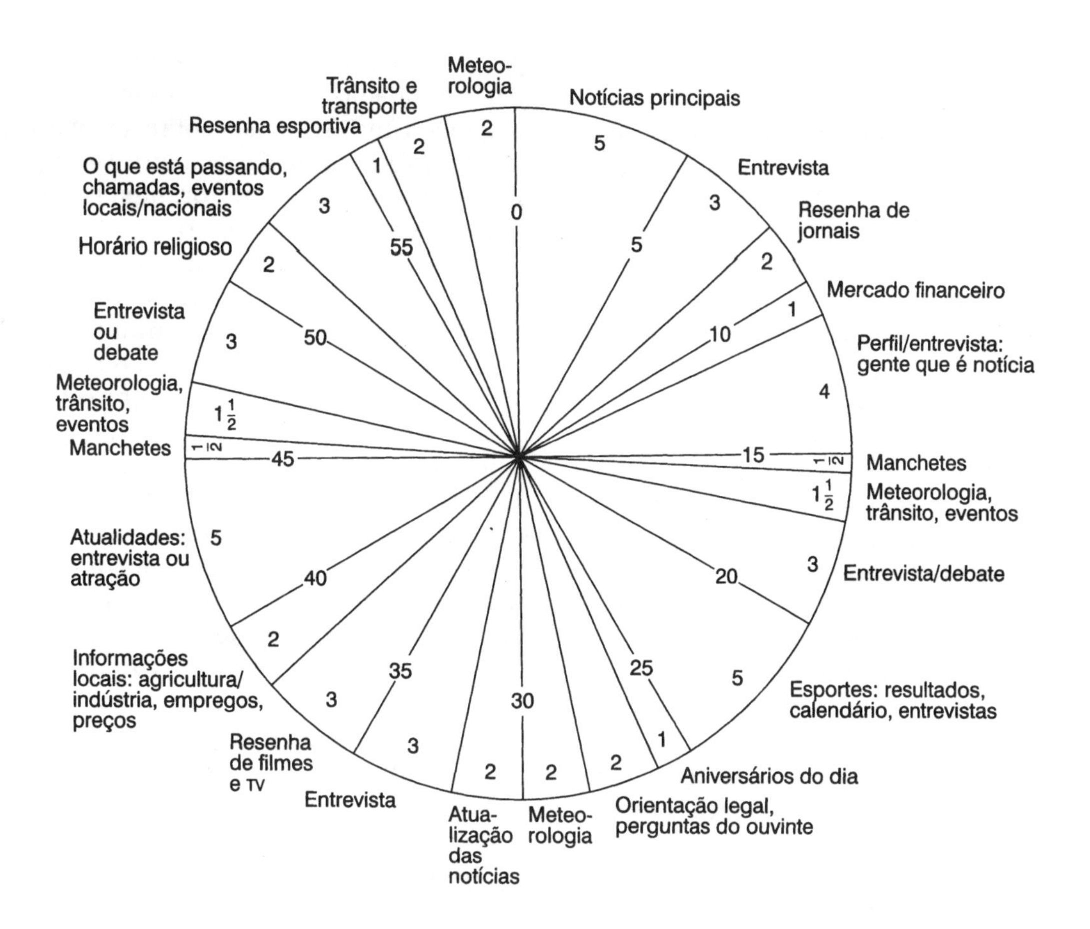

Fig. 15.1. O formato relógio aplicado a um programa de seqüências matinal só de locução, baseado em notícias e não-comercial. Costuma ser transmitido entre 6h30 e 9 horas da manhã e requer uma variedade de notícias, serviço meteorológico, esportes e fontes de informação, além de cinco entrevistas no período de uma hora – ao vivo, por telefone ou gravadas. Com as repetições, seria um total de nove em duas horas e meia. As entrevistas serão feitas principalmente com políticos, gente que é notícia, funcionários do governo, "especialistas" e observadores da mídia. As grandes organizações terão seus próprios correspondentes locais. A apresentação inclui a identificação da emissora, hora certa, temperatura, chamadas e informações eventuais.

própria cor e vitalidade. Em termos de estilo, deve ser dirigida diretamente ao ouvinte — texto pictórico na primeira pessoa e uma fala coloquial tornam a comunicação atraente. Mais do que isso, porém, é preciso haver uma *razão* para transmitir determinada matéria, uma relevância especial — uma notícia qualquer como referência. Por exemplo, e o que é mais óbvio, derivá-la de eventos atuais. Caráter tópico, tendências ou idéias pertinentes a determinado grupo de interesse, inovações e novidades, ou alguma outra matéria numa série útil ou agradável, são todos fatores que *promovem* o valor das matérias num programa de variedades.

Entrevista

Os tipos de entrevista (ver Capítulo 3) incluem as que questionam motivos, descobrem fatos ou exploram emoções, além das enquetes e da entrevista que buscam a opinião do "homem do povo". Outra variação é o diálogo pergunta-e-resposta feito com outro radialista — às vezes chamado de "P & R" ou mão-dupla. Quando, neste caso, se utiliza um correspondente especializado, o resultado em geral é menos formal, embora ainda mantenha alguma autoridade.

Debates

A abordagem de um tema neste formato, num programa de variedades, em geral é do tipo bidirecional, consistindo em duas pessoas com opiniões opostas ou no mínimo diferentes. Tentar apresentar várias opiniões numa matéria relativamente curta, como acontece no debate "múltiplo", acabará trazendo um resultado superficial e insatisfatório. Se o assunto for suficientemente extenso e importante para ser tratado dessa maneira, o produtor deve perguntar a si próprio se não seria o caso de fazer um programa especial.

Música

Como um importante ingrediente para obter variedade, a música pode ser usada de vários modos:

1) O principal componente num programa de seqüências.
2) Uma matéria, execução de concerto ou gravação apresentada em separado.
3) Uma nova matéria revisada.
4) Música que naturalmente vem depois de uma matéria. Por exemplo, uma entrevista com um pianista prestes a fazer seu primeiro concerto, seguida de uma mostra de seu trabalho.
5) Quando há uma total mudança de tema, a música pode funcionar como *link* — uma breve "ponte" musical é aceitável. Esse recurso é em particular útil para dar um "tempo pra pensar" após uma matéria densa ou carregada de emoções, em que é necessário uma mudança de estado de espírito.

A música deve ser empregada como um trunfo positivo para o programa e não meramente para preencher lacunas entre as matérias. Pode ser usada para dar um toque de humor ou proporcionar um comentário irônico sobre a matéria anterior. Por exemplo, uma canção de *My Fair Lady* seria um exemplo válido após um treino de dicção. Seu uso, no entanto, não deve se reduzir ao fato de o título ter uma ligação superficial com a matéria. Seria errado, por exemplo, tocar logo após uma matéria sobre expedição no Himalaia *Climb every mountain*, do grupo Sound of Music. Para alguém que olha apenas para a capa do disco, parece haver uma ligação, mas descontinuidade de contexto resultaria em acusações de avaliação precária.

Um dos aspectos mais difíceis da produção é a combinação bem-sucedida de locução e música. A música divide muito mais o público porque os ouvintes em geral têm suas preferências bem definidas. Também é muito fácil fazer associações erradas, em especial entre as pessoas mais velhas, o que exige um grande cuidado na seleção.

Efeitos sonoros

Assim como a música, os efeitos ou, na verdade, os ruídos de um programa de variedades podem constituir um enorme acréscimo àquilo que de outra maneira seria uma sucessão de matérias faladas. Eles avivam a memória e criam imagens. Uma entrevista sobre a restauração de um velho automóvel por certo seria acompanhada do som de um motor; uma matéria sobre novas técnicas odontológicas, do zunido de uma broca. A cena para um debate sobre educação poderia ter ao fundo o som de um *playground* ou de atividades numa sala de aula. Uma fala abordando o número de acidentes de trânsito chamaria a atenção com o barulho de freada. Essas coisas exigem tempo e esforço e, se forem exageradas, o programa será prejudicado, assim como acontece com qualquer outro clichê. Mas quando utilizadas ocasionalmente, de modo apropriado e com imaginação, o programa deixará o lugar comum para ser lembrado. Você não precisa ser um produtor de peça radiofônica para se lembrar de que um dos pontos fortes desse meio de comunicação são as impressões vivas que podem ser transmitidas por simples sons.

Participação do ouvinte

Os programas diários de seqüências gostam de estimular certo grau de envolvimento por parte do público. Mais uma vez, o produtor dispõe de vários meios para atingir esse objetivo:

1) *Pedidos* de música ou de determinado tema para ser debatido, ou ainda a repetição de uma matéria.
2) *Seção de cartas*, que funciona como uma seqüência dos programas anteriores, ou como uma seção de correspondências.
3) *Concursos* constituem um bom método de obter uma resposta do público. O apresentador poderá fazer perguntas e organizar brincadeiras no ar, oferecendo prêmios, ou simplesmente para divertir o ouvinte.
4) Um segmento com *telefonema no ar* num programa de variedades ao vivo ajuda a dar caráter imediato ao programa, podendo oferecer retorno a determinada matéria. Colocado no final, dá aos ouvintes a oportunidade de dizerem o que acharam do programa como um todo. Junto com um concurso de perguntas e respostas, obviamente possibilita que as respostas sejam dadas e o resultado seja declarado no decorrer do programa.

5) Uma dica de ajuda é útil numa programa de seqüências de longa duração — colocar as pessoas em contato com possíveis fontes de ajuda. Numa pequena emissora comunitária esses vínculos podem variar da necessidade de alguém em encontrar determinado livro ou de informações de "perdidos e achados" a um quadro de avisos sobre vagas de empregos. Tais pedidos normalmente são transmitidos sem qualquer ônus, mas em geral a emissora não assume responsabilidade pelo resultado. O ouvinte é encaminhado para o "anunciante" fora do ar.
6) *Participantes eventuais* podem ser convencidos a se tornarem radialistas por alguns momentos e participar de um horário especial, seja ao vivo ou editando seus comentários gravados desde o último programa. Uma outra alternativa é usar uma unidade móvel e visitar os ouvintes em casa e fazer um debate em grupo ou uma reunião na fábrica.

Os elementos de participação do ouvinte necessitam de planejamento adequado, mas parte de sua atração está no caráter imprevisível da situação ao vivo. O produtor ou o apresentador seguro de si saberá quando manter uma situação imprevista e estender uma matéria que inesperadamente se desenvolve de modo interessante. Ele, ou ela, também terá determinado de antemão a maneira mais plausível de alterar a ordem de transmissão das matérias para fazer o programa voltar à sua escala de horário. Em outras palavras, na transmissão ao vivo, o inesperado sempre precisa ser levado em conta.

Especiais

Freqüentemente um programa de variedades reservará espaço para matérias que abordam um tema com mais profundidade do que é possível numa simples entrevista. A forma geral pode focalizar uma pessoa — "nosso convidado esta semana é..."; um lugar — "esta semana visitaremos..."; ou um tema — "esta semana nosso assunto é...".

Mesmo no caso do programa de variedades noticioso local, em que é difícil lidar com matérias muito variadas, será possível montar um programa especial compreendendo voz, material de arquivo, fatos e *links*, talvez até música. Por exemplo, uma reportagem sobre o sucateamento de um velho submarino de guerra pode ser levada ao ar junto com as memórias de seu ex-capitão, descrevendo algumas façanhas perigosas com os devidos efeitos sonoros ao fundo. *Crossfade* do ferro-velho e do barulho das ondas. Isso seria bem mais interessante do que uma reportagem linear.

O especial é uma boa maneira de abordar em profundidade um tema complexo e apresentar seus componentes essenciais. O repórter honesto pegará o ponto crucial de um argumento, possivelmente de diferentes entrevistas gravadas, e o apresentará no contexto de seus próprios *links*. Assim, elas formarão uma imagem lógica, precisa e inteligível sobre a qual o ouvinte poderá basear sua opinião.

Peça radiofônica

O seriado ou leitura semanal ou diária tem espaço garantido em muitos programas. Mostra várias características que o produtor está tentando incorporar — a mesma colocação e a mesma música introdutória, uma estrutura coerente, personagens familiares e um senso de estilo singular. Por outro lado, precisa de uma variedade de novos eventos, algumas situações e pessoas novas e surpresas ocasionais. Mas a peça radiofônica também pode ser usada numa situação isolada para esclarecer alguma coisa, descrevendo, por exemplo, como o consumidor deveria comparar produtos de dois supermercados para fazer a melhor compra. Isso pode ser bem mais eficiente do que uma conversa com um funcionário do governo, por mais especializado que ele seja. Um diálogo animado, coloquial e simples, utilizando duas ou três vozes com efeitos ao fundo para dar um clima de locação — numa loja ou fábrica, num ônibus ou hospital —, pode ser um excelente veículo para explicar a legislação que afeta os direitos dos cidadãos, uma nova técnica da medicina ou para falar sobre atualidades. Os redatores, no entanto, perceberão no ouvinte uma imediata rejeição de qualquer material que lembre propaganda. Os ingredientes mais úteis parecem ser: fatos engraçados do dia-a-dia, personagens confiáveis com os quais o ouvinte possa se identificar, profundo ceticismo e verdade demonstrável.

Programas infantis usam o teatro para contar histórias ou explicar alguma coisa no sentido educacional. Essa forma poderá envolver uma produção à parte, sendo, porém, menos eficiente ao se limitar a uma leitura dramatizada de um livro, poema ou documento histórico.

Seqüência das matérias

Estabelecidos a estrutura do programa, o estilo geral e o tratamento de cada matéria individualmente, a ordem das matérias poderá prejudicar ou favorecer o resultado final.

No caso de um circo tradicional ou de várias atrações num teatro, o melhor número é apresentado por último. É seguro utilizar esse método de manter o interesse ao longo do espetáculo considerando que a audiência esteja em sua maior parte envolvida; esse método pressupõe a crença de que, qualquer que seja a reação da platéia, o espetáculo sempre tende a melhorar. Esses recursos costumam ser chamados de "ganchos" — que são observações ou seqüências destinadas a captar e reter a atenção do ouvinte. É fundamental prender a atenção da audiência logo no começo do programa — uma das maneiras de fazê-lo é apresentar de modo criativo as atrações que virão —, e depois continuar com apelos ao senso de humor, à curiosidade e às necessidades do ouvinte. É claro que isso se aplica a todos os programas, mas os de maior duração estão mais propensos a se tornar insípidos e descaracterizados. Sempre deve haver uma atração a ser aguardada.

O programa de variedades que trata de notícias provavelmente começará com a história principal, seguindo gradualmente até chegar à menos importante. Mas se essa estrutura for aplicada com rigidez, o programa torna-se cada vez menos interessante — o que tem sido chamado de formato "girino". Os noticiários provavelmente mantêm até o fim matérias de interesse, como esportes, bolsa de valores e meteorologia, ou pelo menos é encerrado com um resumo para os ouvintes que perderam as manchetes de abertura. Durante o programa, tanto quanto possível, anunciam-se frases como "mais notícias sobre esse assunto no final do programa". Alguns radialistas evitam de forma deliberada distribuir as matérias em ordem decrescente de importância a fim de guardar coisas boas para a segunda metade do programa; uma prática duvidosa, se o ouvinte achar que o julgamento editorial da emissora é algo que em si mesmo vale a pena ouvir. Melhor é apresentar após um boletim noticioso um detalhamento das principais histórias na forma de atualidades.

A ordem de apresentação das matérias num programa de variedades envolvendo notícias será ditada, em grande parte, pela avaliação do editor sobre a importância do material, enquanto no programa de variedades geral, de estrutura mais rígida, o próprio formato talvez permita pouco espaço de manobra. Num programa de seqüências, com sua forma mais aberta, outras considerações são levadas em conta, e mais uma vez vale observar a prática do musical. Se houver dois comediantes, um aparece na primeira metade do show e o outro, na segunda; uma matéria muito comovente é seguida de algo que inspire beleza e encanto; um quadro tremendamente engraçado é complementado por uma situação séria ou triste, o modesto pelo visualmente espetacular. Em outras palavras, as matérias não são consideradas apenas isoladamente. É o contraste que estabelecem entre si e a habilidade do apresentador que fazem com que uma realce a outra, para que o efeito global seja melhor do que a soma das partes.

Isso também deve acontecer com o programa de variedades, no rádio. Duas entrevistas envolvendo vozes masculinas ficam melhor separadas. Uma matéria de importância urgente pode ser destacada por algo de natureza mais amena. A uma matéria longa, segue-se outra bem mais curta. Vozes femininas, participações de crianças e idosos devem ser usadas para proporcionar contraste e variedade. Situações tensas, acaloradas ou que envolvam emoções fortes necessitam de um cuidado especial, pois apresentar em seguida algo muito leve ou descontraído pode levantar acusações de trivialização ou superficialidade. É aí que entra a habilidade do apresentador, já que a escolha das palavras e o tom de voz têm de se adequar à mudança de nível emocional.

Variações no estilo das matérias combinado com diversidade de tratamento criam infinitas possibilidades para o produtor criativo. Um programa que está se tornando enfadonho pode "reerguer-se" com a apresentação de um número musical apresentado na metade da transmissão, um pouco de humor nos *links*, ou com a participação do público quase no final. Para um programa de variedades em risco de "pane" porque as matérias são muito longas, o efeito de um pouco de informação é quase mágico. E o tempo todo o apresentador nos mantém informados do que está acontecendo no programa, o que estamos ouvindo e o que vai ser transmitido em seguida, e mais tarde. O programa de variedades bem-sucedido ficará no ar durante anos, baseado na combinação de coerência de estilo com imprevisibilidade de conteúdo. Pode ser que além do apresentador a única característica coerente seja a imprevisibilidade.

Exemplos

Os seguintes exemplos de formato para programa de variedades não são fornecidos como ideais mas como ilustrações práticas do princípio de produção. Os comerciais foram omitidos para mostrar a estrutura do programa com mais clareza. As emissoras comerciais, no entanto, podem tirar vantagem de seus *breaks*, proporcionando uma variedade de conteúdo ainda maior.

possibilidade de controvérsia, curiosidade e surpresa. Numa transmissão ao vivo, é utilizado como recurso para controlar o tempo, desde que o apresentador saiba que deve finalizá-lo e entrar nas "Tendências do mercado" quatro minutos antes do término do programa. A assinatura musical é "retrocronometrada" para dar o tempo exato. Num programa gravado, o debate pode ser facilmente substituído por um especial, que no caso poderia ser uma visita à fábrica.

Exemplo 1: Programa quinzenal de variedades sobre a indústria com duração de meia hora

Estrutura	Seqüência	Tempo real
Abertura padrão (1'15")	Assinatura musical	0 15
	Introdução	10
	Menu de conteúdo	15
	Continuação de programas anteriores	35
Notícias (5 min)	Resumo das notícias	5 05
	Link	15
Matéria	Entrevista sobre as principais notícias	3 08
	Link – informação	30
Matéria	Locução sobre novo processo	1 52
	Link	15
Matéria	Enquete – opiniões dos trabalhadores sobre regras de segurança	1 15
	Link	20
Central Sindical (2'30")	Sindicatos – representante	2 20
	Link	20
Participação (3 min)	Cartas dos ouvintes	2 45
	Link – introdução	20
Debate	Três interlocutores juntam-se ao apresentador para um debate sobre um tema atual – duração variável para permitir que o programa transcorra dentro do horário	6 20
Finanças (3 min)	Tendências do mercado	3 00
Encerramento padrão (50")	Eventos futuros	30
	Expectavivas para o próximo programa	10
	Assinatura musical	10
		29'50"

No Exemplo 1, a estrutura do programa permite 1'15" para a abertura e 50" para o encerramento. Outras matérias fixas dão um total de 8'00" para notícias, 3'00" para cartas e 2'30" para o horário do Sindicato. Cerca de 2'00" são para os *links*. Isso significa que mais da metade do programa transcorre num formato predeterminado deixando cerca de 13'00" para duas ou três matérias específicas no começo e o debate já quase no fim.

Uma vez que o tema tenha sido bem escolhido, o debate é útil para manter o interesse no programa, desde que preserve pelo menos a

No Exemplo 2, sem assinatura musical, o apresentador vai logo à matéria principal. Embora, nessa edição, todas as matérias sejam entrevistas, elas diferem em sua natureza, e a música é deliberadamente apresentada na metade do programa. A abertura e o encerramento duram meio minuto e aos outros *spots* fixos são alocados mais 15 minutos. Se o programa for muito longo, ajusta-se o horário excluindo algumas notícias ou encurtando a resenha musical. Se sobrar tempo, no final pode-se repetir o lançamento de algum disco.

Exemplo 2: Atualidades religiosas: programa semanal de 25 minutos

Estrutura	Seqüência	Tempo
Abertura padrão (15")	Introdução	0 05
	Menu de conteúdo	0 10
Matéria	Entrevista – interesse local	3 20
	Link	30
Matéria	Entrevista – a mulher missionária	2 05
	Link	10
Música (3 min)	Resenha de lançamentos de discos de música gospel	2 40
	Link – informação	55
Matéria	Entrevista (ou locução) – próxima convenção	2 30
	Link	05
Especial (7 min)	Personalidade – fé e trabalho	7 10
	Link	15
Notícias (5 min)	Resumo das notícias e eventos	4 45
Encerramento padrão (15")	Créditos	15
		24'55"

No Exemplo 3, a proporção locução/música fica em torno de 3:1. Adotou-se um padrão geral em que as matérias tornam-se mais longas à medida que avança o programa. Cada metade do programa contém uma matéria "ao vivo" que pode ser "retrocronometrada" para garantir o horário dos *spots* fixos. São elas o debate em estúdio e a entrevista com um convidado especial. Os *spots* fixos, no entanto, são precedidos de música sem vocal retrocronometrados para que se tenha uma precisão absoluta. Quinze minutos são destinados aos *links*. Um método alternativo de planejar essa seqüência é o formato relógio ilustrado na p.133

Método de produção

Um programa de variedades ou programa de variedades regular tem de ser organizado em dois níveis distintos — a longo prazo e imediato. O planejamento a longo prazo permite antecipar aniversários, "edições únicas", o agendamento de convidados refletindo eventos especiais, ou a transmissão de *spots* relacionados, formando uma série que abrange vários programas.

No caso do programa de variedades especializado do tipo representado nos Exemplos 1 e 2, é uma tarefa relativamente simples para o produtor fazer todos os arranjos necessários com o apresentador e uma pequena equipe de colaboradores atuando como repórteres ou entrevistadores. À sala de redação ou às fontes especializadas de informação serão solicitadas incumbências específicas. O importante é que todos saibam desempenhar sua parte e tenham conhecimento do prazo de fechamento. Também é fundamental que, enquanto o produtor toma as decisões editoriais finais, todos os colaboradores se sintam capazes de sugerir idéias. Boas idéias são invariavelmente aperfeiçoadas, aprimoradas e melhoradas no processo de discussão. As sugestões progridem mais rápido quando há mais de uma cabeça pensando. Quase toda idéia se beneficia do processo de contra-sugestão, evolução e solução. Programas de longa duração e dessa natureza são mais bem produzidos num trabalho em grupo, com uma liderança bem definida. Este deve ser o padrão incentivado pelo produtor na reunião semanal de planejamento, no fim da qual todos saberão o que têm de fazer, quando e com que recursos.

O programa de seqüências diário ilustrado no Exemplo 3 é mais complexo e uma tal transmissão requer uma equipe de produção maior. Tipicamente, as matérias principais, como o seriado e o convidado especial na segunda metade do programa, terão sido escolhidas com certa antecedência, mas o tema do debate na primeira metade pode muito bem ser deixado para um dia ou dois antes, mantendo assim um caráter atual. Um olhar retrospectivo para algo recém-apresentado, as implicações da história de ontem, um segmento do tipo "o que aconteceu a..." — tudo isso faz parte do programa diário. A responsabilidade de examinar as cartas dos ouvintes, organizar as perguntas a serem feitas e produzir a matéria "Passeio" será delegada a pessoas específicas. A sala de redação ficará responsável pela locução das atualidades, notícias, esporte e meteorologia, e talvez uma das outras entrevistas. O apresentador redigirá seus pró-

Exemplo 3: Esboço de um programa de seqüências vespertino, diário e de 2 horas

Tempo fixo	Seqüência	Duração Aproximada
2.00	Assinatura musical/intro – informações sobre o programa/assinatura musical	1 min
	Música	2
	Matéria – entrevista de interesse humano	3
	Concurso de perguntas e respostas (incluindo o resultado de ontem)	3
	Música	3
2.15	Cartas dos ouvintes	5
	Música	3
	Locução – pano de fundo para atualidades	2
	Música	2
	Lazer – melhorias no lar, jardinagem	3
	Humor	2
	Debate em estúdio – temática local	10
	Música	3
	"Passeio" – visita a um lugar interessante	5
	Música – (sem vocal)	2
3.00	Resumo das notícias, esportes e meteorologia	2
	Telefonemas no ar	15
	Música	3
	Cinema/teatro/TV – programação locução	4
	Música	3
3.30	Convidado especial – entrevista	10
	Música – (ilustrativo)	
2		
	Matéria – cuidados com a criança ou entrevista médica	3
	Resultado do concurso de p/r	2
	Música – (sem vocal)	2
3.50	Seriado – leitura dramática	9
	Encerramento; matérias do dia seguinte, créditos, assinatura musical	1

prios *links* e provavelmente escolherá as músicas a partir de um *briefing* geral do produtor. Os detalhes são acertados numa reunião matinal de planejamento, e a seqüência das matérias é decidida tendo em vista a estrutura que serve como diretriz.

Em intervalos menos freqüentes, digamos uma vez por mês, aproveita-se a oportunidade para rever o programa e fazer um levantamento das opções a longo prazo. Assim é possível impedir um ataque da doença mais comum entre os programas regulares — cair na rotina, ao mesmo tempo que se evita a destrutiva inquietude que resulta de uma obsessão pela mudança. Quando você se torna tão confiante no sucesso do programa que deixa de inovar, já deu início ao processo de estagnação que acaba em fracasso. Um bom método é procurar saber constantemente o que você está enfrentando. Identifique o concorrente e pergunte: "O que devo fazer para que o meu programa se destaque em relação aos outros?".

Como lidar com emergências

Cedo ou tarde, todo o planejamento tem de ser descartado para fazer frente a condições de emergência na região habitada pela audiência. Enchentes, nevasca, furacão, terremoto, falta de energia elétrica, incêndio nas matas ou acidentes graves farão com que tudo seja cancelado, exceto a principal razão da existência de um programa de seqüências — o serviço ao público. O programa fornecerá informações a vilas isoladas, colocará equipes de salvamento em contato com pessoas necessitadas e atuará como um centro de atividade comunitária. "Estenda um pano amarelo na janela se precisar que um vizinho dê um telefonema." "Para atrair a atenção do helicóptero de resgate que estará sobrevoando a sua área às 10 horas, faça o seguinte...". "As seguintes escolas estão fechadas...". "O exército está abrindo um depósito de emergência em...". "Um gerador de reserva está disponível em...". "Alguém pode ajudar uma senhora idosa em...?".

O trabalho prático que o rádio realiza nessas circunstâncias é imenso; é incalculável a sua capacidade de elevar o moral de pessoas que estão isoladas, e às vezes assustadas, ao mantê-las informadas. Radialistas ficam contentes em trabalhar durante longas horas, quando sabem que seu serviço é de importância inestimável.

A flexibilidade proporcionada pelo formato do programa de seqüências permite à emissora cobrir uma história, chamar a atenção para uma situação difícil ou dedicar-se totalmente às necessidades da população, se a situação assim o exigir. Os serviços de uma rádio devem atualizar constantemente seus planos de contingência — pelo menos uma vez por ano — para poder responder rapidamente a qualquer condição do momento. Os programadores não podem se dar ao luxo de esperar por uma emergência antes de tomar decisões. Devem estar sempre se perguntando — "e se acontecer...".

16 Transmissões externas (remotas)

Alguém já observou que os radialistas tendem a se isolar em estúdios e ficam bastante ocupados elaborando programas que não se originam de um contato direto com o público. A transmissão externa ou "remota" representa mais do que o desejo de incluir na programação a cobertura de eventos externos de interesse público. É um dever prático do radialista sair dos limites do prédio da emissora e transitar no mundo que é fonte e alvo de todas as suas iniciativas. Concertos, serviços de igreja, exposições, cerimônias cívicas, eventos esportivos, reuniões públicas, conferências ou manifestações, tudo isso exige a atenção do radialista. Mas não basta para o rádio refletir o que está acontecendo, é necessário para a credibilidade da emissora que ela se envolva com essas coisas. O rádio não deve apenas ir onde as pessoas estão, mas seu conteúdo deve originar-se dos interesses e das atividades de muitas pessoas. Se suas fontes forem poucas, corre o risco de parecer alienado, parcial, elitista, desinformado. Portanto, as transmissões externas são essenciais para a saúde da radiodifusão.

Planejamento

O produtor encarregado, ao lado do pessoal técnico, deve primeiro decidir as dimensões da cobertura para determinado evento. É preciso definir os requisitos necessários para o programa e calcular os meios técnicos para realizá-lo. Será "ao vivo" ou gravado no local? Qual a duração esperada? Uma vez estabelecido um plano, pode-se alocar recursos — pessoas, instalações, dinheiro e tempo.

É também nessa primeira fase que os direitos de transmissão devem ser discutidos com o organizador do evento. Talvez seja necessário

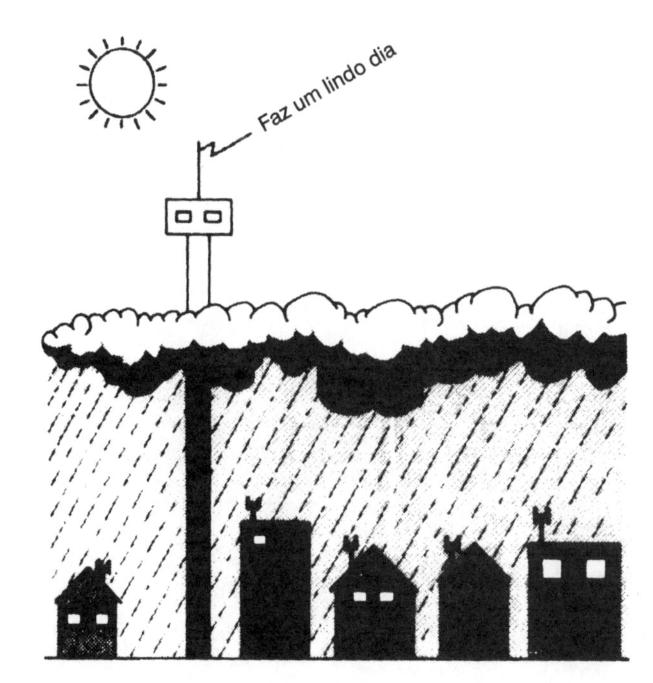

Fig. 16.1. A emissora de rádio deve envolver-se com a comunidade, caso contrário parecerá deslocada e desinformada.

negociar as taxas a serem pagas ou condições e limitações que ele desejar impor.

Visitando o local

É essencial fazer um reconhecimento do local, mas é preciso muita imaginação para prever como serão as reais condições "no dia" do evento. Há várias questões que devem ser respondidas:

1) Onde estão os principais pontos da rede elétrica e de que tipo são? O aterramento está correto? Vou precisar de um gerador próprio?
2) Qual o melhor ponto de observação? Será preciso mais de um?
3) A mixagem será feita na emissora ou num caminhão de externa na locação?
4) Quais as comunicações necessárias no próprio local?
5) Quantos microfones serão necessários e de que tipo?
6) Qual o comprimento dos cabos?
7) Será usado algum sistema de comunicação com o público? Em caso positivo, onde ficam os alto-falantes?
8) O que mais haverá nesse dia? Por exemplo, bandeiras que tapem a visão, veículos ou geradores que possam causar interferência elétrica, música de fundo, outros radialistas.
9) Quais são os riscos potenciais e os requisitos de segurança?

Comunicações com a base

Se o programa for "ao vivo", como será o sinal a ser enviado ao estúdio? Quais as conexões necessárias? O local está dentro do alcance de alguma unidade móvel? Há linhas físicas disponíveis? Poderão ser caras, mas será preciso encomendar do Departamento de Telecomunicações mais circuitos de programa ou controle? Em caso positivo, a qualidade será suficiente-

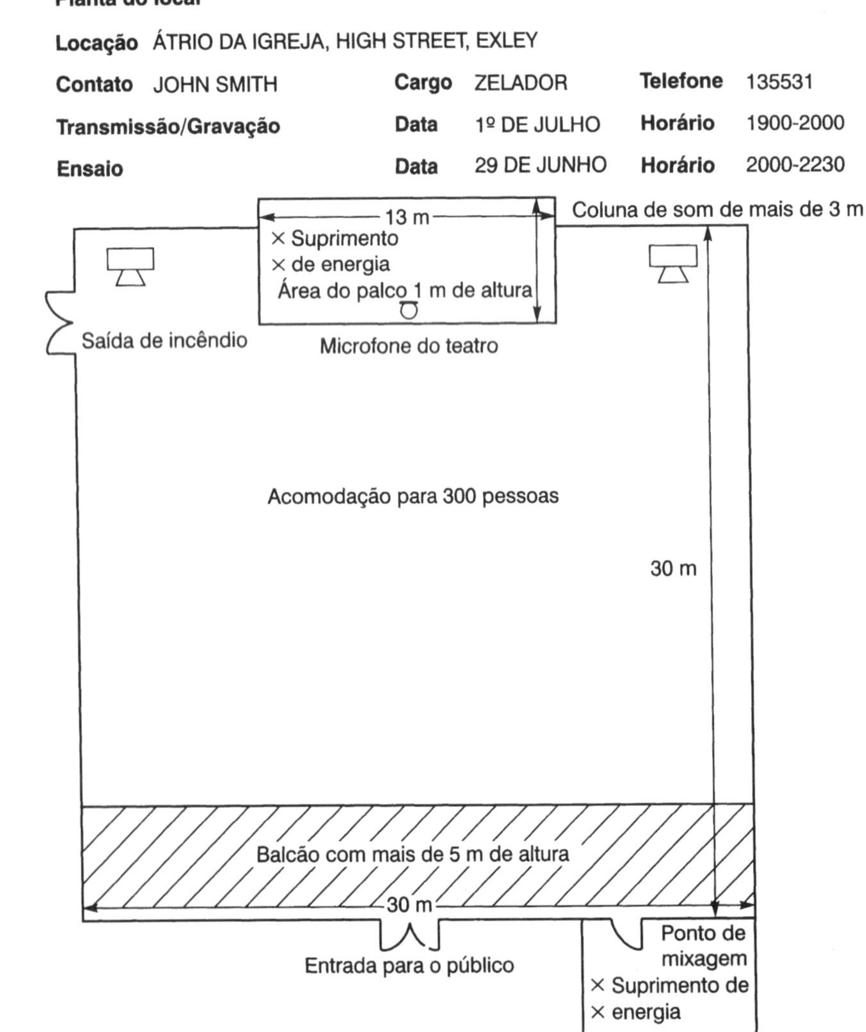

Fig. 16.2. Um esboço desenhado durante uma visita ao local é um valioso auxiliar para planejamento futuro.

mente boa para música — ou o circuito de programa terá de ser "equalizado"? Essas questões precisam ser discutidas logo no começo, pois, entre outras coisas, as respostas terão relação com o custo do programa.

Cedo ou tarde será exigida uma transmissão externa de um auditório ou do meio de um campo, onde não existem linhas. Essas condições precisam ser conhecidas com bastante antecedência, de modo que se possa obter um *link* de rádio ou as conexões necessárias por parte das autoridades da área telefônica; e, se for o caso, construir uma rota adequada. Uma decisão tem de ser tomada quanto à necessidade ou não de usar apenas circuitos de programa *one-way* (sem retorno) — o radialista que estiver no local poderá receber fora do ar a sinalização para prosseguir —, ou se também será preciso um segundo telefone *two-way* ou com linha de controle. Obviamente, é preferível um recurso como este; e para uma transmissão externa de qualquer duração e com muitas outras sendo feitas do mesmo local, isso se torna essencial. Isso também acontece quando se usam *links* de rádio — deverá haver um canal de controle bidirecional além do circuito de programa entre a transmissão externa e a base? O produtor especializado certamente conhecerá opções como a telefonia móvel e o ISDN descritos na p. 85. Se tudo falhar, porém, é bom precaver-se e saber onde há um telefone disponível nas imediações, seja numa residência ou num escritório, ou numa cabine pública. Muitos programas já foram salvos graças a um punhado de fichas de telefone!

Número de pessoas

Nessa altura já deve ter ficado claro quantas pessoas estarão envolvidas no local da transmissão. Qualquer coisa que vá além de um simples serviço envolvendo uma unidade móvel precisará de vários profissionais — produtor, engenheiro, comentarista, operador técnico, secretária, motorista, encarregado das refeições etc. Um grande evento com a presença do público, como uma exposição, pode precisar dos serviços de uma equipe de segurança ou de um especialista em publicidade. A lista cresce com a complexidade do programa, o que também acontece com o custo.

O número exato de pessoas é um caso importante de previsão — acertá-lo depende da capacidade de visualizar, por exemplo, se há a necessidade de escrever e digitar um *script* no local. Também dependerá da extensão da jornada de trabalho. Se for muito longa, haverá dois turnos.

Avaliação de riscos

Longe da familiaridade com o estúdio da emissora, as transmissões externas trazem muitas incertezas. Durante a visita de reconhecimento, deve haver uma cuidadosa avaliação dos riscos potenciais para a segurança de funcionários, artistas e público, bem como a elaboração de planos para minimizá-los. Isso se aplica não apenas à transmissão mas à montagem e desmontagem de equipamentos antes e depois do evento.

Que medidas são necessárias para o controle da multidão — em especial as crianças? Existe algum perigo proveniente de água, fogo, altura, veículos, trânsito, animais, aeronaves etc.? É necessário o uso de capacete, tomadas fluorescentes ou qualquer traje de proteção? Quais são os planos para eventuais emergências? A polícia e outras autoridades devem ser informadas? Nenhuma atividade dessa natureza está totalmente isenta de riscos, mas providências responsáveis precisam ser tomadas para prever e evitar possíveis acidentes.

Equipamento

É melhor que as pessoas diretamente envolvidas organizem os equipamentos por categoria:

1) *Técnico:* microfones (incluindo radiomicrofones), cabos, fios e conectores, mixadores de áudio, kit para computadores, *link* para TV e vídeo, aparelhos para reprodução de cassetes e CDs, gravadores, amplificadores, alto-falantes, fones de ouvido, materiais de gravação e edição, unidade digital de efeitos sonoros, rádio, baterias de reserva, cabos de força e quadros de distribuição, transformadores de isolamento (transformadores usados em iluminação ao ar livre), interruptores de circuito, fusíveis sobressalentes, fita crepe, kit de ferramentas, extintor de incêndio.
2) *Programa:* CDs, fitas, discos, *scripts*, cronômetros.
3) *Administrativo:* mesas, cadeiras, papel, *laptop* ou *notebooks*, impressora, lápis e canetas, marcatexto, lanternas, pranchetas, dinheiro, cordão, cabo, material

de publicidade, material para fazer cartazes.

4) *Pessoal:* comida e bebida, roupa especial, kit de primeiros socorros, sacos de dormir etc.
5) *Transporte:* veículos, mapas, pá.

Sempre alguma coisa é esquecida; mas, se for importante, isso só acontece uma vez.

Acomodação

É preciso conversar com o organizador do evento para entrar num acordo sobre o local exato em que ficará o pessoal e o equipamento da transmissão. Talvez existam normas especiais sobre estacionamento ou acesso ao local, caso em que é necessário obter passes e crachás apropriados.

Para montar o equipamento, é preciso ter acesso ao local bem antes do evento — requer alguma chave? Quem estará lá? Há algum tipo de segurança para proteger o equipamento, uma vez montado? Nessa etapa, o produtor deve também se informar sobre a localização de lavatórios, saídas de incêndio, lanchonetes e restaurantes, elevadores e quaisquer características especiais do local, como escadas, pequenas entradas, passagens incômodas, janelas que não abrem ou uma acústica inadequada.

O mixador de áudio geralmente fica no caminhão de externa ou numa sala de onde não se pode ver a ação. Nessas condições, é extremamente útil dispor de uma câmera de TV alimentando um monitor próximo à mesa de mixagem, de modo que o evento possa ser acompanhado — e antecipado pelo produtor e pelo engenheiro. A segurança e a localização da câmera devem ser acertadas antecipadamente com o organizador do evento.

Pesquisa

Fale com o organizador do evento para obter a escala de horários detalhada e uma lista dos participantes. Quando se trata de um evento a céu aberto, como paradas militares e jogos esportivos, é importante descobrir as medidas alternativas em caso de chuva. Vale a pena apresentar, como material preliminar da própria transmissão, o máximo possível de informação sobre quem está participando, a história do evento, quantas pessoas estiveram presentes em ocasiões anteriores, e assim por diante. Nessa fase, talvez seja necessária alguma pesquisa adicional para o comentarista — ver "Comentário" (Capítulo 17).

O produtor então poderá redigir a seqüência de matérias e atribuir a cada um sua função, seja no ar ou fora do ar. A ordem de transmissão das matérias deverá dar o máximo de informação possível, incluindo quem faz o que, quando, além de detalhes de sinalização e *timings*.

Conexão com a base

Especialmente no caso de uma transmissão externa "ao vivo", a equipe que está no estúdio da base precisa manter-se informada. Ela deverá ter cópias da seqüência das matérias e participar de qualquer discussão sobre material de preenchimento ou de outras instruções no caso de falha técnica. É preciso tomar as devidas providências para que uma transmissão externa "ao vivo" seja gravada na base, de modo que seja possível fazer um especial, se for o caso.

Divulgação

O produtor deve assegurar-se de que fez tudo o que podia, de antemão, para providenciar a necessária divulgação, que pode ser na forma de informações sobre o programa, cartazes impressos, *press release* ou simplesmente chamadas e anúncios no ar. É comum os radialistas envidarem imensos esforços para cobrir um importante evento público, mas negligenciar a necessidade de avisar as pessoas com antecedência. É verdade que alguns organizadores alegam que a cobertura da radiodifusão afasta as pessoas do evento em si. Por outro lado, porém, a divulgação antecipada freqüentemente estimula o interesse e faz aumentar o público. Muitos comparecem por causa da divulgação feita pelo rádio.

Segurança

Numa situação em que há uma multidão presente e a atenção está inevitavelmente voltada para o espetáculo, o radialista tem uma responsabilidade especial em garantir que seu trabalho não apresente nenhum risco. É claro que ele deve se submeter aos regulamentos locais e quaisquer outras normas que se apliquem ao local da transmissão. Seu equipamento não deverá obstruir corredores ou ocultar as indicações de saída de incêndio ou os próprios extintores, por exemplo.

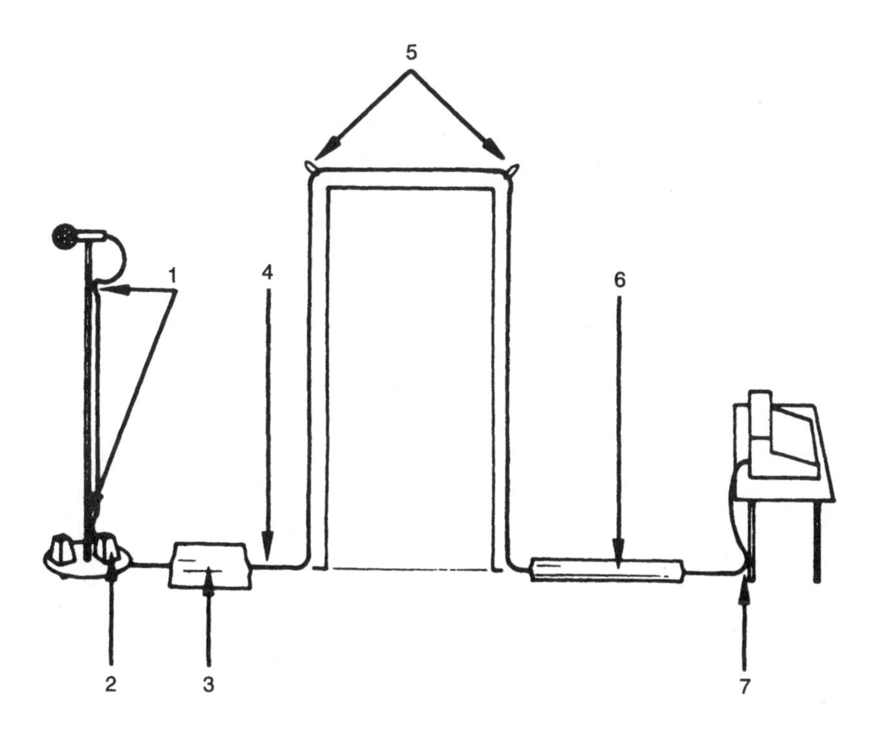

Figura 16.3. Microfone e cabos devem ser montados com segurança. 1. Cabo preso com fita crepe ao suporte do microfone. 2. Suporte lastreado. 3. Na passagem, coloca-se um capacho sobre o cabo. 4. O cabo não apresenta dobras nem nós. 5. O cabo passa por cima do batente da porta. 6. Cabo fixado ao chão por meio de fita crepe. 7. Cabo preso ao mixador.

Cabos atravessando calçadas ou passagens devem ser cobertos por uma rampa ou erguidos para que não causem nenhuma obstrução.

Microfones suspensos sobre uma platéia devem estar bem fixos e não apenas colados com fita adesiva, que pode se soltar com a mudança de temperatura, mas presos de modo a impedir qualquer possibilidade de serem desatados por dedos curiosos ou maldosos. Correntes de segurança são usadas para firmar equipamentos montados no alto.

Pessoas do povo em geral ficam curiosas com a operação de transmissão, e portanto todo equipamento tem de permanecer estável; por exemplo, as bases dos microfones ou os alto-falantes não podem cair. Nem tampouco as conexões elétricas devem estar ao alcance de mãos descuidadas. Talvez seja necessário algum tipo de isolamento.

É quase certo que seja esse o caso quando a comunicação com o público ocorre no nível do chão. Num show com DJ, em que o radialista fornece alto-falantes para saída local, a intensidade do som nas proximidades das caixas acústicas geralmente é suficiente para causar um dano temporário, e em alguns casos permanente, aos ouvidos. Para evitar esse problema, costuma-se usar algum tipo de barreira a cerca de três metros do alto-falante. Uma alternativa melhor é fixar as caixas no alto, bem acima da altura do público.

Métodos conflitantes

Os engenheiros são essenciais para o processo de transmissão. Os radialistas deveriam saber que sem eles não chegariam muito longe — especialmente numa transmissão externa. Embora os produtores possam ser criticados por terem pouco interesse pelas questões técnicas, também é preciso dizer que alguns engenheiros tendem a complicar demais as coisas. Às vezes usam muitos microfones ou possuem um gosto indevido por engenhocas técnicas, e nem sempre explicam ao produtor, como deveriam, os problemas e as possibilidades de uma situação. Além do mais, a mesa de mixagem em geral é operada por um técnico ou engenheiro especializado em transmissão externa, e assim a mixagem final — o som do programa — não é controlada diretamente pelo produtor. Portanto, enquanto o engenheiro, numa transmissão externa, pode estar preocupado com a qualidade da locução no estúdio e com um som acusticamente perfeito, o produtor talvez queira muito mais o *evento* — um senso de ocasião. Por causa dessas diferenças de abordagem, não é nenhuma surpresa que surjam discussões entre produtores e engenheiros. O problema costuma ser contornado pela pressão do tempo.

Uma dificuldade comum na transmissão de eventos ao vivo é a freqüente falta de ensaio. Geralmente não é possível ouvir a mixagem, discuti-la, ajustá-la e refazê-la. Portanto, é fundamental que o produtor discuta seus objetivos com o engenheiro de som com bastante antecedência e mantenha um contato próximo no caso de surgirem problemas. Diante de um engenheiro com muitos anos de experiência, o jovem produtor provavelmente se sentirá intimidado pelo mais velho e incapaz de questionar qualquer coisa que aquele disser ou fizer. Sem dúvida, aproveite essa experiência, dependa dessa competência e aprenda — mas desenvolva sempre as habilidades pessoais para contestar precedentes e fazer alterações no que achar necessário. Afinal de contas, na maioria das organizações, o encarregado é o produtor — e também o responsável pelo produto final.

Ordem

O radialista está trabalhando num espaço público e tanto a sua aparência quanto seu comportamento geral contribuirão para a imagem da emissora. O pessoal mais antigo tem ciência disso, mas isso nem sempre acontece com os colaboradores *free lances*. Um aspecto menor mas importante da relação com o público é em que condições se deixa o local de transmissão. É claro que não é desejável deixar para trás um equipamento, mas esse procedimento deve também ser aplicado ao lixo acumulado — *scripts*, anotações, latas de alimentos, sacos plásticos, caixas vazias etc. Por motivos práticos, um bom local de transmissão será requisitado novamente e não interessa para o radialista ser lembrado pelas razões erradas.

Gratificação

Costuma-se reconhecer que a presença do radialista num local de transmissão provavelmente causa um esforço extra por parte dos que trabalham normalmente ali. Não será necessário considerar essa questão em todos os casos, e talvez até se perceba que onde há uma distinção especial associada à radiodifusão, é possível viver à custa dessa boa fama. É preciso resistir à tentação, pois cada vez que esse *status* é aproveitado dessa maneira, provavelmente diminuirá. Em lugares onde há uma assistência local que vai além do serviço normal, paga-se uma taxa de conveniência, do mesmo modo que no caso de serviços especiais externos, como o uso de telefone, eletricidade ou água, ou mesmo o estacionamento de veículos. A quantia obviamente tem de ser proporcional ao serviço prestado — se for muito, será um desperdício; se for pouco logo se terá mais prejuízos do que vantagens.

17 Comentários

O rádio possui um recurso maravilhoso para criar imagens na mente do ouvinte. É mais flexível que a televisão, uma vez que é possível isolar um pequeno detalhe sem esperar pelo *zoom* da câmera, permitindo uma amplitude de visão muito maior do que as dimensões de uma tela. O ouvinte faz mais do que apenas ouvir um evento; o rádio, mais facilmente do que a televisão ou o cinema, transmite a impressão de participação real. O objetivo do comentarista, portanto, é recriar na mente do ouvinte não apenas uma imagem, mas uma impressão total da ocasião. Isso é feito de três maneiras distintas:

1) As palavras empregadas descreverão visualmente a cena.
2) A velocidade e o estilo da transmissão enfatizarão o tom emocional do evento.
3) Microfones adicionais de "efeito" reforçarão a ação, ou a reação do público.

Atitude perante o ouvinte

Ao descrever a cena, o comentarista deve ter em mente "um amigo cego que não pode estar lá". É importante lembrar o fato óbvio de que o ouvinte não pode ver. Sem levar isso em conta, é fácil acabar na situação de simplesmente falar sobre o evento com "alguém que está ao seu lado". O ouvinte deve ser visto como um amigo porque isso implica uma verdadeira preocupação em se comunicar de uma maneira plena e precisa. O comentarista deve utilizar mais do que os olhos e transmitir a informação por todos os sentidos, de modo a intensificar a sensação de participação no ouvinte. Assim, por exemplo, a temperatura, a proximidade de pessoas e coisas, ou a noção de odor são fatores importantes na impressão global. O odor é particularmente evocativo — o cheiro de grama recém-cortada, o aroma no interior de um mercado de frutas ou o odor de mofo presente num prédio antigo. Combine isso tudo com um estilo apropriado de locução e com os sons do lugar e você está prestes a criar um forte conjunto de imagens.

Preparativos

Algumas das etapas essenciais estão descritas em "Transmissões Externas", mas nunca é demais enfatizar a importância da visita prévia ao local de transmissão. O comentarista não só deve acomodar-se em termos de campo de visão para si próprio, posição do Sol, mas também utilizar o tempo para obter fatos essenciais sobre o evento. Por exemplo, nos preparativos para um cerimonial, ele precisará descobrir:

1) A programação oficial dos eventos com detalhes sobre horário etc.
2) Os nomes das flores usadas na decoração, ou das árvores na área.
3) A história das construções e das ruas, além de detalhes arquitetônicos.
4) As pessoas que participam em segundo plano — invisíveis e visíveis; por exemplo, organizadores, zeladores.
5) Os nomes das músicas a serem tocadas, e qualquer associação que possam ter com as pessoas e o lugar.

Enriquece muito a descrição de uma cena poder mencionar o tipo de alvenaria utilizado num edifício, ou que "há fúcsias e hortênsias em torno do palco". A razão para esses detalhes é usá-los como um contraste com os elementos realmente significativos do evento e fazê-los ganhar importância. O contraste promove a variedade, tornando a audição mais interessante; e a menção de coisas importantes e menos importantes é essencial, especialmente numa matéria longa. A percepção do detalhe pode também ser a salvação de uma transmissão quando há momentos inesperados a serem preenchidos. Não há substituto para um comentarista fazendo o seu trabalho.

Além de observar pessoalmente e fazer perguntas, o radialista poderá procurar a seção de referências nas bibliotecas e museus, recortes de jornal, cópias da programação do evento, participantes anteriores, revistas especializadas e assessorias de imprensa do governo ou de empresas.

Depois de obtida toda a informação factual, o comentarista deve juntá-la de modo a poder usá-la nas condições da transmissão. Se ele estiver precariamente empoleirado numa unidade móvel, na chuva, agarrado a uma grade para se apoiar e segurando um microfone, um cronômetro e um guarda-chuva, a última coisa que ele quer é um punhado de papel prestes a voar na primeira rajada de vento! As anotações devem ocupar o mínimo de folhas possível e sempre estar presas a uma prancheta. Cartões podem ser úteis, pois não fazem ruído ao serem manuseados. O importante é a ordem e a lógica. A informação geralmente será de natureza cronológica, apresentando os antecedentes dos participantes, em especial quando estes aparecem numa seqüência predeterminada — um desfile ou parada, show de variedades, corrida, evento esportivo, serviço religioso ou cerimônia cívica. Outras informações sobre o evento ou sobre o ambiente podem ficar em páginas separadas, contanto que sejam de fácil acesso. Se o evento não ocorrer logo em seguida, por exemplo, uma partida de futebol ou uma conferência pública, talvez seja útil que as informações pessoais estejam em ordem alfabética, ou melhor ainda, memorizadas.

Contato com o estúdio da base

O comentarista precisará conhecer os detalhes da transmissão. Isso se aplica tanto à comunicação do estúdio para ele quanto ao seu retorno para o estúdio. É melhor que esses detalhes estejam anotados, pois facilmente fogem à memória. Ele também deverá estar plenamente ciente dos procedimentos a serem seguidos no caso de qualquer tipo de falha no circuito — a música de apoio a ser tocada e quem toma a decisão de retomar o programa. Talvez seja necessário elaborar algum sistema de sinais manuais ou qualquer outro meio de comunicação com o pessoal técnico. O comentarista precisará saber se poderá ouvir o ponto eletrônico nos fones de ouvido etc. Essas questões são as "redes de segurança" que possibilitam ao comentarista cumprir seu papel com o devido grau de confiança.

Como acontece com todas as transmissões externas, o estúdio da base deve assegurar que os comentários sejam gravados. Não só o comentarista terá a curiosidade profissional de ouvir como saiu o seu trabalho, mas o material poderá ser requisitado para fins de arquivamento. Ainda mais importante é que um evento digno de uma transmissão externa por certo merecerá a edição de destaques posteriormente. Sendo assim, serão necessárias duas gravações — a original, completa, e outra que possa ser cortada para retransmissão subseqüente.

Esportes

Antes de tudo, o comentarista esportivo deve conhecer o esporte que irá comentar e ter informações detalhadas sobre determinado evento. Ele deve estar a par da seqüência de competições que resultou nesse confronto, sua importância no contexto do torneio, os participantes e algo de sua história. A necessidade de ter essas informações é elementar; mas como usá-las, não é tão óbvio. A tendência é despejar tudo no começo, na forma de uma introdução enciclopédica um tanto indigesta. Certamente, os fatos essenciais devem ser passados logo no início, mas uma forma bem melhor de fornecer detalhes do histórico do evento é no desenrolar do jogo, num momento apropriado ou durante uma pausa. Assim, o comentarista parecerá parte integrante do que está ocorrendo, e não um observador dotado de certa superioridade.

Tradicionalmente, por razões técnicas, o comentarista opera em geral de dentro de uma cabine a prova de som, isolado do ambiente imediato. Ele pode facilmente perder algo do clima do evento ao criar seu próprio ambiente, e por isso há um forte argumento a favor de que se aproxime do campo de ação, contanto que use um microfone que elimine ruídos, e seus recursos de comunicação, como o ponto eletrônico, sejam confiáveis.

Estádios esportivos parecem sofrer mudanças mais freqüentes em suas instalações do que outras construções, e a não ser que determinado lugar seja quase semanalmente utilizado em transmissões radiofônicas recomenda-se uma visita prévia de reconhecimento. É fácil desdenhar esse reconhecimento supondo que o lugar será o mesmo de seis meses atrás. A não ser, porém, que haja fortes razões em contrário, a visita e os testes técnicos devem ser feitos.

Quando a ação ocorre numa área bastante ampla, como no caso de uma corrida de veículos, de uma competição de atletismo com várias modalidades ou torneio de remo, provavelmente haverá mais de um comentarista. Sinalização, *handover*, cronometragem, recebimento dos resultados oficiais — tudo isso deve ser devidamente providenciado. Quanto mais complexo o evento, mais necessária a observância das três regras de ouro para todas as transmissões desse tipo:

1) Meticuloso planejamento de produção, de modo que todos saibam o que *provavelmente* lhes será solicitado.
2) Comunicações de primeira qualidade para controle.
3) Apenas uma pessoa no comando.

Comunicando o clima

A questão principal é: "Qual a impressão geral por aqui?". É de uma festividade alegre ou existe uma emoção mais intensa? Há ansiedade ou há relaxamento? Na outra extremidade da escala emocional, pode haver uma sensação de espanto, uma tragédia ou tristeza que precisam ser refletidos com melancólica dignidade. Seja lá o que estiver acontecendo, a sensibilidade do comentarista em relação ao clima geral e dos espectadores controlará seu estilo, uso das palavras e velocidade de locução. Mais do que qualquer outra coisa, isso passará as impressões do evento nos momentos iniciais da transmissão. O estado de espírito da multidão deve ser cuidadosamente observado — esperançosa, entusiasmada, contente, generosa, relaxada, impressionada, impaciente, taciturna, zangada, séria, triste. Tais sentimentos devem ser transmitidos na voz do comentarista e sua precisa avaliação ajudará a saber quando é preciso parar e deixar que os sons do evento falem por si.

Coordenação das imagens

É muito fácil não perceber o quadro geral, mas, em vez disso, acabar descrevendo com precisão peças separadas de um quebra-cabeça. A grande arte e o grande desafio do comentário é combinar essas peças, apresentando-as de um modo logicamente coordenado que permita ao "amigo cego" encaixar as informações com precisão na sua imagem mental. O comentarista deve incluir não apenas a informação relativa à cena, mas também algo sobre como essa informação será integrada para formar a estrutura apropriada em termos de proporção. Fornecido o contexto, os outros itens podem então ser relacionados a ele. No começo, é preciso mencionar a posição do comentarista em relação à cena; e também dar detalhes sobre distância, tamanho, primeiro plano, esquerda e direita etc. Deslocamentos numa cena requerem uma transição suave e lógica, para que o ouvinte não fique totalmente desorientado.

Fig. 17.1. **Microfone labial. Este microfone tem excelentes propriedades que o tornam ideal para situações que exigem comentários. O protetor de boca fica encostado no lábio do radialista enquanto o microfone está sendo usado. Há um eliminador de graves no cabo para compensar a elevação dos tons graves que resulta da proximidade com um microfone de fita.**

Conteúdo e estilo

O comentarista começa com um "cenário". Primeiro ele diz onde está e por quê — é melhor que isso não seja informado de antemão no *handover,* evitando assim a repetição. É preciso ajudar o ouvinte a se identificar com o local, em especial se este já lhe for familiar. A descrição continua do geral para o particular, observando-se as condições climáticas, a impressão geral de iluminação, a disposição do público, as cores da cena e o que está prestes a acontecer. Talvez uns dois minutos ou mais sejam suficientes para descrever o cenário, dependendo da complexidade do evento, quando provavelmente não estará acontecendo muita coisa. No momento em que começar a ação, o ouvinte deverá ter um nítido quadro visual e emocional do cenário, noção de proporção e impressões gerais. Mesmo assim, o comentarista deverá referir-se continuamente às generalidades da cena e também aos detalhes da ação, entrelaçando ambas as descrições.

O tempo que se gasta na descrição de cena é claro que não se aplica nos casos de comentários noticiosos, em que a preocupação principal é com a ocorrência do fato. Ao chegar a uma cena de incêndio ou de manifestação pública, primeiro é preciso focalizar o evento e só depois é que se inclui o ambiente geral. Mesmo assim, é importante fornecer o detalhe com o seu contexto.

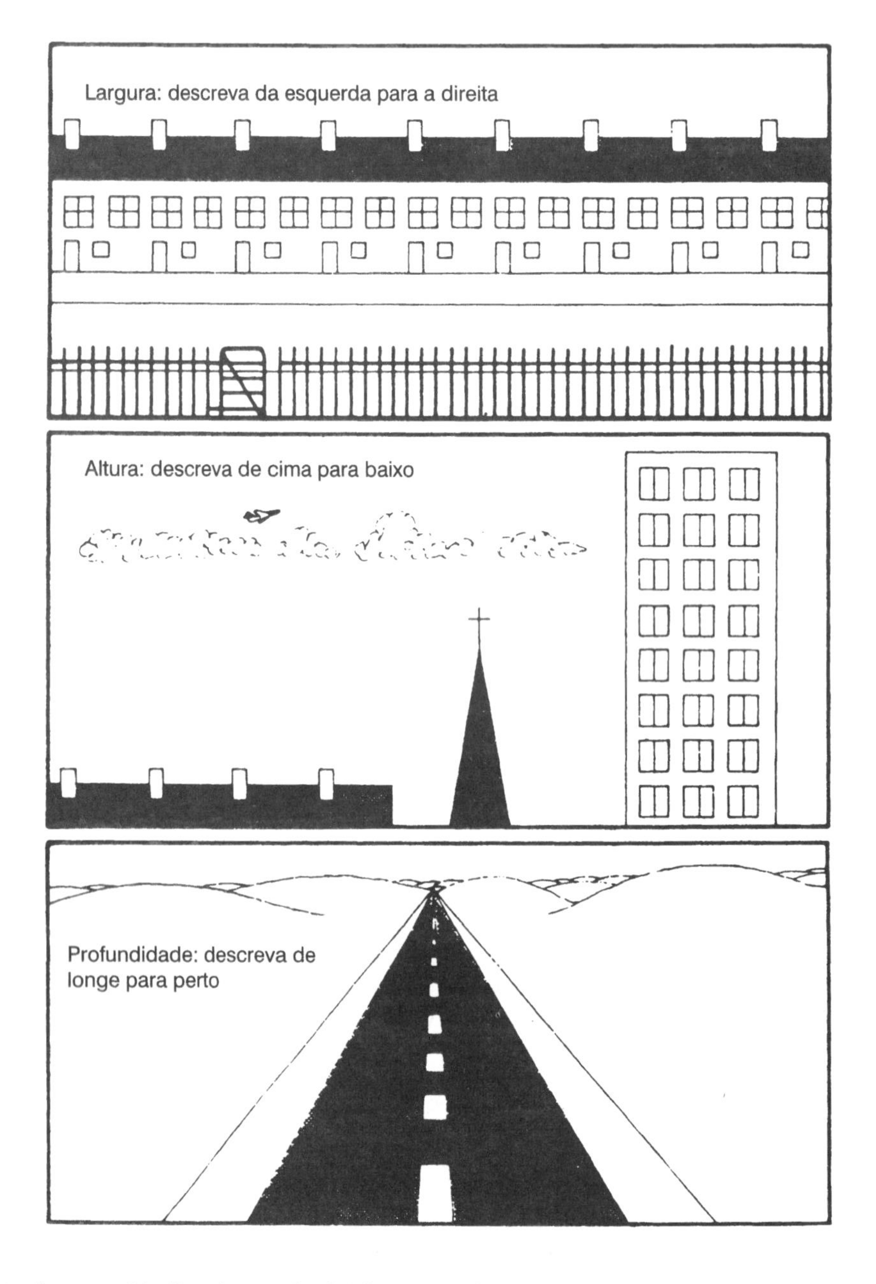

Fig. 17.2. As dimensões do comentário. O ouvinte precisa de informação tridimensional para localizar a ação. Essa orientação não deve se limitar ao cenário, mas ser mantida durante todo o comentário.

Muitos comentários ficam bem melhores com o uso da cor. Seja espalhafatosa ou sóbria, ela é facilmente recriada nos olhos da mente, e a menção a túnicas púrpuras, plumagem verde-brilhante, céu cinza-plúmbeo, o azul e o dourado do cerimonial, clarões vermelhos ou a cintilante espuma branca das ondas — essas referências específicas evocam a realidade muito melhor do que descrever a cena apenas como multicolorida.

Ao descrever a ação em si, o comentarista deve acompanhar o ritmo do evento, combinando o fato preparado com visão espontânea. No caso de uma seqüência planejada, à medida que aparece determinada pessoa, ou um pouco antes, faz-se referência às devidas informações de pano de fundo, título, história, e assim por diante. É mais fácil falar do que fazer, pois isso requer bastante prática — talvez o uso de um gravador ajude aperfeiçoar a técnica.

Ação esportiva

A descrição do esporte, mais do que a da ocasião cerimonial, exige um nítido quadro de referência. A maioria dos ouvintes estará familiarizada com o desenho do evento e poderá orientar-se no que diz respeito à ação contanto que esta seja apresentada da maneira correta. Eles precisam saber qual o time que joga da esquerda para a direita; no críquete, de que lado do campo vem a bola; no tênis, quem está fazendo o serviço e de que lado da quadra; numa corrida de cavalo ou numa prova de atletismo, a posição do comentarista em relação à linha de chegada. Não basta dar essa informação apenas no começo; ela tem de ser usada durante todo o comentário, e associada conscientemente à descrição da ação.

Assim como acontece com o comentarista de cerimoniais, o comentarista esportivo está acompanhando a ação ao mesmo tempo que observa o que se passa paralelamente; por exemplo, o jogador machucado, ou então uma provável mudança climática. Além disso, o comentarista experiente pode aguçar o interesse do ouvinte destacando um aspecto do evento que não seja evidente. Por exemplo, a real importância de uma corrida pode ser a disputa entre o quarto e o quinto lugar; a liderança de uma prova de 10 mil metros talvez já esteja decidida, mas ainda poderá haver alguma emoção quanto ao segundo lugar estabelecer ou não um novo recorde europeu ou seu melhor desempenho até então.

Em jogos mais lentos, como o críquete, a arte é utilizar as pausas na ação de modo interessante, não como lacunas a serem preenchidas, mas como oportunidades para enriquecer o quadro geral ou fornecer informações adicionais. É aqui que outro comentarista ou pesquisador poderá suprir a informação apropriada a partir do livro de registros ou com uma análise dos desempenhos até o momento. De qualquer forma, comentários longos requerem mudança de voz, tanto para o ouvinte quanto para os comentaristas. Trocas a cada 20-30 minutos são a norma.

Se, por alguma razão, o comentarista não consegue ver muito bem determinado incidente ou não tem certeza do que está acontecendo, deve evitar comprometer-se — "Eu acho que...". Uma forma melhor e mais clara é — "Parece que...". Igualmente, é imprudente para um comentarista especular sobre o que um árbitro está dizendo a um jogador numa situação disciplinar. Somente o que ele pode ver ou saber deverá ser descrito. É fácil cometer um grave erro que afeta a reputação de um indivíduo baseando-se na interpretação incorreta do que parece ser óbvio. E deve ser considerado algo bastante excepcional a verbalização de desacordo com a decisão da arbitragem. Afinal de contas, o árbitro da partida está mais próximo da ação e provavelmente viu algo que o comentarista deixou passar. O inverso também poderá ser verdadeiro, mas, no calor do momento, é mais sensato dar aos árbitros o benefício da dúvida.

Marcadores e resultados devem ser dados com freqüência para beneficiar os ouvintes que acabaram de sintonizar a emissora; mas é preciso fazê-lo de várias formas para não irritar os que estão acompanhando desde o começo. Os comentaristas devem lembrar que a ausência de gols ou pontos pode ser tão importante quanto um marcador positivo.

Realidade e silêncio

Pode acontecer que durante o evento haja sons aos quais o comentarista deve referir-se. A dificuldade é que quanto mais barulhento o ambiente mais próximo do microfone estará o comentarista, de maneira que o ruído de fundo seja relativamente reduzido. É essencial fazer com que esses sons possam ser ouvidos mediante microfones separados, ou então as referências ao "estrondo dos helicópteros lá em cima", às "tremendas explosões que ocorrem ao meu redor" ou aos "gritos da multidão" deixarão o ouvinte confuso. É importante nessas ocasiões que o comentarista pare de falar e deixe que o evento fale por si mesmo.

Poderá haver momentos em que o comentarista é praticamente obrigado a ficar em silêncio — durante a execução de um hino nacional, a bênção no final de um serviço religioso ou quando palavras importantes forem pronunciadas num cerimonial. O resultado será um forte constrangimento para o comentarista e uma considerável irritação por parte do ouvinte. O radialista não familiarizado com paradas militares ou serviços religiosos deverá evitar esses perigos e procurar ler todas as instruções antecipadamente.

Finalização

Para cumprir o horário, é útil dispor de um cronômetro sincronizado com o relógio do estúdio, o que permitirá um *handback* bastante preciso, mas se não houver horário fixo, a sinalização é apenas dada no final do evento.

Após o entusiasmo que cerca um evento, é muito fácil criar-se uma sensação de anticlímax. Mesmo depois de tudo terminado e o público já indo embora, o comentário deve manter o espírito do evento em si, talvez com um breve resumo ou mencionando uma próxima ocasião semelhante. Outra técnica é o equivalente no rádio à tomada de ângulo aberto da televisão. O comentarista "afasta-se" do detalhe da cena, concluindo da forma como começou, ou seja, com uma impressão geral do quadro total antes de finalizar com algumas palavras previamente combinadas que indicam o retorno ao estúdio.

Muitos radialistas preferem que aberturas e encerramentos estejam contidos no *script*. Certamente, se você inventou uma frase bem elaborada, sua inclusão em qualquer parágrafo final contribuirá adequadamente para o esforço do comentarista em resumir tanto o espírito quanto a ação do momento.

Um exemplo

Um dos mais notáveis comentaristas de rádio foi o já falecido Richard Dimbleby da BBC. Sua mais memorável matéria, das muitas que fez, provavelmente foi a descrição do funeral do rei George VI no Westminster Halll, em fevereiro de 1952. A página impressa dificilmente lhe faria justiça; é rádio e só pode ser plenamente apreciado quando ouvido. Aqui pode-se ver, no entanto, a aplicação das "normas" do comentarista, com um estilo de linguagem e uma locução apropriados para a ocasião. Um cenário que logo insere o ouvinte no lugar e no clima do ambiente. "Sinalizadores" que indicam a parte da imagem que está sendo descrita. Suaves transições que levam o ouvinte de uma parte daquela imagem para outra. Informação pesquisada, sentenças ou frases curtas, discurso direto, cores e atenção aos detalhes, tudo utilizado com uma habilidade magistral para colocar o ouvinte dentro da cena.

> Esta noite, o Novo Jardim do Palácio de Westminster está escuro. Olhando para baixo, aqui desta velha janela chumbada, posso ver o antigo jardim salpicado com pequenas manchas de luz onde as lâmpadas de Londres tentam penetrar na escuridão profunda e gelada, mas não conseguem. E atravessando as sombras da noite, um cortejo ainda mais sombrio de seres humanos vindos, quase em silêncio, de sob um longo dossel branco que cruza a calçada e termina nos grandes portões de Westminster Hall. Falam muito pouco, essas pessoas, mas seus passos soam tênues enquanto elas atravessam o jardim e saem pelos portões, voltando para a noite de onde saíram.
>
> Elas passam aos milhares pelo saguão da História enquanto a História está sendo feita. Ninguém sabe de onde vêm ou para aonde vão, mas são pessoas, e vê-las passar é ver a nação passar.
>
> Este funeral de um rei é muito simples, e ao mesmo tempo de incomparável beleza. Bem acima das luzes e das sombras e num rico entalhe, o enorme teto de castanheiro que Ricardo III colocou sobre o grande salão. Desse teto, a luz desce em raios límpidos e retilíneos, imaculados de qualquer poeira, que se juntam num só lugar. Ali está o caixão do rei.
>
> O carvalho de Sandringham, oculto por sob as ricas dobras de ouro da Bandeira; o lento tremeluzir das velas toca suavemente as jóias da Coroa Real, até mesmo aquele rubi que o rei Henrique usou em Agincourt. Toca a cor púrpura escura da almofada de veludo e as flores frescas e brancas da única coroa que pousa sobre a bandeira. Como tamanha simplicidade pode comover. Como são sinceras as lágrimas daqueles que passam e o vêem, e voltam novamente, como o fazem neste momento num fluxo contínuo, para a noite escura e fria, e para a intimidade de seus pensamentos.
>
> Richard Dimbleby

Enfrentando reveses

Mais cedo ou mais tarde, algo dará errado. Um avião cai, o estádio de futebol pega fogo, terroristas aparecem de repente, uma manifestação pacífica de repente torna-se violenta ou desmorona uma arquibancada. O correspondente de guerra ou o repórter experiente enviado para cobrir uma catástrofe sabe até que ponto deve ir para descrever a morte e a destruição. A sensibilidade às reações do ouvinte ao descrever corpos mutilados ou o efeito sangrento do fogo de artilharia desenvolve-se pela experiência e pela constante reavaliação dos valores da notícia. Mas o comentarista que não faz noticiário também deve aprender a lidar com a tragédia. Do desastre do dirigível Hindenburg em 1937 à explosão do ônibus espacial, os comentaristas precisam reagir ao imprevisto, respondendo talvez com uma transição instantânea entre uma cerimônia nacional e uma terrível catástrofe. Certos tipos de evento como corridas de automóveis e shows aéreos possuem uma capacidade inerente de gerar acidentes. Mas quando terroristas invadem uma pacífica Vila Olímpica, os comentaristas normalmente acostumados a descrever a emoção das pistas têm de lidar com tensões de natureza bem diferente.

Eis aqui um exemplo com o comentarista Peter Jones da BBC Sports que cobre uma partida de futebol no estádio de Hillsborough, em Sheffield. O jogo apenas começara quando a chegada de mais pessoas ao estádio provocou tamanho aperto nas arquibancadas que torcedores pulavam as grades e invadiam o campo. A partida foi interrompida e alguns momentos depois:

> Neste momento há informações ainda não confirmadas, e enfatizo, ainda não confirmadas, de cinco mortos e muitas pessoas gravemente feridas aqui em Hillsborough. Só para lembrar o que aconteceu — cinco minutos depois do começo da partida, no lado esquerdo do estádio, onde estavam apinhados os torcedores do Liverpool — e a informação é que um dos portões da cerca de ferro foi arrombado —, torcedores invadiram o campo. A polícia interveio e o árbitro, agindo corretamente, seguiu o conselho dos policiais e retirou os times de campo. Desde então temos visto placas de anúncio improvisadas como macas, torcedores ajudando, equipes médicas, cilindros de oxigênio, os bombeiros derrubando a cerca para facilitar a entrada de ambulâncias e corpos estendidos por toda parte sobre o campo.
>
> (Cortesia BBC Sport)

Lembrando que esse comentário estava sendo ouvido por familiares e amigos de pessoas que estavam no estádio, foi importante descrever as primeiras informações sobre vítimas como "ainda não confirmadas" e também evitar qualquer tentativa de identificar a causa da tragédia, ou pior, apontar culpados. O comentarista faz bem em relatar apenas o que pode ver pessoalmente. E o que deve fazer o não-especialista? Eis aqui algumas diretrizes:

- Continue se puder. Não se sinta desencorajado em transmitir para o estúdio um fato incomum. Mesmo que seu comentário não seja "ao vivo", pode ser crucial para a cobertura do noticiário que irá ao ar mais tarde.
- Não é preciso ter vergonha de suas próprias emoções. Você também é um ser humano, e se ficou apavorado ou assustado com o que está acontecendo, sua reação fará parte do conteúdo transmitido para o ouvinte. Uma coisa é ser profissional, objetivo e controlado num evento planejado, outra é manter essa postura durante uma emergência repentina.
- Não exponha a riscos desnecessários a sua própria vida ou a vida de outros. Com a melhor das boas intenções, você talvez acredite que o "show deve continuar", mas poucas empresas lhe agradecerão os atos heróicos que resultem em sua morte. Se estiver num prédio em chamas, informe o que está acontecendo e saia. Se, numa manifestação, houver disparos de arma de fogo ou se a polícia estiver usando gás lacrimogênio, procure proteger-se. Depois diga o que está ocorrendo e encontre o melhor ponto de observação para continuar.
- Não enfatize a angústia ou o sofrimento individual. Mantenha uma perspectiva relativamente ampla e contextualize os fatos. Lembre-se da possibilidade de ouvintes terem parentes ou amigos envolvidos no evento.
- Deixe que os sons falem por si mesmos. Não pense que você tem de falar continuamente, é muito importante deixar que o ouvinte ouça a realidade — tiros, explosões, barulho da multidão, gritos e berros.
- Não se apresse em tirar conclusões quanto às causas e responsabilidades. Isso fica para uma perspectiva posterior. Atenha-se aos eventos observáveis e transmita os fatos conforme você os vê.
- Acima de tudo, procure saber quais são as normas da emissora para esse tipo de cobertura bem antes da ocorrência de qualquer evento dessa natureza. Coloque o tema na agenda para que possa estar de acordo com os procedimentos de emergência.

18 Gravações musicais

São três as perguntas que um produtor deve fazer a si mesmo antes de se envolver na produção de qualquer material musical.

Em primeiro lugar, o material oferecido tem a ver com as necessidades do programa? O produtor de mentalidade técnica, o audiófilo ou o engenheiro pode facilmente criar razões para gravar determinada música que não sejam as associadas ao seu valor como um bom elemento de programação. Talvez represente um desafio técnico atraente, ou então o tipo de concerto que no momento parece uma boa idéia ter disponível. Por outro lado, o desejo de gravar determinado grupo de artistas poderá não levar em consideração se a música que estão fazendo é ou não adequada. Às vezes há músicos que em termos visuais são convincentes mas, no áudio, inexpressivos; ou como acontece com muitos músicos de casas noturnas, que dependem de um clima difícil de ser reproduzido no rádio. Aventurar-se com música de pouca perspectiva para transmissão é algo especulativo. O produtor de rádio normalmente não deve comprometer recursos a não ser que saiba, talvez apenas em linhas gerais, como pretende usar o material.

A segunda pergunta diz respeito ao padrão de execução: é suficientemente bom para merecer uma transmissão? Não pode haver um único conjunto de critérios para padrões, pois muito depende do objetivo e contexto do programa. Uma transmissão de âmbito nacional sem dúvida exige os mais elevados padrões; em termos regionais e locais, há a obrigação de transmitir a música feita na região, que muito provavelmente não chega a ser de qualidade internacional. A orquestra da cidade, o conjunto musical universitário, conjuntos amadores de música pop, todos têm lugar na programação, mas para uma transmissão envolvendo o público geral, diferentemente de uma apresentação escolar dirigida apenas aos pais dos executantes, há um limite mínimo de padrão a ser respeitado. Ao identificar esse nível mínimo, o produtor tem de decidir se antes de tudo ele está transmitindo a música, o músico ou o evento. Certamente, ele não deverá ir adiante sem ter uma clara indicação do provável resultado — grupos novos devem ser ouvidos com antecedência, e de preferência "ao vivo" em vez de fitas de áudio. Se ficarem evidentes os limites técnicos de execução, os músicos devem ser persuadidos a apresentar números que estejam dentro dos limites de sua capacidade. Música simples bem tocada é infinitamente melhor do que peças musicais sofisticadas que não vingam.

E, finalmente, a gravação ou transmissão é compatível com a capacidade técnica da emissora? Mesmo em nível nacional, há limites para o que pode ser gasto num único programa. Quantidade e tipos de microfones, a melhor especificação para linhas estéreo, circuitos especiais, recursos técnicos numa transmissão externa remota, disponibilidade de mais de uma fonte de eco, e assim por diante — são considerações que afetarão a qualidade do que o público ouvirá e, portanto, contribuirá para a avaliação do artista. O radialista tem a obrigação óbvia perante os músicos de apresentá-los da maneira mais apropriada, sem a interferência de limites técnicos. Isso pressupõe que o produtor saiba exatamente o que ocorre em cada situação; que, por exemplo, ele tenha conhecimento das implicações de um concerto "ao vivo" em que os membros de um conjunto de música pop cantam e tocam ao mesmo tempo, em que o público está presente, ou para o qual sejam necessários microfones hipercardióides, de padrão variável ou de lapela, possibilitando assim um determinado balanço sonoro. Unidades pequenas de programação devem evitar ir além de sua capacidade, mantendo-se nos limites de seu equipamento e especialização. É muito mais aconselhável para

Fig. 18.1. A complexidade técnica de uma transmissão ao vivo não está relacionada à quantidade de executantes. O produtor deve decidir se é possível satisfazer os padrões de programação com os recursos disponíveis.

uma emissora local recusar uma transmissão externa que esteja além de seu alcance do que transmitir um programa que poderia ter recebido um tratamento melhor. Se a emissora não estiver devidamente equipada ou com pessoal treinado para fazer gravações externas, poderá considerar a possibilidade de contratar uma firma especializada, mantendo o controle editorial.

O restante deste capítulo tem por objetivo auxiliar os produtores a compreender os fatores técnicos de uma gravação musical.

A filosofia do balanço musical divide-se em dois grupos principais — primeiro, a reprodução de um som já existente, e segundo, a criação de um balanço geral sintético que existe só na cabeça do compositor ou do arranjador e posteriormente nos alto-falantes do ouvinte.

Reprodução do balanço interno

Quando a música produzida resulta de uma relação cuidadosamente controlada e auto-reguladora entre os executantes, seria errado o radialista alterar o que os músicos estão tentando realizar. Por exemplo, os membros de um quarteto de cordas são sensíveis às execuções uns dos outros e ajustam o volume individual à medida que a música se desenvolve. Eles produzem uma variada combinação de sons que faz parte da execução tanto quanto as notas tocadas ou o andamento adotado. O produto acabado do som já existe e cabe ao radialista encontrar o lugar onde seu(s) microfone(s) possa(m) reproduzi-lo com o máximo de fidelidade. Outros exemplos de música com balanço interno são as orquestras sinfônicas, recitalistas de concerto, corais e *banda de metais*. A relação dinâmica entre os instrumentos e seções de uma boa orquestra está sob o controle do maestro; a tarefa do radialista é reproduzir essa interpretação da música. Não deve, portanto, criar um novo som aumentando o volume dos instrumentos de sopro ou acentuando indevidamente o solo de trompete. Uma vez que o maestro controla o balanço interno pelo que ele ouve, é nessa área que inicialmente se procura o som "certo". Utilizando um "balanço de um só microfone" ou um par estéreo, a regra é colocá-lo em relação à cabeça do maestro — "três metros acima e três metros para trás".

Igualmente, o maestro de um bom coro regulará, baseado em sua própria avaliação, o balanço entre sopranos, contraltos, tenores e baixos. Se o coro tiver poucos tenores e esse naipe precisar de reforço, é claro que esse ajuste pode ser feito no balanço do microfone. Mas ao mesmo tempo isso cria um som que não é feito apenas pelo músicos e levanta questões interessantes sobre até que ponto os radialistas podem reparar as deficiências dos executantes.

É possível "melhorar" a qualidade tonal de um músico, tornar mais clara a dicção de um coro ou corrigir um conjunto cujo balanço esteja desigual. A última palavra nesse tratamento cosmético é utilizar a tal ponto as técnicas do estúdio de gravação para realçar o trabalho do artista que se torne impossível para ele aparecer "ao vivo" diante de um público, situação esta que não é nenhuma novidade. Embora seja perfeitamente razoável fazer todos os ajustes possíveis a fim de obter o melhor som de uma orquestra de estudantes, seria impensável alterar a execução de um artista que tenha uma reputação pessoal. É na posição intermediária, que inclui os melhores músicos amadores, que se exige o julgamento do produtor — para fazer justiça ao artista, mas sem dificultar as coisas para o músico em outras circunstâncias.

Pressupõe-se que o músico esteja se apresentando num auditório com acústica favorável. Quando não for este o caso, é preciso tomar medidas para corrigir o defeito. Por exemplo, a uma acústica muito "seca" será necessário acrescentar alguma reverberação artificial, de preferência no local, no momento da gravação, embora seja possível fazê-lo mais tarde. Uma alternativa é usar um microfone de "espaço" para aumentar a captação do som refletido. Se o auditório tiver muita reverberação ou se o nível de ruído ambiental, seja do condicionador de ar ou do trânsito lá fora, for inaceitavelmente alto, o microfone deve ficar mais próximo da fonte sonora. Se isso tende a favorecer uma parte em detrimento de outra, será preciso acrescentar microfones para recuperar a cobertura total. Para a maior parte dos instrumentos e conjuntos, a melhor qualidade sonora não estará simplesmente na frente deles, mas acima. Num bom estúdio musical o teto é alto e o microfone usado para manter o balanço interno do conjunto é colocado bem acima da altura da cabeça. Conforme mencionamos, o procedimento padrão é dispor o microfone principal "três metros acima e três metros atrás" da cabeça do maestro, e mais um segundo microfone talvez ainda mais recuado e um pouco mais para cima. Compara-se então a saída dos dois microfones. Aquele que oferecer a melhor combinação geral, sem a perda de detalhes, permanecerá, enquanto o outro é deslocado para uma posição diferente onde se fará uma segunda comparação. Uma alteração na distância, de alguns poucos centímetros que sejam, poderá fazer grande diferença no som a ser produzido.

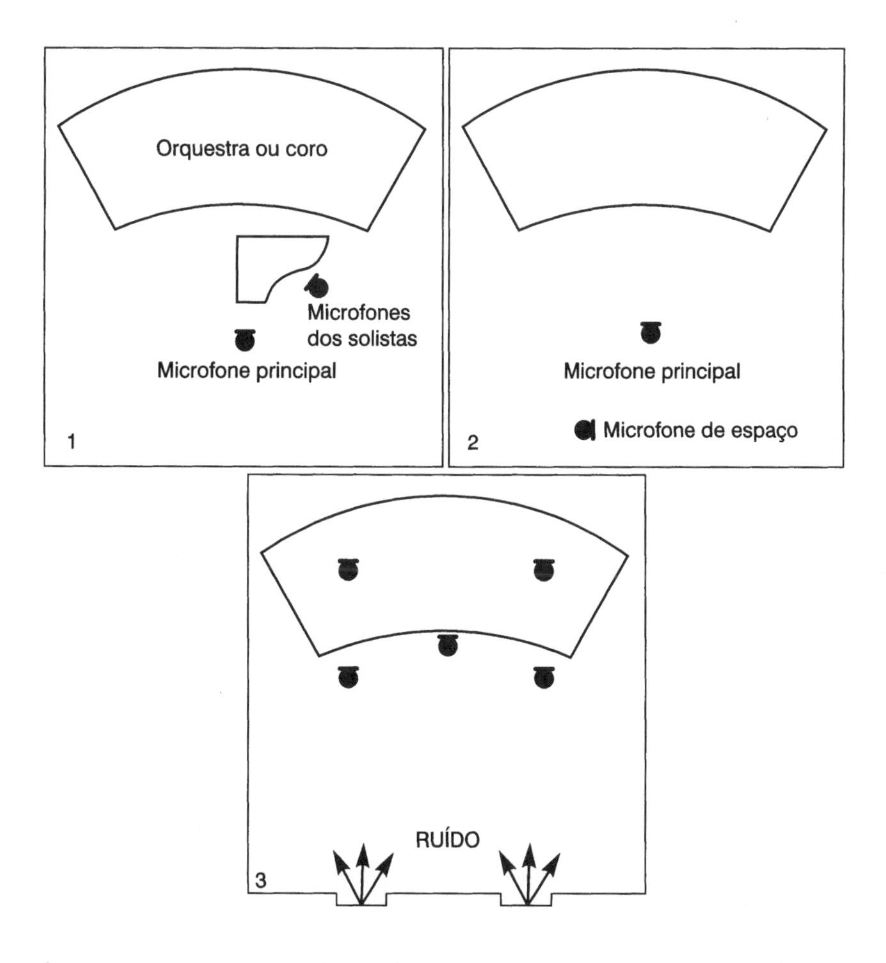

Fig. 18.2. Considerações básicas para o posicionamento do microfone num grupo internamente balanceado. 1. Balanço de microfones apropriado sob condições de baixo ruído e com boa acústica. Pode-se acrescentar um microfone para solista ou, em algumas ocasiões, um microfone "tapa-buraco". 2. Quando a acústica é muito "seca", acrescenta-se um microfone de espaço para aumentar a captação do som refletido. 3. Sob condições de ruído ambiental em níveis inaceitáveis, os microfones são colocados mais próximos da fonte, em maior quantidade, para preservar a cobertura geral. Talvez seja necessário fornecer reverberação artificial.

Para evitar os efeitos do reforço ou do cancelamento de fase do som refletido, é melhor posicionar os microfones de modo assimétrico, fora da linha central. Igualmente evita-se o eixo de uma superfície côncava como a cúpula.

O processo de comparação continua até que não se possa mais obter qualquer melhoramento. É fundamental que essa audição seja feita com referência ao som real produzido pelos músicos. Produtores e engenheiros de som não devem se restringir aos ruídos gerados pelo equipamento de monitoração, por melhor que sejam estes; é preciso ouvir o que os músicos estão fazendo.

Depois de achar a melhor posição para o microfone principal, é a vez dos microfones dos solistas, do "tapa-buraco" e de "espaço". Esses microfones adicionais não podem se sobrepor ao balanço nem seu uso deverá alterar a "perspectiva" durante um concerto. Para um conjunto internamente balanceado, o único controle adicional provavelmente será uma compressão da amplitude dinâmica à medida que a música é executada. Não há substituto para um controle manual que cuide da informação que vem de um número musical, combinado com a sensível apreciação que sai do alto-falante.

O objetivo é transmitir a música juntamente com o clima apropriado. Para obter a confiança do maestro ou do líder do conjunto, é boa prática convidá-lo para ouvir a mixagem e monitoração do balanço obtido durante o ensaio. Como normalmente ele fica perto dos músicos, é preciso lembrar que ele está acostumado a um nível de som relativamente alto, e isso deve ser levado em conta na reprodução das gravações do ensaio. As gravações não devem ser reproduzidas na sala onde foram feitas, pois o resultado poderá ser um excesso de ênfase a uma peculiaridade acústica. O balanço também precisa ser monitorado em níveis mais baixos, no que mais se assemelhe às condições domésticas de audição. Tal procedimento é particularmente importante no trabalho vocal, quando a clareza de dicção poderá sair prejudicada se o balanço final for avaliado apenas em níveis mais altos.

Criação de um balanço sintetizado

Enquanto a reprodução de um som existente exige a integração entre execução e acústica com o uso predominante de um microfone, a criação de um balanço sintetizado, que na verdade não existe, requer a utilização de muitos microfones para separar os elementos musicais a fim de "tratá-los" e reagrupá-los de uma nova maneira. Por exemplo, um arranjo que exija um solo de flauta com toda uma seção de metais ao fundo seria impossível a não ser que a duração do solo da flauta possa ser especialmente favorecida em detrimento dos metais. Para tanto, é necessária a capacidade de separar a flauta de todo o restante, de tal forma que possa ser individualmente enfatizada sem afetar os outros instrumentos. São

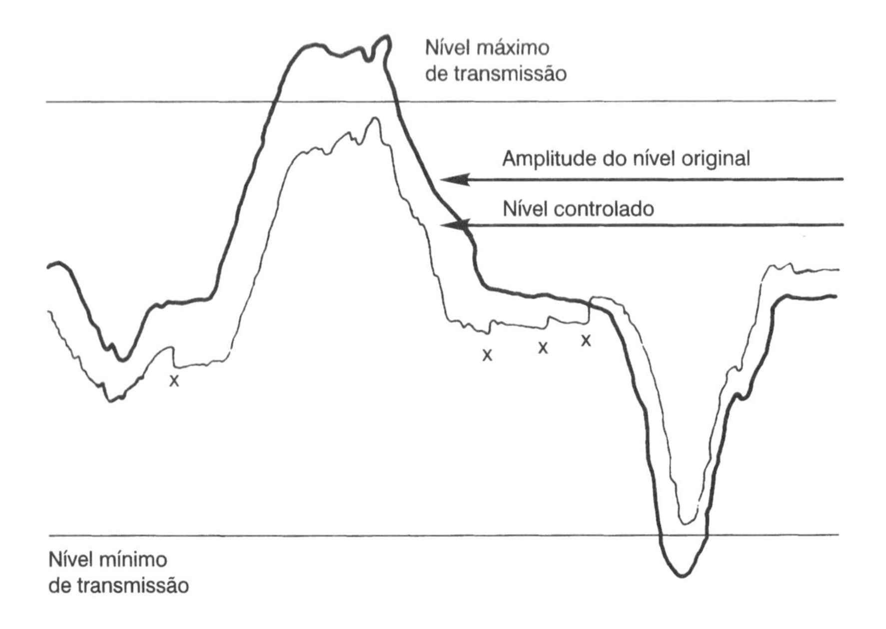

Fig. 18.3. **Compressão dinâmica. No estúdio, a amplitude da sonoridade pode facilmente ser elevada além do nível máximo e cair abaixo do nível mínimo aceitável para o sistema de transmissão. Ao prever uma passagem mais intensa, o *fader* principal é utilizado para reduzir o mínimo antes que ele ocorra. Do mesmo modo, aumenta-se o nível que antecede uma parte silenciosa. Em geral, os *faders* funcionam em pequenas etapas, cada uma introduzindo uma mudança mínima (x).**

estes os fatores envolvidos na separação: *layout* do estúdio, tipos de microfone, tratamento da fonte, técnica de mixagem e técnica de gravação.

Layout do estúdio

O arranjo físico do grupo musical deve satisfazer vários critérios, alguns dos quais podem entrar em conflito:

1) Para obter a "separação", instrumentos mais discretos e cantores não podem ficar muito próximo de instrumentos mais ruidosos.
2) O arranjo espacial não deve inibir os efeitos estéreos exigidos para o balanço final.
3) O maestro ou líder precisa ver todos os músicos.
4) Os músicos devem ser capazes de ouvir a si mesmos e aos outros.
5) Alguns músicos terão de ver outros músicos.

O produtor não deverá forçar os músicos a adotar, contra a vontade, um *layout* incomum, o que provavelmente prejudicará o padrão de execução. Qualquer dificuldade, ele resolverá sugerindo meios alternativos de satisfazer as exigências musicais. Por exemplo, uma seção rítmica de piano, baixo, bateria e guitarra precisa estar bem agrupada para que todos possam ver e ouvir uns aos outros. Se houver uma tendência a serem captados pelos microfones de instrumentos adjacentes, poderão precisar de algum tipo de separação. Se isso, por sua vez, afetar-lhes a capacidade de ver ou ouvir, a linha de visão pode ser restaurada com o uso de anteparos de vidro; e a comunicação auditiva, mantida por meio de fones de ouvido alimentados com a fonte sonora necessária. Um esquema em planta baixa pode dificultar a perspectiva em três dimensões. A solução para um problema de linha de visão talvez seja o uso de plataformas para, digamos, elevar uma seção de metais. Isso poderá melhorar a separação, distanciando-a dos outros microfones, que estarão apontando para baixo.

Por conta própria, os músicos em geral adotam o *layout* que usam nas casas noturnas ou no palco, o que talvez não seja adequado para a transmissão radiofônica. É fundamental que o produtor conheça de antemão os detalhes da instrumentação para dar sugestões construtivas sobre os arranjos de estúdio. Ele deve saber se o baixista e o guitarrista usam instrumentos elétricos ou acústicos, bem como quantas "duplicações" são esperadas, isto é, um músico tocando mais de um instrumento, às vezes durante o mesmo número musical, e se os executantes irão cantar. Essa informação também é importante para saber quantos suportes ele terá de providenciar.

É preferível evitar movimentos indevidos no estúdio durante a gravação ou transmissão, mas talvez seja necessário pedir que um determinado músico se desloque até outro microfone, por exemplo, para um solo. Também é comum solicitar aos instrumentistas de metais que se aproximem com cuidado do microfone quando estiverem usando

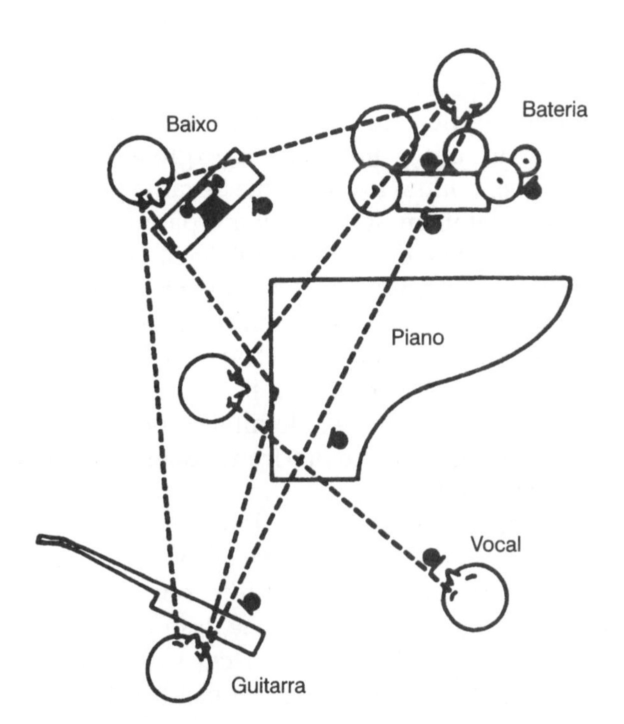

Fig. 18.4. Layout do estúdio. Os músicos precisam ver uns aos outros, e os microfones devem ser posicionados de modo a evitar a indevida captação de outros instrumentos.

surdinas. Isso evita que o *fader* se abra em tal extensão a ponto de afetar a separação.

Microfones para música

Como um auxiliar para obter a separação, o melhor amigo do técnico de som é o microfone direcional. O *layout* físico no estúdio em parte se deve aos microfones disponíveis. Um microfone de fita (ou cinta), com seu padrão de direcionamento em forma de oito, é bastante útil por sua falta de captação nos dois lados. Posicionado horizontalmente logo acima de uma flauta ou de um piano é efetivamente insensível a outros instrumentos que estejam no mesmo plano. O microfone cardióide oferece uma resposta suficiente nos 180 graus à sua frente, rejeitando sons que cheguem da retaguarda — o que é bom para a cobertura de uma seção de cordas. Já o microfone hipercardióide estreitará o ângulo de aceitação, disponibilizando uma área de rejeição ainda mais útil. Microfones de eletreto ou de condensador, com padrões variáveis de direcionalidade, são valiosos pela flexibilidade que proporcionam ao serem ajustáveis — em geral por controle remoto — segundo a necessidade.

O apresentador de um show musical ao vivo, com platéia, provavelmente precisará que seu microfone tenha uma saída para um sistema de alto-falantes com transmissão ao público, bem como para a mesa de mixagem do radialista. Sistemas de comunicação negligentes sofrem dos famigerados *howl-round*, mas um radiomicrofone pessoal é bastante útil — contanto que o técnico de mixagem possa ver o palco, talvez por um *link* de vídeo. O produtor também deve decidir se o apresentador precisará de um ponto eletrônico via fone de ouvido.

A ampla plataforma operística pode ser coberta por um par estéreo suspenso ou por uma série de três microfones de frente de palco. O microfone baixo do tipo *boundary effect* é particularmente eficaz nesse contexto.

Quanto mais próximo o microfone estiver do instrumento, maior o balanço relativo entre aquele e os sons das outras fontes. Mas, embora melhore a separação, outros efeitos devem ser considerados:

1) Uma captação muito próxima ao instrumento talvez apresente uma qualidade musical inferior. Poderá ser desigual na amplitude de freqüência ou soar "áspero" por causa da reprodução de harmônicas que normalmente não são ouvidas.
2) Poderá haver uma ênfase indevida no barulho dos dedos ou na ação mecânica do instrumento.
3) A intensidade sonora talvez produza uma distorção por sobrecarga no microfone ou nas partes eletrônicas subseqüentes.
4) O movimento do executante em relação ao microfone torna-se bastante crítico, causando variações significativas tanto na quantidade como na qualidade do som.
5) Técnicas que utilizam microfones bem próximos da fonte sonora requerem mais microfones e mais canais de mixagem, aumentando assim a complexidade da operação e a possibilidade de erro.

A escolha e o posicionamento de microfones em torno de cada instrumento é uma questão de habilidade e julgamento por parte do engenheiro de som. Mas, independentemente do grau de complexidade da operação técnica, o produtor deve também estar atento a outras considerações. Não deve permitir que mudanças de microfones, alterações no *layout*, passagem de cabos ou alimentações de áudio interfiram indevidamente com a execução da música ou com aspectos que envolvam relações humanas. É possível ser tecnicamente tão pedante a ponto de inibir a apresentação. Se for necessário fazer grandes mudanças nos arranjos do estúdio, é muito melhor fazê-los durante uma pausa na execução das músicas. Nessas circunstâncias, o radialista tem a responsabilidade adicional de tomar conta dos instrumentos deixados no estúdio.

A última palavra em separação é abolir totalmente o microfone. Isso é possível com certos instrumentos elétricos em que a saída é disponível por um fio com uma terminação apropriada, e também acusticamente para benefício do executante e dos outros músicos. O fio deve estar conectado, via caixa de "injeção direta", a um cabo normal de microfone. Utilizada especialmente com guitarras elétricas, a caixa evita o zumbido, os estrondos e as ressonâncias em geral associadas ao método alternativo, ou seja, colocar um microfone em frente do alto-falante do instrumento.

Outra questão no uso de qualquer instrumento elétrico é que ele deve estar conectado a uma tomada elétrica do estúdio por um transformador ligado à rede elétrica. Isso protegerá o fornecimento de energia em caso de pane no instrumento, eliminando a possibilidade de

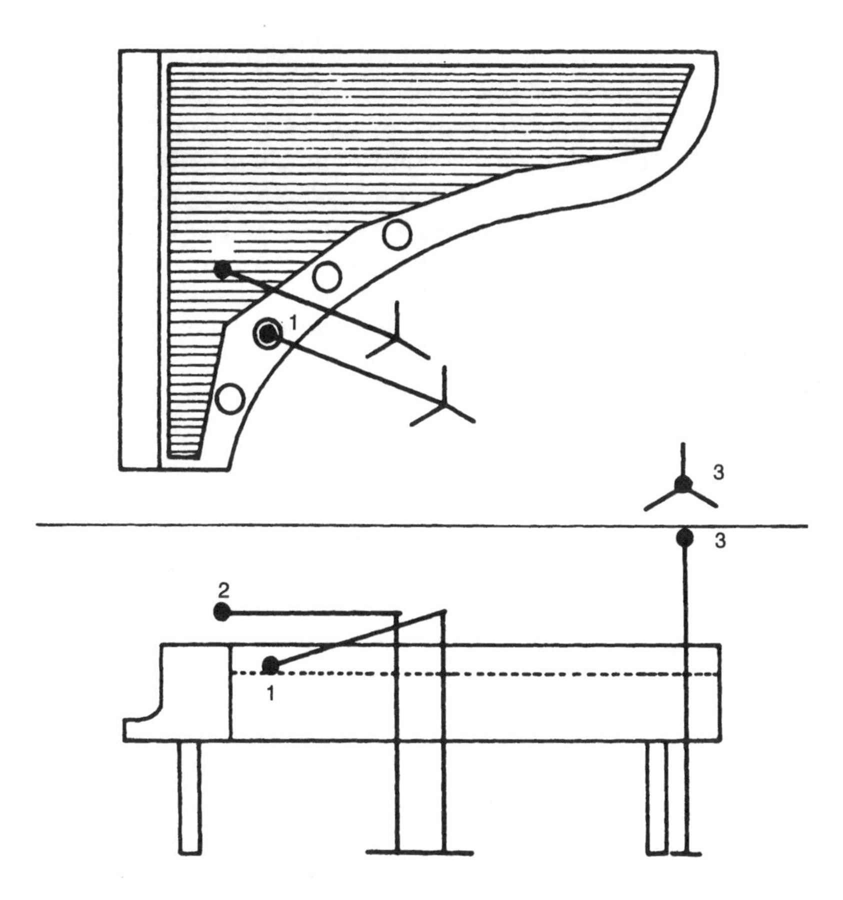

Fig. 18.5. Balanço do piano. Posições típicas do microfone para diferentes estilos de música. 1. Enfatiza a qualidade percursiva da música pop e do jazz. 2. Posição intermediária mais ampla para música suave. 3. Som total do piano para recitais e música clássica.

eletrocussão — contanto que o equipamento do estúdio e os instrumentos estejam corretamente instalados e devidamente aterrados. Instalações ou aterramentos malfeitos podem causar acidente; por exemplo, se um músico tocar ao mesmo tempo dois "terras" — seu instrumento e o suporte do microfone — que de fato apresentam potenciais diferentes. Embora seja um acontecimento relativamente raro, é uma questão que exige atenção quando se leva ao ar grupos amadores de música pop que utilizam equipamento próprio.

Vários tratamentos podem ser aplicados às fontes sonoras individuais, alguns podendo afetar a separação. Entre eles incluímos o controle de freqüência, o controle dinâmico e o eco.

Controle de freqüência*

A qualidade tonal de qualquer fonte musical pode ser alterada pela ênfase ou supressão de uma dada porção do espectro de freqüências. Utilizando um equalizador gráfico ou algum outro amplificador discriminador de freqüência, a voz de um cantor recebe mais "presença" e a clareza de dicção é melhorada aumentando-se a resposta de freqüência na oitava entre 2,8 kHz e 5,6 kHz. A seção de cordas pode ser "engrossada" e ficar mais "viva" com o aumento das freqüências mais baixas e médias, enquanto os metais ganham mais força de "ataque" e um timbre mais agudo enfatizando-se as freqüências mais altas. Vale observar, no entanto, que ao tornar o microfone dos metais mais sensível às freqüências mais altas, provavelmente aumentará o "espalhamento" dos pratos e a separação nessa direção será reduzida. Costuma-se aplicar um controle relativamente amplo ao piano do jazz ou ao piano rítmico para aumentar a qualidade percusiva. Também é útil num balanço com apenas um microfone, em especial na transmissão externa, reduzir qualquer ressonância ou algum outro efeito acústico inerente à sala de espetáculos.

Controle dinâmico

Pode ser aplicado automaticamente, inserindo-se um compressor/limitador em cada série de microfones. Uma vez estabelecido, o nível obtido de uma dada fonte permanecerá constante — passagens suaves serão audíveis, partes mais barulhentas não sobrecarregarão. Torna-se impossível para a flauta ser sobrepujada pelos metais. Dada a importância econômica da música

* Às vezes recebe o nome de equalização ou EQ. Ver Glossário.

popular, as gravadoras atingiram um alto grau de sofisticação no uso do controle dinâmico. É improvável que um radialista chegue a esse ponto, tendo em vista a falta de recursos à sua disposição. Aparelhos desse tipo, porém, podem poupar tempo de estúdio e é provável que sejam cada vez mais utilizados. Variações incluem o recurso de "*voice-over*", que permite a uma fonte prevalecer sobre outra. Originalmente destinada aos DJs, sua utilização óbvia está relacionada a cantores e outros vocalistas, mas pode ser aplicada a qualquer fonte em relação a outra. Mesas de som informatizadas podem ser programadas para armazenar na memória toda a mixagem exigida durante uma apresentação. No *take* final, os elementos fundamentais se ajustam.

Eco

Há vários meios de adicionar o efeito de eco, ou mais corretamente, reverberação: unidade de efeitos digitais, câmara de eco, placa ou mola mecânica e eco de gravador.

A *unidade de efeitos digitais* cria eletronicamente qualquer tipo de eco por meio de vários controles e pré-configurações que afetam a duração, tipo, mixagem e característica de decaimento da reverberação. Também é possível alterar a resposta de freqüência, produzindo assim qualquer espécie de acústica, desde a de uma cabine telefônica até a de uma caverna ou mesmo de uma catedral.

Essa unidade é extremamente versátil e útil para todas as gravações musicais. Não apenas oferece a possibilidade de eco e de retardo, mas também recursos que incluem compressão dinâmica, equalização e redução de ruído — mesmo que seja de uma freqüência específica —, o que a torna especialmente útil no controle da microfonia de sistemas de alto-falantes.

A *sala de eco* é um lugar com poucos móveis e de acústica reverberante, localizada em geral no subsolo do prédio do estúdio. Contém um alto-falante alimentado por uma fonte apropriada, e sem estar de frente para ela, um microfone, mono ou estéreo, que captará a saída após sua reflexão da superfície das paredes. A saída do microfone retorna para a mesa de mixagem como fonte de eco. Uma sala de eco também deve ter vários pequenos obstáculos — como, móveis fora de uso ou quebrados — para fragmentar os padrões naturais de onda estacionária. Na ausência de instalações permanentes, a sala de eco pode ser montada debaixo de uma escada ou no toalete, contanto que não esteja em uso!

A saída da fonte faz vibrar uma *placa ou mola mecânica* e as vibrações são propagadas até um transdutor que as converte novamente em energia elétrica, retornando como eco para a mesa de mixagem. Equivalente a uma sala bidimensional, o tempo de reverberação é ajustável dependendo do *damping* (retardamento) mecânico aplicado. Alguns desses dispositivos são portáteis e apresentam aplicações úteis em transmissão externa.

Uma forma rudimentar de eco, conhecida como *eco de gravador,* é possível conectando uma saída de áudio a um gravador de estúdio que a gravará. O cabeçote leitura, reproduzindo-a logo em seguida, age como fonte de eco. O tempo efetivo de retardamento dependerá da velocidade do gravador e da distância entre os cabeçotes de gravação e leitura. Gravadores desenhados especialmente para produzir efeitos de reverberação possuem vários cabeçotes de leitura com espaçamentos diversos para evitar um possível "*flutter*" quando todo o som tiver retornado após um único retardamento constante.

Quando o eco for adicionado às vozes dos cantores, é bom deixá-los ouvir com fones de ouvidos, pois certamente vão querer ajustar o fraseado para adequá-lo ao novo som.

Técnica de mixagem

Antes de mixar um balanço com vários microfones, é preciso verificar se cada canal está distribuindo a fonte correta, com a devida separação de seus vizinhos, tendo a quantidade desejada de "tratamento" e produzindo um som nítido, sem distorção. É um procedimento sensato rotular os *faders* dos canais com informação sobre a fonte — vocal solo, piano, trumpetes, e assim por diante. Para um balanço estéreo, é necessário deixar claro o posicionamento de cada instrumento. Os microfones estéreo são fisicamente ajustados para dispersar sua saída pela amplitude de imagem exigida, e os "*pan-pots*" do microfone mono são montados de modo que sua posição coincida com a de qualquer outro microfone estéreo que esteja cobrindo a mesma fonte. É possível criar um balanço estéreo apenas com microfones monofônicos distribuindo-os pela imagem estéreo. Mas é vantajoso ter pelo menos um canal estéreo genuíno, mesmo se for só a fonte de eco.

Os microfones devem ser mixados primeiro na "família" a que pertencem. A seção rítmica, as cordas ou os metais são mixados individualmente para obter um balanço interno. As seções

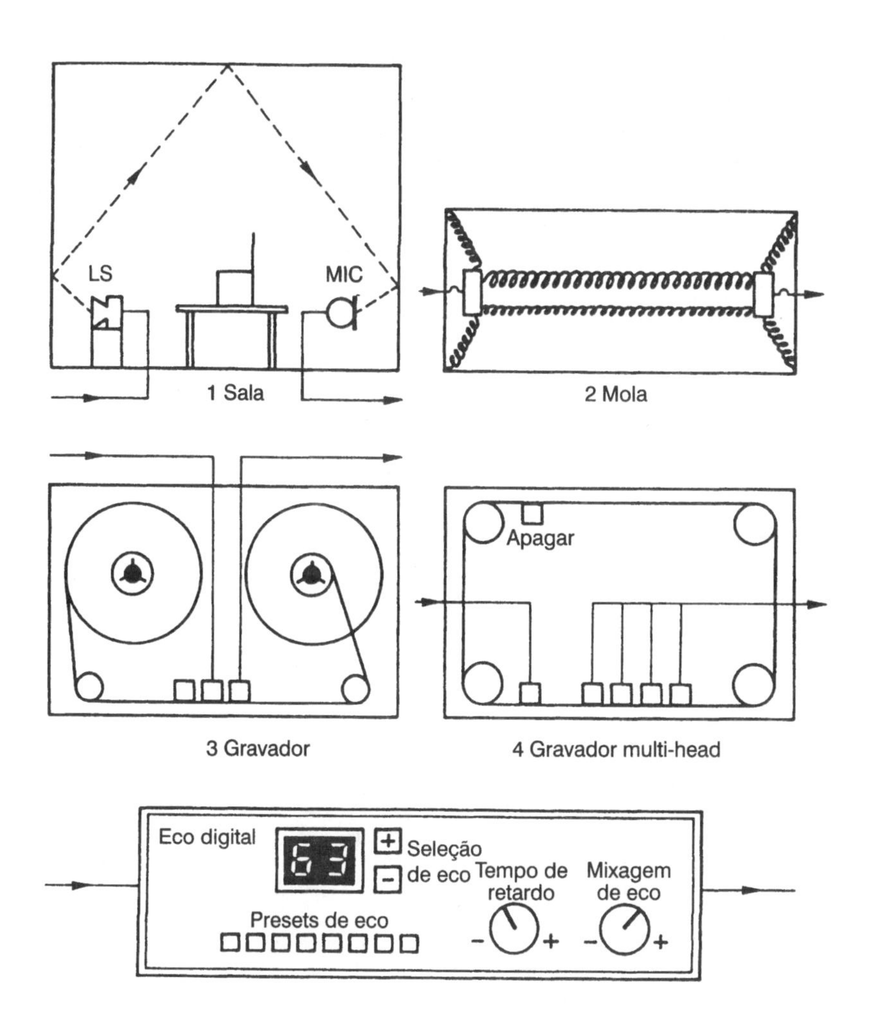

Fig. 18.6. Métodos para criar eco. O dispositivo de eco é alimentado com um sinal do programa que passa a ser prolongado. A saída reverberante retorna para a mesa de mixagem.

vão sendo então combinadas umas com as outras até chegar a uma mixagem geral. Mesas de grande porte permitem o agrupamento dos canais de modo que as seções possam ser balanceadas entre si com o *fader* do "grupo", sem perturbar os *faders* dos canais individuais. Uma mixagem bem-sucedida requer uma progressão lógica, porque se todos os *faders* forem abertos no começo, a confusão resultante poderá ser tamanha a ponto de tornar muito difícil a identificação de problemas. É importante chegar a um balanço empírico com certa rapidez, já que o ouvido logo ficará acostumado a quase tudo. O controle geral então será ajustado para que o nível máximo não ultrapasse o limite permitido.

O principal requisito para um balanço satisfatório é uma relação adequada entre melodia, harmonia e ritmo. Se um conjunto não estiver internamente balanceado, a audição no estúdio não indicará o resultado exigido. Só a pessoa que estiver com as mãos nos *faders* e ouvindo o alto-falante poderá chegar a um resultado final. É quase certo que a melodia será distribuída no grupo, o que requer uma manipulação bastante precisa dos *faders*. Se as cordas entram a partir de um *up-beat*, seus *faders* devem ser abertos depois *desse ponto* — e não antes, senão a perspectiva será alterada. No final daquela seção, os *faders* devem voltar à posição normal para evitar perda de separação. É provável que as alterações feitas na fonte com o uso do eco precisem de variação correspondente e simultânea no canal de retorno do eco.

Uma partitura bem elementar será útil para indicar qual instrumento tocará a melodia em determinado momento. Se o diretor musical não fornecer essa informação, o produtor deverá providenciar para que sejam feitas as devidas anotações durante o ensaio — por exemplo, quantos refrões tem uma canção, em que ponto os trumpetes passam a usar surdinas, e talvez o mais importante, quando são tiradas, quando o microfone do cantor tem de ser "ao vivo", e assim por diante. Um operador de som profissional logo desenvolve a capacidade de reagir ao inesperado, mas como acontece com boa parte dos aspectos de uma transmissão, o bom senso exige uma preparação básica.

É importante que os *faders* abertos para acentuar determinado instrumento voltem depois para a posição normal. Se isso não for feito, todos os *faders* aos poucos ficarão cada vez mais

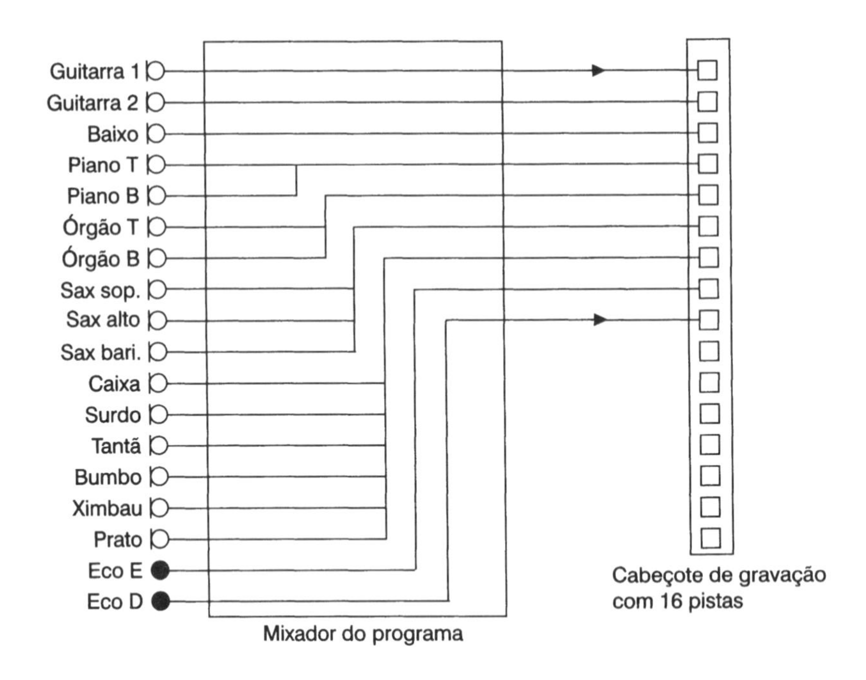

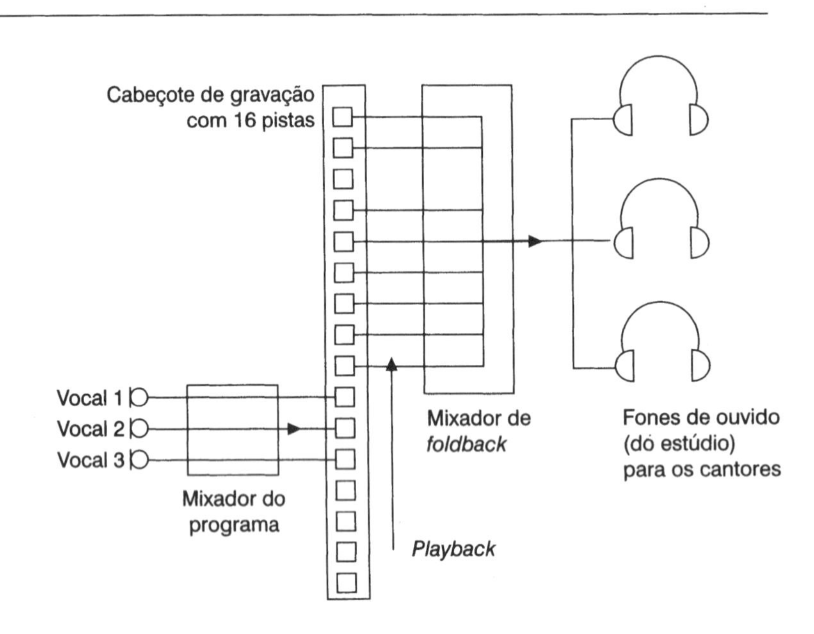

Fig. 18.7 **Gravação em *multi-track*. Neste exemplo, as 18 fontes originais são primeiramente gravadas em nove pistas separadas. Mais três pistas com vocais são depois acrescentadas, os cantores ouvindo a saída dos cabeçotes de gravação para manter a sincronização. Em seguida, as 12 pistas são mixadas em conjunto numa sessão de redução para fazer a gravação final.**

abertos, com a conseqüente redução compensatória do controle geral. Obviamente, isso é contraproducente e leva a uma restrição em termos de flexibilidade à medida que os canais perdem "espaço de cabeçote".

Assim como acontece com toda a operação de balanço, a mixagem não deve ocorrer apenas com monitoração de níveis altos. Ao se deixar bem alto o volume do alto-falante, o objetivo é poder detectar e corrigir as pequenas imperfeições. Mas, de tempo em tempo, é preciso reduzir o nível a proporções domésticas para verificar especialmente o balanço dos vocais em relação ao acompanhamento e o nível aceitável dos aplausos. A resposta do ouvido ao volume é logarítmica e está longe de ser igualmente sensível a todas as freqüências do espectro musical. Isso significa que a relação percebida entre a intensidade de diferentes freqüências ouvidas num nível alto não é a mesma de quando é ouvida num nível mais baixo. A não ser que o alto-falante seja utilizado tendo em mente uma audição doméstica, bem como para monitoração profissional, haverá uma tendência, no que diz respeito ao ouvinte em sua casa, de sub-balancear o eco, o baixo e as freqüências mais altas. Por essa razão, muitos estúdios profissionais conferem a mixagem final num simples alto-falante doméstico.

Técnica de gravação

Para que uma sessão musical seja bem-sucedida, é preciso a cooperação de todas as partes envolvidas. Há várias maneiras de gravar o material, portanto deve-se combinar de início o procedimento a ser adotado.

O primeiro método é, obviamente, tratar a gravação como se fosse uma transmissão ao vivo. Começa quando acender a luz vermelha e continua até que apague. Este é o procedimento num concerto público, em que, por exemplo, não é possível voltar atrás.

O segundo é a sessão de estúdio com a presença de uma platéia. Poderão passar pequenas falhas na apresentação ou mixagem, mas o produtor deve decidir quando é necessário um *retake*. O público talvez nem perceba o problema, mas ele terá de explicar para o diretor musical, em poucas palavras, a existência de um "*gremlin*" e detalhar rapidamente a necessidade de retomar do ponto A ao ponto B.

No terceiro, sem o público, os músicos podem concordar em usar o tempo da maneira como acharem melhor: ensaiar todo o material antes e depois gravá-lo, ou ensaiar e gravar um número por vez. Em ambos os casos, as pausas podem ser feitas segundo a decisão do produtor que consultará o diretor musical. O produtor musical deve, é claro, estar familiarizado com os acordos envolvendo os sindicatos dos músicos, que provavelmente afetarão o modo como a sessão é conduzida.

No quarto método, para gravar o máximo de material com o mínimo de tempo, ou para acomodar exigências especiais, a música poderá ser gravada em *multi-track*. Isso significa que em vez se chegar a uma mixagem final, os instrumentos tomados individualmente, ou os grupos de canais, são gravados talvez em 16 ou 32 pistas, separadas, de uma fita de 50 mm (2 polegadas) de largura, utilizando-se um gravador analógico. Essas máquinas, no entanto, são caras, e a alternativa mais em conta é fazer o *download* digital das pistas para um computador equipado com software de *multi-tracking*. Isso possibilita uma ampla margem de manipulação de sinal, monitoração, autolocalização e edição. Uma vez que algumas pistas podem ser executadas enquanto outras fazem gravação, o processo subseqüente de "redução" ou *mixing down* é relativamente imediato. O recurso do *multi-track* permite que os músicos gravem sua contribuição sem que todos precisem estar presentes ao mesmo tempo. Também permite a "duplicação", ou seja, a execução de mais de uma função no mesmo número musical. Esse *double-tracking* costuma ser usado por grupos instrumentais que também cantam. Os músicos primeiro tocam a música — que é gravada de modo convencional ou em *multi-track* — e quando ouvem a reprodução com fones de ouvido, na forma de uma "saída sincronizada", que na verdade é gerada pelos cabeçotes de gravação, acrescentam as partes vocais. Estas são gravadas em pistas separadas ou mixadas com as pistas da música para formar a gravação final. O processo pode ser repetido, permitindo assim que os cantores cantem consigo mesmo quantas vezes for preciso para criar o som desejado. Uma outra vantagem do *multi-track* é que um erro isolado não prejudica toda a apresentação — erros individuais podem ser corrigidos com *retakes*.

Já que gravar em momentos diferentes representa uma total separação, técnicas de gravação em *multi-track* podem resolver outros problemas. Por exemplo, a separação física de instrumentos barulhentos, como é o caso da bateria, pode ser evitada gravando-se a seção rítmica em separado. É uma técnica especialmente útil para gravações a serem feitas em pequenos estúdios sem muitos recursos. Até mesmo um gravador de quatro pistas pode ajudar a produzir um som mais profissional.

A não ser que sejam utilizados recursos especiais de redução de ruído ou se faça uma gravação em DAT, a regravação de pistas analógicas comuns aumentará o nível de chiado da gravação final. É fundamental, portanto, que se use o melhor equipamento e que as gravações originais sejam feitas na velocidade mais alta possível. Uma observação importante para estúdios que não dispõem dos equipamentos de gravação estéreo mais sofisticados é que um bom videocassete doméstico conectado a um processador digital é capaz de excelentes resultados.

Detalhes de produção

Basicamente, o trabalho do produtor é obter um produto final satisfatório no prazo disponível. Ele deve evitar passar do tempo previsto, o que no caso de músicos profissio-

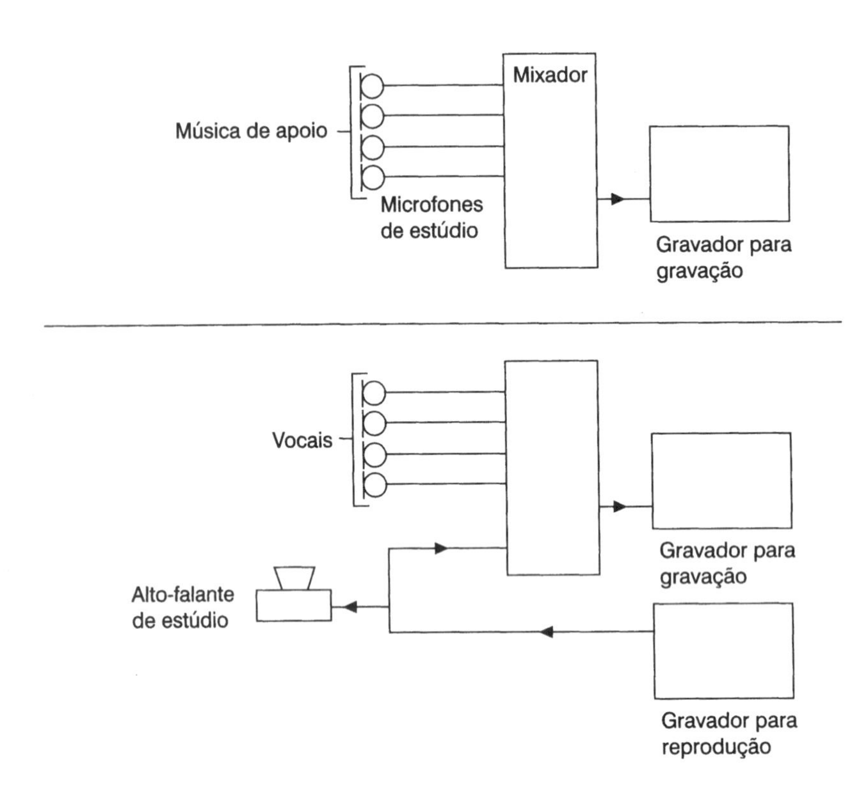

Fig. 18.8. ***Double tracking*** **simples. Os músicos primeiro gravam um "*backing track*". Depois isso é reproduzido para ser ouvido no alto-falante (ou fones de ouvido) do estúdio, ao mesmo tempo que é mixado com a saída dos microfones do estúdio. Neste exemplo, a gravação final consiste em oito execuções, embora o processo possa ser repetido ainda mais.**

nais sai caro. Também não é desejável uma atitude excessivamente rigorosa e exigente, em que a sessão termina antes do prazo e todos se sentem aliviados por terem saído. Os artistas precisam de incentivo e o produtor tem o dever de contribuir para que possam dar o melhor de si.

Ele evitará o uso do ponto eletrônico no estúdio para fazer comentários depreciativos sobre atuações individuais. Em vez disso, dirigirá suas observações ao maestro ou líder do grupo por meio de um fone de ouvido especial, ou melhor ainda, irá ao estúdio pessoalmente.

Promoverá um clima profissionalmente amistoso e se mostrará calmo mesmo sob pressão. Em geral ele será o mediador entre os músicos e o pessoal técnico, explicará as demoras e combinará novos horários. Cabe ao produtor prever a necessidade de pausa e períodos de descanso. Nesse ínterim, costuma ser boa prática convidar o MD ou líder do grupo para vir à área de controle e ouvir a gravação do balanço e discutir os problemas.

Ele deverá evitar a exibição de conhecimentos musicais baseados em fundamentos duvidosos. "Pode ser um pouco mais de "arco" nos trombones?" certamente fará com que ele perca a credibilidade.

O produtor fará notas de ensaio para a gravação ou transmissão, verá os detalhes dos *timings* finais e providenciará *retakes* para edição posterior.

Quando houver a presença do público, é o produtor quem decide como as coisas devem ser conduzidas e qual o tipo de introdução ou preâmbulo mais apropriado. Talvez ele mesmo tenha de fazê-lo.

Ele resolverá os vários conflitos que surgirem — as condições do ar condicionado, a intensidade das luzes, o barulho em outras áreas do prédio. Providenciará outros recursos — cinzeiros, água potável, lavatórios, telefones.

Quando é preciso fazer um *retake*, ele toma uma decisão prática e a comunica rapidamente para o diretor musical. O produtor é quem faz o julgamento editorial, sendo o responsável pela qualidade do resultado final do programa.

Caberá a ele também providenciar o pagamento dos músicos — os executantes que assinaram um contrato e fizeram a música e, por meio das agências apropriadas, aqueles que escreveram, arranjaram e publicaram o trabalho que ainda está protegido por direitos autorais.

Após a sessão, é ele quem diz obrigado a todos.

19 Peça radiofônica — alguns princípios

O meio radiofônico tem uma longa e eminente história de transformar pensamentos, palavras e ações em imagens na mente do ouvinte. Para tanto, utiliza as técnicas de dramatização. Mas não há razão para o produtor pensar apenas em termos de peças de Shakespeare — os princípios da novela radiofônica aplicam-se ao comercial bem-feito, às chamadas de programas, à leitura dramatizada, a seriados de cinco minutos ou a um tema qualquer de dois minutos num programa para escolas. Como o tamanho e o alcance das imagens criadas são limitados apenas pelas mentes que as elaboram e interpretam, o meio, na sua relação com a peça, é inigualável, e qualquer serviço de rádio ficará empobrecido se não tentar atuar nessa área.

A título de ilustração da eficiência do uso apenas do som, ouça agora o famoso exemplo de Stan Freberg, que faz parte de seu argumento para vender horário de anúncio no rádio.

HOMEM: Rádio? Por que eu deveria anunciar no rádio? Não dá pra ver nada... não tem imagens.

LOCUTOR: Ouça, você pode fazer coisas no rádio que provavelmente não conseguiria fazer na TV.

HOMEM: Isso eu queria ver.

LOCUTOR: Tudo bem, veja isto. (Pigarreia) Pessoal, quando eu der a deixa, quero que uma montanha de chantilly de 200 metros role sobre o lago Michigan, que foi drenado e agora está cheio de chocolate quente. Depois a Real Força Aérea do Canadá sobrevoará o lago carregando 10 toneladas de cereja ao marasquino que serão despejadas no chantilly para a alegria de 25 mil extras. Muito bem... entra a montanha

SOM: O vergar e o ranger da montanha e o impacto na água

LOCUTOR: Entra a Força Aérea!

SOM: Barulho de muitos aviões.

LOCUTOR: Entra a cereja ao marasquino...

SOM: Assobio de bomba caindo!: de cereja atingindo o chantilly.

LOCUTOR: Ok, 25 mil extras manifestando alegria...

SOM: Barulho de uma grande multidão. O som vai crescendo e pára repentinamente!

LOCUTOR: Agora... quer tentar fazer isso na televisão?

HOMEM: Bem...

LOCUTOR: Veja só... o rádio é um meio de comunicação muito especial porque atiça a imaginação.

HOMEM: E a televisão não atiça a imaginação?

LOCUTOR: Sim, até 21 polegadas.

[Cortesia Freberg Ltd.]

Uma história pode oferecer a estrutura para a compreensão — ou pelo menos para a interpretação — dos eventos da vida. Em geral funciona como um espelho em que podemos ver a nós mesmos — nossas ações, motivos e defeitos. As conseqüências e resultados podem contribuir para o nosso próprio aprendizado. A peça radiofônica trata de conflitos e soluções, relacionamentos e sentimentos que motivam as pessoas, que conduzem os eventos e são por eles conduzidas. O enredo tem de ser verossímil, os personagens, também; e o final deve apresentar alguma lógica, por mais incomum e original que seja, para que o ouvinte não se sinta enganado nem fique decepcionado.

O objetivo de todo texto dramático é ter as idéias originais recriadas na mente do ouvinte; e como o resultado final ocorre tão-somente na imaginação, há poucas limitações de tamanho, realidade, lugar, estado emocional, tempo ou velocidade de transição. Ao contrário das artes visuais, em que o cenário nos é dado diretamente, o ouvinte do rádio é quem supre suas próprias imagens mentais em resposta às informações que lhe são passadas. Se os "sinalizadores" forem escassos ou inadequados, o ouvinte ficará desorientado e não poderá seguir o que está acontecendo. Se houver muitos, o resultado provavelmente será óbvio e banal. Em ambos os casos, serão insatisfatórios. O autor deverá ter uma idéia de como será a possível reação do público — e como as imagens individuais talvez venham em grande parte da experiência pessoal de cada ouvinte, que o autor obviamente desconhece, não é uma tarefa fácil. Essa é a arte milenar do contador de histórias — que diz o suficiente para que os ouvintes sigam o enredo, mas não tanto a ponto de não quererem saber o que acontecerá depois ou não poderem dar suas próprias contribuições.

O autor deve ter total conhecimento do meio e do processo de produção, enquanto o produtor precisa ter um bom domínio das exigências de um texto. Se não forem a mesma pessoa, será preciso uma íntima colaboração. Não pode haver isolamento, mas se existir uma linha divisória, deixe que o autor escreva tudo no papel sabendo como deverá soar, e o produtor transformará isso na realidade da transmissão sabendo como será "visto" pelos olhos da mente.

As partes componentes do trabalho de ambos são a fala, a música, os efeitos sonoros e o silêncio.

A idéia

Antes de passar qualquer coisa para o papel, é essencial pensar nas idéias básicas de enredo e forma — isso resolvido, boa parte seguirá naturalmente. A primeira questão diz respeito à adequação ao público-alvo; a segunda, à viabilidade técnica.

Supondo que o autor escreveu um texto original e não uma adaptação de algo já existente, ele deverá ser claro quanto às suas intenções de um modo geral — fazer as pessoas rirem, comentar ou explicar uma situação contemporânea, transmitir uma mensagem, contar uma história, entreter. Qual a melhor maneira de permitir que o ouvinte "entre em contato" com a sua intenção? Ele quer que o ouvinte se identifique com um dos personagens? A situação básica deve ser do tipo que o ouvinte pode facilmente identificar?

A segunda questão nesta etapa inicial é saber se a peça tem de ser escrita dentro de certas limitações técnicas ou de custo. Fazer algo simples e bem-feito é melhor do que falhar com um trabalho complicado. Não faz muito sentido escrever uma peça que exige seis toca-discos ou aparelhos de CD com efeitos sonoros, eco, várias acústicas, *voice-over* distorcida e uma multidão cantando determinadas linhas de *script*, se os recursos do estúdio não puderem atender a essas demandas. É claro que com criatividade até mesmo um estúdio simples é capaz de providenciar a maior parte desses truques, se não todos. O fator mais crucial, porém, costuma ser a falta de tempo. Poderá haver limitações também na habilidade dos talentos envolvidos. O autor, por exemplo, deve ter cuidado ao criar um personagem emocionalmente muito complexo para não acabar ouvindo uma representação inadequada. Escrever para atores amadores ou crianças às vezes é gratificante no que diz respeito às surpresas que virão do despertar criativo dessas pessoas, mas também poderá ser frustrante se você passar direto para o *script* as exigências e os padrões da interpretação profissional.

Assim, o autor deve saber desde o início como adaptar seu texto para o meio, o que ele está tentando passar, como espera que o público se relacione com o material e se o que ele quer é possível do ponto de vista técnico e financeiro. Daqui para a frente, há três alternativas de ponto de partida — a história, o cenário ou os personagens.

Construção da história

A maneira mais simples de contar uma história é:

1) Explicar a situação.
2) Introduzir um "conflito".
3) Desenvolver a ação.
4) Resolver o conflito.

É claro que pode haver complicações e subenredos, mas a essência de uma boa história é querer descobrir "o que acontece no final". Quem cometeu o crime? O mocinho e a mocinha voltaram a ficar juntos? A cavalaria chegou em tempo? O elemento que tende a nos interessar mais é a resolução do conflito e, como isso ocorre próximo ao final, não deve haver problema em manter o interesse na "ação emergente". E no fim, não é necessário explicar cada detalhe — pôr o pingo em todos os "is" numa conclusão bem resolvida. A vida raramente funciona assim. Em geral, é melhor deixar coisas no ar, uma dúvida para o ouvinte, uma questão ou uma motivação para pensar. Parábolas são histórias que deliberadamente não seguem direto de A a B, mas assumem uma rota parabólica, permitindo ao ouvinte descobrir as implicações de toda a trama. Este é um dos aspectos fascinantes de uma história.

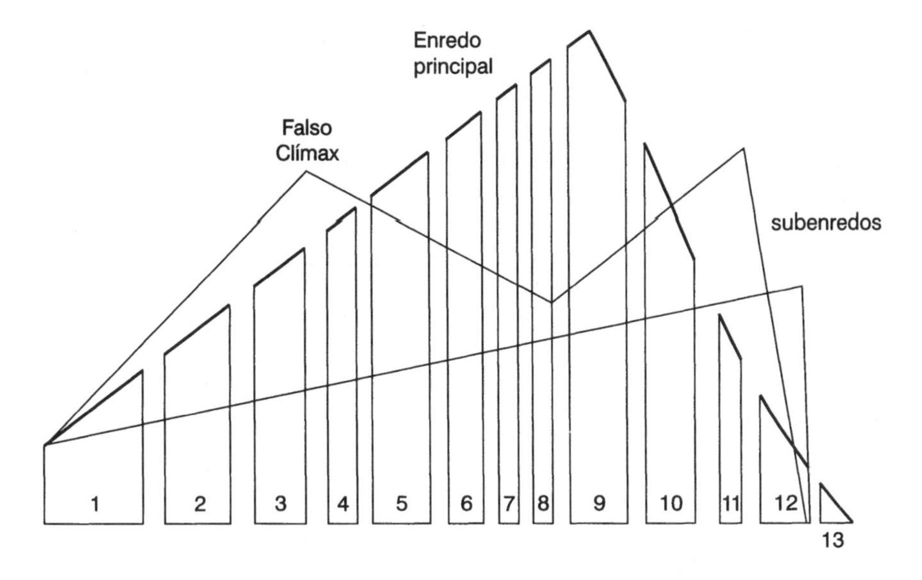

Fig. 19.1. Diagrama de uma trama ou enredo, ilustrando a diminuição da duração da cena à medida que a ação atinge o clímax:

1-2 introdução, cenário e contexto, caracterização;
3-5 conflito, eventos resultantes de personagens da situação;
6-8 ação emergente, complicação, suspense;
9 tensão máxima, crise, clímax;
10-11 declínio da ação, resolução;
12-13 desfecho, reviravolta.

No rádio, as cenas podem ser mais curtas do que no teatro e a passagem de uma situação para outra é uma simples questão de manter o ouvinte informado sobre onde ele está a cada momento. Essa capacidade de se movimentar rapidamente em termos de locação deve ser usada de modo positivo para criar variedade e contrastes que sejam em si mesmos interessantes. O impacto de uma cena envolvendo um grupo de pessoas tomadas pelo medo diante de uma tragédia iminente é realçado pela direta justaposição com outro grupo, a este relacionado, que esteja alheio ao perigo. Se a velocidade dos cortes de cena tornar-se progressivamente maior e as cenas mais curtas, o ritmo da novela será intensificado. Essa sensação de aceleração, ou pelo menos de movimento, talvez esteja no próprio enredo, mas o autor pode injetar mais emoção ou tensão apenas com o tratamento que der à duração da cena e à relação entre elas. Assim, o formato geral da peça radiofônica pode ser um desenvolvimento contínuo de seu progresso, aumentando a tensão e crescendo. Ou então girar em torno de um andamento pára-e-prossegue de sucessivos componentes. O interesse despertado pelo contraste é obtido por vários meios, por exemplo:

1) Mudança de ritmo: ação rápida/lenta, locações barulhentas/silenciosas, cenas longas/curtas.
2) Mudança de humor: clima tenso/tranqüilo, colérico/feliz, trágico/moderado.
3) Mudança de lugar: local fechado/ao ar livre, cheio de gente/ermo, luxuoso/pobre.

O autor de texto para rádio preocupa-se com imagens criadas apenas pelo som. Se ele quiser realismo e emoção, deve criá-los com as palavras que usar e escolher locações que tenham um clima evocativo.

Como nota pessoal para ilustrar o impacto do contraste numa novela radiofônica, lembro-me do momento de um drama sobre a vida de Cristo. A violência e a raiva da multidão que exigia a execução aumentava progressivamente, os gritos cada vez mais veementes. Então ouvimos os soldados romanos, o martelar dos pregos e a agonia da crucificação. O clamor humano dá lugar a uma sensação mais profunda e melancólica de tragédia e condenação. Cristo pronuncia suas últimas palavras, depois vem um estrondo de trovão até atingir um clímax de música dissonante que vai aos poucos diminuindo de intensidade, se acalmando, para no final chegar ao silêncio. Pausa. Em seguida, lentamente — um pássaro cantando.

Como teria sido errado estragar esse contraste utilizando o narrador.

O cenário

Uma comédia de costumes em geral começa com um cenário que depois se torna animado com os personagens. A descrição da trama vem mais tarde, conduzida pelas circunstâncias, usualmente uma série de apuros em que os personagens estão envolvidos. O rádio pode fornecer praticamente qualquer cenário — uma família real no antigo Egito, uma cápsula espacial viajando para um planeta distante, ou a casa de um rancho no interior da Austrália. O cenário e mais um ou dois personagens principais podem ser o tema principal que dá coesão a uma série de episódios — ou anúncios. É importante fazer uma boa pesquisa de época e lugar para manter a credibilidade perante aqueles ouvintes que conhecem a situação específica da história.

Em uma peça radofônica, é óbvio que o cenário poderá variar consideravelmente. Um dos recursos usados para obter um forte contraste de local em cenas subseqüentes é, por exemplo, a passagem de um luxuoso e moderno escritório ocupado por executivos para um precário hospital rural afetado pelas decisões destes. Mudanças de lugar são bastante eficientes quando acompanhadas de alterações de estado emocional.

Caracterização

Um dos mais conhecidos consultores britânicos nessa área, Bart Gavigan — que costuma ser chamado de "mestre do roteiro" — diz que três perguntas devem ser respondidas para que uma história chame a atenção do ouvinte:

> Quem é o herói — ou heroína?
> O que ele, ou ela, quer?
> Por que eu deveria me importar?

Essa última pergunta enfatiza a necessidade de pelo menos os principais personagens poderem estabelecer uma ligação com o ouvinte. Aqueles devem ser mais do que figuras recortadas de um modelo e descritas de forma superficial; precisam ser verossímeis, pessoas com as quais eu possa me identificar e cuja causa eu possa abraçar. O autor tem de criar uma peça — ou um anúncio de 30 segundos — em que a motivação humana e o comportamento sejam familiares. Isso não significa que o cenário deva ser o mesmo das circunstâncias domésticas do público — longe disso. Seja qual for o cenário, o ouvinte encontrará pessoas que ele ou ela reconhecerá — imperfeitas, corajosas, argumentadoras, ambiciosas, medrosas, solidárias, preguiçosas, e assim por diante. Sendo a caracterização um ingrediente fundamental, é importante fazer um prévio esboço de cada personagem. Isso ajuda a lhes dar consistência e facilita a atribuição de diálogos convincentes. Alguns itens a serem considerados:

- idade, sexo, onde vivem e como falam;
- estatura, peso, cor e aparência geral;
- valores sociais, senso de *status*, crenças;
- o carro que dirigem, as roupas que usam, quanto dinheiro eles têm;
- as ligações de família, amigos — e inimigos;
- as piadas que fazem — ou não, são confiáveis?, são perspicazes?;
- humores, orientações, preferências e aversões.

Personagens têm defeitos, sofrem crises; parecerão ilógicos, pois palavras e atos nem sempre serão coincidentes. Eles se revelarão no que dizem, e ainda mais no que fazem. Uma das tensões necessárias num peça é o conflito interior que existe nos seres humanos — as incoerências entre o que eu quero fazer, o que eu devia fazer e o que realmente faço. Santos terão seus defeitos e mesmo os piores pecadores poderão cometer atos redentores sob certas circunstâncias. Personagens dotados de substância transmitem uma complexidade humana real, e portanto o autor não poderá retratá-los com precisão antes de conhecê-los. Quando a caracterização estiver pronta, o autor praticamente deixa os personagens quase se expressarem por si mesmos, uma vez que sabem como provavelmente reagirão a um conjunto de acontecimentos conduzidos pela história. Autores e produtores devem contar aos atores o máximo que puderem sobre os personagens — personalidades, comportamentos típicos e disposições.

Diálogo

"Cuidado, ele está armado". Falas como esta, desnecessárias em filmes, televisão ou no teatro, em que o público pode ver que "ele" tem uma arma, são essenciais no rádio como um meio de transmitir informação. A dificuldade é que tais falas "indicadoras" podem facilmente soar como algo inventado ou falso. Toda frase deve expressar a fala coloquial do personagem que a pronuncia. Para reproduzir uma situação contemporânea, a melhor coisa que um escritor pode fazer é levar um bloco de anotações para o mercado, restaurante ou para uma festa e observar o que as pessoas falam realmente, e a maneira como o fazem. Ouça atentamente a conversa de quem faz compras, escute o que elas falam no trem. Essa é a matéria-prima da realidade. E no meio da conversa, o silêncio serve para intensificar a sensação de tensão ou expectativa. Vozes sobrepostas transmitem raiva, paixão, emoção ou crise. Os personagens no rádio não só dizem o que estão fazendo, mas as pessoas revelam seus pensamentos íntimos pensando em voz alta, ou proferindo frases como quem escreve uma carta. São recursos próprios desse meio de comunicação e devem ser usados com sutileza para que o resultado pareça fiel à realidade.

Os produtores devem alertar os autores que prefaciam uma cena com certas indicações: "A cena se passa num castelo abandonado nas regiões montanhosas da Escócia. O fogo está crepitando na lareira. Lá fora, forma-se uma tempestade. Entram o anfitrião e seu visitante".

Essa "descrição de cenário", elaborada mais para o leitor do que para o ouvinte, deve ser riscada e o diálogo considerado isoladamente. Se as próprias palavras criarem a mesma cena, as indicações são supérfluas; caso contrário, o diálogo é falho:

ANFITRIÃO: (Aproximando-se) Entre, entre. Parece que vamos ter uma tempestade.
VISITANTE: (Aproximando-se) Obrigado. Receio que tenha razão. Já estava começando a chover nos últimos quilômetros da viagem.
ANFITRIÃO: Bem, venha aquecer-se perto do fogo; raramente recebemos visitantes.
VISITANTE: Aqui fica um pouco fora da estrada, mas como eu estava na região das montanhas e sempre tive um verdadeiro fascínio por castelos, pensei em fazer uma visita – espero que não se importe.
ANFITRIÃO: De jeito nenhum, eu até me sinto um pouco solitário.
VISITANTE: (Esfregando as mãos) Ah, assim é melhor. É uma bela sala – esse painel de carvalho é tão antigo quanto parece? etc.

O produtor pode colaborar na distribuição dos papéis, nas vozes utilizadas — por exemplo, na idade e no sotaque dos dois personagens, e no estado emocional, se jovial ou sinistro.

Além da informação visual, do personagem e do enredo, o diálogo deve nos lembrar de vez em quando quem está falando com quem. Toda pessoa "presente" deve ter uma fala ou ser mencionada, de modo que possa ser incluída na imagem mental do ouvinte:

ANDREW: Olha, John, eu sei que disse que não iria falar disso, mas... bem, aconteceu uma coisa que acho que você deveria saber.
JOHN: O que é, Andrew? O que aconteceu?

O uso de nomes no diálogo é importante especialmente no começo da cena.

Os personagens também devem referir-se à situação não apenas do quadro imediato, para que a imaginação do ouvinte disponha de todas as informações pertinentes:

ROBINS: ...E qual é exatamente a sua proposta de fuga? Há guardas do lado de fora, e mais ainda na entrada do bloco. Mesmo que saíssemos, há uma cerca de arame farpado de dois andares de altura – toda patrulhada por cães. Pude ouvi-los. Não há a mínima chance.
JONES: Mas você não está esquecendo algo – uma coisa meio óbvia?

Uma questão óbvia que o autor não esquece é que o rádio não só é cego, mas, a não ser que a novela seja em estéreo, também é meio surdo. O movimento e a distância têm de ser indicados, seja na acústica ou com outra técnica de produção, ou no diálogo. Eis aqui três exemplos:

(longe do microfone) Acho que descobri, venha até aqui.
Veja, lá estão eles – ali embaixo na praia. Devem estar a uns 800 metros agora.
(com ternura) Sempre pensei numa situação assim – bem perto de você.

Voltaremos mais tarde para a questão de criar efeitos de perspectiva no estúdio.

Para dar fluência à história, cenas sucessivas podem ser vinculadas uma à outra. O diálogo no final de uma cena aponta para a próxima:

VOZ 1: Bem, eu o verei na sexta-feira – e lembre-se de trazer aquilo com você.
VOZ 2: Não se preocupe, estarei lá.
VOZ 3: Então às 8 horas rio abaixo – e não vá se atrasar.

Se, em seguida, ouvirmos som de água, então podemos supor que a ação já passou para a sexta-feira e estamos rio abaixo. A mudança de cena se dá em geral por um *fade-out* da última fala — uma fala à parte, como a segunda metade de uma das falas do último exemplo, palavras que podemos perder. Há uma pausa e um *fade-up* na primeira fala da nova cena. Outros métodos são o corte direto sem *fades* ou possivelmente por meio de um *link* de música. O uso de um narrador quase sempre superará dificuldades de transição, contanto que o *script* evite clichês do tipo "enquanto isso, de volta ao rancho".

O narrador é particularmente útil para explicar uma grande quantidade de informação básica que poderia ser tediosa na forma de diálogo, ou quando se fazem grandes reduções, por exemplo, na adaptação de um livro para o formato de novela radiofônica. Nessas circunstâncias, o narrador pode ser usado para ajudar a preservar o estilo e o sabor do original, especialmente nas partes em que há muita explicação e descrição, mas pouca ação:

NARRADOR: Pouco tempo depois, Betty morreu e John, agora destituído e sem amigos, teve de pedir esmola nas ruas para não passar fome. Foi então numa tarde, maltrapilho e quase desesperado, que um velho amigo o reconheceu.

Quando em dúvida, é quase certo que o autor experiente seguirá pelo caminho mais simples, lembrando que o ouvinte gostará mais do que puder entender imediatamente.

Layout do *script*

Seguindo o padrão normal de *scripts* para transmissão radiofônica, a página deve ser digitada num só lado a fim de minimizar o ruído de manuseio. O papel, portanto, precisa ser consistente e do tipo que não faz barulho. As linhas têm de estar dispostas em espaço triplo, permitindo assim alterações e também anotações dos atores; e cada fala será numerada para facilitar a referência. Indicações ou detalhes de efeitos sonoros e música devem estar entre colchetes, sublinhados ou em letras maiúsculas, de modo que possam destacar-se nitidamente do diálogo. A reprodução dos *scripts* tem de ser absolutamente clara, com várias cópias disponíveis.

Em seguida, um exemplo de *layout* de página.

Os atores

Formar um elenco para uma peça radiofônica, seja de uma hora, seja uma breve ilustração, quase sempre acabará sendo um meio-termo entre quem serve para o papel e quem está disponível. O produtor naturalmente desejará ter os melhores atores, mas isso nem sempre é possível dentro dos limites orçamentários. Também é difícil reunir o elenco ideal no mesmo lugar, e possivelmente várias vezes, para ensaio e gravação, além de ter de coincidir com a disponibilidade de espaço no estúdio. E também pode acontecer de dois excelentes atores estarem disponíveis, mas suas vozes serem muito semelhantes para a mesma peça. Portanto, há vários fatores que determinam o elenco final.

Atores não familiarizados com o rádio têm de reconhecer as limitações da página impressa, que se destina a hospedar palavras em linhas claramente legíveis. Não é possível sobrepor palavras como fazem as vozes:

VOZ 1: O custo deste projeto vai ser de 3 a 4 milhões – que é bastante dinheiro na concepção de qualquer pessoa.
VOZ 2: Ora, isso é bobagem, eu poderia fazer o serviço por...
VOZ 1: (Interrompendo) Não venha me dizer que é bobagem, o valor é esse e está aumentando.

Embora isso seja o que poderá aparecer na página, é claro que a voz número dois, ao ouvir as cifras, reagirá imediatamente ao valor do custo do projeto — na metade da primeira linha da voz número um. O autor do *script* pode inserir um (reagindo) ou (tomada de fôlego), mas em geral é melhor deixar para a imaginação do ator. Às vezes é preciso persuadir o ator a representar, e não ficar muito preso ao *script*. Depois a voz número um interrompe. Isto não significa que ela espera a voz número dois terminar a fala anterior para começar: "Não venha me dizer...". Começa bem antes da voz número dois parar, digamos, na palavra "poderia". As duas vozes ficarão sobrepostas em algumas palavras, soando assim mais natural. Numa conversa real, fazemos isso o tempo todo.

Quanto à questão da projeção da voz, a extensão normal da fala na distância própria de uma conversa será suficiente — do íntimo e confidencial ao colérico e histérico. À medida que aumenta a distância aparente, a mesma coisa acontece com a projeção. No exemplo a seguir, o ator vai até a porta e termina a fala com mais projeção do que usava no começo. A voz gradualmente se eleva durante toda a locução.

VOZ: Bem, preciso ir. (AFASTA-SE) Não vou demorar, mas tenho muita coisa para fazer. (PORTA ABRINDO, A DISTÂNCIA) Volto logo que puder. Tchau. (PORTA FECHANDO)

1.	(ACÚSTICA DE LUGAR FECHADO)	
2.	BRADY:	Por que Harris ainda não chegou? – Parece que vocês do Ministério pensam que a gente tem tempo sobrando.
3.	SALMON:	Não sei, coronel, ele não costuma se atrasar.
4.	BRADY:	É uma falta de consideração. Me dá vontade de...
5.	SOM:	BATIDA NA PORTA
6.	SALMON:	(ALIVIADO) Deve ser ele. (AFASTANDO-SE) Vou abrir a porta.
7.	SOM:	PORTA ABRINDO
8.	HARRIS:	(AFASTADO) Olá, John.
9.	SALMON:	(AFASTADO) Ainda bem que você chegou. Estávamos esperando há algum tempo. (APROXIMANDO-SE) Coronel Brady, acho que o sr. não conhece Nigel Harris. Ele é o nosso representante...
10.	BRADY:	(INTERROMPENDO) Sei muito bem quem ele é, o que eu quero saber é onde ele estava.
11.	HARRIS:	Bem, eu estava tentando nos tirar de uma enrascada. Tenho más notícias. O dinheiro do nosso negócio sumiu, e Holden também desapareceu.
12.	BRADY:	Isso é um absurdo! Está insinuando que ele levou o dinheiro?
13.	HARRIS:	Não estou insinuando nada, coronel, mas sabemos que ontem à noite ele esteve na estação de Victoria – e comprou uma passagem para Marselha.
14.	SALMON:	Marselha? De trem?
15.	HARRIS:	De trem. Neste momento, eu diria que ele, e o dinheiro, já atravessaram metade da Europa.
16.	SOM:	APITO DE TREM APROXIMANDO-SE E BARULHO DE TREM PASSANDO.
17.	SOM:	*CROSSFADE* COM O INTERIOR DO TREM. RITMO CONTINUA AO FUNDO.
18.	CAMAREIRO:	(APROXIMANDO-SE) Última chamada para o almoço. (MAIS PERTO) Última chamada para o almoço. Merci, Madame.

1.	SOM:	PORTA DA CABINE SENDO ABERTA
2.	CAMAREIRO:	(PRÓXIMO) Última chamada para o almoço, senhor. Excusez-moi, Monsieur – vai querer o almoço? Monsieur? (PARA SI MESMO) C'est formidable. Que dorminhoco. (MAIS ALTO) Com licença, senhor – Permita-me tirar o jornal.
3.	SOM:	BARULHO DE PAPEL
4.	CAMAREIRO:	O senhor vai... (GASP) Oh... Terrível... Terrível.
5.	SOM:	BARULHO DO TREM PASSANDO E DIMINUINDO A DISTÂNCIA.
6.	SOM:	TELEFONE TOCANDO. ALGUÉM ATENDE. PÁRA DE TOCAR.
7.	BRADY:	Alô.
8.	VOZ:	(DISTORCIDA) É o coronel Brady?
9.	BRADY:	Sim. Quem está falando?
10.	VOZ:	(DISTORCIDA) Não importa, mas achei que deveria saber que ele está morto.
11.	BRADY:	Quem está morto? Quem está falando?
12.	VOZ:	(DISTORCIDA) Ora, você sabe quem está morto – e eu estou com o dinheiro.
13.	BRADY:	Que dinheiro? Quem é você?
14.	VOZ:	Logo você vai saber. Entrarei em contato...
15.	SOM:	TELEFONE DESLIGADO. SINAL DE LINHA .
16.	BRADY:	Alô, alô... droga.
17.	ES:	BATENDO O TELEFONE.
18.	ES:	SINAL DE INTERCOMUNICADOR DE ESCRITÓRIO.
19.	SECRETÁRIA:	(DISTORCIDA) Sim, senhor?
20.	BRADY:	Joan, quero que se comunique com Salmon e Harris – pode ser?
21.	SECRETÁRIA:	(DISTORCIDA) Sim, senhor – eles voltaram para o Ministério.
22.	BRADY:	Preciso falar com eles – imediatamente. E me reserve uma passagem de avião para Marselha, hoje à noite.
23.	CD:	MÚSICA ATÉ O FIM.

Ao se movimentar para a zona "morta" do microfone, o deslocamento real do ator pode não ter passado de um metro. A impressão auditiva que se tem talvez seja a de um afastamento de pelo menos cinco metros. É importante que esses "movimentos" sejam feitos durante o diálogo, caso contrário parecerá que o ator "saltou" de uma posição próxima para outra mais distante. Obviamente, o ato de afastar-se do microfone, que aumenta a proporção entre som refletido e som direto, apenas poderá dar a impressão de distância numa cena interna.

Quando o cenário é ao ar livre, não há som refletido e o efeito de distância tem de ser obtido pela combinação de uma projeção mais alta da voz do ator e o baixo volume oriundo de um

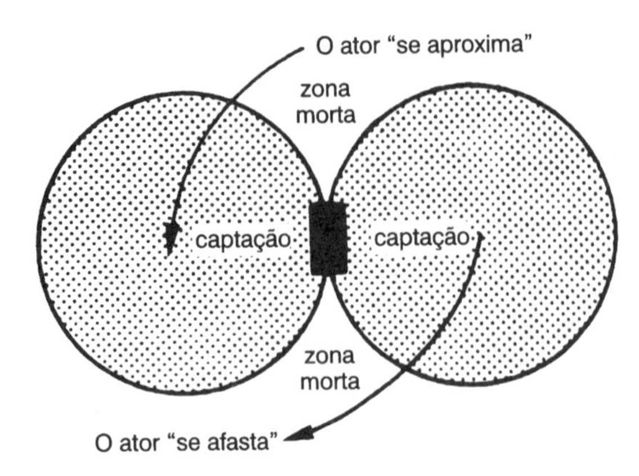

Fig. 19.2. Movimento no microfone. Os círculos sombreados são as áreas normais de captação em ambos os lados de um microfone bidirecional. Um ator que "se aproxima" diz suas falas à medida que se desloca da zona morta para a zona de captação, reduzindo a projeção da voz enquanto se movimenta. Esta técnica é própria para cenas internas.

ajuste baixo para o *fader* do canal do microfone. Com isso é possível que um personagem grite para nós "lá do outro lado", ao conversar com outra pessoa "em primeiro plano", a qual, por sua vez, também responde gritando. Esse tipo de cena requer uma considerável manipulação do *fader* do microfone sem sobreposição das vozes. Uma alternativa preferida é os atores ficarem em salas separadas, cada um com seu próprio microfone e com um fone de ouvido em que possam ouvir a saída já mixada.

A acústica

Em qualquer discussão de perspectiva monofônica, a distância é uma função que separa personagens no sentido de estar próximo ou longe. O produtor sempre deve saber onde o ouvinte está posicionado em relação ao quadro global. Em geral, mas não necessariamente, "com" o microfone, o ouvinte posicionado numa cena dinâmica precisará de algumas informações que façam uma distinção entre ele seguir a ação, movimentando-se na cena, e a simples observação a partir de uma posição estática.

Parte dessa distinção pode estar no uso de uma acústica que se altere por si própria. Acompanhado dos efeitos sonoros apropriados, um movimento que parte de uma reverberante sala de tribunal e vai para uma pequena ante-sala, ou da rua para uma cabine telefônica, pode ser altamente eficaz. Existem quatro acústicas fundamentais que abrangem as combinações da quantidade e duração do som refletido:

A discriminação de freqüência aplicada à saída do dispositivo de eco acrescentará a coloração diferente de uma determinada acústica. A característica de um estúdio normal para peça radiofônica com uma acústica "neutra" limitaria o tempo de reverberação para cerca de 0,2 segundo. Associado a isso estaria uma área "vibrante" com tempo de reverberação de, digamos, 0,6 segundo, e uma área separada para o narrador. O fator-chave é a flexibilidade, de modo que usando anteparos, cortinas e carpetes seja possível produzir vários ambientes acústicos.

O uso de microfones de lapela para atores evita qualquer captação da acústica do estúdio, permitindo uma considerável liberdade de movimento. O *crossfading* entre o microfone de es-

1) Nenhuma reverberação	Ao ar livre	Criada num estúdio "morto" totalmente absorvente
2) Pouca reverberação, mas por longo tempo	Biblioteca ou sala bastante mobiliada	Acústica vibrante ou pequena reverberação adicionada ao estúdio normal
3) Muita reverberação, mas por pouco tempo	Cabine telefônica, banheiro	Pequeno espaço fechado, com superfícies refletoras – acústica "de caixa"
4) Muita reverberação, e por longo tempo	Caverna, "Palácio Real", sala de concertos	Eco artificial adicionado à saída normal do estúdio

túdio e o microfone de lapela, com a devida diminuição da projeção vocal, proporciona uma "fala de pensamento" bastante verossímil em meio ao diálogo.

Efeitos sonoros

Quando a cortina se ergue no palco de um teatro, o cenário fica imediatamente óbvio e o público recebe toda a informação contextual necessária para a peça começar. Isso também acontece com o rádio, salvo que, para obter um impacto bem definido, os sons devem ser refinados e simplificados até chegar àquele mínimo que realmente transmite a mensagem. O equivalente ao "pano de fundo" do teatro são os sons que permeiam toda a cena — por exemplo, chuva, as conversas numa festa, barulho do trânsito ou os sons de uma batalha. Muito provavelmente, esse material é pré-gravado e reproduzido a partir de discos, CD, cartucho ou fita de áudio. Os "acessórios eventuais" e objetos de contra-regra são os efeitos usados especialmente para expressar uma ação — discar um telefone, despejar uma bebida, fechar a porta ou disparar uma arma. É preferível que essa sonoplastia seja feita no estúdio, no momento do diálogo, se possível pelos próprios atores — por exemplo, acender um cigarro ou tomar um drinque —, ou por outra pessoa, caso as mãos estejam segurando o *script*.

A tentação para um produtor novato em termos de peça radiofônica é exagerar nos efeitos. Embora no mundo real os sons que ouvimos sejam muitos, neste aspecto a peça radiofônica proporciona não o que é real, mas o inteligível. É possível gravar sons genuínos que separados de sua realidade visual não transmitem coisa nenhuma. O som de um carro parando provoca pouco impacto; no entanto, talvez seja necessário para transmitir a dramaticidade do momento decisivo da peça. Em busca de nítidas associações entre uma situação e o som, o rádio desenvolveu convenções com significados que, de um modo geral, passaram a ser en-

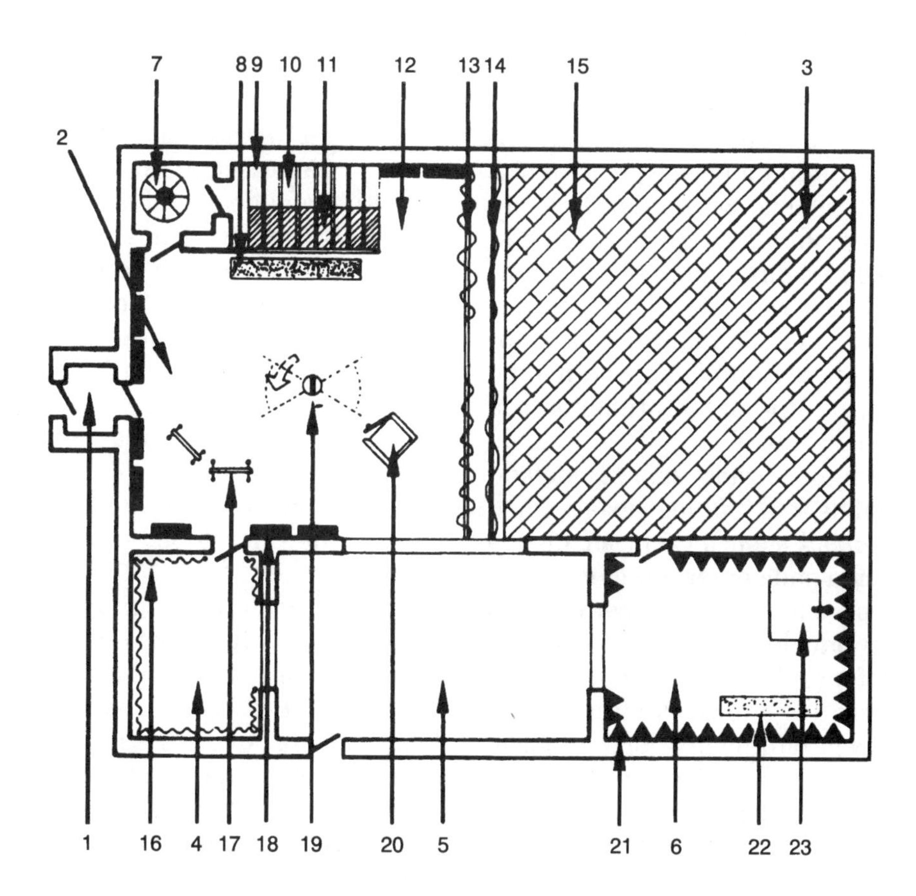

Figura 19.3. Partes de um estúdio para peças radiofônicas. **1.** Entrada pelo *lobby* de som. **2.** Espaço "morto". **3.** Espaço "vivo". **4.** Estúdio do narrador. **5.** Área de controle com janelas para todas as outras áreas. **6.** Sala morta – acústica de espaço aberto. **7.** Escada de ferro em espiral. **8.** Gamela com pedrinhas. **9.** Escada para efeitos sonoros. **10.** Degraus com piso de cimento. **11.** Degraus com piso de madeira. **12.** Chão acarpetado. **13.** Cortinado mole. **14.** Cortina "dura" – de lona ou plástico. **15.** Chão de taco de madeira. **16.** Cortinas. **17.** Tela acústica móvel. **18.** Absorvedor acústico – *wall box.* **19.** Microfone bidirecional. **20.** Porta de efeitos sonoros. **21.** Pontas acústicas – superfície altamente absorvente. **22.** Gamela com areia ou pedrinhas. **23.** Tanque com água.

tendidos. O automóvel que pára de repente praticamente exige o barulho da freada, portas batendo e passos apressados; e torna-se um pouco maior do que a vida. Levado ao exagero, torna-se cômico.

Outros sons que logo se tornaram identificáveis:

1) Passagem do tempo — o tique-taque do relógio.
2) Noite — coruja piando.
3) Litoral — gaivotas e barulho do mar.
4) A bordo de um navio — ranger das cordas.
5) De manhã cedo — galo cantando.
6) Ao ar livre, rural — pássaros cantando.

A convenção para o movimento normal não inclui passos, que são usados apenas para destacar um ponto dramático específico.

Os sons de fundo podem ou não ser audíveis para os atores no estúdio, dependendo dos recursos técnicos disponíveis. É importante, porém, que os atores saibam o que está se passando. Eles devem ter acesso a toda a sonoplastia de fundo para que isso os ajude a visualizar a cena e para que possam avaliar o nível de projeção, em especial se os sons forem barulhentos — a cabine de comando de um pequeno avião, uma feira ou uma batalha. Se um ator tiver de reagir a um som reproduzido a partir de um disco ou fita, ele precisará que a saída seja transmitida para seus fones de ouvido ou por um alto-falante. Quando um microfone é aberto, obviamente interrompe-se o alto-falante normal de estúdio, mas outro alto-falante alimentado a partir de toca-discos, aparelho de CD e fitas de áudio pode permanecer ligado, sem ser afetado pela ausência total de som (*muting*). Este recurso é chamado de *foldback* e tem a vantagem de que não apenas o elenco pode ouvir os efeitos, mesmo que seus microfones estejam abertos, mas qualquer som reproduzido dessa maneira e captado pelos microfones do estúdio terá a mesma acústica das vozes dos atores. Produtores que trabalham com peça radiofônica logo estabelecem seus próprios métodos para produzir sons em estúdio. Eis alguns exemplos que têm poupado bastante tempo e dificuldades:

1) Caminhando no mato ou numa floresta — amassar um rolo de fitas de áudio entre as mãos.
2) Caminhando na neve — espremer e torcer um rolo de lã de vidro ou esfregar dois torrões de sal.
3) Cascos de cavalos — duas metades de um coco ainda são a melhor opção, seja para indicar a batida das patas no chão ou um galope. Mas é preciso praticar primeiro. Um molho de chaves produzirá o tinido do arreio.
4) Despejando uma bebida — primeiro coloque um pouco de água no copo para que o som comece logo que o líquido for despejado.
5) Abrindo garrafa de champanhe — qualquer bom auxiliar de sonoplastia deve ser capaz de fazer um convincente "pop" com a boca, ou então tirar uma rolha de uma bomba de bicicleta serrada. Um pouco de água despejada sobre algumas pastilhas efervescentes ou sais de fruta próximo ao microfone farão o restante.
6) Um edifício em chamas — amassar o celofane de um maço de cigarros bem perto do microfone e partir pequenos gravetos.
7) Tropas em marcha — uma caixa de marcha é simplesmente uma caixa de papelão medindo aproximadamente 20 x 10 x 5 cm e contendo algumas pedrinhas. Segure-a entre as mãos e agite-a com precisão para executar movimentos de exercícios seguindo as ordens.
8) Rangidos — vale a pena guardar parafusos enferrujados, correntes ou qualquer outro tipo de ferragem para a devida ocasião. Tente colocar um pouco de resina num pano e passe-o com firmeza ao longo de um pedaço de corda preso a um ressonador.
9) No caso de roupa de época, para sugerir movimento é só farfalhar de vez em quando um tecido de seda ou tafetá perto do microfone.

A característica fundamental de todos os dispositivos eletrônicos ou acústicos para produzir som é a simplicidade, a confiabilidade e a coerência. E se o efeito esperado não for obtido, vale lembrar que registrando um som e reproduzindo-o numa velocidade diferente, pode-se alterar seu "tamanho" e torná-lo totalmente estranho ao mundo conhecido. Sons fantasiosos variam de dinossauros ao espaço sideral. As vozes também podem parecer inumanas com o uso de uma unidade de efeitos digitais ou "harmonizador". Diferentemente do método da fita gravada, a voz ficará mais suave ou gutural sem que a velocidade de transmissão seja afetada. Investir tempo explorando as possibilidades dos efeitos digitais trará dividendos para o produtor de peças radiofônicas.

Nesse apelo à autenticidade e à precisão, vale observar que a atenção aos detalhes evita as cartas dos ouvintes sempre dispostos a mostrar seu conhecimento. Alguém saberá que os disparos das armas de fogo utilizadas na Guerra de Independência dos Estados Unidos tinha um som bem característico, que certos aviões usados pelo serviço dos Médicos Voadores da Austrália tinham três motores e não quatro, e quem já ouviu um cuco inglês em fevereiro?! O produtor ou deve evitar ser muito explícito, ou terá de fazer a coisa certa.

Música

Como uma aliada do produtor engenhoso, a música pode enriquecer bastante uma peça radiofônica. Mas se for utilizada com exagero ou se a escolha não for adequada, torna-se apenas uma distração irritante. O produtor deverá decidir qual o papel destinado à música:

1) Como "*leitmotif*" para criar um *estilo geral*. Quando usada para abertura e encerramento, e durante a peça como *link* entre algumas cenas, proporcionará continuidade temática. Provavelmente, os trechos serão a mesma peça musical, ou diferentes passagens da mesma obra.
2) Música escolhida simplesmente para *criar o clima* de uma cena. Seja para a "casa mal-assombrada" ou para "um evento esportivo", é preferível selecionar algo não muito conhecido a ponto de poder despertar no ouvinte idéias preconcebidas e associações. Assim, vale a pena o produtor conhecer as obras menos famosas de sua discoteca.
3) Música repetitiva ou de ritmo insistente pode ser usada para marcar a *passagem do tempo,* realçando assim o decorrer das horas, dos segundos. A fadiga ou a monotonia é parcimoniosamente reforçada.

Ao utilizar música com o intuito de fazer lembrar uma época e um lugar, o produtor deve estar seguro de sua pesquisa. Canções da Primeira Guerra Mundial ou baladas da Inglaterra elizabetana — certamente haverá pelo menos um especialista na escuta pronto para apontar erros de instrumentação, palavras ou data. Usar o piano para estabelecer um clima de época, quando existia apenas o cravo e o virginal, é pedir para ser criticado.

O produtor de peças radiofônicas não deve se limitar unicamente às prateleiras de sua discoteca, mas às vezes fazer uso de material especialmente escrito para o programa. Não é preciso ser muito sofisticado — uma simples e recorrente canção folclórica ou um tema tocado com violão ou harmônica pode ser bastante eficiente. Há grandes vantagens em elaborar o estilo musical adequado à peça e estabelecer a duração da música para encaixá-la nas várias introduções e *voice-overs.*

Técnica de produção

Cada produtor cria seus próprios métodos e certos tipos de peças podem exigir uma abordagem individual, o que acontecerá quando se trabalha com crianças ou amadores. Em seguida, porém, damos em linhas gerais o procedimento padrão:

1) O produtor trabalha junto com o autor, ou pega o *script* e, sozinho, reescreve o texto tendo em vista a transmissão radiofônica. Faz alterações para adequá-lo ao tempo de transmissão disponível.
2) Ele escolhe o elenco, emite os contratos, distribui cópias do *script,* providencia ensaios ou horários de gravação.
3) Com sua equipe, ou sozinho, monta os efeitos sonoros, reserva o estúdio, providencia recursos técnicos especiais, atendendo às possíveis exigências acústicas, e escolhe a música.
4) O elenco se reúne, não necessariamente no estúdio, para uma leitura integral. Fraseados incômodos podem ser alterados para se adequar aos atores individualmente. O produtor dá orientação sobre a estrutura e o formato geral da peça e também sobre a amplitude das emoções envolvidas. Isso para que todos tenham uma impressão geral da peça. Os *scripts* são marcados com informações adicionais, tais como o uso de luzes de sinalização.
5) No estúdio, as cenas são ensaiadas no microfone, com detalhes de produção relativos à inflexão, às pausas, ao ritmo, ao movimento etc. O produtor deve tomar cuidado para não causar melindres por excesso de direção, em especial no caso de atores profissionais. O produtor

pode perfeitamente dizer que efeito ele acha que determinada fala deve atingir. Mas corre o risco de abalar um ator se chegar a descrever precisamente como ela deveria ser expressa. Efeitos sonoros, pré-gravados ou ao vivo no estúdio, são adicionados. A principal tarefa do produtor é incentivar os atores e ajudá-los no que for preciso ou consertar algum erro.

6) À medida que se aprimora cada cena até chegar à perfeição exigida, é feito um "*take*" de gravação. As imagens evocadas na leitura original do *script* estão ganhando vida? O clima, o conteúdo e a qualidade técnica estão exatamente corretos? As regravações necessárias são feitas e o *script* é assinalado de acordo.
7) A fita é editada com os melhores "*takes*", removendo-se os *fluffs* e confirmando a duração final.
8) O programa é colocado no sistema de transmissão e a papelada restante é preenchida.

Há muitas variações nesse padrão de trabalho. Eis aqui três abordagens alternativas:

- Elimine o estúdio. Se for adequado para a peça, a gravação poderá ser feita ao ar livre entre os becos e os trilhos de trem da cidade — uma espécie de *radio verité*?
- Não há por que pensar apenas em termos de peça convencional. Um formato bastante eficaz e simples é usar um narrador para descrever a maior parte da história, com apenas os diálogos importantes ditos por outras vozes. Poucos, porém contundentes, efeitos complementam esse equivalente do cartum no rádio — excelente para seriado infantil.
- O diálogo por si só pode ser uma maneira simples e poderosa de explicar um assunto — dois agricultores discutindo sobre uma nova técnica de melhoramento do solo — ou ilustrando um relacionamento, tal como o pai e a filha falando sobre a roupa que ela deve usar. Utilizando as pessoas certas, nem é preciso estar no *script* — dê a idéia básica e deixe que improvisem.
- O uso do monólogo pode parecer chato, mas escritores como Alan Bennett e suas "*Cabeças Falantes*" conseguem fazer com que um único personagem libere toda uma gama de pensamentos, motivações e reflexões internas, além de um comportamento real ou imaginado que, expresso na linguagem do ouvinte, cria uma identificação imediata. Talvez com um pouco de música e mais alguns efeitos, o monólogo de rádio crie uma atmosfera intensa, envolvendo personagem e ouvinte. Um exemplo foi o premiado "*Spoonface Steinberg*" — monólogo interno escrito por Lee Hall com a fala de uma garotinha autista de sete anos que está morrendo de câncer. Apenas a voz dela, pensando em sua música preferida. Criativo, inspirador, perspicaz e memorável — uma fascinante utilização dessa mídia.

Um produtor que queira começar a fazer peça radiofônica deve ouvir o máximo possível de peças e seriados. Ele colherá idéias e reconhecerá o valor de boas palavras ditas com simplicidade.

Ao transmitir o conteúdo da página impressa na forma de impressão auditiva, o produtor não deve esperar que no começo as imagens visuais de sua mente sejam traduzidas com exatidão no produto final. Os atores não são marionetes para serem manipulados à vontade; também são pessoas criativas e vão querer dar sua própria contribuição individual. A peça acabada é um amálgama de muitas aptidões e talentos, é um produto "manufaturado", elaborado uma só vez, e que, espera-se, representa uma experiência mais rica do que a inicialmente imaginada por uma única pessoa.

20 Documentários e programas especiais

Em geral, esses dois termos são empregados como se fossem sinônimos, havendo alguma confusão sobre seu significado exato. Mas são áreas estimulantes e criativas do rádio e por causa de sua imensa abrangência é importante que o ouvinte saiba exatamente o que está sendo oferecido. As distinções básicas têm a ver com a seleção e o tratamento inicial do material-fonte. Um documentário apresenta somente fatos, baseados em evidência documentada — registros escritos, fontes que podem ser citadas, entrevistas atuais e coisas do gênero. O objetivo fundamental é informar, mostrar uma história ou situação sempre se baseando na reportagem honesta e equilibrada. O programa especial, por outro lado, não precisa ser totalmente verdadeiro no sentido factual, podendo incluir canções folclóricas, poesia ou uma peça radiofônica de ficção com ilustrações sobre o tema. O especial tem uma forma bastante livre, geralmente enfatizando qualidades humanas, estados emocionais ou atmosferas mais indefiníveis.

As distinções nem sempre são bem demarcadas, a existência de híbridos contribuindo para a confusão de termos — o documentário especial, o semidocumentário, a peça-documentário, e assim por diante.

Geralmente é necessário e desejável produzir programas que não sejam apenas factuais, mas "baseados em fatos". Haverá ocasiões em que, na falta de evidência suficiente, a cena de uma história verdadeira terá de ser inventada — não existe nenhuma transcrição dos diálogos que ocorreram durante a viagem de Colombo para o Novo Mundo. Partindo, porém, de seus diários e de registros da época, sabe-se o suficiente para montar um relato aceitável, válido em termos de reportagem. Embora, ao lidar com a longa perspectiva da história, seja compreensível uma certa acomodação entre o que é fato estabelecido e o que se oferece como conjectura razoável, é importante que ao retratar questões contemporâneas não se confundam as fronteiras. Fato e ficção constituem uma combinação perigosa, e os limites devem estar bem claros para o ouvinte. Um programa que trata de um julgamento de homicídio, por exemplo, deve ater-se aos autos do processo; acrescentar cenas fictícias é confundir, talvez desorientar. É perfeitamente admissível, no entanto, intercalar, num programa, fatos mais sérios, mesmo um caso de julgamento, com material de ficção, digamos, canções e versos infantis; mas então passa a ser um especial e não um documentário. Fundamentalmente, o que importa não é o assunto ou seu tratamento, mas que todos entendam o que se quer dizer com os termos usados. É essencial que o ouvinte saiba o objetivo do programa — basicamente, a diferença entre o que é e o que não é verdadeiro. Se o produtor tem a intenção de oferecer um relato equilibrado, elaborado e verídico sobre algo ou alguém, então trata-se de um documentário. Se ele não se sente tão preso à veracidade e a intenção original é dar asas à imaginação, mesmo que o material, a fonte, seja real, trata-se de um especial.

O documentário

É comum que os temas para programas se apresentem como idéias que de repente se tornam óbvias. Com freqüência têm a ver com questões contemporâneas, tais como as relações raciais, o desenvolvimento urbano, a poluição e o meio ambiente, a pesquisa médica. O programa pode explorar em detalhes um único aspecto de um desses assuntos, tentando examinar em termos gerais como a sociedade enfrenta as mudanças. Outros tipos de documentário focalizam uma só pessoa, atividade ou evento — a descoberta do elemento químico rádio, a construção do Concorde, a vida de um personagem famoso ou o trabalho de determinada indústria, escola ou de um grupo de teatro.

Basicamente, isso tudo tem a ver com pessoas. Embora estatísticas e fatos históricos sejam importantes, o elemento crucial é o ser humano — deve-se, portanto, realçar a motivação e ajudar o ouvinte a entender por que certas decisões foram tomadas e o que faz as pessoas se comportarem de determinada maneira.

A principal vantagem do documentário sobre a fala direta é tornar o tema mais interessante e mais vivo ao envolver um maior número de pessoas, de vozes e um tratamento de maior amplitude. É preciso entreter e ao mesmo tempo informar, esclarecer e também estimular novas idéias e interesses.

Planejamento

Depois de resolvida a idéia inicial, vem a questão da duração do programa. A ordem talvez seja produzir um programa de 30 minutos ou uma hora. No caso, o problema será de escolha — encontrar a quantidade certa de material. Se o tema for muito amplo para o tempo disponível, o produtor ou faz uma cobertura de todo o assunto, mas de forma superficial, ou reduz a abrangência do tema e focaliza determinado aspecto em maior profundidade. É, por exemplo, a diferença entre um programa de 20 minutos sobre a vida de Chopin, dirigido ao público escolar, e outro com a mesma duração, ou mais, dedicado aos eventos que levaram Chopin a escrever o *Estudo Revolucionário*, desta vez voltado para um público mais sério.

Quando não há uma duração total especificada, apenas a intenção de cobrir determinado tema, a regra é limitar o material a um objetivo declarado, sem deixar que se torne difuso e se espalhe por outras áreas. Por essa razão, é uma ótima prática o produtor escrever um *briefing* para o programa, respondendo às seguintes questões: "Aonde quero chegar?", "O que quero deixar para o ouvinte?". Mais tarde, a decisão sobre inclusão ou não de determinada matéria fica mais fácil à luz da própria declaração de intenção do produtor. Isso não quer dizer que os programas não possam mudar de forma à medida que a produção é feita. Um objetivo claro, porém, ajuda a impedir que isso aconteça sem o conhecimento e consentimento do produtor.

Nessa altura, o produtor provavelmente trabalha sozinho, familiarizando-se aos poucos com o assunto, explorando-o pessoalmente. Durante essa pesquisa inicial, ele faz anotações, em especial uma lista dos tópicos que devem ser incluídos. Seguem-se as decisões técnicas — como cada tópico será tratado. Daí surge o embrião da ordem de transmissão. Quase sempre o título vem bem depois — talvez de uma observação importante que é feita no corpo do programa. Não há nenhum padrão formal para organizar o planejamento do programa; cada produtor tem seu próprio método. Registrando as idéias no papel e vendo a relação que há entre elas — o que deve ser enfatizado e o que é redundante —, é mais provável que o produtor chegue a um programa consistente e equilibrado. Eis aqui um exemplo das primeiras anotações de planejamento para um programa local. Essa emissora de rádio serve uma região litorânea onde a frota de barcos pesqueiros foi seriamente afetada pela perda dos direitos de pesca em águas internacionais:

Título provisório: *O Retorno dos Pescadores.*

Objetivo: Fazer o ouvinte compreender o impacto que as mudanças ocorridas na indústria pesqueira de alto-mar nos últimos dez anos exerceu nas pessoas que nela trabalham.

Duração: 30 minutos.

Informação: Cifras anuais sobre capacidade de transporte, trabalhadores empregados, peixes recolhidos, o dinheiro movimentado e o lucro, investimento etc.

Conteúdo: Relato histórico do desenvolvimento nos últimos dez anos
- evolução da tecnologia, métodos de busca, captura, congelamento.
- evolução econômica, navios maiores mas em menor número — implicações para o proprietário no aumento do custo de capital.
- mudanças sociais resultantes da diminuição da oferta de empregos, salários mais altos, viagens mais longas e melhores condições a bordo.
- mudança política, novos regulamentos relativos às águas internacionais, ao tamanho das redes, aos limites litorâneos.

Pontos principais: O que aconteceu aos homens e navios que costumavam trabalhar aqui em grande número?

O que aconteceu àquelas áreas da cidade onde antes ruas inteiras dependiam da pesca para a sua sobrevivência?
Vida familiar, comerciantes locais etc., perda do companheirismo?
Qual a importância dos fatores políticos que afetam os direitos de pesca em águas distantes, ou a indústria já estava passando por mudanças fundamentais?
Essas tendências continuarão no futuro?

Fontes de entrevistas: Federação dos Proprietários de Barcos de Pesca.
Conselho Portuário? Armadores?
Sindicato dos Pescadores.
Proprietário de Frota Pesqueira.
Capitães de navio — passado e presente.
Conselho de Pescados de Carne Branca
Representante da indústria de pescado — óleos — comida congelada.
Governo — funcionário do ministério; membros do Parlamento.
Esposas de pescadores etc.

Fontes de referência: Recortes de jornais.
Biblioteca — seção de transporte marítimo.
Informe oficial do governo.
Relatórios da companhia de pesca.
Revista — *Fishing News International*.
Fred Jones (outro produtor que fez um programa sobre as docas algum tempo atrás).

Ao vivo: A chegada da pesca, o mecanismo das redes, navios se emparelham no mar, barulho de motor, comunicações pelo rádio, radar para detectar cardume etc.
Descarregamento — barulhos do cais.
Leilão.

Especificando os vários fatores que devem ser incluídos no programa, fica mais fácil avaliar o peso e a duração a serem dados a cada um deles, e verificar se há idéias suficientes para sustentar o interesse do ouvinte. É provável que fique evidente a grande quantidade de informação disponível. Seria possível fazer um programa que focalizasse apenas a questão dos direitos internacionais, mas neste caso o *briefing* foi mais abrangente e a tentação de se estender sobre os problemas mais recentes e controversos, como a segurança no mar, deve ser evitada — isso é para um outro programa.

Há uma última questão sobre planejamento. A declaração de intenção do produtor deve permanecer inalterada, mas o modo como ele realiza seu objetivo pode sofrer alterações. Inicialmente ele planeja atingir suas metas de determinada maneira; se, no entanto, durante a produção, ele descobrir um fato imprevisto e de importância fundamental, deverá mudar seus planos para incluí-lo. O material do programa influenciará as decisões sobre o conteúdo.

Pesquisa

Depois de fazer as anotações básicas de planejamento, o produtor tem de fazer o programa no limite de seus recursos. Deverá decidir se apela para um especialista no assunto ou se ele mesmo redige o *script*. A questão da pesquisa dependerá dessa decisão — talvez seja possível obter os serviços de um auxiliar de pesquisa ou de uma biblioteca de referência. O produtor que segue um *briefing* bem definido sabe o que quer e ao fazer as perguntas certas poupa tempo e dinheiro. O princípio do documentário é, sempre que possível, voltar às fontes, pessoas envolvidas, testemunhas oculares, aos documentos originais, e assim por diante.

Estrutura

A principal decisão estrutural é utilizar ou não um narrador. Uma narrativa explicativa que promova o encadeamento das partes obviamente é útil para conduzir o programa de uma maneira lógica e informativa. Pode ainda citar a maior parte dos dados estatísticos e apresentar o contexto das opiniões expressas, assim como os nomes dos vários interlocutores. Um narrador ajuda o programa a cobrir uma área extensa num tempo bem curto, mas aí é que está parte do perigo; e também pode dar a impressão de ser eficiente demais, "cortado" ou "frio" demais. Sua tarefa deve ser *vincular* e *não interromper*. Muito provavelmente não haverá a necessidade de usar a narrativa entre cada contribuição. Há estilos de documentário que não fazem uso de *links*. Cada matéria flui naturalmente numa seqüência, apontando para a frente, numa sobreposição inteligível. Isso não é fácil, mas em geral cria uma atmosfera mais emocionante.

Coleta do material

Boa parte do material será coletada na forma de entrevistas em locação. Se for decidido que não haverá narrador, é importante assegurar que os entrevistados se apresentem — "falando como proprietário de barco pesqueiro..." ou "Faz trinta anos que estou neste negócio...". Talvez peça-se para que forneçam alguma informação estatística. Isso poderá ser cortado na edição, mas é bom tê-lo no material-fonte, caso não haja nenhuma forma óbvia de acrescentá-lo num *script* de encadeamento.

É preciso decidir se a voz do entrevistador fará parte das entrevistas. Talvez seja viável as entrevistas serem feitas por uma só pessoa, que possivelmente também é o produtor, e o programa ser apresentado na forma de uma reportagem investigativa pessoal. Indo um pouco além nessa linha, o produtor poderá contratar uma personalidade famosa para fazer o programa como uma declaração pessoal — continua sendo um documentário, mas visto de uma perspectiva particular que já é conhecida e compreendida. Quando aparece um único entrevistador, ele torna-se o narrador, não sendo necessária nenhuma outra voz como *link*.

Quando se usa um narrador constante, as perguntas do entrevistador são eliminadas e as respostas dadas como declarações, o *script* de encadeamento tomando o cuidado de preservá-las no contexto original. O que pode parecer caótico e confuso é quando, além do narrador, a voz ocasional do entrevistador aparece para fazer determinada pergunta. O programa tem de ser coerente com sua própria estrutura. Mas forma e estilo são infinitamente variáveis, e é importante explorar novas maneiras de fazer programas — clareza é essencial.

Impressões e verdade

A razão de se usar sons ao vivo é ajudar a criar um clima apropriado. Mais do que isso, para aqueles ouvintes que estão familiarizados com o tema, o reconhecimento de um ambiente autêntico e de ruídos específicos eleva a autoridade do programa. Talvez seja possível criar uma certa atmosfera utilizando material de discos de efeitos sonoros. Isso requer um grande cuidado porque basta um som ser identificado como "não genuíno" para que toda a credibilidade do programa seja abalada. O radialista profissional sabe que muitos sons simulados ou efeitos especialmente gravados criam uma impressão mais precisa do que a coisa real. O produtor preocupado não apenas com a verdade mas também com a credibilidade poderá usar sons não-autênticos somente se estes derem uma impressão autêntica.

O mesmo princípio aplica-se à questão mais complicada da falsificação. Até que ponto o produtor pode criar um "acontecimento" com vistas ao programa? É claro que ele precisa fazer a "contra-regra" de algumas ações. Se quiser o som de sirenes de navio, o zumbido de um enxame de abelhas zangadas, ou crianças numa sala de aula recitando poesia, terá de fazer essas coisas acontecerem enquanto deixa o gravador ligado. Uma vez que esses sons são típicos do som verdadeiro, são reais. Mas falsificar o barulho de um evento real, por exemplo, uma manifestação violenta com pessoas atirando pedras, vidros quebrando, talvez até disparos de arma de fogo, pode facilmente desorientar o ouvinte, a não ser que seja apresentado como uma simulação. Seguindo o trabalho de radialistas em época de guerra, provavelmente é verdade que, a não ser que haja claras indicações em contrário, o ouvinte tem o direito de esperar que o que ele ouve num documentário seja material autêntico a ser considerado conforme se apresenta. Não cabe ao produtor do documentário enganar ou confundir tendo em vista o efeito.

Mesmo a reconstrução de um diálogo que de fato ocorreu, utilizando os mesmos indivíduos, pode dar uma falsa impressão do evento original. Assim como a "entrevista ensaiada", simplesmente não parece correto. Da mesma forma, é possível alterar completamente uma conversa real ligando-se um gravador — é improvável que um empreiteiro dando uma cotação para um comprador em potencial sinta-se totalmente à vontade com a presença de um microfone "ao vivo"!

Diante da possibilidade de que a realidade lhe escape, tanto numa gravação original quanto numa reconstrução posterior, o produtor de documentário talvez se veja tentado a empregar métodos dissimulados para obter seu material.

Um exemplo seria usar um gravador oculto para gravar uma conversa com um livreiro "clandestino" para um programa sobre pornografia. Essa é uma questão delicada que coloca o radialista em conflito com o justo direito de todo indivíduo de saber quando está fazendo uma declaração para ser transmitida no rádio. Certamente, a BBC é contra o uso de técnicas subreptícias por constituírem uma invasão indevida da liberdade pessoal. Se tal método for usado, é conseqüência de uma decisão em nível de chefia.

As implicações para uma empresa que transmite material obtido de modo subliminar ou secreto são tais que esta é uma questão que o produtor, funcionário ou *free lancer* não deve assumir sozinho. Ele deve ter a autorização do seu chefe.

É claro que se o tema for histórico aceita-se a convenção de que as cenas são reconstruídas e os atores representam papéis. A prática em outros países difere, mas na Grã-Bretanha um documentário sobre um julgamento mesmo que recente deve necessariamente reconstruir os procedimentos do tribunal a partir de uma transcrição dos autos, já que o evento em si não pode ser registrado. Nenhuma explicação é necessária, salvo a condição de autenticidade do diálogo e da ação. Fundamental é que a compreensão do ouvinte sobre o que está ouvindo não seja influenciada por um motivo oculto por parte do radialista.

Música

A prática atual é fazer pouco uso da música em documentários, talvez com receio de que possa facilmente gerar um clima que deveria ser devidamente criado por vozes e situações da vida real. Os produtores, porém, logo reconhecerão os assuntos que se prestam a um tratamento especial. Não apenas programas que tratam de orquestras ou conjuntos de música pop, mas quando determinada música pode tornar mais clara uma impressão — como fundo para material do clube da juventude, ou para acompanhar reminiscências dos anos 30. Um verso de uma canção popular às vezes proporcionará um comentário devidamente perspicaz. A música adequada pode ajudar na criação de uma perspectiva histórica correta.

Compilação

Depois de ter planejado, pesquisado e estruturado o programa, redigido o *script* básico e coletado seu material, o produtor deve montá-lo de modo a cumprir o *briefing* original no tempo disponível. Primeiro, uma boa abertura. Duas sugestões que poderiam se aplicar ao exemplo anterior do programa sobre a indústria de pesca são ilustradas pelo seguinte *script* da página um:

Exemplo um

1. Efeitos sonoros:	Barulho da corrente da âncora. Impacto da âncora caindo na água.
2. Narrador:	O barco a motor *Estrela Polar* lança âncora pela última vez. Navegando em alto-mar nos últimos 20 anos, agora enfrenta um futuro incerto. Superado por uma nova geração de navios-*freezer* e incapaz de se adaptar às condições bem diferentes do mundo moderno, agora está atracado ao lado de vários outros barcos semelhantes — esperando a conversão ou a sucata. Neste programa, veremos a causa da mudança na indústria pesqueira e falaremos com alguns homens que vivem do mar; ou que, assim como seus navios, sentem que também estão chegando ao fim do seu trabalho etc.

Exemplo dois

1. Capitão Matthews:	Há 18 anos sou capitão de navio — desde rapaz tenho estado no mar de uma maneira ou de outra. Nunca pensei que veria isso. Fileiras de barcos assim, enferrujando — e não se pode fazer nada. Costumávamos ter muito o que fazer por aqui. Nunca pensei que veria isso.
2. Narrador:	O capitão do "Estrela Polar" no porto de Grimsby. Por que nos últimos anos a frota pesqueira vem diminuindo tão drasticamente? De que jeito homens como o capitão Matthews adaptaram-se aos novos tempos? E como o futuro se apresenta para aqueles que ficaram? Neste programa tentaremos encontrar algumas respostas... etc.

O começo do programa pode atrair a atenção com sons ao vivo dando uma forte impressão de realidade, ou com uma declaração polêmica ou pessoal cuidadosamente selecionada do material a ser transmitido. A abertura é "fria", sem música ou introdução formal, apenas precedida pela hora certa e a identificação da emissora. Uma narração de abertura pode descrever uma situação em linhas gerais ou fazer perguntas para as quais o ouvinte desejará ter as respostas. O objetivo é criar interesse, suspense até, e envolver o ouvinte no programa já desde o início.

O restante do material consistirá em entrevistas, *links* do narrador, fatos, enquetes, discussão e música. Outras vozes podem ser usadas para ler documentos oficiais, recortes de jornais ou cartas pessoais. Se possível, é melhor fazer um uso razoavelmente homogêneo de determinada técnica, não apresentar todas as entrevistas de uma vez só e dividir uma fala muito longa em várias partes. A progressão mais fácil de entender em geral é a cronológica, mas talvez seja desejável parar em determinado ponto para contrabalançar uma opinião com outra que lhe seja oposta. E durante todo esse tempo, o *script* final é redigido em torno do material que vai chegando — cortando uma entrevista prolixa para expor o argumento de uma forma mais econômica dentro da narração, deixando de dizer apenas o suficiente para dar ao material factual o máximo de impacto, abandonando uma idéia em favor de outra melhor. E sempre com o olho no *briefing* original.

Seqüência do programa

Há poucas regras quando se trata de decidir a seqüência do programa. O que importa é que o resultado final faça sentido — e não apenas para o produtor, que está totalmente enfronhado no tema e conhece cada nuança do que deixou de lado, bem como do que foi incluído, mas para o ouvinte que está ouvindo tudo pela primeira vez. O defeito mais comum nos documentários não diz respeito ao conteúdo mas à estrutura. Exemplos desses problemas são a "sinalização" insuficiente, a reutilização de uma voz que foi ouvida anteriormente sem repetir a identificação, ou a mudança na convenção no que se refere ao narrador ou entrevistador. Para o produtor que está próximo de seu material, é fácil deixar passar uma simples questão que para o ouvinte pode ser um sério obstáculo. Quem faz o programa sempre deve dar um passo para trás e olhar com objetividade o seu trabalho à medida que este vai tomando forma.

A finalização

Para o encerramento, há numerosas alternativas. Eis aqui algumas sugestões:

1) Deixar que o narrador faça um resumo — útil em alguns tipos de programas escolares ou no caso de material muito complexo ou de argumentos tão complicados que se torna desejável alguma forma de síntese esclarecedora.
2) Repetir algumas declarações essenciais com as vozes das pessoas que as fizeram.
3) Repetir uma única frase que parece condensar a situação.
4) Especular sobre o futuro com novas questões.
5) Encerrar com a mesma voz e os mesmos sons ao vivo usados na abertura.
6) Não fazer nada, deixando que o ouvinte faça sua própria avaliação sobre o tema. Geralmente essa é uma medida sensata quando o assunto envolve juízo moral.

Colaboradores

O produtor tem responsabilidade diante dos que foram solicitados a participar do programa. Em primeiro lugar, dizer-lhes do modo mais detalhado possível do que trata o programa. Apresentar-lhes o contexto geral em que a colaboração será utilizada. Em segundo lugar, avisar antes da transmissão se essa colaboração teve de ser muito editada ou completamente omitida. Em terceiro lugar, sempre que possível, comunicar com antecedência aos colaboradores o dia e horário da transmissão. São simples cortesias, e a razão é bastante óbvia. Quer recebam ou não algum pagamento, os colaboradores, em geral, levam o processo muito a sério, quase sempre pesquisando material adicional para se certificar de que os fatos estejam corretos. Freqüentemente, colocam em risco sua reputação profissional ou pessoal ao expressarem uma opinião ou fazerem uma previsão. O produtor deve cumprir o que foi combinado e mantê-los informados sobre como aparecerão no resultado final.

O que o produtor não pode fazer é condicionar o programa à aprovação dos colaboradores, no que diz respeito ao produto final. Não pode deixá-los ter acesso às fitas editadas com o objetivo de serem aprovadas para transmissão. Não só ele dificilmente teria um programa porque os colaboradores não concordariam, mas estaria negando sua responsabilidade editorial. O programa vai ao ar em seu nome e em nome da empresa de radiodifusão. Aí está o alvo de elogios e críticas, conforme entende o ouvinte. Por isso, a responsabilidade não pode ser contornada ou evitada por meio de pressões ou acordos não revelados.

Programas em tempo real

Uma ótima utilização desse tipo de programa é esclarecer a narrativa de uma história verdadeira no mesmo espaço de tempo em que ela ocorre. Pode ser uma emergência num hospital, um julgamento no tribunal, uma tempestade tropical ou uma operação de resgate. Um excelente exemplo é o *Bombardeiro*, de Len Deighton, um programa levado ao ar pela Rádio 4 da BBC, em comemoração ao aniversário da guerra, e que mostra um ataque aéreo sobre a Alemanha. Transmitido em tempo real, em segmentos, teve a duração de uma tarde e uma noite. Começava com as instruções na hora do almoço, a decolagem, e seguia com um pouco do vôo até a hora do próprio ataque, sendo entremeado com detalhes pessoais e vozes, no ar e em terra, de pessoas de ambos os lados que participaram realmente daquilo, 50 anos atrás. Foi ao mesmo tempo documentário, drama, efeitos e realidade, envolvendo grande complexidade. Você tinha de ficar acordado até a meia-noite para ouvir os aviões — alguns deles — voltando para casa. Angústia, morte, esperança, desespero; além de autêntico, foi inovador — e um espetáculo radiofônico fascinante.

O especial

Enquanto o documentário deve distinguir claramente entre fato e ficção e apresentar uma estrutura que separe o fato da opinião, o programa especial não tem as mesmas restrições formais. Aqui todas as formas possíveis do rádio se encontram — poesia, música, vozes, sons, o fantástico e o maravilhoso, que se combinam numa tentativa de informar, estimular, entreter ou inspirar o ouvinte. Os ingredientes podem ser a entrevista ou a enquete, a peça radiofônica ou o debate, e a soma total será o fato ou a fantasia. Um antigo diretor do Departamento de Programas Especiais da BBC, Laurence Gilliam, descreveu esse tipo de programa como "uma combinação da autenticidade da fala com a força dramática de uma peça, mas diferentemente desta última, cuja função é criar a ilusão dramática, o objetivo do especial é convencer o ouvinte da verdade do que está sendo dito, mesmo que a apresentação seja de uma forma dramática".

Utilizando essa forma livre e altamente criativa é que se fez o que há de mais memorável no rádio. A amplitude do material relativo ao tema é maior do que no documentário, já que abrange até o abstrato. Pode ser um programa sobre o desenvolvimento da linguagem, a comemoração do Dia dos Namorados, os personagens de Charles Dickens. Mesmo quando todo o material da fonte é autêntico e factualmente correto, a força do especial reside mais no impacto exercido na imaginação do que na veracidade intelectual. Intercalando entrevistas com pessoas que serviram no Serviço Colonial da Índia, e mesclando sons apropriados, pode-se pintar um quadro bem nítido do que foi a vida no tempo do Raj Britânico — não toda a verdade, não um documentário cuidadosamente elaborado e equilibrado, pois é um assunto muito amplo e complicado para tratar num tempo tão curto, mas uma versão da verdade, uma impressão. O mesmo vale para um programa sobre um hospital moderno, o verão no interior, a vida de Byron ou as proezas de um esquadrão de aviões bombardeiros no tempo da guerra. O especial não lida tanto com questões, mas com eventos, e em sua essência está a arte de contar histórias.

As técnicas de produção e seqüência são as mesmas do documentário — declaração de intenção, planejamento, pesquisa, *script*, coleta de material, montagem, edição final. No documentário, a ênfase recai na coleta do material factual. Aqui, o trabalho concentra-se na redação do *script* — um argumento forte, imagens visuais nítidas, o desdobramento de uma seqüência de eventos com a habilidade do dramaturgo, tratar com suspense fatos conhecidos. Alguns dos melhores programas vieram de produtores/autores que conseguem ouvir o resultado final se formando mesmo enquanto fazem a pesquisa. É somente quando mergulha fundo no tema que ele se qualifica a apresentá-lo para nós. Mais uma vez, em razão das múltiplas possibilidades de tratamento e das definições vagas que utilizamos para descrevê-las, torna-se desejável um subtítulo explicativo.

"Um relato pessoal do..."
"Uma investigação sobre..."
"A história de..."
"Alguns aspectos da..."
"Uma produção para o rádio sobre..."

Assim, é menos provável que o objetivo do trabalho final seja mal compreendido. Para uma palavra final sobre documentário e especial, novamente Laurence Gilliam:

Leva a mente indagadora, o ouvido alerta, o olho seletivo e o microfone a todos os cantos do mundo contemporâneo, ou ao recesso mais íntimo da experiência humana. Sua tarefa e seu destino são refletir a verdadeira natureza interna do assunto, explorar as fronteiras do rádio e da televisão e aperfeiçoar técnicas que serão usadas pelo artista criativo.

21

O trabalho do produtor

Então, o que o produtor faz afinal?

Idéias

Antes de tudo, ele ou ela tem idéias — idéias para programas, ou matérias, pessoas para entrevistar, números musicais ou assuntos para debate — novas maneiras de tratar velhas idéias, ou criar uma nova abordagem para o uso do rádio. Novas idéias visam apenas ser diferentes, estimulam o interesse e novos pensamentos, contanto que sejam pertinentes. Mas idéias não são produto da rotina, precisam de novas informações. O produtor, portanto, não pode ficar apenas restrito a seu mundo da radiodifusão, deve envolver-se física e mentalmente com a comunidade que ele está tentando servir. É muito fácil para os "homens da mídia" ficarem em sua torre de marfim e formarem uma elite afastada do mundo do ouvinte. Tal atitude é a de um serviço de radiodifusão em decadência. Idéias para programas devem basear-se solidamente nas necessidades e na linguagem do público a que são dirigidas; o trabalho do produtor é avaliar, pensar e prever essas necessidades por meio de um contato próximo com os ouvintes em potencial. Se estiver longe deles, deverá ler seus jornais, falar com pessoas que foram até onde eles vivem, ler a correspondência com mais atenção e visitar o país deles logo que puder. O produtor tem de carregar um caderno para anotar pensamentos fugazes ou fragmentos de conversas ouvidas por acaso. E se ele mesmo não consegue pensar em novas idéias, deve agir como um catalisador para os outros, estimulando seus pensamentos e sendo receptivo a eles, e pelo menos saber reconhecer uma idéia. Só aí poderá recolher-se ao aconchego da sua sala para pensar.

Há, porém, uma grande diferença entre uma nova idéia e uma boa idéia, e toda sugestão para o programa tem de ser avaliada de acordo com alguns critérios. Uma idéia precisa ser destilada para chegar a uma forma exeqüível, tem de ter um objetivo bem claro para que todos os envolvidos saibam o que estão tentando realizar, e deve ser vista como pertinente ao seu público-alvo e praticável em termos de recursos. Há talentos disponíveis para sustentar a idéia? Vai ser muito cara em termos de tempo para as pessoas? Será necessário algum equipamento adicional? Qual será o custo? Há tempo suficiente para ser devidamente planejada? Qualquer nova idéia para programa tem de ser considerada em relação a quatro recursos básicos — pessoal, dinheiro, equipamento técnico e tempo. Ter de modificar uma boa idéia para fazê-la funcionar com os recursos disponíveis, pode ser frustrante, mas uma das tarefas mais importantes do produtor é conciliar o desejável com o possível.

Audiência

Apresentada a idéia inicial do programa num formato prático, o produtor talvez tenha de convencer o patrão, o chefe do departamento, o supervisor de programação ou o gerente da emissora de que a proposta é a melhor coisa que poderia acontecer para a emissora. Além do mais, não só o programa dará certo mas também elevará a reputação do gerente, e também se tornará memorável. Enquanto o produtor considerará um projeto intrinsicamente válido ou pessoalmente criativo, o gerente poderá estar muito mais preocupado com índices de audiência. Com toda probabilidade, sua primeira pergunta será: "O que o programa fará em termos de público?". Há duas possíveis respostas: "Vai satisfazê-lo" ou "Vai aumentá-lo". Um bom programa talvez faça as duas coisas. Ao ser fixado um horário de transmissão, a hora do dia escolhida e o material precedente podem ser cruciais para o sucesso do programa. Não é bom levar ao ar um programa infantil num horário em que as crianças não podem assistir, nem tampouco é proveitoso transmitir um programa mais complexo num momento em que o ambiente doméstico está agitado e o necessário nível de concentração dificilmente será mantido. Nesse caso é essencial conhecer o público-alvo. Agricultores, operários, donas de casa, adolescentes, médicos, todos têm seus horários de escuta preferido, que variam de acordo com circunstâncias locais.

Programas ininterruptos, relativamente superficiais, como notícia/informações e "atualidades e música", em que todas as matérias são curtas, talvez sejam adequados para o público em geral em horários em que outras coisas estão acontecendo — como nas refeições ou no trabalho. Mas o horário de programas mais sofisticados como o documentário, a peça radiofônica ou o debate pode ser crítico e dependerá de circunstâncias individuais. Fatores a serem considerados na avaliação da disponibilidade de audiência podem incluir padrões de trabalho e lazer nos dias de semana/fins de semana, o ouvinte em potencial no carro — que pode representar uma importante audiência "cativa" —, hábitos relativos à televisão, uso da FM/MW, e assim por diante. O produtor está envolvido no marketing do seu produto e na aplicação de princípios normais de consumo, quer a emissora seja ou não financiada comercialmente.

Planejamento de recursos

Depois de tudo acertado em relação ao horário de transmissão, o produtor deve assegurar que haja um tempo razoável para os preparativos. Vai ser na próxima semana ou daqui a seis meses? Nenhum produtor dirá que dispõe de tempo suficiente para o seu trabalho, mas é melhor que tenha prazos bem definidos pois a pressão pode emprestar um ímpeto criativo ao programa.

Agora a idéia do programa foi aceita e a data e horário de transmissão, fixados. Nessa etapa, o produtor elabora um orçamento detalhado e obtém autorização para quaisquer recursos adicionais de que possa precisar — dinheiro para a pesquisa, redação do *script*, colaboradores ou grupo musical. Pagamentos talvez tenham de ser negociados. Ele verificará a disponibilidade de estúdio e providenciará os técnicos necessários ou qualquer outro pessoal de apoio. Deve também obter autorização para o uso de obras protegidas por direito autoral. As condições para a transmissão de material cujos direitos de uso são de propriedade de alguém que está fora do serviço de radiodifusão variam bastante. No caso de *copyright* literário, livros, poemas, artigos, etc., o ponto de referência normalmente é o *editor*, mas se a obra não foi publicada, o autor original (ou seus herdeiros) deve ser consultado. Segundo a lei britânica de direitos autorais, os direitos de propriedade existem por um período de 50 anos a contar da data de publicação ou da morte do autor, o que for mais recente. As regras variam de acordo com a lei do país onde a transmissão é feita, e em caso de dúvida vale a pena pedir orientação a um especialista — discutir taxas de direitos autorais após a transmissão é, no mínimo, estar em condições precárias de negociação.

Preparação do material

Os requisitos para o programa podem ser bem simples e o próprio produtor será capaz de preenchê-los — algumas entrevistas, músicas selecionadas da discoteca e *links* que ele mesmo escreveu com clareza talvez sejam tudo de que ele precisa. Boas idéias em geral são simples quando traduzidas para o rádio e podem ser facilmente arruinadas pelo "excesso de produção". Por outro lado, talvez seja necessário envolver muito mais gente, como um redator, "vozes", atores, um entrevistador especialista ou um comentarista. É possível que a interpretação da idéia original exija música especialmente escrita para a ocasião ou uma compilação de efeitos sonoros, eletrônicos ou reais. Mais uma vez, é fácil deixar-se levar pelo entusiasmo técnico, daí a importância do *briefing* original como parte do processo, o qual deve servir como ponto de referência durante todas as etapas da produção.

Depois de escolher os colaboradores, acertar pagamentos e convencê-los a compartilhar seus objetivos, a tarefa do produtor basicamente é continuar em contato com eles. Também é preciso lembrar que o produtor sempre deve estar em busca de novas vozes e novos talentos. Então ele revisa os rascunhos de *script* e esclarece objetivos e conceitos individuais de modo que quando todos estiverem juntos no estúdio, saibam o que estão fazendo e possam trabalhar com vistas a uma meta comum. Ele precisa esforçar-se nesse sentido com um grande senso de *timing*, para que tudo se integre no mesmo momento —

o da transmissão ou da gravação. Acima de tudo, o produtor deve incentivar. A elaboração de um programa tem de ser algo criativo e profissional ao mesmo tempo. Há um produto a ser feito, restrições de recursos e limites de tempo a serem observados. Mas também se espera que as pessoas se comportem de um modo singular, que escrevam algo que nunca escreveram antes, que façam uma apresentação pública original, que toquem música de um jeito personalizado. O produtor pede que dêem algo de si próprias. Colaboradores e artistas de todos os tipos geralmente dão o melhor de si num clima de incentivo, não sem críticas, complacente, mas reconhecendo que estão envolvidos no processo de doação criativa. Até certo ponto, é autorevelador, e isso faz o artista sentir-se vulnerável, precisando de uma afirmação para ter a sensação de que está sendo bem-sucedido em sua tentativa de comunicação. O papel do produtor é providenciar esse *feedback* na forma que for necessária. Terá, portanto, de prestar atenção em seus colaboradores, sejam eles profissionais ou amadores.

Durante esse período em que o material está sendo coletado e ordenado, talvez haja várias permissões a serem obtidas. Radialistas não têm nenhum direito especial sobre qualquer outro cidadão. Para entrevistar alguém ou fazer gravações em domicílios, hospitais, escolas, fábricas ou qualquer outro lugar que não seja público, é necessária a autorização das pessoas responsáveis. Na maioria dos casos, ela não é negada, e de fato quase sempre basta apenas uma autorização verbal informal. Isso não é o suficiente, no entanto, para uma gravação *in loco*, que requer o consentimento do dono da propriedade ou do responsável pela sua guarda. Mas não é aceitável uma permissão sujeita a certas condições, como comprometer-se a reproduzir o material gravado e não transmiti-lo sem a autorização da pessoa interessada. Em resposta ao seu pedido de gravação, o produtor deve aceitar apenas um "sim" ou "não", e recusar respostas condicionais. O público tem o direito de acreditar que o programa que estão ouvindo é aquilo que o produtor, cujo nome está associado ao programa, quer que eles ouçam, e não o resultado de algum acordo secreto imposto por uma outra parte. A responsabilidade pelo programa compete ao produtor: raramente pode ser transferida para outra pessoa.

Assim o programa vai tomando forma — idéias promissoras se desenvolvem, material de má qualidade é descartado, informações e pensamentos são explicados, colocados no contexto do ouvinte, justapostos para proporcionar variedade, impacto, cronologia ou outra estrutura significativa. O produtor deve lembrar-se de prender a tenção do ouvinte desde o início do programa e continuar assim até o fim. Agora vem a hora da transmissão ou gravação.

A sessão de estúdio

Aqui novamente o produtor deve combinar seu talento comercial com o desejo de expressão criativa. Ele dispõe de recursos limitados, especialmente quanto ao tempo, e de pessoas que querem dar o melhor de si, algumas talvez num ambiente que não lhes é familiar, possivelmente tensas, com toda probabilidade nervosas. Portanto, chegando mais cedo, ele deve deixálas à vontade, criando um clima apropriado. Não há nenhum jeito "certo" de fazer isso, já que pessoas e programas são todos diferentes — o clima no estúdio de um noticiário precisa ser diferente daquele onde se produz uma peça radiofônica. Uma sessão para gravação de música será diferente de um debate em grupo. Talvez seja o caso de providenciar café para todos ou mesmo uma *pequena* dose de algo mais forte. Em geral qualquer generosidade desse tipo é muito melhor para depois do programa. Mas há dois pontos que um produtor deve observar. Primeiro, fazer as apresentações necessárias, de modo que as pessoas saibam com quem estarão trabalhando e o que as outras estarão fazendo, incluindo o pessoal técnico. A segunda tarefa é passar rapidamente a seqüência dos eventos para que cada colaborador saiba qual o seu lugar na escala de horário. Essas duas práticas ajudam a tranqüilizar e dar alguma segurança ao ansiosos. Nada é pior para um colaborador do que ficar ali imaginando o que está acontecendo ou mesmo se está no lugar certo.

O produtor trouxe tudo o que é necessário para o programa: inserções pré-gravadas, devidamente etiquetadas e cronometradas com indicações de saída; inserções de discos cronometradas; várias cópias do *script*; canetas coloridas para marcar mudanças; cronômetros, e assim por diante. Todos no estúdio devem ter um *script* ou ordem de transmissão e saber o que se espera deles. Devem conhecer as pausas durante a sessão e estar suficientemente familiarizados com o lugar de modo a poderem encontrar a sala do cafezinho ou o lavatório. É preciso que haja um número suficiente de cadeiras. O ensaio, gravação ou transmissão já pode começar.

Qualquer que seja a atitude e a abordagem do produtor, o destino é o produto final. Para que o trabalho seja feito, é preciso uma certa disciplina no estúdio. "Isso ainda não está perfeito, vamos repetir desde o começo" — esse é um sinal para um novo empenho, mais concentrado. "Todos verifiquem a ordem de transmissão" — quer dizer, *todos*. "Começaremos novamente daqui a 20 minutos" não pode significar pessoas voltando dali meia hora. O produtor precisa controlar, levar o processo adiante, manter a mais alta qualidade possível com o tempo e talentos disponíveis. Geralmente é um meio-termo. Um controle muito rígido pode ser sufocante para a criatividade individual, a ansiedade aumenta e o clima no estúdio torna-se formal e inflexível. Por outro lado, a falta de controle pode significar uma escala de horário errante, incerteza em relação ao que vai acontecer e menos disposição. O equilíbrio adequado surge com a experiência, mas os seguintes pontos se aplicam de um modo geral quando se dirige um estúdio cheio de gente:

1) Use o ponto eletrônico com moderação para dar avisos aos que estão no estúdio. Seu uso deve ser breve e se limitar a elogios gerais ou comunicados puramente administrativos. Nunca use o ponto eletrônico da área de controle no estúdio para fazer críticas pessoais.
2) Ouça as sugestões dos colaboradores mas seja claro ao tomar decisões.
3) Dê uma boa dose de *feedback* individual aos colaboradores.
4) Lembre-se das necessidades do pessoal técnico, operacional ou de outros que ajudam na transmissão — eles também querem sentir que estão contribuindo para o programa.
5) Fique de olho no relógio, planeje antecipadamente as pausas e os prazos de gravação ou transmissão. Evite correria no último minuto.
6) Marque no *script* quando uma gravação continua para *retakes* ou edições necessárias.
7) Se estiver ensaiando para um programa ao vivo, calcule e anote o tempo máximo para determinadas matérias. As indicações "deve terminar até" são as mais críticas.
8) Se o programa for ao vivo e estiver acabando antes da hora ou excedendo o horário e você não puder fazer muita coisa, por exemplo, no caso de um concerto — avise a pessoa que precisa saber disso o quanto antes possível e entre num acordo sobre o que deve ser feito.
9) Incentive as pessoas. Seja comunicativo. Tenha calma. Mantenha o controle.

Ao ensaiar uma fala direta, talvez seja necessário que o produtor sente-se no estúdio de frente para quem está falando a fim de convencê-lo de que de fato ele conversa com alguém. O efeito de saber que ele tem um ouvinte atento provavelmente tornará sua locução mais natural. Além do mais, qualquer afetação verbal ou construção obscura no *script* é o sinal para o produtor pedir esclarecimentos. Já que vem na forma de diálogo, isto pode então se tornar a base da correção sugerida. Quase sempre, sugestões construtivas para simplificar as coisas são aceitas com prazer, geralmente com alívio. Os produtores devem lembrar, no entanto, que seu papel não é criar nos colaboradores imitações de si mesmos. Ao dar sugestões para mudanças no *script*, ou de como um ator poderia interpretar certa fala, o produtor deve visualizar não o que ele próprio faria, mas como aquele ator ou atriz em particular pode ser mais eficiente.

Na presença de um microfone ao vivo ou por uma janela de vidro, a linguagem não-verbal do produtor é caracterizada pelos seguintes sinais universais:

1) A deixa para alguém começar. A mão, que está voltada para cima, é apontada diretamente para a pessoa que deve falar. Isso também pode ser usado para passar de um radialista para outro.
2) Para continuar com a matéria, por exemplo, estender uma entrevista. As mãos são lentamente separadas uma da outra como se estivesse esticando alguma coisa entre elas.
3) Para começar a concluir. O dedo indicador lentamente descreve círculos verticais no ar, acelerando à medida que a necessidade de parar torna-se mais urgente.
4) Terminar imediatamente, cortar. Passa-se a mão rapidamente de um lado a outro da garganta — geralmente com uma expressão de angústia estampada no rosto.

É o bastante em termos de responsabilidade do produtor para com as pessoas envolvidas na elaboração do programa; mas é claro que a responsabilidade maior é em relação ao ouvinte. O programa mostra um quadro nítido daquilo que pretende retratar? Os fatos estão corretos e na ordem certa? Legalmente está tudo bem? A qualidade técnica é boa? Está interessante? A maioria dessas perguntas é óbvia e à medida que vão surgindo na mente, elas respondem a si próprias com o desenrolar do programa. Algumas perguntas, porém, podem exigir uma boa dose de pesquisa; por exemplo — é de bom gosto?

Bom gosto

> *Bom gosto:* Gosto finamente adequado às exigências da moda, dos costumes etc. Gosto apurado, requintado.
>
> *(Novo Dicionário Aurélio)*

O "apurado" e o "requintado" estão nos olhos de quem vê, mas onde houver padrões de aceitação, o produtor deve estar ciente desse fato de modo que o programa possa ser dirigido de acordo com eles. O produtor precisa conhecer a tendência social do seu tempo e a preferência cultural do lugar onde ele está, se quiser ter sucesso com o público e evitar ofensas involuntárias. Ele pode resolver que seu programa é dirigido apenas aos ouvintes excêntricos, sem ligar para os que ficariam chocados com tais extravagâncias. Ou então elaborá-lo com vistas apenas a uma elite cultural ou intelectual cujos padrões de aceitação sejam "mais avançados" do que os das pessoas mais simples. Tudo bem, mas de qualquer maneira a transmissão radiofônica do seu programa é ampla; outros a ouvirão e a reação deles também deve ser calculada como parte da resposta geral. Em termos de conteúdo, o material será destinado a um público-alvo específico, mas quanto ao bom gosto aceitável, trata-se de uma questão muito mais abrangente que o produtor de rádio deve perceber com atenção. Ao transgredi-la, ele corre um considerável risco social. Ao decidir sobre um estilo de linguagem ou a inclusão de determinada brincadeira que levante a questão do bom gosto/mau gosto, há uma única regra simples: eu diria isso frente a frente para alguém que não conheço muito bem? Em caso positivo, está aprovado para a transmissão. Caso contrário, o produtor deve se perguntar se não está usando o microfone como máscara para se esconder. Simplesmente porque o estúdio parece isolá-lo do contato com o público, às vezes é tentador ser ousado em sua suposta relação com o ouvinte como indivíduo. A aparente separação não é razão para bravatas, mas sim motivo para sensibilidade. A questão do bom gosto na radiodifusão geralmente se resolve identificando-se a verdadeira natureza do meio de comunicação.

Término da sessão

Depois da gravação e enquanto os colaboradores ainda estão presentes, em geral é possível montar algum material para chamadas no ar e para uso promocional. Uma peça de 30 segundos, especialmente construída, mais tarde será compensadora em termos da atenção que atrairá.

O produtor tem uma responsabilidade perante seus colegas que utilizam as mesmas instalações técnicas. Isso se expressa de várias maneiras:

1) *Limpeza do estúdio:* quanto menor a emissora, mais ela opera na base do "deixe o lugar do jeito que gostaria de encontrá-lo". Provavelmente ele não exigirá uma limpeza minuciosa, mas deve ser deixado em estado "tecnicamente normal" e utilizável.
2) *Registro de defeitos:* todos os que usam o estúdio devem colaborar com a manutenção técnica relatando qualquer defeito que surja nos equipamentos. É extremamente irritante para um produtor não poder trabalhar por causa de um problema no estúdio e depois descobrir que alguém teve o mesmo problema alguns dias antes, mas não deixou nada avisado.
3) *Devolução de equipamento emprestado:* uma emissora de rádio é um lugar de atividade comum, suas instalações são compartilhadas. Um gravador ou microfone especial levado de um lugar para outro deve ser devolvido depois. Talvez não seja o produtor quem deva fazer isso, mas é provável que seja sua a responsabilidade de assegurar que outro usuário não fique sem o aparelho.

Se o programa foi "ao vivo", os colaboradores foram agradecidos e a ocasião devidamente encerrada. Isso pode significar o oferecimento de alguma "hospitalidade" ou apenas uma discussão sobre "como foram as coisas". Não vale a pena ser muito analítico nessa etapa: afinal de contas, a maioria sabe se o programa foi bom ou não.

Pós-produção

Se o programa foi gravado, o produtor tem uma fita, ou fitas, que talvez precisem ser editadas. Deve ter também uma ordem de transmissão ou um *script* marcado detalhadamente com as edições que ele quer, mas poderá haver cortes adicionais por causa do *timing* geral. Uma outra sessão de edição é reservada, quando ele ouvirá todo o material e fará o julgamento final sobre o que deve ser incluído. Aqui ainda há tempo para mudar de idéia. A música deve ser remixada? O som precisa ser incrementado de algum modo — adicionando eco ou efeitos especiais? Provavelmente essa é a última oportunidade de ouvir o programa na sua forma final e verificar se o que o ouvinte ouve é o que o produtor pretende transmitir.

Administração do programa

A fita já pronta, junto com a papelada necessária, é então devidamente encaminhada para que o programa possa ir ao ar. Em geral, apesar de ser um excelente empresário de criação, diretor artístico ou catalisador na comunidade, o produtor talvez desconheça o simples processo de administração do programa. Sorte dele se tiver uma secretária para cuidar disso; no entanto, é sua responsabilidade providenciar para que essas coisas sejam feitas. Eis um resumo das possíveis tarefas:

1) Preenchimento de um relatório de gravação ou edição, e também outros detalhes, tais como números de arquivo que permitirão que a fita seja levada ao ar de acordo com o sistema estabelecido.
2) Redação de anúncios introdutórios, sinalizações e outros detalhes de apresentação sobre o contexto da transmissão do programa.
3) Pagamento dos colaboradores e cartas de agradecimento com detalhes sobre a transmissão, se estes não foram dados no momento da gravação.
4) Fornecimento de detalhes sobre o programa, incluindo o uso da música, registros comerciais ou qualquer outro material protegido por direito autoral. Dependendo das circunstâncias locais, essas informações precisam ser enviadas às várias sociedades de direitos autorais para que os artistas originais e os proprietários desses direitos possam receber o devido pagamento.
5) A emissão de uma nota publicitária, *press release* ou anúncio sobre o programa para uso em jornais, ou de um periódico por parte da empresa de radiodifusão. A utilização de chamadas no ar para atrair a atenção para o programa.
6) Responder à correspondência gerada pelo programa. Embora não represente necessariamente a reação dos ouvintes como um todo, as cartas compõem parte importante da prestação de contas que o produtor faz ao público. À parte o valor em termos de Relações Públicas para a emissora, perguntas e expressões de elogio ou crítica constituem uma visão do consumidor que não deve ser desprezada.

Técnico, editor, administrador e gerente

Resumindo, a tarefa do produtor divide-se em quatro partes: técnica e operacional, editorial, administrativa e gerencial. A parte técnica tem a ver com o uso devido das ferramentas do ofício, sabendo como e quando utilizar o equipamento para elaboração do programa. A função editorial é sobre idéias e decisões. É avaliar o que é ou não apropriado para determinado programa; é sustentar palpites e assumir riscos, optar e autorizar o uso de material. A parte administrativa diz respeito ao procedimento (seguir sistemas burocráticos estabelecidos): contratos, ordens de transmissão e *scripts*, despesas e pagamentos, hora extras, pedidos de saída, reserva de estúdios, devolução de direitos autorais, registros de transmissões, comunicação de defeitos, requisição de discos e fitas. Mas o produtor também é um gerente, gerenciando projetos chamados programas. Ele estabelece objetivos para outras pessoas, acompanha seu progresso, controlando, organizando e motivando-as para o trabalho. É quem impõe disciplina ao retardatário habitual, quem resolve conflitos entre colaboradores.

O jornalista e o DJ, o apresentador e o artista, freqüentemente se vêem como o elemento preeminente numa seqüência variada. O produtor como gerente deve formar a equipe em que cada um seja suficientemente autoconfiante para apoiar o outro. Como gerente, o produtor reconhece a responsabilidade financeira do cargo — acertar o orçamento, monitorar gastos e tomar medidas para ficar dentro dos limites de seus recursos. Se for preciso, ele pedirá mais, mas os aspectos editorial e gerencial não podem ser separados. Decisões editoriais *são* decisões de recursos. Como qualquer outro gerente, ele cuida antes de tudo da qualidade do produto, seu resultado final é o padrão do programa — ele diz o que é suficientemente bom e o que não é. No fim do dia, o produtor decide e comunica o que ele quer que seja feito, segundo qual padrão, até quando, por quem e a que custo. Isso é gerenciamento editorial.

Depois de concluído o programa, o produtor já está trabalhando no próximo. Para alguns é uma rotina diária para relatar novos fatos e descobrir novos interesses. Para outros, talvez seja um diligente progresso de uma epopéia a outra. Ao contrário do artista puramente criativo, o produtor não pode permanecer isolado, gerando material apenas de dentro de si mesmo. Seu papel é o do comunicador, o intérprete que tenta realizar uma forma de contato que explique um pouco mais o mundo. Na maior parte das vezes, é um contato efêmero, deixando um frágil vestígio. O rádio trabalha no tempo presente; é difícil construir reputações e ainda mais penoso sustentá-las. Raramente o produtor é considerado melhor do que o seu último programa.

22

O produtor executivo

Produtor sênior, gerente de programação, controlador, organizador ou diretor, o chefe do produtor aparece com uma ampla variedade de aspectos e títulos. Sua tarefa fundamental não é tanto fazer programas quanto fazer aqueles que fazem programas. Seja ele ou ela responsável por uma área de programação, uma emissora ou uma rede, essa figura editorial de posição mais elevada está ali para ouvir o resultado final e dar um retorno aos produtores. Um bilhete escrito à mão deixado na mesa do produtor — um hábito do antigo diretor administrativo da Rádio BBC, David Hatch — é particularmente eficiente. Esse chefe de programação também conduz as reuniões em que ocorrem sistemáticas discussões sobre o resultado final — mais detalhes sobre esse procedimento, no próximo capítulo. O objetivo é o aperfeiçoamento contínuo pelo encorajamento e avaliação profissional, discussão de idéias, criação de programas, e assim por diante. Sem isso, o resultado final fica estagnado.

Esse produtor sênior também tem a função de "porteiro" — a pessoa que diz sim ou não às sugestões para um programa, que assume os riscos com idéias novas, que localiza talentos e encoraja novos apresentadores — ou se livra deles. O tempo todo perguntas como estas estão na sua cabeça:

- Qual o objetivo desta emissora?
- Quais são meus critérios de sucesso?
- Os programas atuais estão de acordo com esses critérios?
- Se não estiverem, como posso melhorar
  — os programas?
  — os apresentadores?
- O que impede o resultado final de ser melhor na minha opinião?
- Como superar isso?
- O que a concorrência está fazendo?

O produtor executivo precisa encontrar respostas combinando os dois aspectos do trabalho — o pessoal e a tarefa. Concentrar-se unicamente no pessoal pode favorecer bons relacionamentos, mas e a qualidade? Por outro lado, enfatizar totalmente a tarefa talvez crie uma atmosfera dirigida de modo impróprio ao trabalho em que ninguém realmente prospera. O equilíbrio está num estilo de gerenciamento que frutifica no trabalho criativo feito por pessoas motivadas, que gostam de participar de uma equipe.

Horário da programação

Alguns descreveriam a elaboração de um bom horário de programação como talvez a mais elevada forma de arte no rádio. Certamente existem programadores que parecem ter o jeito certo de colocar programas e pessoas onde são mais apreciados pelo público-alvo.

A base para um horário de programação eficiente é a seguinte: 1) decidir sobre o papel e o objetivo da emissora — *o que quero dizer, para quem* e *com que efeito?*, e 2) conhecer as necessidades, as preferências, os hábitos, os padrões de trabalho e a disponibilidade do público pretendido.

Em relação ao primeiro item, percebe-se uma lacuna no mercado, e a emissora irá suprir o que for necessário — rock, música pop, música clássica, notícias, programação baseada em locução, conversas pelo telefone, serviços para a comunidade etc. Nenhuma emissora pode fazer tudo, portanto é essencial decidir sobre os limites da programação. Quanto ao segundo item, é feita uma pesquisa de audiência na forma que for possível. É uma questão de comprar as informações necessárias de alguma empresa que faça esse tipo de pesquisa. Na ausência de tais recursos, é preciso escolher alguém para fazê-la ou inferir informações de outras fontes, como estatísticas oficiais, cifras sobre circulação de jornais, classificação da população em grupos socioeconômicos etc. O ideal é o programador saber o que o público-alvo está fazendo nas diferentes horas do dia — e da noite — e no final de semana. A hora em que o público pretendido se levanta e quando vai dormir; o momento em que todos estão em casa ocupados — normalmente no café da manhã —, ocasião em que se transmitem segmentos curtos, informando com freqüência a hora certa; quando a casa está quieta e o ouvinte disponível para seqüências mais longas; quando o ouvinte regular provavelmente está dirigindo seu carro; quando o momento é próprio para as notícias ou para o relaxamento; e como aproveitar a popularidade de um programa, levando ao ar logo em seguida algo que seja realmente apropriado para o público conquistado.

Os hábitos de audiência são muito diferentes nos fins de semana. Radialistas voltados para comunidades muçulmanas sabem que isso se aplica principalmente à sexta-feira e ao sábado, enquanto o domingo é um dia normal de trabalho. O horário da programação também precisa levar em conta dias especiais — datas comemorativas, feriados, Ano-Novo, Natal e Páscoa, Hanukkah, Ramadam e outras festas religiosas.

A televisão faz muito uso de material de arquivo — filmes de longa-metragem ou reprises. O rádio também pode fazer isso, dependendo do formato. Por exemplo, um programa ao vivo gravado fora do ar, no final da tarde, poderá ser proveitosamente repetido pela manhã para um público diferente, ou à noite, na mesma semana. Os programadores devem lembrar-se de que ouvintes habituais de um programa não gostam de mudanças — mudar um apresentador por motivo de férias é compreensível, mas um novo apresentador poderá levar meses para ser aceito. Mudar um programa de horário pode significar que o ouvinte regular não poderá mais ouvi-lo. Portanto, isso só deverá ser feito após uma pesquisa extensa e conclusiva. Constantes alterações de horário simplesmente irritam as pessoas, fazendo surgir reclamações do público — "a quem eles pensam que a emissora pertence?". É uma boa pergunta.

Mudanças no horário da programação

Mais cedo ou mais tarde, ocorre um evento que causará o cancelamento do horário de programação planejado. Isso pode acontecer de três maneiras diferentes.

Primeiro, a curto prazo. Após a morte de um líder nacional ou outra pessoa eminente, poderá ser apropriada a execução de "músicas solenes". Isso ocorre em especial quando a morte é inesperada ou violenta. Mas o que tal música significa no contexto do formato da emissora? Como esta deve reagir ao assassinato de um chefe de Estado e, por outro lado, à morte natural já prevista de um presidente idoso? Sempre deve haver disponível para tais emergências música adequada para preenchimento. Mas a melhor das boas intenções pode mostrar-se errada — como a emissora que na morte do papa descobriu que a primeira faixa do material de preenchimento era uma versão instrumental de *Arriverderci Roma*!

Segundo, num prazo mais longo, alterações no horário da programação aplicam-se seja quando a ocorrência de um falecimento requer um período maior de luto, seja no caso de uma importante tragédia nacional, como um grave incidente terrorista ou a deflagração de uma guerra. Isso se torna não apenas uma questão de música solene, mas de rever toda a produção final, talvez para permitir inserções adicionais de notícias, mudar programas. Certamente foi esse o caso nos dias que se seguiram à morte de Diana, princesa de Gales, e na Índia, após o assassinato do primeiro-ministro Gandhi. Também é necessário orientar os apresentadores sobre como ser sensível ao estado emocional do público, pois é aqui que observações inoportunas ou um humor anárquico podem ofender algumas pessoas.

A terceira circunstância para mudanças no horário da programação requer cautela especial. Ocorre com mais freqüência após um evento único de importância nacional ou de impacto local — uma tragédia no mar ou um desastre aéreo, um assassinato particularmente brutal ou bombas terroristas. O evento em si mesmo pode não justificar o cancelamento dos horários planejados — mas essas coisas costumam coincidir com algo a ser transmitido que é bastante inadequado no novo contexto. Títulos de programas — mesmo títulos de canções — precisam ser examinados para evitar uma infeliz justaposição.

Planejamento estratégico

Uma das funções do pessoal sênior é dar um senso de movimento à produção final — para que este ano não seja igual ao ano passado, mas que as coisas sigam adiante. A emissora não está apenas atualizada para acompanhar o momento, ela também avança em tecnologia e na relação com o ouvinte.

O planejamento estratégico requer uma resposta para questões como:

Onde quero que esta emissora esteja daqui a cinco anos?

Quero ser conhecido por quê?

O que devemos fazer que seja novo?

Munido de uma visão mais ampla, o planejador estratégico começa a vislumbrar novas idéias para programas e, discutindo com outras pessoas, gradualmente as transforma em realidade. Temos assim um planejamento de três a cinco anos, não apenas no sentido comercial, mas com vistas ao desenvolvimento da programação.

Mesmo com uma única linha de programação, é possível pensar estrategicamente. Por exemplo, uma série educacional é um exemplo óbvio em que se conduz o ouvinte a uma condição final diferente da inicial. A idéia é cobrir um conjunto de informações ou de habilidades que o ouvinte possa adquirir — seja entender um período da História, seja aprender uma língua. Mas esse conceito de "levar o ouvinte a algum lugar" não precisa restringir-se à educação formal; aplica-se a toda liderança, isto é, ter uma visão de onde você quer chegar e capacitar o ouvinte para que ele atinja esse ponto. Programas de perguntas e respostas começam com rodadas iniciais, depois semifinais e, por fim, uma final. Programas musicais de DJs podem ser elaborados com vistas a um concerto ou festival ao vivo.

Dessa maneira, o resultado final, apesar de coerente, não é o mesmo semana após semana e ano após ano. Está mudando e se desenvolvendo, e aumentando a audiência enquanto isso acontece — não de modo casual, acidental, mas como parte de uma estratégia planejada. Até mesmo quem serve ao público pode exercitar tal liderança.

	Seg	Ter	Quar	Qui	Sex
6.00 9.00	No ar				
9.00 10.30	Obras-primas				
10.30 11.00	Artista da semana				
11.00 12.00	Histórias verídicas				
13.00 14.00	Concerto das 13 horas				
16.00 17.00			Coral Eversong		
17.00 19.30	Sintonizado				
19.30 21.30	Show na Rádio 3				
22.45 23.30		Ondas Noturnas	Ondas Noturnas	Ondas Noturnas	

	Sab
6.00 9.00	No ar
9.00 12.00	Resenha musical
12.00 13.00	Paixões Secretas
13.00 14.00	Concerto das 13 horas Rádio 3
18.30	Ópera na 3

	Dom
6.00 9.00	No ar
9.00 11.00	Manhã de Domingo com Bryan Kay
11.00 12.15	Artista da Semana Reprise
12.15 13.00	Fatos Musicais
13.00 14.30	Concerto das 13 horas Rádio 3

Fig. 22.1. Um método simples de ilustrar os horários da programação – para fins de publicidade –, quando os programas diários são distribuídos pela semana, com variações no fim de semana. (Cortesia da Rádio BBC 3)

Terceirização de programas

Uma empresa de rádio nem sempre produz toda a sua programação em casa. Poderá utilizar recursos externos de produção ou uma produtora de programas para preencher parte de seu horário. Como então garantir que terá a programação que quer — que o programa será adequado para o público ouvinte da emissora naquele momento?

A terceirização de programas varia bastante em diferentes partes do mundo — e não menos na questão do dinheiro, de quem paga quem. Algumas empresas especificarão o que querem e pagarão um produtor *free lance* ou uma produção independente para supri-las. Outras oferecerão tempo no ar para um produtor, que o comprará a fim de atingir o público que o radialista almeja — o produtor cobrindo os custos com a ajuda de um patrocinador ou uma outra agência custeadora. Aqui o perigo é a programação tornar-se uma colcha de retalhos com programas independentes, sem qualquer relação entre si e com pouca ou nenhuma continuidade. Mesmo quando se vende o tempo, porém, é possível criar uma programação coerente mediante uma prática bem definida de terceirização.

Manter o controle editorial significa que o produtor executivo deve especificar com certa precisão o que quer. Programas são terceirizados numa estrutura em que a política editorial é conhecida e aceita. O objetivo do programa ou série tem de ser declarado, não de um modo muito detalhado, mas o suficiente para avaliar os resultados em termos do público almejado e da resposta desejada.

Por exemplo, um programa rural na África Ocidental poderia ser especificado da seguinte maneira:

> Um programa de 30 minutos na língua haussá dirigido à comunidade trabalhadora, com vistas a capacitá-la a fazer um uso mais eficiente da terra e promover a auto-suficiência por meio do aperfeiçoamento das colheitas e de uma melhor utilização de ferramentas simples, sementes e outros produtos agrícolas, de acordo com a linha do governo. O formato do programa pode incluir locução baseada em *script*, entrevistas, debates ou peças radiofônicas. Nenhum patrocinador comercial deverá ditar o conteúdo do programa.

A especificação para uma comédia na Grã-Bretanha poderia ser:

> O objetivo deste programa levado ao ar no final da tarde de sábado é divertir e entreter pela sátira de eventos políticos e de notícias da semana anterior. Esse formato pode incluir locução, pequenas peças radiofônicas, canções, diálogo etc., com a utilização de uma variedade de vozes. O programa deve se auto-regular em termos de difamação, bom gosto etc.

Detalhes essenciais sobre custo, especificação técnica e entrega do programa devem ser negociados. Para garantir que o acordo seja o mais seguro possível, elabora-se um "Formulário de Terceirização de Programa", que será dado à produtora de programas junto com quaisquer outras declarações de política editoral, além de um contrato legal.

A BBC, quando terceiriza programas para a Rádio 4, exige que a produtora descreva o que o ouvinte irá ouvir — não apenas o conteúdo proposto para o programa, mas como soaria no rádio. Para ajudar na identificação correta do público-alvo, cada parte do dia possui detalhadas instruções de terceirização, com um perfil da audiência naquele horário — faixa etária, proporção de homens e mulheres, grupos sociais e o que provavelmente estão fazendo —, além das diretrizes editoriais para o tipo de programa desejado. O Formulário de Terceirização de Programa, ilustrado na p. 211, é apenas uma base para o procedimento usado no contexto africano.

Queixas

Quando o ouvinte acha que o radialista está "errado", tende a se queixar em uma destas três categorias:

1) Ao ouvir alguma coisa que o afeta pessoalmente, como o que acreditam ser o relato incorreto de uma notícia em que estiveram envolvidos, ou a falta de equilíbrio em relatar determinado argumento. O ouvinte fica melindrado por ter sido tratado injustamente.
2) Uma imprecisão histórica, uma data errada, ou uma citação errada — erros factuais.
3) Quando ele fica ofendido por algo que foi dito — linguagem chula, comentário explicitamente sexual, humor impróprio. É uma questão de gosto.

Embora toda mídia atraia as pessoas que estão sempre escrevendo cartas, em especial as que parecem ser excêntricas, uma emissora que leva seu público a sério deveria levar em conta o que

RÁDIO XYZ **FORMULÁRIO DE TERCEIRIZAÇÃO DE PROGRAMA**

Data: ________

Programa a ser fornecido por:

Endereço:

Título do programa: ____________________ Nº de progr ______________

Serviço/bloco: ______________________ Língua ______________

Transmissão: Dia ________ Horário ________ Duração ______________

Objetivo do programa

Público-alvo:

Formato(s) do programa:

Especificação do conteúdo:

Limites de patrocínio comercial:

Custo/orçamento:

Metas para a resposta do ouvinte:

Procedimento para acompanhamento, correspondências etc.:

Especificação técnica:

Entrega do programa:

Considerações sobre direitos autorais:

Outros requisitos:

Essa terceirização de programa será analisada em ______________________

Assinatura da RÁDIO XYZ ______________________________

Assinatura da Produtora de Programas ______________________

diz um ouvinte. As pessoas gostam de sentir que exercem algum controle — pelo menos que suas queixas são consideradas, que suas opiniões têm importância. Portanto, precisam de uma resposta, seja por carta, seja no ar, no mesmo horário da matéria que causou a ofensa. Erro factual requer desculpas e a devida correção; diferença de opinião requer explicações, ao mesmo tempo que se respeita a visão do outro.

Na Grã-Bretanha, a Comissão de Padrões de Radiodifusão tem seus próprios Códigos de Orientação — sobre Imparcialidade e Privacidade, sobre Preferência e Decoro e padrões gerais de programação. Embora na maior parte relativos à televisão, são documentos úteis que todo radialista deveria conhecer. Levantam questões como a necessidade de evitar sofrimento e aflição ao entrevistar pessoas envolvidas em tragédias pessoais, o uso de microfones ocultos, não provocar ofensas contra suscetibilidades religiosas — ou contra pessoas que perderam entes queridos. Descrevem em linhas gerais os cuidados necessários em áreas tais como drogas, álcool, raça, estereótipos de gênero, pessoas com deficiência ou problemas mentais etc. Chamam a atenção para letras de música que glorificam o crime ou que são um convite à violência.

Há sempre um equilíbrio a ser atingido entre o direito do radialista à liberdade de expressão e o direito dos ouvintes de não terem suas próprias liberdades violadas. Embora os programas devam ser criativos e talvez experimentais, desafiando convenções, também é preciso reconhecer a responsabilidade em relação aos diferentes públicos. O rádio não é para se fazer pixações no ar. Não é uma comunicação anônima, mas sempre assinada e que se pode identificar.

A pesquisa indica que ouvintes e telespectadores têm na mente imagens claras sobre os canais e emissoras que sintonizam. Muitas queixas ocorrem porque um programa estava em desacordo com a expectativa das pessoas — um programa para a família foi considerado ofensivo ou chocante, ou um programa provocador não apresentou suficientes desafios ou controvérsias. A queixa em geral não está no fato mas no inesperado ou não-característico. Uma emissora, um programa, deve cumprir sua promessa. Deve satisfazer — se possível exceder — as expectativas do ouvinte. Em caso de queixas graves, o papel do produtor executivo é aplacar a ira ou minimizar os temores do ouvinte; é defender o produtor e lidar internamente com o caso.

Códigos de Conduta

O produtor executivo é o guardião do produto final, é quem irá garantir que não haverá choques com as necessidades legais que recaem sobre os radialistas. Mas não são simplesmente as difamações e as relações raciais, nem as outras leis do país, que devem ser consideradas; em geral há um conjunto de restrições reguladoras ou Códigos de Conduta — alguns voluntários, outros não — que acompanham a licença de transmissão da emissora.

Na Grã-Bretanha, o Departamento de Rádio — o organismo que regulariza as licenças do setor independente — produz um Código de Programação que se sobrepõe ao Código da Comissão de Padrões de Radiodifusão já citado, mas que foi redigido especificamente para o rádio. Fazendo distinção entre regras e aconselhamentos, o Código proveitosamente apresenta uma lista de temas que precisam de vigilância especial. Diz a Lei de Radiodifusão (1990) que

> [...] não se deve incluir em programas nada que ofenda o bom gosto ou o decoro ou que possa encorajar ou estimular o crime, ou conduzir a desordens, ou que seja ofensivo aos sentimentos do público.

É claro que o problema está na interpretação desse requisito — é difícil desafiar ou provocar sem que alguém se ofenda. Ninguém quer um rádio ligeiramente soporífero. O Código tenta definir e apontar temas que podem gerar controvérsia:

- Referências sexualmente explícitas
- Blasfêmia
- Exibição de violência
- Linguagem chula, especialmente em programas para ouvintes mais jovens
- O perigo de induzir as pessoas ao erro por meio de simulações de notícias e reconstruções
- Entrevistas com crianças ou criminosos
- Apelos para donativos
- Toda a área do ocultismo
- Regras para competições, e assim por diante.

O Departamento também publica Códigos sobre "Notícias e Atualidades" e "Propaganda e Patrocínio" (ver p. 97). A BBC tem suas próprias "Diretrizes para o Produtor" — em forma de CD interativo e de livro. Já que o desconhecimento da lei não é nenhuma justificativa, basta dizer que os produtores seniores devem se familiarizar com esse aspecto da infra-estrutura profissional — destinado à proteção tanto dos radialistas quanto do público. Saber onde estão os limites significa que é possível, quando necessário, testá-los e desafiá-los.

Envolvendo o público

O produtor dispõe de várias maneiras de envolver o público. Falamos de algumas delas anteriormente (ver pp. 146-7) — telefonemas no ar, competições, cartas etc. Há muitas outras.

- Patrocinar viagens de grupos teatrais e musicais
- Organizar cursos a serem oferecidos no ar, possibilitando o envio de correspondência
- Criar um Clube dos Aniversariantes, para as crianças
- Montar uma rede de "grupos dirigidos" para discutir os programas e relatar o resultado das discussões
- *Pedir contribuições para o programa*
- Arrecadar dinheiro, pedindo donativos para uma causa específica
- Criar um site na web
- Disponibilizar acesso por e-mail
- Pedir que os ouvintes enviem piadas ou histórias pessoais
- Oferecer uma linha de telefone gratuita para ajudar em temas específicos — finanças, AIDS, desemprego, problemas conjugais ou com os filhos
- Levar ao ar uma peça ou uma história para que o ouvinte a conclua.

Além disso, há uma escala de envolvimento mais ampla que faz parte da estratégia de expansão da emissora — nacional ou local —, e que é uma atribuição da produção sênior. Esses eventos podem ser organizados para pesquisa de audiência, para descobrir preferências ou necessidades, ou apenas para promover a emissora. Em ambos os casos o objetivo é aumentar a audiência em tamanho, alcance ou qualidade. Esses eventos incluem:

1) O espetáculo itinerante — um programa popular vai às ruas, cada vez sendo transmitido de um lugar diferente, em geral "ao vivo" diante do público.
2) Uma espécie de entrevista coletiva em que diretores, produtores e apresentadores da emissora promovem uma sessão de perguntas e respostas com o público, distribuem e recolhem questionários sobre hábitos de audiência, solicitam e discutem idéias para futuros programas e vendem mercadorias. Esses eventos provavelmente não são transmitidos, embora as perguntas e respostas possam ser gravadas para transmissão, o que demonstrará o envolvimento do público.
3) Um evento isolado importante, festival de música ou concerto de rock — patrocinado pela emissora e talvez com outros patrocinadores também. Poderá ser um empreendimento comercial que terá lugar num local estabelecido, com entrada paga e transmissão do espetáculo.
4) Concurso nacional para escolher o melhor roteiro de peça radiofônica, história ou poesia. Com a participação de jurados eminentes, poderá ser patrocinado por uma considerável publicidade indireta e pela cobertura da imprensa.
5) Exposição da Rádio — ilustrando sua própria história para marcar um evento especial, envolvendo outras organizações apropriadas, patrocinadores, fabricantes de equipamentos, proporcionando assim uma percepção do futuro. Realizada em suas próprias instalações, num lugar público ou numa loja de prestígio, funcionários e apresentadores ficam disponíveis para fazer divulgações, responder as perguntas, vender mercadorias e, com os recursos de estúdio, produzir inserções na programação da emissora.

Eventos como esse envolvem uma emissora bem além de sua esfera normal de influência e recursos. Exigem muito planejamento e, em geral, um considerável capital inicial. É por isso que precisam de um gerenciamento em nível de diretoria. Para uma emissora que, no entanto, quer deixar sua marca, comemorar seu aniversário ou contribuir para a vida pública de um modo memorável, o produtor executivo deve enxergar a longo prazo, além da programação do dia-a-dia, e pensar qual a melhor maneira de elevar o perfil da emissora entre o público potencial.

Site na web

A diretoria da emissora precisa decidir sobre o tipo de presença que quer ter na internet. Sem dúvida, a disseminação de programas a partir dessa mídia faz parte da radiodifusão, assim como a distribuição por cabo — de fato, há emissoras que utilizam a internet como único meio de transmissão.

A complexidade de um site não é determinada tanto pela quantidade de informação fornecida ou pelo número de páginas linkadas, mas pela velocidade com que se altera o conteúdo da página. As categorias de crescente complexidade e, portanto, esforço informativo e custo são:

1) Uma única página estática com detalhes sobre o nome da emissora, logotipo, freqüência, endereço, área de cobertura e declaração de intenções.
2) Uma página atualizada periodicamente, por exemplo, para mostrar variações no horário semanal da programação. Pode, também, exibir anúncios.
3) Página(s) alterada(s) continuamente para dar as últimas notícias e a previsão do tempo, além de outras informações, utilizando texto e símbolos.
4) Um site que forneça um serviço de áudio com as notícias mais recentes e novas atualizações, além de chamadas e anúncios.
5) Fornecimento de serviço contínuo de áudio ao vivo.
6) Um site totalmente interativo que ofereça discussões via texto, em tempo real, com os usuários.

As possibilidades para o design de um site na web são praticamente ilimitadas. Incluem *links* para páginas de apresentadores, audioclips de notícias recentes — com imagens, uma câmera mostrando o estúdio ao vivo, uma turnê pela emissora, anúncios especiais, eventos futuros, classificados —, empregos e automóveis, listas das músicas programadas, detalhes sobre as músicas executadas, perguntas interativas para saber a opinião do ouvinte, páginas de aconselhamento etc.

Quanto mais complexo o design, especialmente em relação a imagens e gráficos animados, mais tempo a página levará para ser baixada e, portanto, maior será a possibilidade de frustração do usuário não completar a conexão. Quando isso ocorre, é improvável que o internauta volte ao site para utilizá-lo. Por essa razão, há muito que dizer para que a página de entrada fique relativamente simples e forneça as informações básicas e um menu de *links*, com cores nítidas e um texto conciso em fundo escuro.

Entrar com dados — texto, gráficos e áudio — é um processo relativamente barato, mas quanto mais freqüente a mudança, mais rápida e mais cara deve ser a conexão dos dados com o provedor. Antes de criar um site na web, o *webmaster* deve primeiro explorar outros sites de rádio, estar preparado para negociar custos e, se necessário, pedir orientação a um especialista.

Política de arquivamento

- O que deve ser guardado?
- De que forma?
- Como deve ser catalogado?

Decisões relativas aos arquivos inevitavelmente cabem à diretoria — produtores tendem a querer guardar tudo.

Talvez toda transmissão da emissora ou da rede seja automaticamente registrada num gravador de baixa velocidade. A qualidade dessas gravações, no entanto, embora suficiente para questões técnicas de conteúdo, dificilmente serve para retransmissão. De qualquer modo, em geral têm uma vida útil limitada, antes de serem apagadas e regravadas.

Mas por que guardar esses arquivos? Isso dependerá consideravelmente da natureza do que foi transmitido. Uma emissora de música talvez queira guardar muito pouco; uma emissora de notícias, pelo menos potencialmente, irá querer guardar a maior parte do material por algum tempo, visto que qualquer história poderá evoluir. Guardar as matérias por uma semana ou duas é sensato, seja para acompanhar a evolução de uma história, seja para produzir um apanhado geral das notícias da semana. Se as notícias forem mantidas no disco rígido (HD) de um computador, geralmente é suficiente uma capacidade de 150-200 horas (mono). Para evitar, no entanto, que o disco fique sem espaço, o material antigo deve ser deletado e novas matérias transferidas para outras mídias, tais como disquete, videocassete ou CD virgem (gravável). Aqui deve-se marcar nitidamente as datas inicial e final do material gravado. Os dados virão acompanhados do respectivo texto e material de sinalização, mas a marcação física ou catalogação da gravação deve indicar claramente seu conteúdo, ou pelo menos o período coberto. É melhor manter um banco de dados capaz de procurar por data, assunto, título e nome do apresentador/produtor. Não se deve esquecer que o objetivo de um arquivo não é a armazenagem mas a recuperação de dados.

Com o passar dos anos, muitos arquivos acumularam um número substancial de programas gravados em fitas de um quarto de polegada. Se a conversão desses dados para uma mídia digital for inviável, é necessário tomar cuidados especiais para seu armazenamento a longo prazo. Os inimigos de qualquer mídia magneticamente sensível, incluindo áudio, DAT e videocassetes são o calor excessivo, a vibração ou pancada, bem como campos elétricos e magnéticos externos — por exemplo, de alguns microfones. Cada um deles afeta os elementos magnéticos da fita causando perda de qualidade, em especial nas freqüências mais altas. Em casos extremos, ocorre um apagamento parcial ou total. Para armazenamento a longo prazo, recomenda-se uma temperatura de 10° C.

Uma característica da fita armazenada é seu notável anonimato. O CD ou o disco de vinil são inseparáveis de seu rótulo, mas uma fita é exatamente como a outra. Um rolo, cassete ou cartucho — e sua caixa — devem conter informação suficiente para que o material do programa seja prontamente identificado. O ideal é incluir os seguintes dados:

- Assunto
- Nome e endereço do locutor, músicos, artistas etc.
- Local da gravação
- Data da gravação
- Detalhes sobre direitos autorais
- Duração
- Número de catálogo ou categoria

Itens destinados aos arquivos devem rotineiramente ser etiquetados com esses dados antes do arquivamento, seja qual for a mídia de gravação.

Boas decisões sobre arquivos e um sistema sensato significam que reprises, programas de final de ano, datas comemorativas e outras retrospectivas serão satisfatoriamente representativas e fáceis de produzir. A emissora, portanto, lida não só com as coisas efêmeras de cada dia, mas torna-se o repositório da comunidade e da nação — a guardiã de sua história oral.

23 Avaliação do programa

Uma atividade crucial para qualquer produtor é a constante avaliação do que está fazendo. Programas precisam ser justificados. Outras pessoas podem querer os recursos, ou o horário. Proprietários de emissoras, anunciantes, patrocinadores e contadores vão querer saber do custo dos programas, e se estão valendo a pena. Acima de tudo, produtores conscienciosos em busca de uma comunicação cada vez melhor e mais eficiente vão querer saber como aperfeiçoar seu trabalho e obter resultados mais positivos. Radialistas falam muito sobre qualidade e excelência, e com razão, mas estes conceitos são mais do que abstratos; fundamentam-se no aspecto prático da avaliação constante.

Programas podem ser avaliados a partir de vários pontos de vista. Focalizaremos três deles:

- Avaliação da produção e da qualidade
- Avaliação da audiência
- Avaliação de custo

Avaliação da produção

A avaliação do programa realizada por profissionais é o primeiro dos métodos avaliativos e deve ser aplicado automaticamente a todas as partes do produto final. É mais do que apenas uma discussão de opiniões individuais, pois um programa sempre deve ser avaliado segundo critérios previamente estabelecidos.

Primeiro, o básico essencial em termos de padrão técnico e operacional. Isso significa que não há distorção audível, que a inteligibilidade é total, a qualidade do som, o balanço e o volume estão corretos, os *fades* devidamente aplicados, as pausas estão certas e não se notam as edições.

Segundo, é sobre a razão de ser do programa — o que ele pretende fazer? Uma declaração de intenções deve ser formulada para cada programa, de modo que ele tenha uma orientação e um objetivo específicos. Sem esse objetivo, qualquer programa pode ser considerado bem-sucedido. Portanto, qual o "público-alvo"? O que o programa pretende fazer por esse público? Até que ponto consegue fazê-lo? (Se de fato consegue, é uma questão para avaliação da audiência.)

Terceiro, é uma avaliação profissional de conteúdo e formato. As entrevistas estavam de acordo com o padrão? As matérias, na ordem ideal? O *script*, fácil de entender e o apresentador, comunicativo? No âmbito da música e da peça radiofônica, questões de excelência tornam-se mais subjetivas. Os próprios participantes podem ser convidados a tomar parte na avaliação — cujo foco deve sempre ser o aperfeiçoamento construtivo em vez da atribuição de culpa. Quando os produtores são envolvidos pela primeira vez em sessões de *playback* e debate, tendem no início a se mostrar um pouco defensivos e sensíveis em relação ao seu trabalho. Isso é compreensível e pode ser minimizado focalizando-se a discussão no programa e não em quem fez o programa. O processo visa essencialmente resolver problemas e procurar criativamente novas idéias para cumprir o objetivo do programa.

Qualidade do programa

Qualidade é uma palavra bastante empregada na elaboração de programas. Seria apenas algo que, segundo as pessoas, "Reconheço ao ver ou ao ouvir, mas não gostaria de dizer o que é?". Se é assim, deve ser difícil justificar as decisões dos jurados numa cerimônia de premiação. É claro que haverá um elemento subjetivo — um programa atrairá um indivíduo quando causar uma ressonância pessoal em razão da experiência, preferência ou expectativa. Mas deve haver também alguns critérios profissionais de consenso para a avaliação da excelência do programa. Num programa de qualidade, pelo menos alguns dos seguintes elementos terão proeminência.

Primeiro, *pertinência.* Independentemente da audiência obtida, o programa de fato atendeu às necessidade daqueles a quem foi dirigido? Foi uma peça de comunicação bem elaborada, plenamente apropriada ao seu público-alvo, preocupada com os antecedentes educacionais, sociais ou culturais desse público? Qualidade aqui não significa ser pródigo ou caro; significa estar em contato com determinado público a fim de servi-lo, atendendo com precisão às exigências do ouvinte.

Segundo, *criatividade.* O programa apresentou alguma novidade, algo diferente e original que seja genuinamente criativo, de modo a combinar a ciência e a lógica da comunicação com a arte do prazer e da surpresa? Isso deixa uma impressão mais duradoura, diferenciando o memorável do tedioso ou insípido.

Terceiro, *precisão.* Foi verídico e honesto, não só nos fatos que apresentou e no equilíbrio do próprio programa, mas também sendo justo com pessoas de diferentes opiniões? É desta maneira que programas ganham autoridade e confiabilidade — qualidades necessárias para as notícias, mas também essencial para documentários, programas de variedades e, a seu modo, peças radiofônicas.

Quarto, *eminência.* Qualidade admite padrões conhecidos de aptidão em outras ocupações. Um programa de qualidade provavelmente incluirá artistas de primeira classe — atores ou músicos. Utilizará os melhores redatores e envolverá pessoas eminentes em sua própria esfera. Isso obviamente estende-se a políticos importantes, líderes sindicais, cientistas, esportistas e mulheres — realizadores famosos de todas as áreas. A presença dessas pessoas empresta autoridade e estatura ao programa. É verdade que um desconhecido também pode fazer uma apresentação maravilhosa, mas em termos de produto final de qualidade, não se conta com isso. É preciso reconhecer o talento estabelecido e a capacidade profissional.

Quinto, *holística.* Um programa de qualidade certamente se comunicará intelectualmente, já que é inteligível à razão, mas também deve apelar aos outros sentidos — o pictórico, imaginativo ou nostálgico. Despertará emoções num nível mais profundo, tocando-nos como seres humanos sensíveis a sentimentos de admiração, amor, compaixão, entusiasmo — ou mesmo a indignação quanto à injustiça. Um programa de qualidade estabelece contato com a pessoa como um todo.

Sexto, *avanço técnico.* Um dos aspectos da qualidade reside na inovação técnica, na ousadia — seja nos métodos de produção, seja no modo como o público é envolvido. Programas tecnicamente ambiciosos, em especial quando são "ao vivo", ainda exercem um impacto especial sobre a audiência.

Sétimo, *enriquecimento pessoal.* O efeito geral do programa enriqueceu a experiência do ouvinte, acrescentou alguma coisa em vez de deixá-la intocada — ou pior, foi aviltante e negativa? O resultado final pode ter sido o prazer, mais conhecimento, estímulos ou desafios. Uma idéia de "qualidade desejável" deverá exercer algum efeito que dará, ou pelo menos emprestará, uma qualidade desejável ao receptor.

Oitavo, *ligação pessoal.* Como resultado de uma experiência de qualidade, ou durante a mesma, o ouvinte sentirá uma sensação de estar ligado — ou próximo — àqueles que fazem o programa. Intuitivamente as pessoas apreciam um programa que consideram bem pesquisado, que cuida de detalhes, que alcança diversidade ou profundidade, ou que provoca impacto pessoal. O ouvinte se identifica não só com o programa e com aqueles que o fazem, mas também com a emissora. Programas que se dão ao trabalho de chegar até o público recebem a recompensa da lealdade e a sensação, por parte do ouvinte, de que o programa é "dele".

Combinando precisão e pertinência, por exemplo, significa proporcionar notícias verídicas e apropriadas de modo que seja totalmente inteligível para o público a que se destina, no horário desejado e na duração certa. Notícias de qualidade também apresentarão maneiras criativas de descrever honestamente questões delicadas, fazendo com que o ouvinte se sinta enriquecido em sua compreensão do mundo.

A qualidade requer vários talentos. Leva tempo para ser elaborada e será mais difícil de florescer se o requisito principal for a quantidade e não a excelência. Não pode ser exigida em todos os programas, pois a criatividade requer experimentação e desenvolvimento. É preciso liberdade para assumir riscos e, portanto, às vezes se cometem erros. Não é fácil medir os aspectos qualitativos da produção, razão pela qual um programador experiente os determina intuitivamente, e não apenas pela lógica. Mas eles têm de ser apresentados em qualquer emissora que tenha como meta a qualidade ou que deseje posicionar-se entre as principais.

A qualidade aliada à programação como um todo — especialmente quando se pensa em serviço dedicado ao público — nos remete aos critérios descritos na p. 21. Qualidade nesse sentido significa diversidade em termos de produto final, atendendo a toda uma faixa de necessidades relativa à população servida. Ela refletirá de modo abrangente diferentes opiniões e atividades, com a intenção de criar a maior compreensão entre diferentes setores da comunidade. Seu objetivo é promover a tolerância na sociedade, juntando as pessoas — sem dúvida, sempre a marca registrada da comunicação de qualidade.

O cínico dirá que isso é por demais idealista e que a radiodifusão serve a fins comerciais ou mesmo propagandísticos — para ganhar a vida e oferecer música que aliviará as tensões dos ouvintes. Se for esse o caso, então apenas avalie a atividade por tais critérios. As muitas motivações para fazer programas e os valores implícitos no trabalho são apresentados em linhas gerais na p. 23. O que não está em dúvida é a necessidade de avaliar os resultados daquilo que fazemos contra nossa razão para fazê-lo.

Avaliação da audiência

A pesquisa formal de audiência destina-se a informar ao radialista fatos específicos sobre o tamanho e a reação da audiência de determinada emissora ou de programas específicos. A medida dos índices de audiência e a descoberta de quem está ouvindo qual emissora e em que momento são de grande interesse não apenas para aqueles que fazem os programas e os administradores das emissoras, mas também para os anunciantes ou patrocinadores que compram tempo em diferentes estações de rádio. A medida de audiência é a forma mais comum de pesquisa de audiência, em grande parte por causa da importância dessa informação para o mundo dos negócios.

Três métodos de medida costumam ser utilizados, e em cada um deles as pessoas são escolhidas aleatoriamente de uma categoria específica para representar o público-alvo:

1) Entrevistas pessoais, geralmente no domicílio.
2) Entrevistas por telefone.
3) Os ouvintes respondem a um registro diário.

Quanto mais detalhada a informação exigida — número de pessoas que ouviram dado programa, em parte ou na íntegra, em determinado dia, e qual a opinião delas —, mais cara será a pesquisa. Isto porque a amostragem terá de ser maior e mais pessoas serão entrevistadas (ou mais registros serão feitos), e porque a pesquisa deverá ser elaborada exclusivamente para o rádio. Se a informação desejada for mais ou menos genérica — quantas pessoas sintonizaram a Rádio Um, em qualquer programa, no último mês e qual a opinião geral sobre a emissora —, o custo será bem menor, já que perguntas concisas e adequadas podem ser incluídas numa pesquisa de mercado mais abrangente que inclui vários outros produtos e serviços.

Vale dizer que construir uma amostragem de entrevistados devidamente representativa é um processo que requer certo cuidado e precisão. Por exemplo, sabemos que os desempregados, de um modo geral, tendem a ser usuários bastante freqüentes desta mídia, porém como categoria são difíceis de representar. Uma amostra correta, entretanto, deve abranger todos os grupos e categorias demográficas em termos de idade, sexo, classe social e estilo de vida, por exemplo, urbana ou rural. Deverá refletir quaisquer variações regionais acentuadas dentro da área pesquisada. Esse trabalho de pesquisa prévia garante por exemplo que as opiniões de estudantes que falam hindi, dos sexos masculino e feminino, e das pessoas com mais de 65 anos que vivem nas áreas rurais, serão procuradas na mesma proporção em que existem na população como um todo. Somente quando as perguntas forem feitas para uma amostragem corretamente calculada da audiência potencial, as respostas terão sentido como realidade.

Outra importante definição diz respeito ao significado da palavra "ouvinte". Muitos programas de seqüências têm duas ou três horas de duração — como ouvinte queremos dizer alguém que ouviu o programa inteiro? Se não for assim, quanto? Na Grã-Bretanha, a Radio Joint Audience Research — RAJAR — conduz pesquisas de audiência de rádio usando um diário para autopreenchimento. Aqui o ouvinte é definido como alguém que ouve um mínimo de cinco minutos de um segmento de 15 minutos. As cifras para o período de uma semana são o número total dessas pessoas numa semana típica, expresso como porcentagem da população pesquisada. O resultado tem ainda mais valor em determinado período quando indica tendências na audiência de um programa, padrões sazonais e mudanças num público específico, como os motoristas de automóvel. Isso permite comparar diferentes tipos de formatos e horários. A pesquisa, portanto, nos ajuda a tomar decisões em relação aos programas, e também a fornecer números que justifiquem o custo do horário.

Equipes de pesquisa

Outro método de pesquisa informal é utilizar equipes de pesquisadores espalhados pela área a ser coberta. Pode-se pedir a esses grupos que, mediante um questionário, dêem um *feedback* qualitativo sobre os programas. Os membros da equipe estarão em contato com sua própria comunidade e, portanto, serão amplamente representativos da opinião local. Uma vez estabelecida a equipe, seus membros poderão responder a uma série de perguntas sobre o programa, o que num certo período talvez indique mudanças nos padrões de audiência.

Essas equipes também são apropriadas quando o programa se destina a uma minoria específica, como agricultores, crianças com menos de cinco anos, desempregados, pacientes de hospitais, alunos adultos ou determinado grupo étnico ou lingüístico. Aqui, a equipe pode reunir-se para discutir o programa e oferecer uma resposta coletiva. Visitado ocasionalmente por programadores, uma equipe pode manter seu interesse fazendo uma pesquisa responsável para a emissora. Mas cuidado com equipes que estejam muito a favor do produtor. Uma relação muito próxima cria o desejo de agradar, ao passo que o programador deve ouvir tanto as más notícias quanto as boas. De fato, uma das perguntas mais importantes da pesquisa é sempre descobrir por que alguém *não* ouviu o meu programa.

Questionários

Ao elaborar um questionário de pesquisa, certifique-se de que os conceitos, palavras e formato sejam apropriados para a pessoa que será solicitada a preenchê-lo. Um pesquisador treinado preenchendo o formulário enquanto faz a entrevista pode abranger um número maior de complicações e variáveis do que um ouvinte ao fazê-lo sozinho. Antes da utilização em grande escala, todo questionário deve ser rascunhado e testado com um grupo piloto para revelar ambigüidades ou equívocos. Eis alguns critérios para planejar o questionário:

- Decida exatamente quais são as informações de que você necessita, e como irá utilizá-las.
- Não peça informação desnecessária — perguntas redundantes apenas servem para complicar as coisas.
- Escreva uma apresentação, para indicar quem quer as informações e por quê, bem como a forma como serão utilizadas. Especifique o quanto essas informações serão confidenciais.
- A informação que você deseja pode estar em três categorias:
  — Fatos: nome, idade, família, endereço, emprego, jornal que lê.
  — Experiência: hábitos de ouvinte de rádio, dificuldades de recepção, uso de TV/vídeo.
  — Opinião: comentários sobre programas, apresentadores ou estações concorrentes.
- As perguntas se dividem em quatro categorias.
  — A resposta é sim ou não: você consegue ter boa recepção da emissora XYZ. Sim/Não
  — Questões de múltipla escolha.
  Qual é a grande dificuldade na recepção da emissora XYZ: muito difícil/pouco difícil/relativamente fácil/muito fácil.
  — Questões que apresentam uma escolha numérica para respostas possíveis:
  Numa escala de 0-5 qual é o seu grau de dificuldade de recepção, da emissora XYZ?
  Muito difícil 0... 1... 2... 3... 4... 5... muito fácil.
  — Pede-se uma resposta por extenso:
  Quais são suas dificuldade na recepção da emissora XYZ?
- Perguntas tipo: Sim/Não, múltipla escolha, assinalar alternativas, escolha numérica ocupam pouco espaço e podem receber valores de modo a serem úteis em estatísticas.
- Acrescente "outros" às alternativas a questões de múltiplas escolhas de modo a permitir respostas que você não tenha considerado.
- Respostas por extenso podem ser difíceis de decifrar, porém oferecem uma boa compreensão e formam bons exemplos.
- Evite termos imprecisos — "freqüentemente", "geralmente", "útil", numa seqüência de múltipla escolha.
- Evite perguntas que pareçam uma resposta correta ou preferível.
- Mantenha o questionário simples, e o mais curto possível.

Respondendo as cartas

A pesquisa informal de audiência — evidência empírica, comentário da imprensa e retorno imediato — exerce, em geral, um impacto sobre o produtor que é desproporcional ao seu verdadeiro valor. Provavelmente, a mais enganosa de todas — em relação à audiência como um todo — é a resposta às cartas. Vários estudos já mostraram que não há nenhuma correlação

RÁDIO XYZ

1. Título do programa ....

2. Data/horário da transmissão ....

3. Você ouve essa emissora? (faça um círculo)
   todos os dias/quase sempre/uma vez por semana/uma vez por mês/nunca

4. Você já ouviu esse programa em particular? (faça um círculo) sim/não

5. Se respondeu não, vá para a Pergunta 11. Se respondeu sim, você ouviu (faça um círculo)
   inteiro/a maior parte/algumas partes/só um pouco?

6. O que achou do programa? (faça um círculo)
   excelente/bom/razoável/ruim

7. Do que você gostou mais?

8. Do que você *não* gostou?

9. O programa vai ao ar num horário adequado para você? (faça um círculo) sim/não

10. Se respondeu não, qual seria o melhor horário? (faça um círculo)
    no mesmo dia/num dia diferente

11. Se você não ouviu o programa, diga por quê.

12. Se você ouviu o programa, ele o inspirou a fazer alguma coisa?

Precisamos de algumas informações sobre você, pois assim poderemos contatá-lo posteriormente, caso seja necessário, e também porque nos ajuda a saber mais sobre o nosso público. Essa parte, no entanto, é opcional e poderá ser deixada em branco, se preferir. Qualquer informação dada constará apenas para fins de avaliação do programa, sendo considerada estritamente confidencial.

Nome .... Sexo M/F

Endereço .... Casado/Solteiro

....

Idade (faça um círculo) menos de 15/16-24/25-39/40-59/60+ ....

Ocupação ....

Hobbies e interesses ....

Outras emissoras de rádio sintonizadas ....

Jornais/revistas que costuma ler: ....

Fig. 23.1. Um simples questionário para membros de uma equipe de pesquisa. A emissora preenche os campos 1. e 2. antes da distribuição.

direta entre o número de cartas recebidas e o tamanho ou natureza do público ouvinte. As notícias costumam ser a parte mais ouvida do produto final, mas a sala de redação, comparativamente, recebe poucas cartas.

As cartas indicam algo sobre os indivíduos que se sentem motivados a escrever — onde eles moram, talvez seus interesses, o que os levou a pegar uma caneta, ou o que querem em troca. Mas é errado pensar que cada carta representa milhares de outros ouvintes — pode até ser, mas você não tem como saber e não pode pressupor. É possível que receba mais cartas de mulheres do que de homens — isso indica que há mais ouvintes mulheres do que homens? Não necessariamente — talvez as mulheres tenham mais tempo, sejam mais letradas, mais motivadas, ou tenham selos!

A transmissão para países "fechados", ou onde a correspondência é sujeita a interferência, em geral resulta em falta de resposta, o que necessariamente não significa uma pequena audiência. Baixo nível de instrução ou impossibidade de pagar a postagem são outros fatores que complicam qualquer precisão na tentativa de avaliar audiência a partir da correspondência recebida. Alguns indicadores úteis podem ser identificados e levantar questões a serem consideradas nos programas — pois toda carta tem de ser levada a sério —, mas aqueles que escrevem já se auto-selecionam segundo padrões que provavelmente têm mais a ver com grau de instrução, renda, tempo disponível e motivação pessoal do que com qualquer noção de audiência como um todo.

Um método que em parte se sobrepõe à natureza incógnita e aleatória das respostas a cartas de ouvintes é enviar junto a cada resposta um questionário (acompanhado de um envelope de retorno, selado e com o endereço da rádio) sobre os hábitos de audiência do ouvinte. E também pedindo informações pessoais. Num período de alguns meses é possível reunir dados demográficos úteis. Ainda continua referindo apenas aos que escrevem, mas pode ser comparado com dados estatísticos oficiais — disponíveis em muitas bibliotecas públicas — para se saber o grau de representatividade das pessoas que escrevem.

Avaliação de custo

Quanto custa um programa? Como muitas perguntas simples, esta tem um grande número de respostas possíveis, dependendo do que você quer saber.

A resposta mais simples é dizer que um programa tem um orçamento financeiro "X" — uma quantia para cobrir as despesas de viagem, pagamento aos colaboradores, direitos autorais, instalações técnicas, e assim por diante. Mas qual é o custo em termos de "tempo das pessoas"? Estão incluídos os salários do produtor, pessoal técnico, pessoal administrativo? Ou as despesas gerais de escritório — telefone, postagem etc.? O custo do programa inclui tempo de estúdio, e aquele em que o custo é por hora inclui manutenção e depreciação? E os custos de transmissão — contas de energia elétrica, esforço técnico, desvalorização de capital?

O custo *total* incluirá todos os custos de gerenciamento e todas as despesas gerais sobre as quais o programador tem pouco ou nenhum controle. Uma das maneiras de descobrir isso é pegar o gasto anual de uma emissora e dividi-lo pelo número de horas que ela produz, chegando assim ao custo por hora. Mas como isso resulta nas mesmas cifras para todos os programas, não se podem fazer comparações. Melhor é distribuir entre os programas os custos que lhes são diretamente atribuíveis e depois adicionar um quinhão das despesas gerais — incluindo custos de gerenciamento e transmissão — a fim de chegar ao valor real, ou mais próximo do real, do custo por hora, que possa ser comparado com o de outros programas.

Notíciários custam mais do que programas esportivos? Qual o preço de um documentário bem pesquisado, ou de uma peça radiofônica? Como comparar um programa de variedades gerais com outro que recebe telefonemas no ar, ou com um musical? Quanto custa na realidade um concerto "ao vivo"? É claro que não é apenas o custo real de um programa que interessa — a cobertura ao vivo de um evento pode resultar em várias horas de transmissão, ao passo que a repetição da gravação pode oferecer um baixo custo por hora. Além disso, dada a informação sobre o tamanho da audiência, é possível, dividindo o custo por hora pelo número de ouvintes, chegar ao custo por ouvinte/hora. Então essa é a cifra mais importante? Não, é um indicador entre vários outros pelo qual se avalia um programa.

Programas relativamente baratos que atraiam uma audiência substancial podem ou não ser aquilo que uma emissora quer produzir. Talvez ela também queira oferecer programas de maior custo para uma audiência minoritária — programas para deficientes, para determinado grupo lingüístico, religioso ou cultural, ou para um objetivo educacional específico. Isso trará um custo maior por ouvinte, mas também trará credibilidade. É importante que cada programa seja fiel ao seu objetivo — para obter resultados nas áreas a que se destina. Também é importante para cada programa contribuir para o objetivo da emissora — sua Declaração de Intenções.

Depois de uma avaliação completa, feliz é o produtor que pode dizer: "Meu programa é profissionalmente elaborado de acordo com um alto padrão técnico. Atende perfeitamente às necessidades de todo o público ao qual é dirigido, o custo por ouvinte/hora está dentro dos limites aceitáveis para o seu formato, e contribui substancialmente para o objetivo declarado desta emissora."

24 Treinamento

São quatro as principais maneiras de aprender: observando os outros, estudando a teoria, testando as coisas e pela experiência prática em toda sua plenitude. De fato, as atividades estão vinculadas. O processo de observação nos leva a tirar conclusões sobre o que parece ou não funcionar. Podemos então testar teorias antes de aplicá-la na prática. Monitoramos a nós mesmos enquanto o fazemos e o ciclo é reiniciado.

Infelizmente, a maioria das pessoas não dispõe da mesma capacidade nesses quatro modos de aprendizagem. Alguém que tem facilidade para a observação, reflexão e teoria aprenderá bastante visitando estúdios, observando a atividade dos profissionais, fazendo perguntas e lendo a literatura apropriada — e talvez relute em tentar um exercício prático enquanto não achar que domina a teoria. Outras pessoas — bem práticas — ficarão ansiosas para "pôr a mão na massa", sem muita paciência para princípios.

Conseqüentemente, um bom esquema de treinamento para produtores deve conter todos os quatro elementos em proporções adequadas aos participantes e, na prática, aos recursos disponíveis. Não faz sentido jogar alguém na "fogueira" ("esta é a única maneira de aprender, comigo foi assim") sem as orientações básicas. Nem tampouco é sensato insistir em que novos produtores observem o trabalho de outro profissional sem qualquer oportunidade de fazer perguntas e tentar por si mesmo. Ir "ao ar" muito cedo pode deixar algumas pessoas com medo, e a recuperação pode ser lenta e penosa. Por outro lado, impedir que o principiante faça qualquer coisa em termos reais provavelmente causará grande frustração. É esse aspecto da motivação que os responsáveis pelo treinamento de um produtor devem monitorar mais de perto. O iniciante está gostando de aprender? Como ele acha que está indo o processo de treinamento? Há sinais de cobrança exagerada ou tédio? Se ele demora para terminar um trabalho, será por que está buscando um padrão muito alto para seu nível de aptidão atual? Se a qualidade de seu trabalho é inferior, será por não conhecer as exigências ou pela incapacidade de usar determinada técnica? Por exemplo, o aprendizado de *como* fazer entrevistas certamente se dá durante a prática de entrevistas reais — mas o segredo para *entender* a técnica de entrevista se aprende durante uma sessão de *feedback* especializado sobre o resultado final. A análise crítica do material do programa por um profissional experiente é fundamental no processo de aprendizagem. E isso não se limita ao produtor novato. Produtores já estabelecidos precisam evoluir; seu desenvolvimento não deve ser desprezado apenas porque podem dar conta do serviço sem supervisão. Novas técnicas, novos desafios, formatos e funções ajudam a evitar que os produ-

(segundo Kolb)

tores fiquem estagnados. Eles até poderão ser úteis para incentivar a nova geração.

Motivadores de treinamento

O treinamento costumava ser visto como um evento único que ocorria no começo da carreira. Graças, no entanto, à constante transformação tecnológica e organizacional, agora tem de ser um processo vitalício. Para os instrutores, os eventos que motivam o treinamento são os seguintes:

- Nova legislação
- Processo de avaliação da empresa
- Alta rotatividade de funcionários
- Novos equipamentos ou procedimentos
- Alta taxa de erros, ou queixas do ouvinte
- Novos métodos de programação
- Expansão do serviço de transmissão
- Polivalência de funcionários e *free lances*
- Novas contratações, ou funcionários sendo promovidos
- Enxugamento, quando os funcionários assumem maiores responsabilidades
- Novos mercados, programas ou serviços
- Mudanças estruturais na organização e nos departamentos

Os instrutores estarão continuamente conscientes de novas necessidades de treinamento, mas numa organização verdadeiramente inovadora, a diretoria é que será a condutora de mudanças visionárias, solicitando sua implantação ao setor de treinamento.

Aprendendo objetivos

Obviamente, o importante nisso tudo não é o treinamento, mas a aprendizagem. Qual o efeito pretendido sobre a atitude, o conhecimento ou a aptidão de quem aprende — e será que isso acontece? Devemos portanto começar com uma idéia clara do que estamos tentando fazer, escrevendo uma série de afirmações que descrevam o resultado intencional do curso.

Por exemplo, no final de um curso de produção de notícias no rádio, o jornalista já treinado será capaz de:

- Selecionar notícias apropriadas ao público-alvo.
- Colocar as matérias em ordem de importância e escrever uma seqüência de transmissão para o programa.
- Escrever boletins noticiosos utilizando uma linguagem precisa, clara e agradável.
- Pesquisar manchetes e acompanhar as notícias existentes.
- Designar e instruir repórteres para a cobertura de notícias, incluindo aquelas distantes da sala de redação.
- Agrupar, de modo criativo, material de notícias, entrevistas e fatos na forma de áudio.
- Produzir e dirigir um estúdio para a transmissão ao vivo de uma notícia.
- Apresentar as notícias no ar.
- Analisar e criticar um noticiário, proporcionando *feedback* profissional aos colaboradores.

Uma vez que o instrutor saiba com certeza quais as aptidões — ou competências — que precisam ser dominadas, o curso poderá ser dividido em segmentos, cada um com objetivos próprios. Os resultados do treinamento, aplicados mesmo num único segmento, descrevem o que o treinamento pretende realizar em termos do que o aluno saberá ou será capaz de fazer. O sucesso do processo de treinamento/aprendizagem pode então ser avaliado com relação a esses objetivos.

Organização do curso

O instrutor é aquele que habilita, desenvolve, incentiva. Para ser bem-sucedido, é necessário conhecer as necessidades dos estagiários — seus níveis atuais de habilidade e conhecimento — e até aonde você quer que determinado treinamento os conduza. Seja um módulo de meio período ou um curso de três meses, será preciso considerar cinco áreas de atenção:

1) *Meta*. O objetivo do treinamento tem de estar claro. Que percepções e aptidões as pessoas obterão? O instrutor precisa saber o que deve ser atingido e de onde começar.
2) *Logística*. Providências técnicas, financeiras e outras de ordem prática têm de ser tomadas de acordo com o número de pessoas que participará do evento. Espaço para aulas, acomodação, espaço de trabalho e equipamento para sessões práticas, apoio administrativo, como processamento de palavras e impressão, transporte, comida, material visual —

OHP, quadro-branco, *flipcharts*, livros e pastas etc. —, tudo isso tem de ser previsto e providenciado.

3) *Design*. Quais os tópicos a serem tratados e em que ordem? O fluxo deve acomodar os diferentes estilos de aprendizagem, o equilíbrio entre teoria e prática e entre trabalho individual e em grupo. As sessões após a refeição do meio-dia ou sucumbem à convenção da siesta ou deverão ser vigorosamente participativas, e se houver alguma coisa à noite também tem de ser diferente. Os cursos costumam oferecer tanta informação que há pouco tempo para reflexão, para processar o que se aprende. Palestras deveriam ser modificadas com grupos de discussão e perguntas; no trabalho prático, mais tempo para indagações e *feedback* individual, incentivo e críticas.
4) *Planos de aula*. Cada sessão precisa de um esboço devidamente redigido, começando com os objetivos. O que se quer atingir? Como fazê-lo? Um plano, escrito de preferência pelo instrutor que irá conduzir a sessão, dará detalhes sobre o conteúdo da sessão, duração aproximada de cada segmento e como será organizada. Trará ainda uma relação dos folhetos de treinamento a serem distribuídos, equipamento necessário, material para audiovisual, vídeos ou filmes etc.
5) *Avaliação*. O objetivo inicial lhe dará os critérios para um treinamento bem-sucedido, mas deu certo para cada indivíduo? Descrita em detalhes mais tarde, a avaliação dos e pelos estagiários e instrutores faz parte do processo de controle de qualidade — e se houver padrões a serem cumpridos e testes, estes devem estar relacionados ao quatro estilos de aprendizagem.

As seguintes idéias de treinamento podem ser adaptadas para ser aplicadas em condições específicas e representar os princípios da aprendizagem por meio da visão — compreensão — tentativa — ação. Observação, princípio teórico, discussão em grupo e trabalho na "segurança" de um ambiente de treinamento combinam-se com o aprendizado no local de serviço. Em cada caso, o instrutor deve claramente indicar o que é exigido, até quando, em que padrão e com quais recursos.

Exercitando a imaginação

Escreva uma peça de um minuto sobre uma cor (ver p. 99). Membros de um grupo escolhem cores — preto, roxo, vermelho, cinza etc. Providencie o acesso à música, poesia, efeitos especiais e monte uma fita para discussão e avaliação em grupo. Convide uma pessoa com os olhos vendados para comentar.

A escolha do editorial

Forneça a cada estagiário a mesma cópia de uma fita com cinco minutos de entrevista que deverá ser editada para um minuto e meio. Use uma transcrição para marcar o que foi usado e o que foi cortado. Com um grupo, cada pessoa diz por que escolheu certas partes e omitiu outras, e quais as partes que deveriam ser redigidas novamente com o material de sinalização. Analise as razões da escolha. Todos mantêm sua própria decisão, ou reconhecem que outras opções podem ser melhores?

Prioridades nas notícias

Faça uma lista de 12 histórias comuns. Escolha três para serem os destaques num boletim de cinco minutos. Com espaço apenas para nove notícias, decida quais as três que deverão sair. Analise e discuta as razões apresentadas:

1) Chefe de polícia faz pressão para que se tomem medidas mais duras contra todas as formas de terrorismo civil, incluindo a detenção até 28 dias sem necessidade de mandado de prisão.
2) Agricultores temem alta no preço da cesta básica nos próximos seis meses por causa das más condições de colheita.
3) Movimento jovem nacional popular anuncia planos para um encontro internacional a ser promovido na capital.
4) Nunca o país como um todo atraiu tantos turistas. A arrecadação com o turismo atinge recorde de milhões de libras.
5) Um importante político da oposição alega que o governo desperdiça verba com programa de construção de estradas.
6) Queda de avião em região inóspita envolvendo vôo doméstico com 75 pessoas a bordo. Circunstâncias e número de vítimas ainda desconhecidos.

7) Famoso esportista local ganha primeiro prêmio em competição internacional.
8) Líder político da nação anuncia novas medidas do governo para recursos sociais que favorecerão os idosos, os deficientes e os pobres.
9) Pequena explosão numa loja do centro da capital. Parte de uma campanha de protesto de uma minoria dissidente que assume a responsabilidade por ligações telefônicas feitas para a emissora.
10) Área rural sofre possível surto de doença bovina. O governo ameaça sacrificar o gado.
11) Reivindicação trabalhista ameaça parar a maior montadora de carros do país.
12) Departamento de pesquisas médicas em universidade anuncia avanços na busca por uma droga que alivie a artrite nas mãos e nas articulações dos joelhos.

Exercícios com notícias

Um excelente exercício com notícias "reais" é prover um grupo de treinamento com as mesmas fontes disponíveis para a sala de redação. Paralelamente à equipe profissional, os estagiários montam um boletim noticiário para ser comparado com o que irá ao ar. Convide o editor para ouvir e comentar — discuta as diferenças de escolha e tratamento.

Outro exercício é ouvir no mesmo dia noticiários de diferentes emissoras e redes, analisando os motivos das variações entre eles.

Locução

Ao dar o *feedback* — especialmente o *feedback* crítico — sempre é bom lembrar que o instrutor está fazendo comentários sobre o trabalho e *não* sobre a pessoa. No caso do treinamento de voz, porém, o trabalho e a pessoa ficam bem próximos, sendo quase impossível separá-los. Ouvindo um estagiário ler as notícias, você pode sentir que ele está representando em vez de ser ele mesmo. Quem ele ou ela está sendo? Existe a imagem mental de um locutor que ele quer imitar? Estará de fato personificando um locutor? Se isso acontece, o que há de errado em ser ele mesmo ou ela mesma? São perguntas difíceis que no final somente o indivíduo interessado pode responder. Antes de se preocupar com aptidões técnicas específicas, qualquer locutor ou apresentador deve se sentir confortável consigo mesmo. Se eles não gostarem de sua própria voz ou sotaque, tentarão mudar e o efeito geral poderá soar falso; pois se não estiverem preocupados com seu desempenho, não terão o devido cuidado com o leitor, e a comunicação ficará prejudicada.

O primeiro passo, portanto, é gravar e reproduzir alguma leitura de notícia e pedir ao locutor que faça comentários. Se for muito diferente da voz normal, grave essa conversa e a reproduza, comparando-a com a leitura das notícias. Por que a diferença? Muitos locutores têm de estar seguros de que sua voz normal — ou pelo menos algo bem próximo dela, que lhes serve durante a maior parte do dia — funciona perfeitamente bem no rádio.

Depois de liberar a voz natural do locutor, superando a voz simulada ou aquela afetada pelo nervosismo, o instrutor continua com o *feedback* profissional de acordo com os seguintes aspectos:

1) *Postura.* A posição sentada é confortável, permitindo boa respiração e movimento? Postura tensa ou muito relaxada geralmente não favorece a atenção.
2) *Projeção.* A quantidade de energia vocal utilizada é apropriada para o programa?
3) *Ritmo.* A locução está correta? Uma fala muito veloz pode prejudicar a inteligibilidade ou causar erros.
4) *Volume.* Há suficiente elevação e queda de modo a tornar o som global interessante? Um tom muito monótono pode logo tornar-se tedioso de ouvir. A animação na voz deve, no entanto, ser usada para transmitir um significado natural e não apenas para obter variedade.
5) *Pausa.* Silêncios adequados são usados de modo inteligente para separar idéias e permitir a compreensão?
6) *Pronúncia.* O locutor consegue pronunciar corretamente os nomes estrangeiros?
7) *Personalidade.* A soma total de tudo o que se comunica, do microfone ao alto-falante, como o radialista se faz ouvir? É apropriado para o programa? O instrutor ou o estagiário pode sugerir algum aperfeiçoamento.

Todo trabalho de locução tem algo de *performance*, e é natural que radialistas de todas as disciplinas queiram alguma forma de *feedback* profissional. Por isso, a oportunidade para um treinamento formal de voz, e para a discussão do método pessoal de cada um, deve ser oferecida tanto ao profissional iniciante quanto ao que já é experiente.

Motivação pessoal

Utilizando as listas do Capítulo 1, escreva um pequeno ensaio sobre o uso ideal do rádio como meio de comunicação e o que faria você se sentir mais realizado atuando como programador. Por que e como você quer usar o rádio?

Enquete

Estagiários fazem entrevistas nas ruas sobre um assunto semelhante:

- um filme ou um programa de televisão;
- um aspecto da política industrial ou agrícola;
- soluções para o trânsito;
- opiniões sobre novos edifícios que estão sendo construídos;
- o traje dos adolescentes.

Discuta — até que ponto a sorte ajuda no resultado final? Como a abordagem pessoal afeta o produto? Qual o horário mais apropriado para essas matérias?

Comentários

Um exercício inicial é entregar a um estagiário uma foto extraída de um jornal ou revista e, sem mostrá-la aos outros, pede-se que a descreva durante 30 segundos. Depois ele ou ela mostra a foto para o grupo — eles então comentam sobre as diferenças entre a foto que imaginaram e a real. O que foi deturpado em termos de perspectiva, tamanho ou conteúdo? O próximo passo é fazer uma cobertura externa ou comentário de um evento em fita para reprodução e análise posterior (sem edição). Resultou numa imagem coerente?

Peça radiofônica

Escreva dez minutos de diálogo para duas ou quatro vozes, com ou sem efeitos. Utilizando atores, produza a peça para ser discutida pelo grupo. Convide os atores para dar sua opinião sobre como foram produzidos. Poderiam ter feito melhor? As instruções do produtor foram claras? O resultado final recriou as intenções do autor?

Novos desafios para velhos produtores

Comece, devagar, a fazer algo que ainda nunca foi tentado:

- Uma enquete na casa de pessoas idosas, ou na escola.
- Produza um comercial e ofereça-o à agência apropriada para que seja comentado.
- Esboce idéias gerais para um comentário, fornecendo as fontes de pesquisa.
- Usando o formato relógio, construa uma seqüência musical de uma hora para determinado público-alvo.
- Relacione dez novas idéias para um programa de variedades.
- Escreva uma mensagem de utilidade pública sobre segurança nas estradas, saúde da comunidade.
- Refaça a escala de horário matinal da emissora.

Sem tentar justificar o resultado, discuta-o com um radialista experiente. Faça mais uma vez e com nova avaliação.

O produto final

Muitos cursos de treinamento com acesso às instalações de estúdio culminarão com uma seqüência de programas simulados. Rodado em tempo real num horário predeterminado, programas matinais de música, notícias e meteorologia, informações sobre o trânsito, especiais etc. são assistidos por observadores profissionais que comentam a qualidade do programa, o estilo de apresentação, os níveis de som, os erros operacionais, o gerenciamento do estúdio, a capacidade do produtor de motivar as pessoas e se comunicar com elas, e assim por diante. Alguns desses exercícios incluem simulações de emergências como defeitos em equipamentos, o surgimento de uma notícia importante, a chegada inesperada de uma celebridade, ou a perda de algum material pré-fabricado. Não se deve permitir que tais "tragédias" parem tudo, pois o efeito poderá ser contraproducente para o moral. Radialistas que trabalham "ao vivo" devem, porém, ser encorajados a pensar rapidamente sozinhos.

Avaliação de qualidade

Ouça um programa de rádio para discuti-lo posteriormente. Qual foi seu objetivo? Que efeito ele teve sobre você? Comente o conteúdo, a ordem e a apresentação — a mensagem e seu estilo de locução, a técnica, o tratamento da história, seleção musical, valores da notícias etc. Se possível, convide o produtor da rádio para fazer comentários sobre a discussão. Ao dar o *feedback* — e isso é uma regra geral — comente o trabalho em vez de criticar a pessoa. Critique o programa e não o programador.

O processo de discussão, análise e avaliação é levado adiante continuamente pelos radialistas profissionais. E especialmente importante depois de qualquer programa que atraiu críticas por parte do público ou do governo. Comunicadores precisam de comentários dos outros — e uma reação emocional pode ser tão válida quanto uma cuidadosa avaliação intelectual. Todo radialista, treinando e sendo treinado, precisa manter seu próprio raciocínio analítico em bom funcionamento. A "qualidade" tem de estar na ordem do dia.

Avaliação do treinamento

Se os programas devem ser avaliados, o mesmo acontece com o processo de treinamento em si. Estagiários podem ser incentivados a estabelecer suas próprias metas no começo de um curso e, na metade do caminho, ser indagados sobre como estão se saindo no cumprimento dessas metas. No final, até que ponto conseguiram satisfazer seus próprios critérios? Outro *feedback* de "fim de curso", útil para os instrutores, é obtido por questões do tipo:

- Que sessões você achou mais úteis?
- Que sessões você achou menos úteis?
- O que achou do equilíbrio entre teoria e prática?
  muita teoria/razoável/muita prática.
- O treinamento veio cedo demais/na hora certa/muito tarde para você?
- Até que ponto o treinamento ajudou no trabalho que você está fazendo/espera fazer?
- O que gostaria de ver acrescentado ao curso?

Também é útil num questionário de final do curso pedir "outros comentários". Isso poderá abranger administração do treinamento e relacionamento do grupo, bem como o conteúdo do curso. O instrutor precisa saber o máximo possível sobre o que o estagiário sente a respeito da experiência do treinamento, bem como o que ele pensa.

É claro que o treinamento em rádio, em todas as suas formas, é apenas um meio para atingir um fim — uma melhor radiodifusão. Uma avaliação real só poderá ocorrer três ou seis meses depois, envolvendo tanto o estagiário quanto o seu supervisor. Colocou-se em prática o que foi aprendido? O esforço de treinamento evidencia resultados genuínos? Se isso não acontece, há alguma incompatibilidade entre o método de treinamento e o local de trabalho? O treinamento tem de atender às necessidades do programa e o instrutor, assim como o programador, constantemente avaliará o que está fazendo para aperfeiçoar o produto que oferece aos consumidores.

25

Retrolocução

Perguntaram a Harry Vardon, um dos maiores expoentes do golfe, por que ele nunca escreveu um livro contando tudo o que ele sabia sobre esse esporte. A razão foi que quando ele começou a pôr no papel, parecia tão simples que "quem não soubesse tudo aquilo não deveria estar jogando!".

Parece que a mesma coisa acontece com a radiodifusão. Será que realmente é muito mais do que — "Tenha algo a dizer e diga da forma mais interessante que puder?". Existem, todavia, muitas áreas que mal foram citadas — programas educacionais, entretenimentos leves e comédia, programas para jovens, minorias especializadas ou grupos étnicos. E os problemas da transmissão em ondas curtas ou programas para ouvintes que estão muito distantes do radialista? Um livro, assim como um programa, não consegue contar toda a verdade. O que o leitor, ou ouvinte, tem o direito de esperar é que o produto lhe seja "vendido" de modo inteligível e permaneça fiel a expectativas dele leitor ou ouvinte. Radialistas falam muito sobre objetividade e equilíbrio, porém, ainda mais importante, e mais fundamental, é a necessidade de ser justo no relacionamento com o ouvinte. Uma filosofia de radiodifusão que se descreve em atitudes nos programas mas ignora o ouvinte é essencialmente incompleta.

Qual o objetivo de se fazer parte da radiodifusão — a meta final? Não basta dizer "Quero me comunicar" — comunicar o quê? E por quê? Como vimos, há várias respostas possíveis — ganhar dinheiro, atender às necessidades da empresa, atender às suas próprias necessidades, tornar-se famoso, persuadir os outros a pensarem como você. Mas o objetivo da comunicação certamente é fornecer opções e conseqüentemente liberdade de ação para outras pessoas, e não limitá-las oferecendo uma meia-verdade ou inclinando-as com o peso do viés pessoal, político ou comercial. A razão para fornecer informação, educação e entretenimento é sugerir ações alternativas, explicar suas implicações e, ao fazê-lo, permitir a liberdade de pensamento e de ação. Isso pressupõe que as pessoas são capazes de reações que em si mesmas exigem respeito pelo semelhante.

Depois de anunciar suas intenções e fazer seu programa, o produtor deve colocar seu nome. Os créditos do programa não estão lá apenas para alimentar o ego ou como recompensa pelos esforços realizados. Há um elemento vital no poder que o rádio confere ao comunicador — a responsabilidade pessoal pelo que é dito. Muitos membros de uma equipe podem contribuir para um programa, mas apenas uma pessoa poderá finalmente decidir sobre o conteúdo. Bons programas não podem ser feitos por comitês. Decisões em grupo inevitavelmente contêm concilição, o que enfraquece o objetivo e a estrutura; e, pior ainda, ocultam a responsabilidade. A comunicação não-rotulada e não-atribuída é de pouca utilidade para a pessoa que a recebe.

E se o seu programa for atacado por um crítico ou desdenhado por detratores, primeiro faça uma avaliação segundo os padrões de qualidade anteriormente citados, e depois lembre-se do seguinte comentário "anônimo".

> Não é o crítico que interessa; não é aquele que aponta onde houve o tropeço ou onde as coisas poderiam ser melhores. O crédito pertence a quem realmente está na arena dos acontecimentos, e cuja face é desfigurada pela sujeira, pelo sangue e pelo suor; a quem luta com valentia e que erra e falha várias vezes; a quem conhece os grandes arrebatamentos; a quem, nos seus melhores dias, conhece o triunfo de uma grande realização; e a quem, no fracasso, pelo menos fracassa enquanto ousa, de modo que seu lugar nunca será ao lado das almas tímidas e frias, que não conhecem nem vitória nem derrota.

Programadores enfrentam centenas de dificuldades que aqui não foram mencionadas; mas enfrentando-as como "ossos do ofício" em vez de considerá-las um desgaste pessoal, a maior parte dos problemas pode assumir mais o aspecto de um desafio do que de uma ameaça. A prática da produção pode ser assim resumida:

1) *Preparação*: declare os objetivos, faça um planejamento para cumpri-los.
2) *Pontualidade:* seja melhor do que pontual, esteja adiantado.
3) *Apresentação:* tenha sempre em mente o ouvinte.
4) *Polidez:* para com os colaboradores, ouvintes e auxiliares.
5) *Meticulosidade:* observância de todos os sistemas e procedimentos estabelecidos. Se há algo que não lhe agrada, não o ignore, mude.
6) *Profissionalismo:* os interesses do ouvinte e da empresa de radiodifusão devem preceder os seus próprios. E a prática constante da avaliação editorial baseada na percepção plena e na técnica competente.

Glossário

Acima da linha, custo Gastos sob controle do produtor que vão além das despesas gerais já fixadas (abaixo da linha).

Acústica Característica sonora de qualquer espaço fechado decorrente da quantidade de som refletido nas superfícies das paredes e o modo como essa quantidade se altera em diferentes freqüências. Ver também *Tempo de reverberação* e *Coloração*.

Ad-lib Comunicação que não consta no *script*, observação improvisada.

ADSL (*Asymetric Digital Subscriber Line*) Linha Digital Assimétrica para Assinantes. Sistema digital que oferece uma transferência mais rápida de dados e, portanto, maior largura de banda que a ISDN.

AGC *Automatic Gain Control* (Controle de Ganho Automático) Circuito de amplificação que compensa variações de nível de sinal e compressão dinâmica.

Alcance Termo utilizado em medida de audiência e que descreve o número de diferentes ouvintes de uma emissora ou serviço num período específico. Mais freqüentemente expresso como porcentagem da audiência potencial. Alcance semanal. Também *Clientela*.

Alinhamento Ajuste técnico de circuitos para adaptação a certos padrões. Tom de alinhamento de freqüência e nível padrão usado para verificar o ganho de todas as partes componentes.

AM *Amplitude modulation* (Modulação de amplitude). Sistema que aplica o sinal do som à freqüência do transmissor, associado à transmissão de ondas médias.

Amplitude dinâmica Medida em decibéis, é a diferença entre os sons mais altos e os mais baixos.

Âncora Pessoa que atua como o apresentador principal num programa que envolve vários componentes.

Anteparo acústico Anteparo móvel desenhado para criar efeitos acústicos especiais ou evitar que sons indesejáveis alcancem um determinado microfone. Um dos lados é mole e absorvente, enquanto o outro é duro e refletor.

Antena Dispositivo para transmitir ou receber ondas de rádio no ponto de transição entre as formas elétrica e eletromagnética. **Ao vivo** Gravação de um evento real em locação e com som original.

AP Associated Press. Agência distribuidora de notícias.

Aquecimento Apresentação e bate-papo inicial feitos geralmente por um produtor ou apresentador e cujo objetivo é fazer o público sentir-se à vontade e criar um clima apropriado antes de uma transmissão ou gravação ao vivo.

ASCAP American Society of Composers, Authors and Publishers (Sociedade Americana de Compositores, Autores e Editores) — organização de controle e proteção dos direitos autorais musicais.

Assinatura musical Música de identificação tocada no começo e no fim de um programa ou inserção regular.

Atenuação Expressa em decibéis (dB), é a extensão em que um equipamento diminui a força do sinal. Opõe-se à amplificação.

Atenuador Dispositivo de atenuação conhecida inserido num circuito para reduzir o nível do sinal.

Audiência acumulada Método de medida de audiência. Ver *Reach*.

Avaliação editorial Filosofia profissional que orienta as decisões quanto ao conteúdo e tratamento do programa.

Azimute Verticalidade da fenda das cabeças de gravação e leitura em relação à direção do movimento da fita. O ângulo tem de ser de 90°.

Back-timing Processo em que se faz uma retrocronometragem de um programa ao vivo, a partir do encerramento desejado, para assegurar seu término no momento certo.

Backing track Gravação de acompanhamento musical ouvida por um solista enquanto adiciona seu próprio instrumento.

Balanço Proporção relativa entre som "direto" e "refletido" aparente numa saída de microfone. Também o volume relativo de componentes distintos de uma mixagem total, p. ex., vozes num debate, instrumentos musicais de uma orquestra.

Bay (compartimento) Estrutura padrão de 2145 mm x 526 mm que serve como suporte para fontes de alimentação e outros equipamentos técnicos utilizados em estúdios ou em áreas de controle.

Bias Sinal de alta freqüência aplicado à cabeça de gravação do gravador para eliminar distorções.

Bidirecional Microfone sensível em duas direções, anterior e posterior, mas completamente insensível dos lados. Ex.: microfone de fita.

Black Cópia carbono geralmente de notícia digitada.

Bloco de edição Peça de metal especialmente modelada que segura a fita durante o processo de corte e emenda.

Board Termo norte-americano para mesa ou painel de controle.

Boom (Girafa) Microfone com suporte de rodas e um braço longo para facilitar seu posicionamento sobre apresentadores e artistas, p. ex. uma orquestra.

Boomy Acústica excessivamente reverberante nas freqüências mais baixas.

Breakthrough Interferência elétrica ou som acústico indesejável de um canal que passa para outro.

Burner Termo coloquial para designar um gravador de CD. *Burner* significa aquecedor, bico de gás; isso por causa de seu processo de aquecimento.

Cabeça de apagamento A primeira cabeça de um gravador, que limpa a fita de qualquer gravação existente, excitando-a com um sinal de alta freqüência.

Cabeça de gravação Peça do gravador que converte o sinal elétrico em variações magnéticas, transferindo-as para a fita.

Cabeça de leitura Peça do gravador que converte o padrão magnético da fita em sinal elétrico. Dispositivo de reprodução.

Cabeça e cauda Ensaio abreviado em que apenas a abertura e o encerramento das inserções são executados. Também significa adicionar abertura e encerramento a um pacote.

Cabrestante Fuso direcionador de um gravador.

Caixa de *break-out* Uma simples unidade de entrada/saída que proporciona um fácil acesso de conexão para um dispositivo de gravação, p. ex., um computador.

Caixa de marcha Dispositivo de efeitos sonoros que compreende uma pequena caixa parcialmente preenchida com pedrinhas, o qual é usado para simular o barulho de pés marchando.

Canal O circuito completo de uma fonte sonora até o ponto no painel de controle onde é mixado com outros.

Capacitor, microfone Tipo de microfone baseado no princípio das superfícies condutoras próximas a uma carga elétrica. Requer energia elétrica.

Cardióide Em torno de um microfone, área de captação em forma de coração.

Cartucho *Loop* de fita magnética montada num estojo fechado e enrolada num único cilindro. Depois da reprodução, sempre volta ao começo. Também refere-se ao cartucho digital ou disquete. Utilizado especialmente para assinaturas, *jingles*, identificações e comerciais.

Cassete Dispositivo rolo a rolo, com fita de 3 mm, contido num chassi e que é usado principalmente em gravadores domésticos portáteis.

CD *Compact Disc*. Meio de gravação e reprodução digitais.

Chamada Promoção de programa feita no ar.

Chave Interruptor.

Chave de "tosse" Interruptor que corta o circuito do microfone e está sob controle do locutor.

Chiado Ruído de fundo indesejável na faixa de freqüência de 5-10 Hz. P. ex.: chiado de fita magnética.

Chinagraph Caneta hidrográfica usada para marcar os pontos de corte numa fita magnética durante a edição. Geralmente é amarela.

Clean feed Fonte para programa com sinalização em que um colaborador remoto ouve todos os elementos do programa menos os seus. Essencial para evitar microfonia em certas condições de via dupla.

Clientela Ver *Alcance*.

Clima Impressões do ambiente criadas pelo uso de sons ao vivo, efeitos sonoros ou acústicos.

Clip Pequeno segmento de áudio extraído de matéria mais longa. Ver também *Sound-bite*.

CODEC Um codificador/decodificador para converter áudio analógico em sinal digital e vice-versa. É utilizado na extremidade de uma linha ISDN.

Coloração Efeito obtido numa sala quando uma amplitude de freqüência tende a predominar em sua acústica.

Compressor Dispositivo que diminui a amplitude dinâmica do sinal que passa por ele.

Controle de balanço Controle para ajustar o volume relativo de dois alto-falantes estéreo.

Comprimento de onda Expresso em metros, é a distância entre dois pontos semelhantes em ciclos adjacentes de uma onda sonora ou de rádio. O comprimento de um ciclo. Usado como sintonia característica ou "endereço da emissora". Ver também *Freqüência*.

Condensador, microfone Ver *Capacitor, microfone*.

Controle de ganho Controle que afeta o ganho de um amplificador; termo também livremente aplicado a qualquer *fader* ou controle de volume que afeta o nível de saída.

Conversor A/D Conversor analógico-digital. Cria uma saída digital a partir de uma entrada analógica, p. ex., um microfone convencional gravando em minidisco.

Conversor D/A Conversor digital-analógico. Cria uma saída analógica a partir de uma entrada digital, p. ex., o sinal de um CD é convertido para alimentar alto-falantes convencionais.

Controle de Ganho Automático Ver *AGC*.

Copytaster O primeiro a ler um texto enviado à sala de redação e quem decide se este deve ser rejeitado ou aproveitado.

Crossfade Surgimento gradual de uma nova fonte ao mesmo tempo que outra desaparece.

Crossplug Transposição temporária de dois circuitos, normalmente num painel de conexão. Ver também *Overplugging*.

Crosstalk Interferência audível de um circuito no outro.

Cue Ver *Sinalização*.

Cue in/Cue out A primeira e a última palavras (efeitos ou música) de um programa ou de uma matéria.

DAB (*Digital Audio Broadcasting*) Transmissão de Áudio Digital. Sistema de rádio digital livre de interferência, com texto, gerado a partir de transmissores terrestres ou via satélite.

DAT *Digital Audio Tape* (Fita de Áudio Digital). Sistema de gravação e reprodução em *modo digital* que utiliza uma pequena fita cassete e cabeças rotatórias — como no videocassete.

dB Decibel. Medida logarítmica de intensidade sonora ou sinal elétrico. A menor mudança de nível perceptível pela audição humana.

Desmagnetizador Equipamento capaz de desmagnetizar ou "limpar" um rolo de fita ou vários ao mesmo tempo.

Destaque A notícia mais importante de um noticiário.

Destaque e leia Texto de noticiário enviado de uma sala de redação central em geral por um teleprinter ou fax, destinado a ser lido no ar sem leitura prévia.

Diagrama polar Gráfico que mostra a área de maior sensibilidade de um microfone. Aplica-se também a antenas, transmissores alto-falantes. Padrão de direcionamento.

Din Pino ou soquete manufaturado segundo o padrão *Deutsche Industrie Norm*.

Direcional Propriedade do microfone que o faz ser mais sensível numa direção do que em outras. Também aplicada a transmissores, antenas receptoras, alto-falantes etc. Ver também *Diagrama polar*.

Direitos autorais (*copyright*) Direito legal de propriedade sobre trabalho criativo que se aplica a autores, compositores, editores ou *designers*.

Disc jockey Apresentador de programa musical personalizado.

Distorção de fase Efeito sobre a qualidade do som causado pela combinação imprecisa de dois sinais semelhantes não exatamente em fase entre si.

Distorção de freqüência Distorção causada por resposta de freqüência inadequada.

Distorção de pico Ver *Distorção por sobrecarga*.

Distorção harmônica É a geração de freqüências mais altas e espúrias.

Distorção por sobrecarga Distorção sofrida pelo sinal de um programa quando seu nível elétrico é maior do que o equipamento pode suportar. Quando isso acontece de modo não-contínuo, chama-se "distorção de pico". Também conhecido como "*squaring off*".

Dolby, sistema Nome comercial de circuito eletrônico destinado a melhorar a razão sinal/ruído de um programa.

Double-ender Cabo de áudio com plugue fêmea nas duas extremidades usado para conectar equipamentos no painel de conexão.

Double headed Estilo de apresentação com dois apresentadores.

Drive time Período da manhã e do final da tarde quando as pessoas se deslocam de casa para o trabalho e vice-versa. Nesses horários muita gente ouve o rádio do carro.

Drop out Diminuição momentânea de nível ou perda da qualidade de reprodução da fita magnética pela falta de contato entre esta e a cabeça de leitura.

Dry run Ensaio, em especial de peça radiofônica, não necessariamente no estúdio e sem música, efeitos ou microfone. Ver *Run through*.

Dub Cópia de material já gravado. Fazer um *dubbing.*

Eco Estritamente falando, é a repetição única ou múltipla de um som original. Em geral refere-se à reverberação.

Edição Rearranjo de material para formar uma ordem preferida. Especialmente no corte e *dubbing* de fita gravada.

Efeito de limite, microfone com Pequeno microfone montado sobre uma placa e com uma fenda entremeada para dar um diagrama polar direcional. Utilizado no palco para óperas e peças teatrais. Também chamado de efeito de zona de Pressão (ZP).

Efeito de *Spot* Efeitos sonoros práticos que podem ser criados ao vivo no estúdio.

Eliminação de graves (*Bass cut*) Dispositivo de microfones e outras fontes sonoras que remove eletricamente as freqüências mais graves.

E-mail Correio eletrônico. Meio nacional ou internacional de transmissão de correspondência ou outro texto qualquer gerado por computador entre terminais semelhantes — sistema de armazenamento e encaminhamento.

Enquete (*Vox pop*) "A voz do povo". Gravação de entrevistas feitas "na rua".

Ensaio-gravação Procedimento muito utilizado em gravação de música ou peça radiofônica para aperfeiçoar e gravar uma sessão antes de passar para a próxima.

EQ Equalização ou controle de freqüência, em especial quando aplicada a canais individuais numa mesa de mixagem musical.

Equalização de linha Processo que compensa a distorção de freqüência na extremidade receptora de uma linha.

Equity The British Actors Equity Association. Sindicato Britânico dos Atores.

Estado sólido Circuito transistorizado ou integrado em oposição ao que contém válvulas.

Estúdio satélite Pequeno estúdio remoto, talvez sem operadores permanentes, mas capaz de ser usado como ponto de colaboração via *link* com o estúdio central da emissora.

Fade Diminuição do volume do som. (*Fade down* ou *Fade out*).

Fade in Elevação do volume do som. (*Fade up*).

Fader Controle de volume de uma fonte sonora usado para ajustar o nível, aumentando-o ou diminuindo-o gradualmente, ou ainda mixando-o com outras fontes. Também "*Pot*".

Fax Máquina de facsímile capaz de enviar/receber documentos, *scripts* e textos de notícias via linha telefônica.

Feed Transmissão de um programa, geralmente por circuito.

Feedback Ver *Howl-round.*

Feedspool Bobina de gravador de onde sai a fita que vai para a cabeça de gravação. Em oposição à bobina "*take-up*".

Filtro Circuito elétrico para remover freqüências indesejáveis de uma fonte sonora, p. ex., zumbido de rede elétrica, ou ruído de superfície de uma gravação antiga ou estragada pelo uso. Também usado em peça radiofônica para simular telefone ou rádio intercomunicador etc.

Fita, microfone de Microfone de alta qualidade que utiliza princípio eletromagnético. Diagrama polar bidirecional.

Fita adesiva para junção Fita adesiva usada para edição de fita.

Fita líder Fita colorida inerte, com as mesmas dimensões da fita de gravação emendada num programa gravado ou inserção, usada para dar indicação visual de começo e fim. Antes do começo — branca ou amarela; espaçadores intermediários — amarela; Depois do fim — vermelha.

Fita Material para gravação magnética.

Flash card Mídia de gravação em estado sólido.

Fletcher-Munson, efeito A aparente diminuição na proporção de freqüências mais altas e mais baixas, em relação à faixa média, quando o nível do alto-falante é diminuído. Importante para corrigir ajuste do nível de monitoração, especialmente no balanço da música.

Fluff 1) Acúmulo de poeira na agulha do toca-discos. 2) Erro de leitura ou qualquer outro erro de locução.

Flutuação Rápidas variações de velocidade discerníveis na reprodução de fitas ou discos.

FM Freqüência modulada. Sistema em que se aplica o sinal do som à freqüência do transmissor, associado à transmissão VHF.

Foldback Meio que permite aos artistas num estúdio ouvir elementos de um programa gerado em outra parte, mesmo quando os microfones do estúdio estão ao vivo.

Folha de sinalização Documentação com informação técnica e *script* introdutório para um programa ou inserção, ou seja, material de sinalização.

Fonte externa Ponto de origem remota em relação ao estúdio, ou sua conexão de circuito.

Fora de fase Diminuição de nível e efeito sobre a qualidade quando dois sinais semelhantes combinam-se de modo a se cancelarem um ao outro.

Força fantasma Método para fornecer uma voltagem efetiva a uma peça de equipamento, p. ex., um microfone, usando o circuito do programa e o terra.

Free lance Radialista autônomo de qualquer categoria — produtor, colaborador, operador, repórter etc. Não está sob contrato permanente de tempo integral. É pago por colaboração ou por um período durante uma série de programas. Não é exclusivo, podendo trabalhar para qualquer empregador. Ver também *Stringer.*

Freqüência Expressa em ciclos por segundo ou hertz, velocidade pela qual um som ou onda de rádio se repete. A nota "dó central" tem uma freqüência de 256 Hz. Um transmissor de ondas longas com um comprimento de onda de 1.500 metros tem uma freqüência de 200.000 kHz ciclos por segundo). Freqüência (F) e comprimento de onda estão sempre associados na fórmula $F \times W$ = velocidade. A velocidade é a velocidade da onda, isto é, som ou rádio, e em cada caso permanece constante.

Freqüência de áudio Onda sonora audível. Amplitude aceitável: 20Hz-20kHz.

Fusão Ver *Crossfade.*

FX Efeitos sonoros criados em estúdio ou disponíveis em discos ou fitas.

Ganho Expresso em decibéis (dB), é a quantidade de amplificação para a qual está ajustado um amplificador. Também pode referir-se a uma antena de recepção — até que ponto ela pode discriminar numa determinada direção, aumentando assim sua sensibilidade.

GTS Greenwich Time Siqual — seis sinais a um intervalo preciso de tempo.

Hammocking Termo referente à necessidade de apoiar um programa especializado ou de baixa audiência, colocando material mais popular antes e depois de sua transmissão, a fim de manter uma elevada média de audiência.

Head amplifier Pequeno amplificador com microfone, especialmente do tipo capacitor.

Head gap Estreita fenda vertical situada na frente das cabeças de apagamento, gravação e leitura de um gravador.

Hertz Hz. Unidade de freqüência, um ciclo completo por segundo.

Hipercardióide Microfone cardióide com ângulo de aceitação particularmente estreito na parte frontal e que logo diminui nos lados.

Horário nobre O período de transmissão mais comercial de uma emissora, p. ex., das 6h30 às 10h30 da manhã.

Howl-round *Feedback* positivo, acústico ou elétrico, geralmente aparente como um som contínuo de freqüência única. Costuma estar associado a sistemas de comunicação ao público. É evitado com o aumento do ganho no circuito de amplificação, cortando o alto-falante ou, em trabalho de colaboração, mediante o uso de um circuito do tipo *clean feed.*

ID Identificação da emissora,

IFPI International Federation of Phonographic Industries (Federação Internacional de Indústrias Fonográficas). Organização internacional de fabricantes de discos para controlar os direitos de apresentação e de uso.

Igranic jack Tomada para duas conexões.

In cue As primeiras palavras de uma inserção num programa, conhecidas de antemão. Também pode ser uma música.

Índice de audiência Expresso como porcentagem da audiência potencial ou, em termos absolutos, o número de ouvintes de um determinado programa ou de uma seqüência, clientela diária ou semanal, ou ainda a audiência total da emissora. Ver *Clientela, Alcance.*

Inserção Matéria curta usada num programa, p. ex., uma inserção "ao vivo", uma inserção defita.

Intercom Sistema de comunicação de voz local.

Internet Sistema de comunicação que permite a conexão de computadores do mundo todo. Ver também *e-mail, Website.*

IPS *Inches per second* (Polegadas por segundo). Termo de gravação que se refere a velocidade com que a fita passa pelas cabeças de gravação e leitura.

ISDN *Integrated Services Digital Network* (Rede Digital de Serviços Integrados) Sistema que transmite sinais digitais de áudio, de alta qualidade, pela rede pública de telefone.

Jack plug Tipo de plugue usado para inserção em tomada e que compreende três conexões, um par de circuitos e mais o terra. Ver também *Double ender.*

Jingle Número musical de curta duração usado como ID da emissora ou em comerciais.

Jog Controle existente em gravadores de CD e DAT que permite a localização exata de qualquer ponto na gravação.

Kilo Mil. Kilohertz — freqüência em milhares de ciclos por segundo. Kilowatt — energia elétrica, mil watts.

Labial, microfone Microfone de fita que elimina ruídos, projetado para ser usado quando é preciso certa proximidade, p. ex., em comentários de transmissão externa.

Lavalier, microfone Pequeno microfone que se usa pendurado no pescoço (**microfone de cordão**) ou preso na roupa.

Lazy arm Pequeno suporte para microfone do tipo girafa que serve para suspender o microfone sobre uma mesa de debate.

Lead sheet Partitura musical básica para indicar a instrumentação da melodia. Utilizada para controle do microfone durante o balanço musical.

Limitador Dispositivo para impedir que o nível do sinal exceda um valor previamente determinado.

Limpar Apagar a fita.

Linha Circuito físico entre dois pontos.

Linha de controle Circuito usado para comunicar informação técnica ou da produção entre um estúdio e uma fonte externa. Usado em geral como linha de sinalização. Não é necessariamente de alta qualidade — ver *Linha musical.*

Linha de sinalização Circuito usado para enviar programa com sinalização a um colaborador distante.

Linha musical Linha, ou circuito de satélite, de alta qualidade adequada para todos os tipos de programa, não só música. Compare com *Linha de controle.*

Log Registro escrito do que é transmitido pela emissora. Pode ser também um registro de áudio.

Luz piloto Pequena luz elétrica, em geral verde, usada como sinalização ou deixa.

Maçã com biscoito Microfone que parece uma bola preta com uma lâmina circular fixada em um dos lados. Diagrama polar unidirecional.

Manchete Resumo inicial de uma notícia composto de uma só sentença.

MCPS Mechanical Copyright Protection Society (Sociedade de Proteção ao Copyright Mecânico). Organização que controla a cópia ou *dubbing* de material protegido por direito autoral.

Medida de audiência Pesquisa sobre quantidade e comportamento de ouvintes. Os métodos usados incluem: "Lembrança-auxiliada" — entrevista pessoal; "Diário" — registro dos programas ouvidos; "Painel" — grupo representativo permanente que faz relatos sobre programas ouvidos.

Medidor de pico Voltímetro projetado para indicar níveis e picos de intensidade elétrica com vistas ao controle do programa.

Medidor de UV Medidor de Unidade de Volume calibrado em decibéis e que mede nível de sinal especialmente como um indicador de nível de gravação.

Mega Milhão. Megahertz — freqüência em milhões de ciclos por segundo. Megawatt — energia elétrica, um milhão de watts.

Meia-pista Apagamento e gravação de fita magnética aplicados apenas na parte "superior" da fita, em oposição a "pista única", onde se usa toda a largura da fita.

Mesa de debate Mesa especialmente projetada para uso em estúdio, em geral circular, com uma superfície acusticamente transparente e com um furo no meio para encaixar o microfone.

Microphonic Peça defeituosa de equipamento eletrônico sensível à vibração mecânica — e que age como um microfone.

Minidisco (MD) Sistema de gravação e reprodução digitais que utiliza um disco de 64 mm em gravadores portáteis e *decks* de estúdio.

Mixador Mesa de controle para estúdio, transmissão externa ou sistema de comunicação com o público, usada para mixar fontes sonoras e obter um nível apropriado.

Modem Modulador/demodulador. Converte sinal analógico (acústico) em sinal digital e vice-versa. É usado para enviar a saída de um computador por uma linha de telefone.

Modo digital Codificação de um sinal em pulsos *on/off* que representam sua amplitude e freqüência.

Modulação Variações numa transmissão ou meio de gravação causadas pela presença de um programa. Geralmente abrevia-se para Mod.

Módulo Componente substituível de um equipamento.

Montagem Sobreposição de sons e/ou vozes para criar uma impressão múltipla.

MU Sindicato dos músicos (Musicians Union).

Multi-*tracking* Duas ou mais pistas de áudio são gravadas em separado e depois mixadas para obter um resultado final.

Música pop Música popular de tendência dominante que atrai a maioria das pessoas.

NAB National Association of Broadcasters (Associação Nacional dos Radialistas). Organização comercial norte-americana que estabelece padrões de procedimento e equipamento, p. ex., o carretel NAB, um tipo de rolo de fita profissional.

Negra (Nome comercial) Gravador portátil de alta qualidade.

Nível 1) Teste feito antes da gravação ou transmissão para verificar volume da voz no alto-falante. 2) Expresso em dBs, positivo ou negativo, é a medida da intensidade elétrica em relação a um padrão de nível zero (1 MW em 600 ohms).

Noise gate Dispositivo que possibilita a passagem de um sinal apenas quando o nível de entrada excede um valor preestabelecido.

Nota Folheto com informação publicitária ou para a imprensa, distribuído com a intenção de chamar a atenção para um evento.

Off-mic Alto-falante ou outra fonte sonora que funciona fora da área mais sensível de captação do microfone. Efeito de distância decorrente da a diminuição de nível e maior proporção de som refletido em relação ao som direto.

Open-ended Programa sem horário predeterminado para ser encerrado.

Optimod Compressor de áudio que maximiza a modulação de um transmissor para otimizar a força do sinal.
Ordem de transmissão Lista de matérias de um programa e sua seqüência cronológica.
Out cue Palavras sinais de uma colaboração, conhecida de antemão, tomadas como sinal para iniciar a matéria seguinte de uma seqüência.
P & A Perguntas e respostas de um debate entre um apresentador e um correspondente especializado. Menos informal que uma entrevista.
PA Press Association. Agência de notícias.
Pacote Programa ou inserção editados, já completos e com *links* para transmissão.
Pacote de *jingles* Conjunto de *jingles* usado pela emissora como logotipo de áudio.
Painel Mesa de mixagem ou mesa de controle em estúdio.
Painel de conexão Série de tomadas conectadas a fontes ou destinos de áudio. Disponibiliza todos os circuitos para interconexão ou teste.
Pan pot Potenciômetro panorâmico. Controle em mesa de mixagem que posiciona uma fonte à esquerda ou à direita numa imagem estéreo.
Parcela Medida de audiência que descreve a quantidade de ouvintes de uma determinada emissora ou serviço e é expressa como uma porcentagem da audiência total de todos os serviços ouvidos naquela área.
Passagem Ensaio de um programa.
Piloto Programa para testar a viabilidade, ou a aceitação, de uma nova série ou de uma nova idéia.
Pista única Gravação em fita magnética que usa toda a largura da fita.
Placa ou mola de eco Dispositivo para adicionar eco artificialmente.
Plug Propaganda gratuita.
Ponto eletrônico Sistema de comunicação de voz entre a área de controle e o estúdio ou qualquer outro ponto de colaboração.
Ponto eletrônico reverso Sistema de comunicação do estúdio para a área de controle.
Popping Estalo de microfone. Efeito da respiração vocal sobre o microfone.
Pós-eco Repetição imediata, em nível baixo, de sons reproduzidos a partir de um gravador. Ver *Print-through.*
Pot Potenciômetro. Ver *Fader.*
Pot cut Corte de uma fita durante a reprodução e antes do final, fechando-se o *fader* — em geral para poupar tempo. "Edição instantânea".
PPL Phonographic Performance Ltd (Apresentação Fonográfica Ltda.). Organização de gravadoras britânicas para controlar a apresentação e uso de direitos autorais.
PPM Ver *Medidor de pico.*
Prefade Recurso para ouvir e medir uma fonte antes de abrir seu *fader*, geralmente num gravador, toca-discos ou mesa de mixagem.
Presença Uma sensação de "proximidade realista", geralmente em relação à voz de um cantor. Pode ser favorecida reforçando-se as freqüências na faixa de 2,8 kHz a 5,6 kHz.
Primeira geração, cópia de Cópia tirada da gravação original. Uma cópia dessa cópia seria uma cópia de segunda geração.
Print through Reprodução em baixo nível de programa gravado decorrente da interação magnética de camadas de fitas enquanto estão enroladas em carretel. É a causa do pós-eco e do pré-eco. Geralmente resulta de enrolamento em alta velocidade e armazenamento em alta temperatura.
Produtor A pessoa responsável pelo programa.
Programa com sinalização Programa que contém uma sinalização do colaborador para começar.
Programa de apoio Programa fornecido por uma fonte distribuidora ou de qualquer outra origem que permite à emissora preencher seu horário de transmissão.
PRS Performing Right Society (Sociedade de Direitos de Apresentação). Organização de autores, compositores e editores para proteção de direitos autorais.
PSA Public Service Announcement (Comunicado de Serviço ao Público) — feito pela emissora a bem do interesse público, ou em nome de instituição de caridade ou qualquer outra organização sem fins lucrativos — ou de uma pessoa individualmente — pelo qual nenhuma taxa é cobrada.
Puff Ver *Plug.*
Quad Quadrifônico ou Quadrassônico. Reprodução sonora de quatro canais com cobertura anterior, posterior e dos lados direito e esquerdo.
Radiodifusão de acesso Programa em que as decisões editoriais são feitas pelo colaborador e não pelos profissionais da emissora.
Radiomicrofone Microfone que contém seu próprio transmissor portátil ou que dele está bem próximo. Não requer cabo de conexão. É útil para trabalho em palco, transmissões externas etc.
RDS (*Radio Data System*). Sistema de Dados de Rádio. Sinal de dados adicionado a transmissões FM e digitais e usado para veicular texto, p. ex., identificação da emissora e outras mensagens, que será exibido pelo receptor. Também possibilita comutação automática de rádios de automóvel para informações sobre o tráfego local, sintonia do melhor sinal, codificação de programas para gravação etc.
Redução Reprodução de uma gravação musical *multi-track* para se chegar a uma mixagem final. Também *mixdown.*
Refletor parabólico Acessório de microfone que focaliza as ondas sonoras, aumentando assim a sensibilidade direcional. Usado em transmissões externas, gravações em ambientes naturais, etc.
Relay Comutador operado eletronicamente.
Residual Taxa de repetição de um artista.
Resposta de freqüência Capacidade de um equipamento de tratar todas as freqüências de uma dada faixa da mesma maneira; p. ex., um amplificador com uma resposta de freqüência deficiente trata desigualmente todas as freqüências que passam por ele, e assim sua saída não reproduz com fidelidade sua entrada.
Resposta transiente Capacidade de um microfone ou outro equipamento de responder rapidamente à mudança de entrada ou a breves estados de energia.
Retrocronometragem Técnica de começar uma matéria de duração conhecida antes do tempo necessário de modo que possa acabar num horário preciso, p. ex., uma assinatura musical de encerramento.
Retrolocução Quando os nomes e detalhes de uma entrevista são fornecidos logo após a matéria.
Reverberação Continuidade de um som depois de cessada a fonte. Ocorre por causa da reflexão das ondas sonoras.
Rolopressor Disco de borracha que prende a fita contra o cabrestante do gravador.
RSA *Response Selection Amplifier* (Amplificador de Seleção de Resposta) — dispositivo para controle de freqüências agudas e graves e de "presença". Ver *EQ.*
Ruído Som estranho, interferência elétrica ou fundo de um sinal.
Saída auxiliar ("Aux") Saída secundária de uma mesa de mixagem, que proporciona uma mixagem diferente, independentemente da saída principal do programa, para possibilitar eco, comunicação com o público, foldback etc.
Saída sincronizada Programa reproduzido das cabeças de gravação de um gravador *multi-track* e ouvido pelos artistas à medida que vão gravando outras faixas.
SB *Simultaneous Broadcast* (Transmissão Simultânea). Retransmissão de programa gerado em outro lugar.
Script Texto completo ou inserção de um programa a partir do qual é feita a transmissão.

Série paralela Uma série inerte de tomadas montadas num painel de conexão e não conectadas com nenhum outro equipamento, mas sim em paralelo umas com as outras. Usada para juntar fontes, conectar equipamento ou multiplicar saídas de uma única fonte de alimentação. Também disponível na forma de "Caixa de conexão".
Sinais manuais Sistema de comunicação visual usado através da janela de vidro entre o estúdio e a área de controle, ou num estúdio com microfone "ao vivo". Ver *Wind-up*.
Sinalização (deixa) Sinal para começar — luz ou gesto, palavras verbalizadas, musicais ou escritas.
Sibilância Numa locução, a ênfase nos sons de "s". Pode ser acentuada ou reduzida de acordo com o tipo e a posição do microfone.
Sinal digital Sinal elétrico que representa a acústica original ou vibrações mecânicas por meio de uma série de pulsos em código binário.
Sinal "M" A combinação dos sinais de estéreo da esquerda e da direita, isto é, o sinal mono.
Sinal "S" A diferença entre os sinais estéreo da esquerda e da direita, isto é, o componente estéreo.
Slug Título curto para identificação de uma matéria, especialmente inserção de notícia. Também *catchline*.
Sound-bite Uma pequena peça de áudio que resume em si uma determinada verdade ou opinião.
Spin-doctor Pessoa contratada para promover os aspectos positivos da metodologia da emissora e seus eventos, e também suprimir os negativos.
Squelch Meio para suprimir ruído indesejável na recepção de um sinal de rádio. Ver *Noise gate*.
Sting Acorde musical usado para efeitos dramáticos.
Stock music Discoteca interna de músicas gravadas.
Stringer Colaborador *free lance* pago por matéria. Geralmente jornalista de lugar remoto onde não há cobertura direta pela emissora.
Sweep Processo de pesquisa de audiência feita para uma emissora durante um determinado horário.
Tapes Termo jornalístico para texto recebido por teleprinter ou as tiras de papel em que esse material é impresso.
TBU *Telephone Balance Unit* (Unidade de Balanço Telefônico). Dispositivo de interface usado junto com as chamadas em programa de telefonemas no ar. Minimiza o risco de *howl-round* ao mesmo tempo que proporciona nível pré-ajustado para o ouvinte que liga para o apresentador no estúdio e vice-versa. Isola o equipamento de telefone público do equipamento da emissora.
Telex Sistema de teleimpressora para comunicação escrita.
Tie line Qualquer par de circuitos que conecta duas áreas do programa, especialmente num mesmo prédio.
Tempo de agulha Expresso em horas ou minutos por semana, é a permissão comercial de uso para discos de vinil. Sua quantidade e custo são negociados entre a empresa de radiodifusão e as gravadoras. Ver também *PPL*.
Tempo de reverberação Expresso em segundos, é o tempo que o som leva para ser reduzido a um milionésimo de sua intensidade original.
Texto Material escrito para ser transmitido, p. ex., texto noticiário, texto publicitário.
Toca-discos Prato e equipamento associado para a reprodução de discos de vinil.
Tom Teste ou sinal de referência de freqüência e nível padrão. Por exemplo, 1 kHz a 0 dB.
Tom de nível zero Sinal de nível, de referência padrão (0 dB ou 1 mW em 600 ohms, numa freqüência de 1 kHz), usado para ajustar equipamento de radiodifusão.
Tracking weight Pressão que um braço de toca-discos transmite por meio da agulha.
Transcrição Gravação de alta qualidade, em fita ou disco, em geral para ser reproduzida por outro serviço de radiodifusão.
Transcrito Texto conforme é transmitido pela emissora, e que geralmente é produzido a partir de uma gravação feita fora do ar.
Transdutor Qualquer dispositivo que converte uma forma de energia em outra, p. ex., energia mecânica em energia elétrica, energia elétrica em energia magnética etc.
Transição (*Segue*) Passagem imediata de uma matéria para outra, sem uma pausa ou *link*. Especialmente quando diz respeito a dois números musicais.
Transmissão diferida Transmissão de um programa gravado que anteriormente foi ouvido "ao vivo" por um público.
Two-way Debate ou entrevista entre dois estúdios remotos. Também entrevista de um correspondente especializado feita pelo apresentador do programa. Ver também *P & R*.
Uher Nome comercial de um gravador portátil.
UHF *Ultra High Frequency*. Transmissão de rádio ou televisão na faixa de freqüência entre 300 MHz e 3.000 MHz.
Ultradirecional, microfone Microfone que se parece com uma arma de cano longo. Usado para gravações em ambientes naturais ou onde é preciso tomar distância da fonte sonora, p. ex., transmissões externas.
Unidade de *ducking* Dispositivo automático que oferece recurso de *"voice-over"*. Ver *Voice-over*.
Unidade de efeitos digitais Equipamento eletrônico capaz de afetar de diversas maneiras a qualidade do som, p. ex., mudando a resposta de freqüência, adicionando coloração ou reverberação. Capaz também de criar sons sintetizados ou "irreais".
Unidirecional Microfone sensível em todas as direções. Também aplica-se a transmissores e antenas.
UPI United Press International. Agência de notícias.
VHF Very High Frequency. Transmissão de rádio ou televisão na faixa de freqüência entre 30 MHz e 300 MHz.
Voice-over Comunicação vocal sobreposta em material de nível mais baixo, geralmente música.
Voz unilateral Noticiário na voz do próprio repórter.
Website Endereço de uma organização ou de uma pessoa na internet para fins de promoção publicitária, informação, vendas etc. Geralmente não é o endereço para correspondência.
Workstation de áudio digital Equipamento digital completo para editar e manipular material de áudio, mixar, fazer dubbing, adicionar voz, fazer pacotes etc.
Wild track Termo emprestado do cinema para descrever a gravação aleatória de um clima, sons reais ou efeitos, sem uma decisão precisa de como serão usados num programa.
Wind-up Sinal dado ao radialista para encerrar sua colaboração no programa. Em geral é feito com o dedo indicador descrevendo círculos verticais lentos ou com a luz piloto.
Wow Variações lentas de velocidade discerníveis na reprodução de fitas ou discos.
Wrap Uma pequena peça de áudio ao vivo "envolvida" por uma introdução vocal e uma retrolocução. Costuma ser usado em noticiários.
Zona morta do microfone Área menos sensível.
ZP (Zona de Pressão), microfone de Ver *Efeito de limite, microfone com*.
Zumbido Interferência elétrica de baixa freqüência que vem da rede elétrica.

Leituras selecionadas

Pesquisa histórica e referências

ALLEN, J. *Careers in Television and Radio.* Kogan Page, 1988.

BARNARD, S. *On the Radio; Musical Radio in Britain.* Open University Press, 1989.

BARNOUW, E. *A History of Broadcasting in the United States, vols.* 1-3. *A tower in Babel, to 1933; The golden web, 1933-53; The image empire, 1950 onward.* Nova York, OUP, 1966-70.

BARON, M. *Independent Radio: the story of independent radio in the United Kingdom* (nova edição). Dalton, 1976.

BLUMLER, J. G. *Broadcasting Finance in Transition: a comparative handbook.* OUP, 1991.

BOEMER, M. L. *The Children's Hour: radio programs for children 1929-1956.* Scarecrow, 1989 (EUA).

BRIGGS, A. *The History of Broadcasting in the United Kingdom, vols.* 1-4. *The birth of broadcasting; The golden age of wireless; The war of words; Sound and vision.* OUP, 1961-79.

_________. *The BBC: the first fifty years.* OUP, 1985.

BROWNE, D. R. *International Radio Broadcasting.* Praeger, 1982.

BURNS, T. *The BBC — public institution and private world.* Macmillan Press, 1977.

BUTLER, B. (ed.) *Sports Report: 40 years of the best.* Macdonald, 1987.

CAIN, J. *The BBC: 70 years of broadcasting.* BBC, 1992.

CARPENTER, H. *The Envy of the World: 50 Years of the BBC Third Programme and Radio 3.* Phoenix-Orion, 1997.

CHAPMAN, R. *Selling the Sixties: The pirates & pop music radio.* Routledge, 1992. *Commonwealth Broadcasting Directory.* Commonwealth Broadcasting Association.

DOUGLAS, G. *The Early Days of Radio.* McFarland, 1987 (EUA).

GIFFORD, D. *The Golden Age of Radio: an illustrated companion.* Batsford, 1985.

HEAD, S. *Broadcasting in America: a survey of television and radio,* 4ª ed. Boston, Houghton Mifflin, 1982.

HIND, J. & MOSCO, S. *Rebel Radio.* Pluto, 1985.

KEITH, M. *Selling Radio Direct.* Focal Press, 1992.

KENYON, N. *The BBC Symphony Orchestra: the first fifty years 1930-1980.* BBC, 1981.

LEAPMAN, M. *The Last Days of the Beeb.* Allen & Unwin, 1986.

LIST, D. *Audience Survey Cookbook.* Adelaide, Australian Broadcasting Corp., 1997.

MCCAVITT, W. *Broadcasting Around the World.* TAB Books Inc., 1981.

MACDONALD, B. *Broadcasting in the United Kingdom — a guide to information sources.* Mansell, 1988.

MCINTYRE, I. *The Expense of Glory: A life of John Reith.* Harper-Collins, 1993.

MANSELL, G. *Broadcasting to the World: forty years of the external services.* BBC, 1973.

_________. *Let Truth be Told: 50 years of BBC external broadcasting.* Weidenfeld, 1982.

MARTIN-JENKINS, C. *Ball by ball: the story of criket broadcasting.* Grafton, 1990.

MICKELSON, S. *America's Other Voice: Radio Free Europe and Radio Libert.* Nova York, Praeger, 1983.

MILNE, A. *The Memoirs of a British Broadcaster.* Hodder & Stoughton, 1988.

MILNER, R. *Reith and the BBC years.* Minstream, 1983.

MYTTON, G. (ed.) *Global Audiences: research for Worldwide Broadcasting.* John Libbey, 1993.

_________. *Handbook on Radio & Television Audience Research.* BBC. Unicef e Unesco, 1999.

PARTNER, P. *Arab Voices: the BBC Arabic Service 1938-1988.* BBC, 1988.

PAULU, B. *Television and Radio in the United Kingdom.* Macmillan, 1981.

PEGG, M. *Broadcasting and Society,* 1918-39. Croom Helm, 1983.

REEVES, G. *Communications and the Third World.* Routledge, 1993.

REID, C. *Action Stations: a history of Broadcasting House.* Robson Books, 1987.

ROBINSON, J. *Learning over the Air: sixty years of partnership in adult learning.* BBC, 1982.

RUSSELL, F. *Getting Jobs in Broadcasting.* Cassell, 1989.

RUSLING, P. *The Lid off Laser 558.* Pirate, 1984.

TOOK, B. *Laughter in the Air: an informal history of radio comedy* (edição revisada). Robson Books, 1982.

TUSA, J. *A World in Your Ear.* Broadside Books, 1992.

WEDELL, G. (ed.) *Making Broadcasting Useful — the African experience.* Manchester University Press, 1986.

WHITEHEAD, K. *The Third Programme: a literary history.* Clarendon, 1989.

WOLFE, K. *The Churches and the BBC 1922-1956: the politics of broadcast religion.* SCM Press, 1984.
WOOD, J. *History of International Broadcasting.* Peter Peregrinus, 1922.
WEDELL, G. & KATZ, E. *Third World.* Macmillan, 1978.
WEST, W. J. *Truth Betrayed (European radio services).* Duckworth, 1987.
WILLIS, J. *The Shadow World: life between the news media and reality.* Praeger, 1991.

A radiodifusão e a sociedade

ADAMS, V. *The Media and the Falklands Campaign.* Macmillan, 1986.
BARENDT, E., LUSTGARTEN, L., NOME, K. e STEPHENSON, H. *Libel and the Media.* Clarendon Press, 1997.
BARNETT, S. *The Listener Speaks: the radio audience and the future of radio.* HMSO, 1989.
BOYD-BARRETT, O. & BRAHAM, P. (eds.) *Media, Knowledge and Power.* Croom Helm, 1987.
CRONE, T. *Law and the Media* (3ª ed.). Focal Press, 1995.
CURRAN, J., SMITH, A. e WINGATE, P. (eds.) *Impacts and Influences: essays on media power in the 20th century.* Methuen, 1987.
DONAHUE, H. *The Battle to Control Broadcast News.* MIT Press, 1989.
GANS, H. *Deciding What's News.* Nova York: Pantheon, Random House, 1979. Londres, Vintage, 1980 (op); Constable, 1980.
HANNAN, P. *Wales on the Wireless: a broadcasting anthology.* Gomer/SSC Wales, 1988.
HAWTHORN, J. *Reporting Violence: lessons from Northern Ireland?* BBC, 1981.
HOGGART, R. & Morgan, J. (eds.) *The Future of Broadcasting: essays on authority, style and choice.* Macmillan, 1982.
HOSLEY, D. *Hard News: women in broadcast journalism.* Greenwood, 1987.
HYBELS, S. & Ulloth, D. *Broadcasting: introduction to radio and television.* Van Nostrand Reinhold, 1978.
KOCH, T. *The News as Myth: fact & context in journalism.* Greenwood, 1990.
KUHN, R. (ed.) *The Politics of Broadcasting.* Croom Helm, 1985.
LEGAT, M. *The Writer's Rights.* A & C Black, 1995.
LEWIS, P. M. *The Invisible Medium: public, commercial, and community radio.* Macmillan, 1989.
LUTHER, S. *The United States and the Direct Broadcast Satellite: the politcs of international broadcasting in space.* OUP, 1988.
MacCABE, C. & STEWART, O. (eds.) *The BBC and Public Service Broadcasting.* Manchester University Press, 1986.
MacDOWALL, I. *Reuters Handbook for Journalists.* Butterworth-Heinemann, 1992.
PATTERSON, M. *Behind the Lines: case studies in investigative reporting.* Columbia University Press, 1986.
PAGE-HERWEG, G. & A. *Radio's Niche Marketing Revolution.* Focal Press, 1997.
ROLSTON, W. *The Media and Northern Ireland.* Macmillan, 1991.
SCHLESINGER, P. *Putting Reality Together: BBC news.* Methuen, 1987.
SPARK, S. *A Journalist's Guide to Sources.* Focal Press, 1996.
SWANN, M. *Freedom and Restraint in Broadcasting: the British experience.* BBC, 1975.
TAYLOR, L. *Uninvited Guests.* Chatto & Windus, 1986.

Programas e personalidades

ADAMS, D. *The Hitchhiker's Guide to the Galaxy.* Pan Books, 1992.
BAEHR, H. & RYAN, M. *Shut Up and Listen: women and local radio — a view from the inside.* Comedia, 1984.
BENNETT, A. *Talking Heads — Six Classic Monologues.* BBC, 1998.
DAY, Sir R. *Grand Inquisitor: memoirs.* Weidenfeld & Nicolson, 1989; pbk Pan Books, 1990.
_________. *But With Respect.* Weidenfeld & Nicolson, 1993.
DEAYTON, A. *Radio Active Times (based on the BBC Radio 4 series).* Sphere, 1986.
DRAKAKIS, J. British radio drama. CUP, 1981.
FLYWHEEL, *Shyster and Flywheel: Marx Brother's lost radio show.* Chatto & Windus, 1989; Pantheon, Nova York, 1988.
FRANCEY, D. *And its All Over Sports Programming.* John Donald, 1988.
GALLAGHER, J. *The Archers Omnibus.* BBC Books, 1990.
GALTON, Ray. *Hancock's Half Hour Radio Scripts.* BBC, 1987.
GARFIELD, S. *The Nation's Favourite: The True Adventures of Radio 1.* Faber & Faber, 1998.
HALL, L. *Spoonface Steinberg & Other Plays from Radio 4.* BBC, 1997.
HALPER, D. *Full-service radio: programming for the community.* Focal Press, 1991.
HAMILTON, D. *The Music Game.* W. H. Allen, 1986.
HANCOCK, F. & NATHAN, D. *Hancock.* BBC, 1996.
HITCHCOCK, J. *Sportscasting.* Focal Press, 1991.
JOHNSTON, B. *It's a Funny Game.* Crescent, 1986.
_________. *View from the Boundary.* BBC, 1990.
JONES, D. *Microphones & Muddy Boots: a journey into natural history broadcasting.* David & Charles, 1987.
LAWLEY, S. *Sue Lawley's desert island discussions.* Hodder & Stoughton, 1990.
LEWIS, P. (ed.) *Radio Drama.* Longman, 1981.
MICHELMORE, C. & METCALF, J. *Two-way story.* Hamilton, 1986; Futura, 1987.
MILLIGAN, S. *The Lost Goon Shows.* Robson, 1987.
MOORE, R. *Tomorrow is Too Late.* Constable, 1988.
NICHOLSON, M. *A Measure of Danger: memoirs of a British war correspondent.* Harper/Collins, 1991.
POPHAM, M. (ed.) *From Our Own Correspondent.* Broadside Books, 1991.
PRIESTLAND, G. *Yours faithfully.* Collins, 1979; pbk, 1981.
_________. *The Unquiet Suitcase: Priestland at sixty.* Deutsch, 1988.
_________. *Something Understood.* Deutsch, 1986.
REID, C. *Action Stations.* Robson, 1987.
ROBERTS, P. (ed.) *Plays without Wires.* Sheffield Academic Press, 1989.
RODGER, I. *Radio Drama.* Macmillan, 1981.
SIMPSON, J. *The Darkness Crumbles: Despatches from the Barricades.* Hutchinson, 1992.

SMETHURST, W. *The Arches: the new official companion.* Weidenfeld & Nicolson, 1987.
SMITH, G. *Wogan.* W. H. Allen, 1987.
SPERBER, A. M. *Murrow — His Life and Times.* Michael Joseph, 1987.
SPINK, G. (ed.) *The Best of Our Own Correspondent.* I. B. Tauris, 1993.
TALBOT, G. *Ten Seconds from Now: a broadcaster's story.* Hutchinson, 1973.
TIMPSON, J. *The Lighter Side Of "Today".* Allen and Unwin, 1983; pbk, 1985.
TOOK, B. (ed.) *The Best of "Round the Horne".* Equation, 1989.
TOYE, J. *The Archers: Family Ties 1951-1967: The Early Years.* BBC, 1998.
WERTHEIM, A. *Radio Comedy.* OUP, 1979.
WHITBURN, V. *The Archers: The Official Inside Story.* Virgin, 1992.
Best Radio Plays of 1986. Methuen/BBC, 1987.
Young Playwrigths Festival 1988: BBC radio drama. BBC, 1988.

Técnicas de produção em rádio

AHAMED, U. e GRIMMETT, G. (eds.) *Educacional brodcasting — Radio.* Asia — Pacific Institute for Broadcasting Development, 1979.
ASH, W. *The Way to Write Radio Drama.* Elm Tree Books, 1985.
ASPINALL, R. *Radio Programme Production: a manual for training.* Paris, Unesco, 1973.
A voice for everyone: all you need to know about community radio. Dublin Veritas, 1988.
BBC Producers Guideline. BBC, 1996.
BLAND, M. *You're on next! How to survive on television and radio.* Kogan Page, 1985.
BLISS, E. & PATTERSON, J. *Writing News for Broadcast.* Columbia UP, 1978.
BOYD, A. *Broadcast Journalism: techniques of radio and TV news* (2ª ed.), Focal Press, 1993.
BRAND, J. Hello, *Good Evening and Welcome: a guide to being interviewed on television and radio* (2ª ed.), Shaw, 1985.
BURCHFIELD, R. W. *The Spoken World: a BBC guide.* BBC, 1981.
CHANTER, P. & HARRIS, S. *Local Radio Journalism.* Focal Press, 1992.
COHLER, D. K. *Broadcast Journalism: a guide for the presentation of radio & television news.* Prentice-Hall, 1986.
COLEMAN, H. W. *Case Studies in Broadcast Management.* Nova York, Hastings House, 1978.
CRISELL, A. *Understanding Radio.* Methuen, 1986.
DITINGO, V. *The Remaking of Radio.* Focal Press, 1995.
GAGE, L. *Guide to independent radio journalism.* Duckworth, 1990.
________, DOUGLAS, L. e KINSEY, M. *Commercial Radio Journalism.* Focal Press, 1999.
GOOCH, S. *Writing a Play* (2ª ed.) A & C Black, 1995.
GREENWOOD, W. & WELSH, T. (eds.) *McNae's essential Law for Journalists* (9ª ed.), Butterworths, 1985.
HALL, M. *Broadcast Journalism: an introduction to news writing.* Nova York, Hastings House, 1978.
HALL, R. *Writing Your First Play.* Focal Press, 1998.
HALPER, D. *Radio Music Directing.* Focal Press, 1991.
HARTLEY, J. *Understanding News.* Methuen, 1982.
HASLING, J. *Fundamentals of Radio Broadcasting.* McGraw Hill, 1980.
HAWKRIDGE, D. & ROBINSON, J. *Organising Educational Broadcasting.* Croom Helm, 1981.
HILLIARD, R. (ed.) *Radio broadcasting: introduction to the sound medium* (3ª ed.), Longman, 1985.
HOSTMAN, R. *Writing for Radio* (2ª ed.) A. & C. Black, 1991.
HORSTMANN, R. *Writing for Radio* (3ª ed.). A & C Black, 1997.
HUDSON, R. *Inside Outside Broadcasts.* R. & W. Publications Ltd., 1993.
KEITH, M. *Radio Programming: consultancy and formatics.* Focal Press, 1987.
________. *Broadcast voice performance.* Focal Press, 1989.
________. *Radio Production: art and science.* Focal Press, 1990.
________. *The Radio Station* (3ª ed.), Focal Press, 1993.
MacLOUGHLIN, S. *Writing for Radio.* How to Books, 1998.
MILLAR, C. J. *Contempt of Court* (2ª ed.), Clarendon Press, 1989.
MILLER, G. M. (revisado por Pointon, G.), BBC Pronuncing Dictionary of British Names (2ª ed.), OUP, 1983.
MOTT, R. *Sound Effects: Radio, TV and Film.* Focal Press, 1990.
QUAAL, W. & BROWN, J. *Broadcast Management* (2ª ed.), Nova York, Hastings House, 1976.
REDFERN, B. *Local Radio.* Focal Press, 1979.
REESE, D. & GROSS, L. *Radio Production Worktext* (3ª ed.), Focal Press, 1998.
ROUTT, E. *et al. The Radio Format Conundrum.* Nova York, Hastings House, 1978.
SHEPPARD, R. *The DJ's Handbook: from scratch to stardom.* Javelin Books, 1986.
BBC English dictionary. Haper Collins, 1992.
BBC Pronunciation: policy and practice. BBC Pronunciation Unit, 1974.
Writing for the BBC: a guide for writers on possible markets within the BBC (7ª ed.), BBC, 1983.

Questões técnicas

ALDRED, J. *Manual of Sound Recording* (3ª ed.), Dickson Price, 1982.
ALKIN, G. *Sound Recording and Reproduction* (2ª ed.), Focal Press, 1991.
BARTLETT, B. *Stereo Microphone Techniques.* Focal Press, 1991.
BORWICK, J. *Sound Recording Practice* (3ª ed.), Oxford Univesity Press, 1992.
BORWICK, J. *Microphones: Technology & Technique.* Focal Press, 1990.
DIAMANT, L. *The Broadcast Communications Dictionary* (2ª ed.), Dickson Price, 1982.
HELLYER, H. W. & SINCLAIR, I. R. *Questions and Answers on Radio and Television* (4ª ed.), Newnes, 1976.
KING, G. J. *Beginner's Guide to Radio* (9ª ed.), Heinemann, 1984.
McCAVITT, W. E. & PRINGLE, P. K. *Electronic Media Management.* Focal Press, 1986.

NALLAWALLA, A., CUSHEN, A. e CLARK, B. *Better Radio/TV Reception*. Ashley Publishing, Australia, 1986.
NISBETT, A. *The Use of Microphones* (3ª ed.), Focal Press, 1989.
_________. *The Sound Radio* (5ª ed.), Focal Press, 1993.
ORINGEL, R. S. *Audio Control Handbook* (5ª ed.), Nova York, Hastings House, 1983.
ROBERTS, R. S. *Dictionary of Audio, Radio and Video*. Butterworths, 1981.
ROSS, J. F. *Handbook for Radio Engineering Managers*. Butterworths, 1980.
RUNSTEIN, R. & HUBER, D. M. *Modern Recording Techniques*. Howard Sams & Co, 1986.
TALBOT-SMITH, M. *Broadcast Sound Technology*. (2ª ed.), Focal Press, 1990.
_________. *Broadcast Sound Technology* (2ª ed.), Focal Press, 1995.
_________. *Sound Assistance*. Focal Press, 1997.
WITHERS, D. *Radio spectrum management*. Peregrinus for the IEE, 1991.

Outras fontes bibliográficas

British Broadcasting 1922-1982 — a select bibliography. BBC, 1983.
Catalogue of radio and television training materials from the United Kingdom. British Council, 1977.

Robert McLeish

Trabalhou para a BBC durante 33 anos. Começou como técnico em Operações de Controle, passando posteriormente a Diretor de Estúdio nas seções de Serviço Internacional, Noticiário e Atualidades, Entretenimento, Teatro e programação geral. Isso lhe permitiu aprender a utilizar uma vasta gama de recursos de estúdio, desde efeitos sonoros, gravação e mixagem de orquestras, até trabalhos de alta velocidade com fitas e discos. Foi um dos responsáveis pelo treinamento no Departamento de Operações e Programas da BBC.

Passou dois anos nas Ilhas Solomon, no Pacífico, como gerente e produtor sênior do Serviço de Radiodifusão, preparando-o para a independência. Ao voltar ao Reino Unido foi encarregado de montar o Departamento de Treinamento Especial da BBC para toda a rede de rádios locais. Isso incluía treinamento editorial e de recursos para centenas de apresentadores, produtores, DJ´s, jornalistas, operadores e colaboradores necessários para as novas estações de transmissão.

Durante essa época atuou também como gerente de estação e foi indicado tutor e avaliador externo para os numerosos novos cursos acadêmicos na área de mídia.

Nos últimos seis anos, na BBC, foi chefe do Departamento de Treinamento em Administração Corporativa da emissora.

Ao se aposentar, McLeish passou a atuar como consultor independente, participando de treinamento para estações de rádio em muitas partes do mundo, do Haiti à Rússia, do Quênia à Austrália.

Vive em Rickmansworth, nos arredores de Londres, é casado e tem três filhos adultos.

NOVAS BUSCAS EM COMUNICAÇÃO
VOLUMES PUBLICADOS

1. *Comunicação*: teoria e política — José Marques de Melo.
2. *Releasemania — uma contribuição para o estudo do press-release no Brasil* — Gerson Moreira Lima.
3. *A informação no rádio — os grupos de poder e a determinação dos conteúdos* — Gisela Swetlana Ortriwano.
4. *Política e imaginário nos meios de comunicação para massas no Brasil* — Ciro Marcondes Filho (organizador).
5. *Marketing político e governamental — um roteiro para campanhas políticas e estratégias de comunicação* — Francisco Gaudêncio Torquato do Rego.
6. *Muito além do Jardim Botânico — um estudo sobre a audiência do Jornal Nacional da Globo entre trabalhadores* — Carlos Eduardo Lins da Silva.
7. *Diagramação — o planejamento visual gráfico na comunicação impressa* — Rafael Souza Silva.
8. *Mídia: o segundo Deus* — Tony Schwartz.
9. *Relações públicas no modo de produção capitalista* — Cicilia Krohling Peruzzo.
10. *Comunicação de massa sem massa* — Sérgio Caparelli.
11. *Comunicação empresarial/comunicação institucional — Conceitos, estratégias, planejamento e técnicas* — Francisco Gaudêncio Torquato do Rego.
12. *O processo de relações públicas* — Hebe Wey.
13. *Subsídios para uma Teoria da Comunicação de Massa* — Luiz Beltrão e Newton de Oliveira Quirino.
14. *Técnica de reportagem — notas sobre a narrativa jornalística* — Muniz Sodré e Maria Helena Ferrari.
15. *O papel do jornal — uma releitura* — Alberto Dines.
16. *Novas tecnologias de comunicação — impactos políticos, culturais e socioeconômicos* — Anamaria Fadul (organizadora).
17. *Planejamento de relações públicas na comunicação integrada* — Margarida Maria Krohling Kunsch.
18. *Propaganda para quem paga a conta — do outro lado do muro, o anunciante* — Plinio Cabral.
19. *Do jornalismo político à indústria cultural* — Gisela Taschner Goldenstein.
20. *Projeto gráfico — teoria e prática da diagramação* — Antonio Celso Collaro.
21. *A retórica das multinacionais — a legitimação das organizações pela palavra* — Tereza Lúcia Halliday.
22. *Jornalismo empresarial* — Francisco Gaudêncio Torquato do Rego.
23. *O jornalismo na nova república* — Cremilda Medina (organizadora).
24. *Notícia: um produto à venda — jornalismo na sociedade urbana e industrial* — Cremilda Medina.
25. *Estratégias eleitorais — marketing político* — Carlos Augusto Manhanelli.
26. *Imprensa e liberdade — os princípios constitucionais e a nova legislação* — Freitas Nobre.
27. *Atos retóricos — mensagens estratégicas de políticos e igrejas* — Tereza Lúcia Halliday (organizadora).
28. *As telenovelas da Globo — produção e exportação* — José Marques de Melo.
29. *Atrás das câmeras — relações entre cultura, Estado e televisão* — Laurindo Lalo Leal Filho.
30. *Uma nova ordem audiovisual — novas tecnologias de comunicação* — Cândido José Mendes de Almeida.
31. *Estrutura da informação radiofônica* — Emilio Prado.

32. *Jornal-laboratório — do exercício escolar ao compromisso com o público leitor* — Dirceu Fernandes Lopes.
33. *A imagem nas mãos — o vídeo popular no Brasil* — Luiz Fernando Santoro.
34. *Espanha: sociedade e comunicação de massa* — José Marques de Melo.
35. *Propaganda institucional — usos e funções da propaganda em relações públicas* — J. B. Pinho.
36. *On camera — o curso de produção de filme e vídeo da BBC* — Harris Watts.
37. *Mais do que palavras — uma introdução à teoria da comunicação* — Richard Dimbleby e Graeme Burton.
38. *A aventura da reportagem* — Gilberto Dimenstein e Ricardo Kotscho.
39. *O adiantado da hora — a influência americana sobre o jornalismo brasileiro* — Carlos Eduardo Lins da Silva.
40. *Consumidor versus propaganda* — Gino Giacomini Filho.
41. *Complexo de Clark Kent — são super-homens os jornalistas?* — Geraldinho Vieira.
42. *Propaganda subliminar multimídia* — Flávio Calazans.
43. *O mundo dos jornalistas* — Isabel Siqueira Travancas.
44. *Pragmática do jornalismo — buscas práticas para uma teoria da ação jornalística* — Manuel Carlos Chaparro.
45. *A bola no ar — o rádio esportivo em São Paulo* — Edileuza Soares.
46. *Relações públicas: função política* — Roberto Porto Simões.
47. *Espreme que sai sangue — um estudo do sensacionalismo na imprensa* — Danilo Angrimani.
48. *O século dourado — a comunicação eletrônica nos EUA* — S. Squirra.
49. *Comunicação dirigida escrita na empresa — teoria e prática* — Cleuza G. Gimenes Cesca.
50. *Informação eletrônica e novas tecnologias* — María-José Recoder, Ernest Abadal, Luís Codina e Etevaldo Siqueira.
51. *É pagar para ver — a TV por assinatura em foco* — Luiz Guilherme Duarte.
52. *O estilo magazine — o texto em revista* — Sergio Vilas Boas.
53. *O poder das marcas* — J. B. Pinho.
54. *Jornalismo, ética e liberdade* — Francisco José Karam.
55. *A melhor TV do mundo — o modelo britânico de televisão* — Laurindo Lalo Leal Filho.
56. *Relações públicas e modernidade — novos paradigmas em comunicação organizacional* — Margarida Maria Krohling Kunsch.
57. *Radiojornalismo* — Paul Chantler e Sim Harris.
58. *Jornalismo diante das câmeras* — Ivor Yorke.
59. *A rede — como nossas vidas serão transformadas pelos novos meios de comunicação* — Juan Luis Cebrián.
60. *Transmarketing — estratégias avançadas de relações públicas no campo do marketing* — Waldir Gutierrez Fortes.
61. *Publicidade e vendas na Internet — técnicas e estratégias* — J. B. Pinho.
62. *Produção de rádio — um guia abrangente da produção radiofônica* — Robert McLeish.
63. *Manual do telespectador insatisfeito* — Wagner Bezerra.
64. *Relações públicas e micropolítica* — Roberto Porto Simões.
65. *Desafios contemporâneos em comunicação — perspectivas de relações públicas* — Ricardo Ferreira Freitas, Luciane Lucas (organizadores).
66. *Vivendo com a telenovela — mediações, recepção, teleficcionalidade* — Maria Immacolata Vassallo de Lopes, Silvia Helena Simões Borelli e Vera da Rocha Resende.
67. *Biografias e biógrafos — jornalismo sobre personagens* — Sergio Vilas Boas.
68. *Relações públicas na internet — Técnicas e estratégias para informar e influenciar públicos de interesse* — J. B. Pinho.
69. *Perfis — e como escrevê-los* — Sergio Vilas Boas.
70. *O jornalismo na era da publicidade* — Leandro Marshall.
71. *Jornalismo na internet* - J. B. Pinho.

Grupo Summus
www.gruposummus.com.br
www.gruposummus.com.br
Acesse, conheça o nosso catálogo e cadastre-se para receber informações sobre os lançamentos.

IMPRESSO NA
sumago gráfica editorial ltda
rua itauna, 789 vila maria
02111-031 são paulo sp
tel e fax 11 **2955 5636**
sumago@sumago.com.br

GRÁFICA
sumago